中山大学中国语言文学系百年系庆丛书
中山大学中国语言文学系　编

中山大学中国语言文学系名师记

彭玉平　罗成　主编

·广州·

版权所有　翻印必究

图书在版编目（CIP）数据

中山大学中国语言文学系名师记／彭玉平，罗成主编． -- 广州：中山大学出版社，2024.10． -- （中山大学中国语言文学系百年系庆丛书）． -- ISBN 978-7-306-08216-9

Ⅰ．K825.46

中国国家版本馆 CIP 数据核字第 2024J4F491 号

ZHONGSHAN DAXUE ZHONGGUO YUYAN WENXUEXI MINGSHI JI

出 版 人：王天琪
策划编辑：陈　莹
责任编辑：陈　莹　刘　婷
封面设计：曾　斌
责任校对：魏　维
责任技编：靳晓虹
出版发行：中山大学出版社
电　　话：编辑部 020 - 84111997，84110283，84113349
发行部 020 - 84111998，84111981，84111160
地　　址：广州市新港西路 135 号
邮　　编：510275　　　　传　　真：020 - 84036565
网　　址：http：//www.zsup.com.cn　E-mail：zdcbs@mail.sysu.edu.cn
印 刷 者：恒美印务（广州）有限公司
规　　格：787mm×1092mm　1/16　29.25 印张　494 千字
版次印次：2024 年 10 月第 1 版　2024 年 10 月第 1 次印刷
定　　价：118.00 元

如发现本书因印装质量影响阅读，请与出版社发行部联系调换

谨以此书献给中山大学一百周年华诞

（1924 — 2024）

中山大学中国语言文学系百年系庆丛书

编委会

主　任　彭玉平　王　玚

编　委（按姓氏笔画排序）

　　　　王　玚　王霄冰　吴承学　张　均　张奕琳

　　　　陈伟武　陈斯鹏　范　劲　范常喜　罗　成

　　　　郭丽娜　黄仕忠　彭玉平　程相占　谢有顺

　　　　谢金华

中山大学中国语言文学系百年系庆丛书

总 序

从 1924 年孙中山先生创立国立广东大学（后先后易名"国立中山大学""中山大学"）至今，已风雨兼程走过了波澜壮阔的一百年。这一百年，中山大学与人类文明和国家发展同呼吸、共命运，见证了世纪风云，也成就了自己在世界高等教育史上的重要地位。中国语言文学系与中山大学同龄，百年中文与百年中大，相向而行，彼此辉映，共同成长。或许可以这样说，在中国的一流综合性大学中，如果没有一流的中文系，至少是不完整的。因为设立中文系不仅是建设中文学科的需要，更是任何一所大学建设自身文化所依托和支撑的主要基础。一所有理想与信仰的大学，除了埋首搞科研，还得抬头看星辰。在埋首与抬头之间，极目千里，完成大学立德树人的根本任务。

一个大学的百年，意味着一种深厚的学术文化积淀，意味着名师大家的代代相传，意味着优秀人才的层出不穷，也意味着学科专业的不断发展和壮大。百年是一个大学重要的发展契机，如何在回顾历史中沉淀宝贵的资源，在展望未来中激发充足的活力，就是一个院系理当思考的重要问题。正是本着这样的目的，我们组织编写了这套"中山大学中国语言文学系百年系庆丛书"，以期鉴往知今，行稳致远。这套丛书共六种：

《中山大学中国语言文学百年学科史》（彭玉平、王琤主编）

《中山大学中国语言文学系百年论文选》（文学卷）（彭玉平、张均主编）

《中山大学中国语言文学系百年论文选》（语言文字卷）（彭玉平、范常喜主编）

《中山大学中国语言文学系名师记》（彭玉平、罗成主编）

《从未远走的青春——校友回忆录》（王琤、谢金华主编；郑飞、吴昊琳

副主编）

《正青春——优秀中文学子风采录》（王琤、谢金华主编；郑飞、吴昊琳副主编）

这六种书大体承载着百年中文的光荣和曾经的梦想。《中山大学中国语言文学百年学科史》是对过往百年若干二级学科以及属下有影响的三级学科的历史梳理与特色总结。在中文学科，此间的古文字学、戏曲学、词学、文体学等堪称名闻遐迩，而中国文学批评史学科更发轫于此，在一定程度上引领了此后批评史学科的发展。一个一级学科，如果能有四五个学术亮点，成为国内外关注的焦点，则其影响和传承也就自然形成。而国内最早的语言学系在这里开设，也足见此间学科开拓的实力与魄力。梳理百年学科发展历史，有的代有传承，格局大张；有的后出转精，新人耳目。当然也有肇端甚好，中间却稍有停留的现象。如鲁迅1927年来此任教，打开了新文学的局面，但随着八个月后他北上上海，此间新文学的热情便不免一时黯淡了下来。但无论属于哪一种情况，只要在百年学科史上留有雪泥鸿爪，便是值得书写的一页。

百年学科发展，当然要以科研为主干。作为"中国语言文学系"，文学与语言构成学科的两个基本板块。而百年之中，名师大家前后相继，蔚成一脉，将他们的重要论文汇为一编，既可见学术格局与学术源流，也可见学人风采与整体气象。这就是编选《中山大学中国语言文学系百年论文选》"文学卷"与"语言文字卷"的原因。因为百年人物众多，论文更是繁富，此二卷只是就具有一定开拓性与影响力的文章，择录若干汇集成编。因为篇幅所限，有些老师的大作未能入选，有些虽然入选，但也可能非本人最为认同之文章。大约他人选编与自己选编，眼界虽或有重合，而差异也应该是绝对的。好在我们这两卷论文选，只是带有纪念性质，并非截然以此作为此间百年学术研究之标杆，这是需要特别说明的。

在百年中文历史上，中国语言文学系先后出现过不少名师大家，他们构成了中国语言文学学科的脊梁。一个学科的影响力，在很大程度上依赖于耕耘在这个学科的著名学者的研究高度与群体力量。这些在百年间熠熠生辉的名师群像，他们的学术思想与学术成果有待专门的研究，而他们在课堂内外的人格力量，在语言行为上的迷人风采，同样是这个学科富有生机的一部分。这是我们编纂《中山大学中国语言文学系名师记》的原因所在。所谓名师记，并非对某一名师作全面通透的学术评价，而是在与学术、教学若即若离之间展现出来的人格光辉和感人故事。这些故事或许是很个人化的，但因为真实而切近，而具备特殊的魅力。如果说，两种论文选略见学者之专攻，名师记则以生活剪影的方式生动记录老师们的一言一行。两种生活，两种风采，彼此堪称相得益彰。

立德树人是大学永恒的使命与责任，或者说，衡量一所大学的办学质量，是否能不断锻造学生健全而向上的精神人格、端正而从容的人生态度，就是一项非常重要的指标。名师大家的学术水平，从本质上来说，要落实到人才培养的层面，也才具有更为深广高远的意义。而所谓立德树人，并非以功成名就为主要指标，在平凡中坚守，在困境中不屈，在优裕中不沉沦，在高名中不忘形，关怀历史、民族、国家和未来，敬畏天地、自然、山川与万物，这就是大写的人。这是我们编辑《从未远走的青春——校友回忆录》《正青春——优秀中文学子风采录》二书的初衷所在。前者记录已经毕业学生的青春时光，后者记录当下在读学生的生活点滴。其实"从未远走的青春"便是"正青春"，现在每有校友回来，一句频率很高的话语就是"归来仍是少年"，说的就是青春情怀在离开校园后，依然珍藏如初的意思。其实，学生毕业后走向社会，经受的考验远非"少年"两字可以形容，其中之艰辛、苦涩甚至屈辱，恐怕也在所难免。但无论面对怎样的情况，社会人更多的只能是自行承受与自我解脱。两相对勘，大学生活之简单就更容易成为一种珍贵的记忆。这也许可以看作是校友回校最简单也是最重要的动力。因为无论面对怎样的世界，简单总是永恒的追求。

但我们在编完这套丛书之后，深深感到，希望以六种书来串联百年中文历史的想法，还是过于朴素了，因为历史远比我们接触到的、感受到的和想象到的丰富。不遑说历史的维度本身就十分繁复，即在同一维度中，变化也十分多端。这是我们虽然试图走近历史，却也一直心存敬畏的原因所在。但既躬逢百年系庆，我们也理当放下包袱，竭尽全力，为这百年的光荣与梦想奉献一点力量。也许在下一个百年结束之时，回看这一百年留下的历史痕迹与点滴记忆，则每一种书卷，每一个页码，每一个字迹，也许都包含着异常丰富的情感密码。诚如此，我们的努力，一切都是值得的。感谢过往一百年的峥嵘岁月，致敬每一个中大中文人。

彭玉平

2024 年 9 月 23 日

目 录

序 ·· 彭玉平（Ⅰ）

容 庚

一枚印章的故事
　　——纪念容庚先生诞辰128周年 ················· 孙稚雏（2）
老师的哪些话，让你终生难忘
　　——回忆容庚先生 ···································· 张振林（11）
忆容庚先生 ·· 陈 抗（15）
我所见过的希白师祖
　　——谨以此文纪念容庚先生逝世三十周年 ·············· 陈卫民（19）

冼玉清

一粒莲子一片冰心
　　——怀念冼玉清教授 ································ 黄天骥（24）
忆冼玉清教授 ·· 邱世友（29）

方孝岳

怀念音韵学家方孝岳教授 ······································ 罗伟豪（34）

黄海章

花开花落浑闲事
　　——怀念黄海章先生 ·································· 陈平原（40）

冰壶秋月
　　——忆黄海章师 …………………………………… 吴承学（46）

叶启芳

叶启芳与中山大学图书馆 ……………………………… 邹和镒（50）
书比粮食更重要 ………………………………… 易新农　夏和顺（55）

吴重翰

回忆父亲吴重翰 ………………………………………… 吴澍华（58）

商承祚

忆容、商二老
　　——二老与古文字学研究室的往事 …………… 曾宪通（62）
商承祚先生二三事 ……………………………………… 黄天骥（74）
商老百岁
　　——怀念商承祚教授 …………………………… 苏　晨（79）
回忆商老二三事 ………………………………………… 彭卿云（88）

詹安泰

永远怀念的追记 ………………………………………… 邱世友（92）
春风杖履失追陪 ………………………………………… 蔡起贤（101）
拜师四年 ………………………………………………… 唐玲玲（106）

王　起

余霞尚满天
　　——记王季思教授 ……………………………… 黄天骥（112）
我心飞扬
　　——记跟随季思师学习的时光 ………………… 黄仕忠（123）
王季思老师的治曲情怀 ………………………………… 董上德（131）
王季思先生晚年的学术情怀 …………………………… 康保成（136）

董每戡

杏花零落香
　　——忆董每戡教授 ·· 黄天骥（148）
劫后春重到　笑声达九泉
　　——悼念董每戡老师 ·· 梁中民（154）
董每戡：陪陈寅恪听戏 ··· 周吉敏（156）
我的父亲董每戡（节选）··· 董　苗（161）

楼　栖

寒梅绽放香长存
　　——纪念恩师楼栖教授冥诞100周年 ···························· 罗小平（170）
哲人其萎　风范犹存 ··· 杨益群（174）

卢叔度

汪汪如万顷之陂
　　——怀念卢叔度先生 ·· 吴承学（186）
达人知命有余欢
　　——卢叔度教授祭 ·· 龚伯洪（192）

高华年

在高华年先生门下读书的那些事儿 ···································· 林伦伦（196）
"我只不过做了我应该做的事"
　　——怀念我的老师高华年 ·· 颜　冰（200）
高华年
　　——但存方寸地，留与子孙耕 ··································· 伍　华（206）

陈则光

康乐园里的"拓荒牛"
　　——记中山大学中文系陈则光教授 ····························· 赵　斌（210）
此声真合静中听
　　——怀念陈则光先生 ·· 陈平原（220）

吴宏聪

记忆树上的杂花
　　——缅怀吴宏聪先生 …………………………………… 金钦俊（226）
吴宏聪与西南联大的故事
　　——吴宏聪先生的《向母校告别》及相关照片 ………… 陈平原（233）

黄家教

登临恨不高千仞
　　——记潮籍著名语言学家黄家教教授 …………………… 林伦伦（238）

龙婉芸

百岁资料员龙婉芸：她是中山大学中文系师生心中的丰碑 …… 黄天骥（244）

邱世友

"念中文的，就要像梅花一样高洁"
　　——追忆邱世友师 ………………………………………… 吴承学（250）
邱师漫记 ……………………………………………………………… 孙　立（257）
起码也要像菊花 ……………………………………………………… 沈胜衣（262）

廖蕴玉

忆廖蕴玉老师 ………………………………………………………… 吴冠玉（266）
深切怀念廖蕴玉先生 ………………………………………………… 汤永华（269）

傅雨贤

善待学生
　　——怀念吾师傅雨贤先生 ………………………………… 周小兵（274）

易新农

暮色苍茫一劲松
　　——记中山大学中文系易新农教授 ……………………… 刘第红（278）

曾宪通

经法先生白描
　　——为曾经法师八秩嵩寿而作 ················· 陈伟武（284）

李新魁

人品风范堪缅怀
　　——追忆李新魁先生 ························· 麦　耘（290）
我的两位恩师：李新魁与高华年 ················· 林伦伦（297）

黄天骥

漫说黄天骥老师的自信与底气 ··················· 康保成（308）
九天骐骥岭南啸
　　——记承上启下的中大戏曲学名师黄天骥先生 ····· 谢柏梁（319）
人师难得
　　——恩师黄天骥先生略记 ····················· 钟　东（323）

黄伟宗

消失的"魔法"
　　——纪念黄伟宗老师 ························· 颜湘茹（328）

黄修己

走近黄修己先生 ······························· 吴定宇（332）
致学存乎心，补拙莫如勤
　　——黄修己老师对我的教导和鼓励 ············· 商金林（335）
"敬畏"与"无畏" ······························· 吴　敏（339）

金钦俊

"人生紧要处"的引路人
　　——记金钦俊老师和我的"1977" ··············· 苏　炜（344）

许桂燊

深情怀念敬爱的许桂燊老师 ····················· 潘新潮（352）

王晋民

德为师表，文泽后学
　　——忆恩师中山大学世界华文文学研究专家王晋民教授……… 陈　持（358）

陈炜湛

学有本源
　　——陈炜湛教授书艺漫谈 ………………………………… 谢伟国（364）

叶春生

民俗学家叶春生教授 …………………………………………… 施爱东（370）

吴定宇

长记春风拂面时
　　——追忆吴定宇教授 ……………………………………… 彭玉平（374）
我的中大师兄 …………………………………………………… 陈平原（377）

陈焕良

良师印象记 ……………………………………………………… 陈伟武（382）

施其生

经师易得，人师难求
　　——记忆中浮现的恩师光影 ……………………………… 金　健（390）

康保成

记我的导师康保成先生 ………………………………………… 郑劭荣（396）

张海鸥

平生诗意莫相负
　　——燕师的四趣 …………………………………………… 彭敏哲（404）

程文超

今夜无眠　今夜有梦 …………………………………………… 曹　霞（408）

最后的日子：这样走过
　　——探视程文超先生日记 ……………………… 黄　灯（411）

林　岗

林岗：在超世与入世之间 ………………………… 申霞艳（422）

孙　立

爝火不熄：孙立教授印象记 ……………………… 徐燕琳（432）

王　坤

平淡而辉煌
　　——王坤老师略记 …………………………… 邹璟菲（438）

杨　权

杨权：我一生做事，最重视的就是"有趣"二字 …… 陈　娴　姜清越（442）

李　炜

那个明媚了周边世界的炜哥 ……………………… 彭玉平（448）

后记 ………………………………………………… 罗　成（452）

一所大学的灵魂是名师。岁月悄然流逝,高楼披着沧桑,而名师的故事则如传说一般依旧留存在后人的口耳之间,名师的学术也永恒支撑着一所大学的历史、光辉与梦想。可以说,一代又一代的名师奠定了一所大学的学术基础、学术格局和学术影响,也奠定了一所大学的性格、精神和文化内涵。有名师的大学往往在严谨中不失灵气,有灵性的大学才会散发出特殊的迷人魅力。名师之于大学,是厚重的底蕴,是有骨力的历史,也因此使大学通向一个明媚的未来。

在中山大学中国语言文学百年学科史上,有一大批在学术上卓有建树、在教学上别开生面的教师。他们勤勉治学,用丰硕的成果奠定了自己在相关学术史上的重要地位;他们善待学生,用一堂堂生动的教学留下了他们人生一个又一个的精彩瞬间。因此,在中山大学中国语言文学学科迎来100周年庆典的时候,回眸过往百年学科史上的名师,我们满怀着敬意,希望用一本名师记来记录他们当年在中山大学的学术、教学与生活风范;用一个个动人的故事或场景,让后来人"重返现场",领略他们的风采,体会他们曾经的喜怒哀乐,在阅读和"对话"中与名师们感受同一个中大、同一个中文系。

名师记不同于学术评传,更非对入选者的学术总结,故有关对他们进行学术综述或评价的文字,不在本书收录的范围之内。本书主要收集记录前辈学者在科学研究之余、在课堂内外留下的种种故事,这些故事发生在师生或同事之间,与学术、教学若即若离,但足见其性情与雅趣,妙在一笑而生趣,三复而有味。这也是一所有灵性的大学应有的基本内涵。

"名师记"的"名",可以是一种集体认同,也可以是一种个人体认,因为背景、场景和关系的差异，都可能带来对"名"的不同看法。但本书所说的"名师"，在常规内涵的基础上也带有一定的致敬和纪念意义。因为入选者以已退休为基本前提，时间范围又跨越百年，故以仙逝者为多。因为早期的文字难觅，而近来的文字相对容易寻找，所以这部文集侧重汇集记录20世纪80年代仍健在以及此后的前辈学者的文字，尤其是关于近20年来退休教师的文章收录的数量更多一些。除了教学科研上的名师大家，本书也收录了记述若干教辅人员如龙婉云、廖蕴玉等的文字。因为一个学科的发展与壮大，为之做出贡献的，除了有在前台呕心沥血的教学科研人员，也包括在后台兢兢业业服务于教学科研的教辅人员，以此而构成一个教学单位稳固有力的共同体。我们同样要向这一个群体致敬。

由于篇幅所限，能够容纳的致敬对象也因此只能一减再减，这使得不少已故或离退休学者的名字未能出现在这本文集中，我们深感遗憾和不安。这其中又分几种情况：其一，早年任教此间的许多名师，因为找寻相关纪念文字不易，缺失了许多重要的人物，如王力、岑麒祥等，作为在此间创办全国第一个语言学系的功臣，未能在这本集子中留下身影，怎么说都是一个遗憾。其二，有些名闻遐迩的前辈学者，他们在中山大学的任教时间偏短，关于他们在中大的文字也因此偏少，或者根本没有。前者如鲁迅，后者如陈中凡等，就属于这一种情况，也只能缺略了。其三，有些非常优秀的退休教师，虽也有故事在流传，但因为未形成文字，同样也只能留下空白。总之，这本名师记虽然是我们向百年中文致敬的重要文字，但因为时间和条件的限制，缺失和错漏肯定不少，日后若条件成熟，我们或许可以再出一个增订本，以尽量展现百年中文的悠久历史和生动魅力。

一个百年老系的故事，哪里是几十篇文章能够说尽的呢！但如果我们能由此窥一斑而知全豹，则这部在体例上说不上完善的名师记，也许就具备了另外的意义了。

感谢并致敬有大名留在这本书中以及大名尚在这本书外的所有前辈学者。

彭玉平

2024年10月15日

容 庚
(1894—1983)

一枚印章的故事

——纪念容庚先生诞辰 128 周年

孙稚雏*

今年（2022）9 月 5 日是容庚先生诞辰 128 周年纪念日，我很想写一点文字纪念自己的老师，但因眼疾双目近盲，不能查阅资料，无法执笔撰文，只得借助 iPad 的 Pages 在网上收集资料，加上追忆凑合成文。网上资料没有平面书籍谨严，每多讹误，如有错误请读者批评指正。

提起往事，得先从春江水暖的 1978 年和容老收藏的一枚印章说起。

一九七八　春江水暖

1978 年春，古文字研究室由康乐园中区数学大楼迁到马岗顶下东北区 19 号一栋二层的小红楼里，二楼大厅分隔为两部分，里面是书库，由黄光武老师管理，外面则是工作室，研究室同人每人都有一张书桌。记得容老的座位在靠南窗边的第二位，书桌上摆有砚台、毛笔、墨、水盒和十多方印章，一枚印章的故事讲的就是这些印章中的一方。这方名言章是容老四舅邓尔雅先生镌刻的，内容摘自李清照《金石录后序》，关于这方印章后面还要详谈，这里暂且按下不表，先看看那一年发生了什么事情。

就在这一年春天，春江水暖，中华书局赵诚先生南来，他是来联合南北高校召开古文字研究会的，赵先生逐家访问，他到建设新村我家详细询问了我这些年的工作情况后，建议我先出《金文著录简目》以应学界之需，至于集释等其他研究，做一篇发一篇，不要等到积累了许多篇才一起发表。我听从了赵先生的意见，次年《金文著录简目》手写影印，由北京中华书局出版。

1978 年春夏之交，香港许礼平先生来访，当时研究室同人俱在（独缺商老），许先生在研究室楼下给我们拍了一张著名的合照（图一），大家笑逐颜开，这张照片就成了当年我们在小红楼里温馨生活的写照。

---

* 孙稚雏：中山大学中国语言文学系教授。

图一　容庚先生和中山大学古文字研究室研究人员合影
（左起：孙稚雏　张振林　曾宪通　容庚　陈炜湛　黄光武）

1978年夏，商（承祚）老从河北平山带回了中山三器中铁足大鼎和方壶铭文的晒蓝本，文长字多，极其珍贵。商老在研究室开会时给大家展示了一下，会后又带回家去了。次日容老提出借阅这两件铜器铭文的晒蓝本补《金文编》，商老同意借三天，只能在研究室观看，于是容老以八十四岁高龄就坐在研究室孜孜不倦地为《金文编》补字了。容老补了一会儿就对我说："孙稚雏，你来做一个释文吧！"我用了大半天时间按原铭行款写了释文，照我的习惯凡确识的字用楷书隶定，不识或未确识的字则照原铭描下来，加上句读后交给了容老。三天后商老就将这些晒蓝本收走了，此事也就告一段落。

按我当时的学力，没有其他考释文章可参考，许多字尚未确释，短时间内是绝对写不出全面考释文章的，但我也不想放弃这次学习机会，于是遍查史书，根据不完整的释文，利用我语言学上的知识，避开全铭考释，写了一篇《中山王𰯼鼎壶的年代史实及其意义》的稿子。

1978年秋，陈抗、陈永正、张桂光、陈初生、唐钰明、许伟建六位考取中大古文字学专业研究生，攻读硕士学位。陈初生在考研前曾写信给容老，请求到研究室看书，容老命我复信同意他来并在信上签了名。初生很聪明，投石问路先拜码头，很合容老的口味，因为他老人家青年时北上求学，也是先抱着《金文编》稿本去叩罗振玉的门，由中学学历一跃而成北大研究生。初生兄在回忆读研经历时深情地说：

> 容老年事已高，没有精力讲那么多课了，说我的观点都写在书里了，你们去看我的书。他还委派古文字研究室的曾宪通、张振林、孙稚雏、陈炜湛四位中年老师给我们上课，他们四人是校内外闻名的中大古文字

研究室四大金刚。能得到那么多的老师教诲，我们可有福了。(《睹物思人忆容师》——《新快报》轻报纸)

1978年12月，商老、曾宪通、张振林和我赴长春吉林大学参加中国古文字研究会成立大会暨第一届年会，我在会上提供了《中山王䤾鼎壶的年代史实及其意义》一文。这篇文章是我只查了一些文献没有看到任何考释文章"闭门造车"写出来的，铭文中好些字没有确释，其实是很不成熟的，例如连一个"也"字（铭文作"虵"）也没有认出来，在会上经人指点才恍然大悟。幸好当年中华书局出书是手写影印，我在抄正时顺手将这些错误改正了，否则白纸黑字就贻笑大方了。会后路过北京，故宫博物院赠我们中山三器拓本一套，回校后我就根据这些拓本做了摹本。

摹本很不好做，试用了各种毛笔和纸张都不理想，后来想起在长春时曾听启功先生说邓散木用绘图笔写小楷，于是找了一支我太太读大学时做园林设计用的旧绘图笔，用硫酸纸临摹，才摹出了像样的摹本。这些摹本后来附在我的论文后，在《古文字研究》第一辑（中华书局，1979）上发表。

当年做摹本时我耍了一点小聪明，在摹本空白处画了一方图章，仿中山王字体写了"稚雏临写"四个篆字（图二），后来果然张政烺先生看到书上的摹本时脱口而出说"张守中摹的"，但当他再看到我画的图章时就不出声了。记得那时候我还用这支笔写了好几张扇面，有的随手送人了，自己只留下一张（图三），在那张扇面上我也学邓散木先生的样，用绘图笔写小楷，写了八句铭文，铭曰：

中山佚事，史籍缺闻；刀笔书法，世之奇珍。
我欲仿之，硬笔临文；先求形似，再得其神。

图二

图三

中山王铜器铭文的书法特点是线条两头尖中间粗,有很强的刀刻风味,几十年来许多学写中山王铜器铭文书法的人都写成均匀的线条,对照原铭就大异其趣了。

这一年我满四十周岁,对于一个古文字学研究者来说,学术上的春天来得晚了一些,但春天终于还是来了。

"锲而不舍"的老人和他的藏印

1940年12月25日,燕京大学放假,容老校《商周彝器通考》稿,曾对并世诸金石家"戏为评骘"曰:

> 目光锐利,能见其大,吾不如郭沫若;非非玄想,左右逢源,吾不如唐兰;咬文嚼字,细针密缕,吾不如于省吾;甲骨篆籀,无体不工,吾不如商承祚;操笔疾书,文不加点,吾不如吴其昌;若锲而不舍,所得独多,则彼五人似皆不如我也。(《容庚北平日记》第638页)

这位"锲而不舍"著作等身的老人即使到了八十四岁的高龄,精神依然矍铄。当时他住在东南区一号,离研究室不远。每当天朗气清,大约上午九点容老就会拎着塑料提包,左手臂挂着弯钩柄长布伞,慢慢踱到研究室来,容老在他的座位上坐下后,或为《金文编》补字,或看书写字,偶尔闭目养神打个盹。十一时许收拾好东西去光武旁边坐下,取出"555"香烟自吸一支,也请光武吸一支。因为书库严禁烟火,光武老师只好婉言谢绝,眼光却一直盯着容老手上的香烟，直到容老吸完烟，再在烟灰缸中倒点水，确认烟头完全熄灭了，才微笑着送容老离开研究室自行回家。

上面提到研究室容老书桌上放着十多枚他常用的印章，我出于好奇曾用宣纸全部钤印下来（图四）。这些印章中除姓名章斋号印，还有一枚比较特殊的名言章，字较多，我拿起来随口读道"有饭疏衣，练……"，就读不下去了。容老看着我的窘态就说，这是他四舅邓尔雅刻的李清照《金石录后序》里的话，时间久了印面不清晰，回去要好好清理一下。

图四

容老书桌上摆放的常用印章钤本，共十五方，右首行第三印与末行第二印重出，第四行第三印即邓尔雅所镌刻李清照名言印。

我不好意思再问下去了，赵明诚的《金石录》不是我们的必读书，但大名鼎鼎的李清照《金石录后序》也没有读过就有点说不过去了。后来我特地仔细地读了这篇大著，才知道原文是"便有饭疏衣练，穷遐方绝域，尽天下古文奇字之志"。邓尔雅先生少刻了一个"便"字，我就把句读读错了。这方印章曾多次出现在容老的书法作品上，印章的真伪和钤印的方式、部位就成了鉴定容书真伪的一种证据了。

我过去为了研究容老的书作，曾试图用考据的方法（如金文研究中的"标准器断代法"），依照作品时间的先后树立若干标杆，然后据相同元素系联起来，写成《颂斋书法编年笺注》一文（未刊），这样就可对容老不同年代书作的行款格式、书写风格、签名式样、钤印习惯等有一个较全面的了解。

下面选择一张标杆作品作一个简单的介绍。

1973年（癸丑）夏，马国权先生为容老镌刻了一方"容庚八十以后所书"的白文印，容老回赠金文条幅一张（图五）。

这张书作落款为"国权吾兄正临　癸丑夏　八十老人容庚"，下面钤有马国权为容老刻的印章。[稚雏按：癸丑夏容老尚未满八十周岁，自书八十老人乃虚岁。马刻此印是为容老祝寿而作（《容庚印存》，广东省立中山图书馆编，岭南美术出版社2005年版，第127页），故容老自书八十老人与之呼应。难得的是这张条幅还盖了长方形的"颂斋"起首章和右下部压边线的李清照名言章，切合书法条幅钤印的规范，十分美观。]

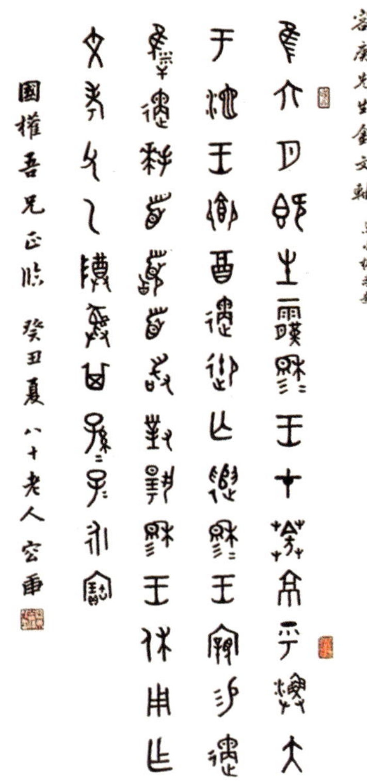

正如用标准器断代法研究青铜器铭文一样，建立书法标杆系联同一书家不同年代的书作使之成为一个有机的整体，对于某一书家的整体研究极为有利。

图五

标杆的建立与书法综合研究

标杆的建立将所有的书作系联起来，按年代先后排列形成一个系列，这样就可对某一书家不同年代书法创作的书写格式、笔墨技巧、签名特点和钤印习惯等有一个全面的了解，利用这些系统资料对比网上流行的署名作品，自然很容易辨别书作的真伪。请看下面的例子（图六）。

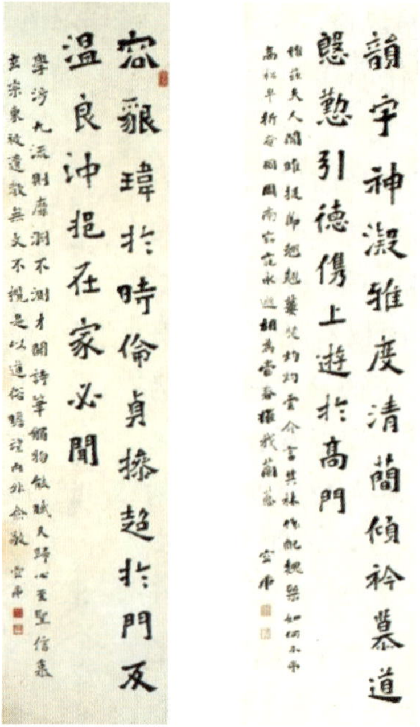

图六

左边这张条幅曾在网上流传、拍卖，颇受竞拍者青睐。其实这张作品有些问题很值得进一步研究，例如：

1. 笔法、格式问题

这种写条幅的笔法和格式不见于容老现存的书法作品。中山大学古文字研究所田炜教授指出："这幅字多用侧锋，用笔干涩，造形生硬，民国时候的人写魏碑不是这种方法。容先生无论是写篆书还是楷书、行书甚至隶书，都很强调中锋的运用。这幅字既没有民国的格调，也不能融入容先生的书法体系。把《爨龙颜碑》和《石夫人墓志》两个不同的内容各取一段混在一起，其中一部分正文又写得跟款一样大小。这都是现在书法家的习气。而且这篇文字中还有明显的错字，伦字少了一笔，开字里面写成了弁，误把石花当作了笔画，玄字把第二笔撇折分成了两笔。容先生是文字学大家，不会这样写的。"

2. 签名问题

容老中年以后有一种签名的格式即将古文字直接转写成楷书，尤其是庚字，下面的三竖笔基本上是等齐的，不熟悉古文字的人往往像写楷书平字、华字那样把中笔拉长或写成悬针形，这都是因为不熟悉古文字，熟悉古文字的人一眼就可以看出签名的差异。

3. **引首章用印问题**

一般写条幅引首章往往较小，呈长方形、圆形或不规则形，文字多为斋堂名、年代或吉祥语等。如果引首章太大或文字较多，整张条幅就有头重脚轻之感，选用李清照名言章作引首章显然不妥。上述容老赠马国权字就是一个用印极佳的范例。

4. **钤印效果问题**

本条幅上的李清照名言印字口清晰，与我以前用原印盖下来的效果不尽相同，而与《容庚印存》第38页上的印面十分接近，说明此印是经过清理后才打上去的。容府后人为了将这批印章捐赠给国家，曾请人清理印面打谱传世，印章离开过容府，印面经过清理，怎么能肯定说这一定是容老亲手盖上去的，从而证明条幅也是容老亲手写的呢？

上述四问仅供参考，孰真孰伪，最后仍请读者自行酌定。

右边的一张字近年来也在网上流传，笔法格式问题、签名问题同上。条幅没打引首章，仅在签名之下钤印两方名字章。第一方白文鸟虫书"容庚私印"不见《容庚印存》著录，可见长期不藏容府；下一方朱文"希白"印亦不见于《容庚印存》，应为他人仿刻。这张条幅和上一张是同一路货色，仅文字内容和所钤印章有所不同而已。

一枚印章的故事到这里就讲完了，但总觉得还有些剩余的话要讲，于是又写了如下一段文字"剩言三则"。

剩言三则

（一）

记得2016年，我写《契斋书法辨伪》时，黄光武老师不无揶揄地对我说："老孙教人作伪。"此语虽不合我的原意，但指出赝品的缺欠无异于授人以渔，也会产生某种不良的后果。其实我主要是想借辨伪来讲做摹本应注意的事项。

临摹是学习书画的必经之路，面对漫漶不清的照片或拓本要做一张准确无误、神形兼备的摹本是很困难的。商老曾说做摹本要先"无我"而后"有我"，这就是说既要尊重客观事实，又要通过深入研究辨析笔画，还要有书法的根底才能做到。以牟利为目的粗造滥制的赝品哪里能做得到呢？

（二）

我很幸运，当年能在容老书桌上钤下他老人家十多方常用印章，其中首行第三印是容老很喜欢使用的一枚姓名章，我曾请容老给我题过一张书签，用的就是这方图章。（图七）

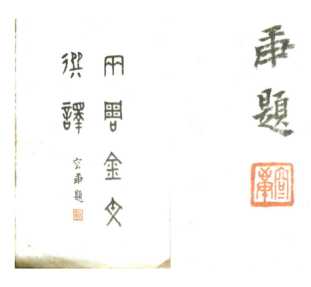

图七

这方印章著录于《容庚印存》第69页。马国权师兄曾评价说："容老这方印章如果混在一堆古玺里，很难辨认出是近人所刻。"

（三）

我今年八十有四，也是耄耋之年的老人了，花了两个多月才断断续续写成这篇文稿，我没有能力写古文字考释文章了，只能写一点并非如烟的往事。我给自己定了三条规矩，不求语出惊人，不讲假话，也不做作（如不"为赋新诗强说愁"之类）。当我在iPad上写完最后几行字时，东方已出现一线曙光，遥望南天，但见长庚启明，东方既白。此所谓肇庚之所以字希白者也。愿先生的音容笑貌、道德文章、书画印鉴……永远镌刻在人们心中。

2022年4月完稿于
珠江南岸中山大学广州南校园之蒲园

老师的哪些话，让你终生难忘
——回忆容庚先生

张振林*

一、研究室初建时的授课尴尬

来到广州读中大中文系本科的第一天，就听学长介绍说，容庚、商承祚二位教授是中国乃至国际著名的古文字专家，他们除了带研究生，只偶尔为高年级上选修课。我们新生自由组合拜访过名师后，就只能耐心地期待着名师课程的到来。大一、大二开中文基础课，因全系师生1958年秋冬在虎门劳动和课程改革讨论了半年，所以到1960年上半年读大三下时，我们才开始上专业课，那时系里安排了容老的"《说文》研究"选修课。由于没有现成的《说文解字研究》和《中国文字学》等课本，容老就按他的老办法，通过举证字例，说明《说文解字》的特点、六书概念、部首编排、解说体例等。"《说文》研究"课安排在只有二十张学生椅子的小课室上课。第一次课来了三十多人，许多慕名而来的旁听生便从附近课室拖椅子来，挤满课室后，还有几人在门外走廊上旁听。同学们都非常专注地听着灰白头发、笑容可掬的长者用略显结巴的东莞口音普通话，卖宝似的讲课，为老师对专业授课的虔诚而感动。课间休息时，有的同学还特别好奇地翻看容老用白布方巾包来的一摞线装书。但到第二节下课后，同学们在路上便议论纷纷："容庚真是老顽固，坚持他的资产阶级的烦琐考证，头脑像他身上的唐装一样古旧！""两节课，就画了几个与楷书相去甚远的篆字叫人猜。只有指出《说文解字》中有几个字见于偏旁而单字失录，还给人留下点印象。""两节课就解释七八个字，9353个字何时了？"容老虽有几页用毛笔写的讲授提纲，但是听课的学生都没有读过《说文解字》，没有课本，又不知道老师的讲课计划，对名师的期望越高，失望则越大。第二次上课，课室二十张椅子，有三四张无人坐。

---

* 张振林：中山大学中国语言文学系教授。

第三次上课，连必选生也未到齐，小课室里人稀稀拉拉的，容老很失望地说："你们还没有读过《说文解字》，再讲作用也不大。你们若有兴趣学，可以自己买《说文解字》，或到图书馆读，有问题可以来找我。"一门课就这样"流产"了。没有教材，老师无所依遵，只有拿有特色的知识难点叫学生猜一猜，以意外的文字结构引学生产生好奇兴趣，这算启发式教育吗？严肃认真地把历史文化考证清楚，无产阶级社会主义就不需要吗？年轻的同学们也争论不出结果来。反正教学改革，上不上课，学生可以任性。

二、"不能让日本人说，中国出土的文物，要他们才能研究"和"不要人云亦云"

1961年夏天，我和孙稚雏、杨五铭二位同学一起，被分配当研究生，跟随容庚、商承祚两位著名教授学习古文字学。

在开学前两天，我和孙、杨一起，先后到容家、商家拜会导师，请求安排学习任务并提出目标要求。我们预测，要过容老的收徒面试关，可能会碰上一些刁难。晚上进入"九如屋"客厅，容老高兴地叫我们坐下，然后就一个个地叫着我们的姓，我们则一个个地站起来自报姓名相认。容老说："当今青年学生都说要厚今薄古，批判厚古薄今，不屑跟老师学'老古董'。你们怎么还要学古而又古的古文字？"我们就谁先回答推让了一下，孙、杨二位同时要我作代表，他们视情况补充。我说："对我们国家来说，古今中外的文化科学知识，都是需要有人学习继承的。各地的实际需要和各大学系科的师资状况不同，人数安排上，古今中外各科可以有多有少，这要由国家统筹，但每一科都不能没有。另外还有学生是否有兴趣和愿意学的问题，我们是系里分配安排，也是自己愿意跟着老师学的，不存在厚古薄今问题，希望老师给我们安排学习任务，以后多多批评指教。"容老问孙、杨二位怎样，孙、杨都表示不介意他人会不会说厚古薄今，是自己乐意跟着老师学习古文字。接着，趁容老上楼，我们私下议论，老师没有皱眉，看来过了收徒面试第一关。容老楼上楼下三个来回，搬出《金文编》的三个版本及其原稿出来对我们说："我是靠《金文编》成名成家的，也靠它吃了一辈子。经过几十年的修改、研究、补充，现在还有一千多字不认识。你们愿意学，有很多工作等着你们来做。一件新铜器出土，一张新铭拓出现，容易认识的字，会读《说文解字》和《古文四声韵》的人，都能认识，不算发明。专家们都不认得的字，需要有很多方面的知识积累，需要新的出土材料佐证和聪明灵活的头脑，说不定终老一生只能考证成功几个字。所以，胡适先生说'认识一个古文字，像发现一颗恒星那样难，那样有意义'，这话也不是随便说的，不像有的人所说的那样'是用来吓唬人的'。当然，就算考证成功几个字，也只是对读通几篇铭文有帮助，对工业农业生产毫无帮助。"我们知道老师又在说气话，于是又你一言我一语再次表态说："我们知道，人民群众除了衣食住行的需求，还有了解古今中外文化科学技术发展的要求，同样都有直接帮助或间接帮助，有急需或缓需的理由。工人、农民、知识分子各自做好工作，都是为建设新中国贡献力量，都是为人民服务。"老师仔细地听着我们的回答，我们看到容老脸部表情渐渐放松了，知道第二关过了。

接着，容老背靠沙发，手抱第一版《金文编》的手稿，开始授徒第一课。自"从四舅治《说文》"开始，到持《金文编》稿本去天津拜谒罗振玉，到北大国学门当研究生，再到燕京大学当襄教授、教授——容老从中学生到著名大学的专家，这是中大中文人耳熟能详的故事。一讲到20世纪30年代，容老便正襟危坐，说起与滨田耕作博士晤面，滨田应允代北平图书馆和他购买《泉屋清赏》，日本书商乘机高价敲诈之事。"后来得知滨田在《泉屋清赏·总说》中就说了一些极端鄙视中国人的话，说中国研究青铜器和铭文的水平低下，远不如日本。讥笑中国学者只知道'依自来之传说，比图录，信款识'鉴定时代。'九一八'事变后，慨然认识到日本人劫掠我文物，倾覆我国家，还侮辱我出土文物，要他们才有水平研究，是可忍孰不可忍！我们做文物研究工作的人，应以不学为耻，应以超过他人为志。你们说是不是？我于是花了几年时间，搜集被日本人和其他外国人搞去的青铜器资料，汇编成《海外吉金图录》。我在书中指出滨田将众多周器属之于汉的错误。郭沫若、方濬益甚至潘祖荫早就认识的钟铭'惟戉十有九年'，'戉'读'越'，滨田竟读作'惟岁十有□咊（和）'，我反笑他读中国书太少，见识在'比图录，信款识'之下。同时我又花了八年工夫，编写了《商周彝器通考》，要让他们看看，中国人能做到的，他们未必都能做到。"我们意外地受到一次爱国主义的教育激励，都表示一定认真地学习古文字和青铜器知识，希望老师给我们开一两门专业课。

接着，容老又翻出第二版《金文编·附录》给我们看，一千多字里面有三分之二以上的字，下面有不同颜色和不同字迹的批语，还有多位专家考释的转录。出现最多的名字是唐兰、郭沫若，其次是于省吾、陈梦家、杨树达、张政烺、刘节等，其他几人则少些。有好多字下，同时有几个人的不同意见。容老说："唐兰、郭沫若是认字最多的人。他们已经认识了那么多字，但我只采纳了其中两个字，第三版移入前面的正编。他们批评我保守，可我不能人云亦云，我不认识就是不认识。广州街上文具店招牌画着一杆毛笔，大家一看就知道是卖毛笔等文具的，但那是个笔字吗？"老师说的意思我们都清楚：一是古文字领域还有许多未解之谜，需一代又一代的有志者接力解决；二是要求新的入室弟子，不要在保守与跃进的争辩中人云亦云，搞科学研究，要独立思考，拿出自己的创见来。

最后，容老说："课，我就不开了。听我讲还不如去读我编写的书。年轻人想学习西方启发式教育，废除传统的填鸭式教育。西方怎么样启发，我不知道。填鸭式有什么不好？北京鸭填得肥肥的，不比其他瘦鸭好？趁年轻记忆力好，多灌输一点，长大了就能理解利用。既然你们愿意跟我和商老学，古文字不像其他专业一样，学生有基础，我和商老打报告给学校，申请延长一年，实行四年制，一、二年打基础，第三年出外参观实习，定下论文方向和有目的地阅读、准备资料，第四年写论文、答辩。现在你们的学习任务是，先抄读《说文解字》，每天抄写100～200个篆字，两星期交来检查一次，完成后再抄《金文编》《甲骨文编》。另外有一份书单，列了三十多种有关青铜器和铭文的著录图籍，供各人自己抽空阅读。政治、外语由学校和系里安排管理。你们最好征求一下商老的意见。"

离开"九如屋"后，我们三人在路上议论：老师不擅一套套的理论言辞，我们就要从其"来呀来呀"的口头碎语中，发现其微言大义，这样才能学到老师的真知。我们一起回忆这次听到的话，大致理出了头绪：老师提出厚古薄今对现实有无帮助的问题，表明这是其收徒的首要问题。一是想看看我们是否为无知的贴标签者，能否当徒；二是关系到学生将来能否坐冷板凳，有无成才希望。

老师最打动我们的话是"不能让日本人说，中国出土的文物，要他们才能研究"。知道日本侵华历史的中国人，都不能忍受日本人的这种侮辱。我们认为，容老的这句话及其亲身体验，就相当于培养方案里的培养目标，要求研究生为国家民族而努力学习，有家国情怀，学习和研究的动力才能持久。抄读认识三部字典的古字和翻阅三十多部几百卷的图籍资料，属于教学内容和方法，我们都要自觉地完成。"大家都认识的，不算发明""还有一千多字不认识"，指摆在我们面前的任务还相当艰巨。别人说认识了很多字，但自己"不要人云亦云"，需要鉴别，这就给我们写文章提出了要有创见和解决实际问题的要求。我们认为，容老一再强调的"不要人云亦云"的提法，同陈寅恪的"独立之精神，自由之思想"相似，但更像焦裕禄的"吃人嚼过的馍没味道"。通过总结，老师激励我们的话和做人、下笔的要求，令我终生难忘、受用。

忆容庚先生

陈 抗*

容庚先生字希白,是我国著名的古文字学家,中山大学教授,不幸于今年(1983)三月逝世。噩耗传来,哀思阵阵,牵起我深沉的回忆。

我似乎又来到了广州中山大学康乐园西南角那座两层的小楼里,在一楼的一间朝北的研究生寝室中,容先生坐在折叠椅上,点燃一支烟,在缕缕烟雾中开始了和我们的谈话。他询问我们的学习情况,检查我们的读书笔记,并向我们谈起他的曲折经历和治学道路。他那夹杂着浓厚广东乡音的普通话似乎至今仍在我的耳边响着。先生每到寝室来一次,我们便在墙头画一道痕,不到一个学期,已经留下好几个"正"字了。先生多半在下午来,来得多了,只要走廊中那缓慢而略带搓地之声的脚步一出现,我们便猜想是先生来了。开门相迎,果如所料。

容先生曾经诙谐地笑着对我们说:"我是个中学生,现在要来教你们这些研究生了。"容先生中学毕业后没有继续升学,但他对中国古代文字的研究则早在中学时代就已开始了。先生十五岁时,即"从四舅邓尔雅治《说文》",每天的课余时间,他跟随邓尔雅先生"或习篆,或刻印,金石书籍拥置四侧,心窃乐之"(《金文编自序》)。先生曾对我们说过:"吴大澂编了一本《说文古籀补》,有人又编《说文古籀补补》,补、补、补、补,干吗老是去补别人的呢?"先生决意摆脱前人窠臼,进行独创性的研究工作。他四处搜集资料,潜心研究,终于编成了我国第一部铜器铭文大字典——《金文编》,由此得到罗振玉的赏识,考入北京大学国学门当研究生。1926年毕业后,先生先后在北京大学、燕京大学、岭南大学及中山大学任教,成为我国著名的古文字学家。

容先生秉性耿直,从不隐晦自己的观点。当人们片面理解教学中"少而精"的原则的时候,容先生就坦率地表示:"由博才能返约嘛!"在"文化大革命"开始之时,他是中山大学最早被点名批判的三教授之一。直到"评法

---

* 陈抗:中山大学中国语言文学系1978级系友,曾任中华书局编审。

批儒"时,他还因对抗"批孔"而继续受着冲击。他大概是中山大学受批判最久而又年事最高的一位教授了。在谈到所受的迫害时,先生颇为气愤。他曾经涨红着脸对我们说:"我差一点跳了珠江!"夹着香烟的手指也微微颤抖起来。我事后得知,当年先生确曾悄然出走,在街头踯躅徘徊,真想以一死抗争。由于朋友们的开导,先生终于明白了这种做法无补于国事。从此他以泰然处之的态度应付着各种各样大大小小的批判会。"批孔"运动开始后,有人到他家里去动员,容先生的回答极其干脆:"要批你批,我是不批的!"尽管为此又吃了苦头,他也毫不在乎,常常是对他的批判会一完,他就到中大附近著名的南园酒家吃饭去了。他以他特有的方式表达了对"四人帮"导演的这幕政治丑剧的蔑视和憎恨。

能憎恨邪恶的必定拥护正义。一九七六年周总理逝世后,中大部分同学自发组织追悼会,容先生当时处境艰难,没有人去通知他参加。就在追悼队伍即将出发之时,队尾添了一位白发苍苍的老人。他拖着沉重的步伐随着年轻人缓缓来到灵堂,向总理遗像鞠躬致哀。又与同学们一起举起拳头,向总理立下誓言。这位"不速之客"就是我们的容庚先生。"拨乱反正"之后,容先生高兴地承担起培养研究生的任务,与商锡永师合作,破例招收了六名研究生,接近新中国成立十七年来招收研究生总数的三分之二。先生关心我们的成长,希望我们抓紧时间学习,尽快出成果。每次先生从我们寝室出来,我们要送他回家,他总摆摆手让我们回去。一次我们坚持要送,先生急了,说:"我在这里走了几十年,又不是不认得路。有这些时间,你们还不如多读点书好!"

那一段时间,容先生的心境相当好。记得一次我们陪他回家,前面一位小朋友用绳子拖着个玩具在走。容先生冷不防地踩在绳子上,小朋友拖不动了,回头一瞧,容先生急忙收起脚,哈哈笑了起来。原来他在和小朋友"恶作剧"。一般形容老人的形象有"鹤发童颜"之说,容先生却可谓"鹤发童心",这是一般老人很难达到的境界。

中山大学古文字学研究室藏书之富,在国内古文字学界早有定评。其中不少珍本是容、商二老的私人藏书,而今公诸同好,为后学提供了良好的学习条件。如《三代吉金文存》《商周金文录遗》《甲骨文字集释》、全套的《中国文字》以及日文原版全套《金文通释》(作者白川静签名送给容先生的)等书,即使在一般大型图书馆里也不是常常能借到,在研究室里却开架陈列着,供人随手查阅。研究室的藏书一般没有复本,刚入学时,我们只能在室内阅读。研究室离寝室较远,有所不便。我们向容先生反映后,他亲自与有关人员联系，终于使我们能一本本地借回去看了，从此节假日的时间也得到了充分的利用。容先生要求我们多读书，也想方设法让我们多读书。我们到容先生家里借书，从来都是有求必应的。已经毕业的研究生说，当年容先生还骑着自行车亲自把他们需要的书送到寝室里来。记得我们一入学，容先生第一次到寝室里来，从提包里拿出一本《金石书录目》，问道："你们看过吗？"我们摇摇头。他说："那就拿去，每个人都看看。"目录学是研究的基础。容先生推荐的是一本书，我们学到的却是治学的门径。《商周彝器通考》是治古文字学的必读书，在学校图书馆里借不到。容先生就把自用的那本借给我们。这本书是容先生四十年前的力作，早为海内外学者所推崇。在书中，我们见到不少容先生修改增补的手迹，书里还夹着一张写有林焘先生当年在燕京大学读书时所做作业的纸，是关于古文字学发展概况的，成绩九十多分。大概是容先生批改完毕后忘记发还林焘先生了。

一九七八年郭沫若逝世。容先生拍发唁电后，追忆与郭老半个世纪的交往，心情沉重。为了帮助人们研究郭沫若的学术思想和治学道路，容先生拿出五十六封一九二九年至一九三五年间郭老从日本写给他的信，第一封信中郭老自署"未知友"。其时郭老正致力于古文字与中国古代社会的研究，然而"遁迹海外，且在乡间，万事均感孤陋""苦材料缺乏，复无可与谈者，殊闷闷也"（《郭沫若书简——致容庚》），因而求助于已经成名的容庚先生。容先生没有使郭老失望，他向这位素昧平生的"未知友"源源不断地提供重要的古文字拓片和出版物，在信中探讨学术问题，帮助郭老在国内的刊物上发表论文，甚至为之筹措经费。容先生以真诚的友谊帮助郭老在困难的环境中从事学术研究，这真是中国学术史上的一段佳话。然而诚笃朴实的容先生从未宣扬过此事。也许在他看来，帮助他人利用古文字材料从事研究，完全是他应该做的极普通而又极自然的事情吧。

容先生是广东东莞人，在北京度过了他学术生涯中十分重要的一段时期。《宝蕴楼彝器图录》《武英殿彝器图录》《秦汉金文录》《颂斋吉金图录》《海外吉金图录》《善斋彝器图录》以及《金文编》（第二版）、《商周彝器通考》等都成于北京。当时南方的一所大学以正教授的名义聘他任教，他婉言谢绝了。北京是学者荟萃之地，故宫、琉璃厂集中了大量商周青铜彝器及铭文拓片，为古文字研究提供了优越的条件。正因此，正教授的衔头对于容先生而言反而没有多少吸引力了。"嘿嘿，我宁愿在北京当襄教授，也不去当正教授！"——这句话容先生在不同场合多次说过。那种庆幸的神情至今仍清晰地浮现在我脑际。这是他一生中关于出处的重要抉择，大概是先生得意的一步。而这种出处问题的抉择也正是我们后学经常容易失策的地方，容先生常常提到它，想来不无向我们敲起警钟的意思吧！

　　容先生的学风十分严谨。他的成名之作《金文编》已经出过三版，每版都有增益修改。第三版《金文编》出版后，又有大量有铭的商周铜器出土和传世铜器被发现。为了搜集新资料，他在古稀之年亲自外出考察。每有所得，辄描记在书上。当我们翻开他手头的那部《金文编》时，就可以看到许许多多增补的字形和器名，有朱笔写的，有蓝笔写的，密密麻麻，布满行间。据统计，第四版《金文编》将新增器目约八百件，新增单字约八百个，新增异构重文约三千五百字，总篇幅将增加一半。第四版《金文编》已列为"六五"计划期间我国语言学科的重点研究项目，将由中华书局出版。它是我国古文字学研究的一座丰碑，铭刻着容先生五十多年来对古文字学的重大功绩，将永远受到后人的敬仰。

　　容先生是我们的指导教师，对我们始终十分亲切随和。我们每次到他家，他总要斟茶送烟，谈话在极为欢洽的气氛中进行。我们告辞时，他又总要陪我们下楼，送到门外，站在路边，目送我们远去。羊城多丽日，身上洒满阳光的老人，庞眉皓发，红光满面，微笑着向我们挥手——这就是我心中的容先生，一个永远不会淡忘的形象。

我所见过的希白师祖

——谨以此文纪念容庚先生逝世三十周年

陈卫民[*]

今年（2013）是容庚先生逝世三十周年。我有幸在三十多年前接触过容老，早就该写点纪念性文字，可是由于种种原因，竟拖延至今。

现在，中大中文系的师生对容庚先生的称呼方式有四种。第一种，普通地尊称"容庚先生"，使用这种称呼的大多都是并没有接触过容老的后学；第二种，尊称"容老"，使用这种称呼的大抵都是见过容老的那一辈人；第三种，搞古文字、古汉语研究，多是容老的嫡系的，口头称"容老"，但书面则以字称"希白先师"或"希白师祖"；第四种，当年听过容老的课甚至与容老共事过的老先生，称"容生"或"容先生"。我则属于第二、第三种。我在中大就读时，容、商（承祚）二老已经没有给本科生上课了，不过王起（季思）先生还给我们上选修课，王力（了一）先生也从北大专程来给我们上过几次古汉语的课。那时候，听大师的课似乎比现在容易些。

我是1979年9月到中大的，安顿下来后，由1978级的梁志成师兄引领，专程到容庚先生家里以双重后学的身份拜访容先生。容老当时是住在中区大钟楼对开的砖瓦别墅二楼（是时似乎称为中大1号别墅，楼下为商承祚先生居住），也就是原来陈寅恪先生的故居（现在的门牌编号是东北区309号）。当时，就算拜访老先生，也还没有预约的习惯，拉响门铃，是容老夫人开的门，梁师兄与容老夫人稔熟，直接道明来意后，容老夫人客气地把我们让进客厅。客厅摆设很淡雅，几张沙发蒙着灰白色布罩，一张藤椅，一张茶几，满墙的书架，字画一两幅而已。当是时，容老是中大硕果仅存的首批一级教授，中国古文字研究翘楚，著作等身，在我来说，无异于现在的年轻人面对超级巨星，第一次拜访这样的著名学者，难免紧张，正在无措之时，听到爽朗的笑声和纯正的东莞乡音"好啊，又有我们东莞的学生来了"，接着容老从书房挂着士（拐杖）步出。正如后来流传的照片那样，容老身穿浅色的

---

[*] 陈卫民：中山大学中国语言文学系1979级系友。

对襟唐装，整洁儒雅，其学者风度在当时的中大都几乎无出其右。

"你好，容老。"我和梁师兄毕恭毕敬躬身道。

"坐，快坐，快坐低（坐下），饮杯茶。"容老边用东莞话招呼我们就坐边示意容老太泡茶。

"仲有无（还有没有）生果？攞（拿）出来畀（给）乡里食。"容老轻声问容老太。容老太点点头，转眼又端了香蕉出来。

"自己来自己来。"容老比画着说，又向我问道，"你是哪间中学考上来的？叫什么？多大了？"

"容老，我是莞中考上来的，叫陈卫民，十六岁。"我挺着腰杆毕恭毕敬地回答。

"莞中的？好啊，我们是校友啊，我算算，我可是比你高了六十届啊，我还在莞中教过书呢，莞中今年考了几个来中大？"

"莞中今年考了三个来中大，中文、经济、哲学系各一个。"

"哎哟，你就系民仔？"我话音刚落，容老太问道，又转向容老说，"就是淑芳来信说过那个后生。"

我有点不好意思，点点头说："系，我就系麦老师说的民仔。"麦淑芳女士是容老太的妹妹，也是我奶奶的同事，我考上中大后，麦老师专程叫我去，跟我说了一些容老的故事。

那天的话题，大概就是东莞的一些掌故，没有半句子曰诗云，可能当时还是有些忌讳的缘故，似乎并没有多少讲及学术圈的人物掌故。容老早年的交往圈子十分炫目，其与罗振玉、梁启超、王国维、陈寅恪、胡适、郑振铎、郭沫若、雷洁琼、俞平伯等学界巨匠多有往来，与另一位东莞籍学者西南联大教授张荫麟先生交情甚笃。"文革"期间，容老又为当时的同事董每戡、詹安泰先生多方奔走，但每每提及这些人和事，容老总是风轻云淡，一语带过。或许，对很多从旧中国走过来又经历过惊涛骇浪的著名学者来说，名气有时会成为负累。

那时我毕竟年轻，凭兴趣报考中文系，对学问是一窍不通的，自然也不会讨教，现在想来，正是情景已成追忆，当时懵懵惘然，除了苦笑，唯余一叹。

自此，每个学期，我总有一两次去容宅拜访，聊些闲话。平日，傍晚时分，偶尔在中区遇到一身唐装的容老慢悠悠地走着，我也会上前恭敬地请安。在大学校园，不经意遇到著名学者，确实是一种独特体验。容老记性颇好，每次都是用东莞话聊几句家常，末了还问："怎么最近没有来坐？"有一年的六七月份，路遇容老，招呼之余容老还特意说："民仔，东莞亲戚攞（拿）了新鲜荔枝来，你等阵（过一会儿）来食荔枝。"后来看陈初生先生的文章才知道，原来当时容老其实不是单纯在散步，而是常常在晚饭后，步行到西区研究生宿舍看他的研究生。

大概在1981年上半年，上大二的时候，我在做一个小课题的研究，整天待在东区图书馆五楼的善本区，有一天借阅一本明人笔记（但现在怎么也记不起书名了），在借书卡上发现此前只有两个人借阅过，第一个签字的是容老，日期是20世纪50年代的，第二个是梁志成师兄，日期在约一年前，我觉得这也太巧了，就记在心上。其后一天，在容老家里聊起此事，容老问我："你找这本书是随便翻还是找什么？"我老老实实说，是查陈洪绶。"哦，这本书提到陈洪绶的条目不少，找到有用的吗？"容老显然还记得这本书，随后还讲了一连串书，说可以找来互参。说起来惭愧，这大概是我唯一一次接受容老的耳提面命。

这两年，大学同学聚会，同学中有两位是容老的再传弟子，说起有一册由容老弟子合编的《希白师祖言行录》，我赶紧讨来，阅毕，唏嘘不已，兹摘录一段以飨各位校友：

> 希白祖师每苦于不得告老，常诉于人前："依律例届耳顺者即可解甲，吾早过古稀之年而尚厕身教席，是何道理？"辛酉岁，虽固辞而复领博导衔，时已八十有八矣。祖师既在位，遂朝发夕归，若工薪一族然，盖心有不安者也。斯时也，予常往来于典藏室及课舍，故偶见祖师着府绸唐装，手挽黑囊一，自东南寓所徐徐北行。光武教习尝告予曰："先生至，即燃烟二，相对吞吐，恒曰：'光武老弟，汝束脩止数十，便须日日在此。吾禄数百，则无所事事。世事竟颠倒如斯，怪哉！'"

冼玉清
（1895—1965）

一粒莲子一片冰心

——怀念冼玉清教授

黄天骥*

我在番禺南沙宾馆遇见了黄焕秋老校长。饭前聊天，提起了已故的中文系教授冼玉清先生。

老校长问我，有没有听过冼老师的课。我说没有。在我入学时，冼老师负责清点、整理原中山大学和原岭南大学合并后的文物，工作量不少，再没有担负课堂教学工作。到1955年，她退休了。所以，我们只知道她是有才华的女诗人、女教授，知道人们亲切地称她为"冼姑"，却没有机会听她讲授。

不过，我们有时也会在路上遇见她，总觉得她的打扮有点特别。当时，女士们的时兴打扮，或是穿"布拉吉"连衣裙，或是穿灰蓝色"列宁装"，或是穿衬衣长裤短外套，而冼老师经常穿的是浅花色或纯蓝色的长旗袍。她上了年纪，身材矮小，腰身微胖。旗袍的剪裁也不讲究线条身段，穿在身上，仿如套着一个椭圆形的蛋卷。冼老师脸庞也是圆圆的，额前刘海则剪成半月形，脑后小髻梳成小球状；加上弯弯的眉毛，稍微丰润的肌肤。在路上，她步履轻盈地走过，就像椭圆形的球体在滑动。我们想笑，却不敢。

老校长问起冼老师，倒使我想起了一次和她在马岗顶上邂逅的情景，于是给老校长讲了一件往事。

大概是在1955年的秋天吧，有一天，我骑着自行车经由马岗顶返回宿舍。在浓荫的小径里，蓦然遇见了冼玉清老师。我赶紧滚鞍下车，向她点头，让她先走。谁知她站在路边，把我端详了一会儿，和蔼地问我："你是黄天骥吗？"我不知道她怎样知道我的名字，连忙回答："是的，冼老师。我是中文系三年级学生。"冼老师一听，知道原来我也认识她，看起来颇高兴，便说："来，到我家里坐坐吧！"她一指，路旁有一座别墅式的老房子，那是她的家。走几步就到了。

"花径不曾缘客扫。"冼老师一边念着杜甫的诗句，一面掏出钥匙开门。

---

* 黄天骥：中山大学中国语言文学系教授。

我放好了车，跟着冼老师走进客厅。客厅其实是由宽宽的走廊用书架间隔而成。里面没有多少陈设，但整洁清雅。她让我挨着书桌坐下。

"冼老师，我知道大家都叫您冼姑。"我冒冒失失地说了一句。

她笑了，说道："是。你以后也叫我冼姑！"我唯唯，其实不敢。冼老师接着问我是什么地方的人，几岁了，在哪所中学毕业，爱读些什么书，为什么喜欢学习古代文学。我一一回答，她也一直很有兴致地听着。

冷不防，冼老师指着我的裤管，问道："为什么弄得这么脏？"我低头一看，原来骑车时不小心，裤管下沾上了车链的油渍。我有点尴尬，连忙低头用手去擦，她却回身撕下一页稿纸，捣成一团，递给我："怎能用手擦！用这吧！"我接过纸团，一边想：老师真是慈母的心肠。我又觉察到她一直怜惜地俯视着我，似乎把我看成不懂事的毛小子。

擦净了裤管，我们又闲谈了几句。忽然，冼老师站了起来，说："只顾讲话，忘记请你吃东西了！"我连忙说，快要吃晚饭了，请她别客气。她摆摆手，径直往书架边走去。

书架上，搁着一个宽口的玻璃瓶子，远看去，像是盛着半瓶腐乳。她拿起了瓶，拧开了盖，又取过一只碟子，走到我的身边，很郑重地宣布："我请你吃糖莲子。"原来，宽口瓶装的是这东西，我只好连声道谢。冼老师把碟子放在桌上，坐下来，眯着眼，从瓶子里很小心地把莲子倒出了一颗，又笑眯眯地把碟子移到我的面前，说："尝尝吧！"

这一下，我愣了，碟子里就只有一颗糖莲子，我怎能独吞，便急忙推让，请她先吃。谁知她拧上瓶盖，又把碟子挪给我："就专门请你吃的。"并且说："莲子是好东西，补中益气。"我心想，这颗莲子，岂不是像颗仙丹了！正迟疑间，冼老师进一步给我做"思想工作"："吃吧吃吧！吃不饱的，不影响吃晚饭！"真有趣，一颗莲子，岂会有撑饱肚子之理？经她一再劝说，我不好推辞，也不想拂老师的好意，便用两个指头，把糖莲子拈起。

冼老师高兴了，她转身把瓶子拿回书架，边走边说："莲子属泮塘五秀，你是西关仔，知道吧？"我拿起莲子端详，发现这孤零零的宝贝，有点发黄，黄中有灰，分明有点发霉了。这玩意儿，能吃吗？当年，我们虽还未懂得黄曲霉素属致癌物质，但也晓得发霉的东西不宜入口。我有点犹豫，冼老师则以为我在欣赏，她站在书架边看着，目光充满慈爱与期待之情，一心一意等待着我吞食这一颗"九转还丹"。

我一发狠，把糖莲子放入嘴中，吞进喉咙，觉得舌尖有点儿甜，也有点儿涩。冼老师问我："好吃吗？"我点着头"唔唔"作答，连自己也不知道是在说好吃还是不好吃。

我不记得当时是怎样离开冼老师家的了。回到宿舍，向同学们一说，大家都笑弯了腰。有人说，早就听闻她的脾气有点儿古怪，对女生的态度比较严厉，对男生特别和蔼。这是否属实，我不知道。不过从她对我的态度，我是分明感受到她那份母性的爱心的，尽管仅以一颗莲子待客的方式比较奇特。

……

焕秋老校长听了我的忆述，也笑了起来。接着，他也对我说起另一桩有关冼老师的事。老校长说，人们都觉得冼姑有点"姑寒"（吝啬，粤语），其实，大家并不知道，她在新中国成立初期做过一件很令人感动的事。

冼玉清老师出生在澳门一个富裕的家庭里，但她不像一般的阔小姐，在岭南大学求学期间，她一直半工半读，不肯花费家里的钱。后来从事教学工作，由助教而至教授，入息不菲。她决心不嫁，积攒了一大笔钱，准备购买一幢舒适的房子，宁逸地享受治学研经的生活。

钱准备好了，房子尚未完全看准。这时候，抗美援朝战争正如火如荼地进行。在爱国热情的鼓舞下，校里许多老师纷纷解囊捐款，为保家卫国尽一分气力。当时，捐款纯属自愿，各人量力而为，不存在互相攀比，大家也没有互相打听。冼老师平素端庄沉静，说话不多，"政治学习"时从不会慷慨陈词；大家又知道她是柔弱的女性，一向节俭。因此，谁也没有在意她有没有捐款。

老校长说，有一天，冼玉清老师忽然独自走进财务处，托梁科长替她办理认捐手续。原来，她要把准备买房子的钱，统统捐给国家。这是一笔很大的数目！梁科长怔住了，不敢立刻接手，赶紧向有关领导报告。领导感谢冼老师的爱国热情，也考虑她独身的处境，请她再三斟酌。但她的态度很坚决，她开出的条件只是要求领导们不要宣扬，要替她保守秘密。就这样，她把积蓄献给了国家，自己一生只住在学校分配的老房子里。她的义举也一直鲜为人知。

焕秋老校长感慨地说："人们都说冼姑'姑寒'，而她对国家又是多么的慷慨！人的性格，是多面的，切忌只看表面。"听了老校长的一番叙述，我再也笑不起来了。他只娓娓道来，我则心灵震撼。原来，饷我一粒糖莲子的老太太，对国家民族却有如此广阔的胸怀！我想，当她决心捐献的时候，未尝没有过思量。一个弱女子，购房养老，不也是很有必要的吗？但是，国家为重，一旦国家需要，她舍得罄其所有。在当时，其实谁也没有动员她捐款，她也不让人知道她捐款，她为了什么？她为的是她的心，这是一颗伟大而纯洁的爱国心!

我和老校长分手后,回到自己的房子里。夜渐深,但心情许久不能平静。我既为自己的浅薄感到羞愧,也陆续想起了一些有关冼老师的传闻。听说她曾经帮助过不少经济困难的同事,资助过冼星海留学法国。晚年身患重病,她让在境外的弟弟把属于她所得的海外巨额遗产,全数调回广州,并立下遗嘱,把财产全数捐给国家,用作社会福利基金。

一个对国家民族一再捐出巨款的人,能和"吝啬"两字扯得上边吗?然而,冼老师确又只请我吃一颗莲子;听说她馈赠给朋友的珍贵礼物,往往是用重重纸片包裹着的少许花生,这又怎样解释呢?我细想,如果不用世俗的眼光去看问题,便可以理解这是她平素生活节俭的一个侧面。她不拘小节,又不讲究物质享受。她自己吃得不多,习惯于浅尝辄止,自然觉得人们也会像她那样。大家尝点滋味,聊表寸心,就足够了。因此,赠我以一粒莲子,还是一大堆莲子,在表明她对学生的爱心而言,其实是一样的。她率性为之,我少见多怪,这十足反映我自己的势利眼。

冼老师一生没有结婚。她是有名的才女,年轻时眉清目秀,娇小玲珑,追求者自不乏人,但她一直守身如玉。有人问她为什么不考虑终身问题,她回答得很干脆。她说自己专心追求学术,一旦有家室之累,学术必大受影响,便索性独身了。她又曾赋诗言志:"香饵自投鱼自远,笑他终日举竿忙。"多少年来,她就是不肯吞吃男士们投下的香饵,真可说是个为学术、为事业献身的女性。

冼老师一生写下多篇学术论文,对研究岭南文化、文献,做出了重要贡献。不过,在强调一切"为阶级斗争服务"的年代,冼老师的研究显得不合时宜。在许多人看来,她是守旧的"白专"典型。确实,冼老师虽然学识渊博,但对许多政治术语,包括苏、欧的文艺理论用语,却茫茫然搞不清楚。她只会扎扎实实地考证、爬梳古籍,读她爱读的书,做她爱做的事。在"风雷激荡"的年代,她似乎跟不上政治,跟不上时代。她静静地生活,似乎真的像唐代王维所说:"晚年惟好静,万事不关心。"但是,从她先后两次捐款的举动看,你能说她不关心政治,不关心祖国和人民吗?

在我们康乐园里,像冼老师那样性情有点奇特甚至迂腐者,并不少见。他们当中,许多人对国家对人民都有一颗火热的心,只不过那颗心,被或平淡或乖异的外表遮盖着,让人看不清楚。而正是这些执着地追求学术,以学术为生命的学者,用自己的心血,浇灌学术园圃,为康乐园积聚起厚重的学术氛围。

一位自甘淡泊一生节俭的弱女子，生前身后的两次义举，真可谓轰轰烈烈！尤为难得的是，她又认为这微不足道，只是了却作为一个中国知识分子的心愿，这一颗纯洁的心，真可谓冰清玉洁！

……

冼老师离开我们很久了，如果不是老校长提起，人们对她也渐渐淡忘，而我作为中文系的老学生，也不可能对她有稍为全面的了解。那一次番禺南沙之行，时间虽短，我却收获很大。我又一次得到老校长的教育，也更深地了解到"人"的含义。

忆冼玉清教授

邱世友*

　　我认识冼玉清教授是在1952年冬，这时候正值院系调整，中山大学从石牌原址迁到康乐村今址，与数校合并。但是，冼教授的清名我早已娴悉。这是因为她是一位岭南女诗人、女学者，我虽然望门墙而兴叹，而流连徘徊，可也景慕之至了。1952年冬，数系合并组成新的中大中文系，我协助系主任处理一些系中日常事务，自然和冼教授有接触了。由于合并新组成的系系务繁重，我的教学任务也不轻，我与冼教授虽有接触，还不能说是深刻了解。但是，她的诗人的气质，透过所戴的那副金丝眼镜，从闲淡自然的神情中，可深刻地感触到。她的那种林下风度，更令人肃然起敬，因此"柳絮因风起"的暮春意境在她的诗词作品中时有新意。有一次，她给我一首咏暮春的七律，此诗虽不无孤独幽寂惆怅之意，但并不消极。冼教授把更多的时间精力投入在岭南历史文物掌故的搜集、编纂和研究的工作上。

　　冼教授宽以待人，严于律己。对物质生活从来就不重视。20世纪50年代能当上教授，待遇是很丰厚的，何况她一向过着独身生活，讲究物质享受是大有条件的，可她的物质消费节省到难以置信的地步。在工作很忙的那些时间，充其量也只不过是雇个女工帮助料理家务。记得有一次因事跟她商量，并请教她一些岭南文学掌故，如叶恭绰先生的家世、词人叶衍兰。她极感兴趣地说了叶衍兰的《秋梦庵词》，而且说其中的《珍珠帘·题高唐神女图》很好，"巫峡生涯原是梦，浑不怕、细腰人妒"。她沉吟之后说"寄托遥深"，颇有些幽微的自我慨叹。接着就进房间去托出一盘糖果、猪油糕等来，说这糖是客人送的，久了，真的是久了，因为有些开始溶化。她随后又说："神存富贵，始轻黄金呀！"我从此领会她的人生观了：物质生活是有限的，精神生活是无穷的。物质超过实际需要就会百弊俱生，甚至人欲横流。所以她追求无穷的精神生活，弘扬民族优秀文化。这糖果只不过是她聊表心意罢了。我顿时肃然起敬，感激她的教导。

---

* 邱世友：中山大学中国语言文学系教授。

尔后时间长了，来往频繁了，她有时也到我们家来，带给孩子一些简单的小玩意儿，我们也欣于接受，感激她关心。冼教授律己之严诚如上述。而对别人呢？却是慈祥和蔼、宽容大量，我曾形容她如"蔼蔼春云"。有人说"冼姊小气"，我想如果是真的话，也只不过是因她碰上些有关物质方面的毫无意义的争议而感到厌烦吧。这绝无损于她的人品的高尚。说个例子吧，有人向她借了一笔钱，数目不少，后来那位负债者对她说破产了，还不起了，家里只剩下一枚铜鼓，就用它顶债吧，冼教授却乐意这样办。我每次到她家，还看见她在抚摸那铜鼓呢。看样子，她是乐得其所的，虽然负债者失去信用而令她懊恼。

冼教授对我们系的几位青年教师是很关心的。记得一个难忘的大暑节，她通知我们两位年青教师到她家过节。我们按时沿路走上她在马岗顶的住所，那葱茏茂密的阴阴夏木，那摇曳弄影的亭亭修竹，一回浓荫，一回萧疏地映入窗帘，使人顿时感到好像身在避暑山庄，那样的清幽，那样的恬静。为了招待我们，冼教授是自己动手的。她忙来忙去，加热冬瓜薏米粥呀，弄别的什么消暑菜肴呀。大暑节喝消暑粥，别有一番风味、一种情致，何况又是冼教授自己动手做的。席间我们聆听她谈词说诗，其中令我难忘的是，她劝导我们不要忽视诗词的艺术性，虽然思想性很重要。她沉吟着吴文英的《风入松》后片"黄蜂频扑秋千索，有当时纤手香凝"，而且还说了谭献对这两句的评点："'黄蜂'两句是痴语，是深语。结处见温厚。"当然其中还有"西子裙裾拂过来"，这话她就没说了。从此，我们领会词以柔性美为基调，以深切之情为根本。冼教授即兴地沉吟这两句名句，也爱好梦窗词的密丽，欣赏梦窗词很强的艺术概括力，感情真挚而趣味深致。她还说谭献所评从奇幻中见温厚，就有深刻的思想性。

据我所接触，冼教授是热爱自己的民族、自己的国家的，而且情有独钟。但她很沉默，从不作理论性的口头或文字的表述。她大量搜集岭南文物固然是作为研究的准备，更基本的是，从这些方面能够具体真切地看到自己民族、国家的辉煌，热爱它并因之增加信心，从而激励后人。冼教授对国家、民族的爱，是由对外国侵略者的恨历史地形成的。她生长在澳门，没有受到那个时期当地生活方式影响，反而从中国文化传统中获得了一般人不易获得的爱祖国、爱民族的品味。澳门这一弹丸之地在抗战时期可算是"自由世界"，但她还是冒着危险冲破日本侵略者和汉奸的重重封锁，从澳门孤身潜回韶关仙人庙岭南大学执教。1944年秋冬，日本侵略者要打通粤汉线，南下攻韶关，在这危急之际，冼教授又只身向西搬迁，到了连县寄寓在燕喜中学。在惊定还抹泪之余，冼教授写下了两首七律以抒对国难的悲愤。她既凭借这些诗兴感于怨刺，也借以一洗迁客战尘的烦冤。连州山水清奇，历史悠久，就燕喜亭说，就有韩愈的记和戴熙的书，而且四周怪石嶙峋，摩崖石刻共有二十四处之多，足可洗战尘的烦冤。冼教授的两首七律，其中一首题为《徙曲江转坪石复迁连阳卸装燕喜学校杨芝泉校长假馆以待》，颔联云："巾峰书舍思张栻，湟水楼船忆伏波。"颈联又云："且寄闲情寻燕石，可堪陈迹慨铜驼。"诗的末联还说自以迁客之身，枕戈待旦呢！冼教授抗击侵略者的心情栩然跃于纸上。

笔者为连州人，当时在坪石罹难于敌人的烽火，读其诗油然而生同仇忾慨，赏誉冼教授独至的深情。冼教授诗词清丽，家中所藏古玩图籍精致，马岗顶的居室环境清幽淡雅，修竹新篁摇曳多姿，微风过处，龙吟凤鸣。每到紫荆花开、木棉花发之际，地面和上空红成一色，清静与热烈并映成趣，好像造物者特地给冼教授治史作诗以一种特殊的气氛。陈寅恪教授1957年1月有题为《赠冼玉清教授春联》："春风桃李红争放，仙馆琅玕碧换新。""春风桃李"从黄山谷"桃李春风一杯酒"化出，言其教学授徒，门人竟驾。后句径以仙馆美其所居，治学将必有新的成就。1951年1月题为《题冼玉清教授修史图》七绝二首之一云："流辈争推续史功，文章羞与俗雷同。若将女学方禅学，此是曹溪岭外宗。"陈先生是世界级的史学大家，他对冼教授的修史评价赏誉如此，既赏其独创性又赞其如南宗禅学那么玄远深致。如果说当年范晔撰《后汉书》自以"少于事外远致"为憾，读陈先生的诗，冼教授治史的事外远致就不难想见了。因为，她还是一位诗人啊！

方孝岳
(1897—1973)

怀念音韵学家方孝岳教授

罗伟豪*

音韵学家方孝岳先生曾两度任教于中山大学，前后达30余年，是中文系二级教授。

方老生于1897年9月17日，是桐城文派初祖方苞的后裔，文史造诣极深。及长，就读于上海圣约翰大学法律系。时值新文化运动，方老积极投入，曾在陈独秀主编的《新青年》杂志上发表文章《我之改良文学观》，深得陈独秀赞赏。由于学养深广，眼界开阔，用功甚勤，方老青年时代的学术研究一路高奏凯歌。他在赴日本东京大学进修期间，于1921年、1923年分别编译出版《大陆近代法律思想小史》上、下册。当时学界反响甚佳，20世纪30年代已先后再版三次。初次出版80年后，因为该书不仅有"考证史料的功效"，而且对完善我国法律学理论"具有借鉴意义"，又被中国政法大学出版社收入《中国近代法学译丛》，在2004年4月再版。1932年至1938年，方老在中山大学文学院任国文教授，其间应刘麟生先生之约，撰写了《中国散文概论》《中国文学批评》两部著作，收入刘氏主编的《中国文学八论》，于1934年由上海世界书局初版，20世纪40年代再版。初次出版52年后，应学术界要求，北京三联书店在1986年12月将《中国文学批评》重印出版。资深学者评曰："此书不以材料胜，而以见解胜，以内行胜。"又过了20年，三联书店再将《中国文学批评》与《中国散文概论》两书合编，于2007年1月重印出版。20世纪中国社会发生了翻天覆地的变化，学术著作大浪淘沙，方老这几部书稿却历久弥新，被学界粉丝追捧，真可谓精品力作了。

1954年高等学校院系调整，中山大学语言学系被并入北京大学，王力、岑麒祥等语言学大师离穗北上，中文系语言课教学力量急需补充。此时方老的研究方向已从文学扩展至经学，其先后出版了《春秋三传考证》《左传通论》两部著作，在《中山大学学报》创刊号上发表了《关于屈原〈天问〉》长篇论文。高质量的科研成果蜚声海内，假如方老沿着这个方向探索下去，

---

* 罗伟豪：中山大学中国语言文学系教授。

轻车熟路，必定事半功倍。但因为教学需要，他在年近六旬之际迈上一条新路，转攻汉语史研究，以承担古代汉语、训诂学、汉语语音史、广韵研究等新课程的教学任务。方老这种胸怀大局、勇于探索的精神实在令人钦佩。经过多年努力，方老陆续发表了《关于先秦韵部的"合韵"问题》《论谐声音系的研究和"之"部韵读》《广韵研究怎样为今天服务》《略论汉语历史上共同语语音和方音的关系》《跋陈澧〈切韵考〉原稿残卷》等多篇学术论文。1958年，上海古籍出版社出版了其《尚书今语》等专著。此外，他还在1962年编成《汉语语音史概要》和《广韵韵图》两部书稿。前书以马克思语言学理论为指导，把传统音韵学与现代语音学融为一炉，对汉语语音史研究的目的、任务、方法、资料及名词术语作出科学解释，简明扼要地论述上古、中古、近古、现代普通话各时代的语音大系和发展趋势，是学习研究汉语语音史的优良读本；后书将"广韵学"与"等韵学"结合，将中国古代语音学与西方现代语音学结合，编成科学性强、方便查阅的韵图，为继承传统文化、普及语音教育作出贡献。

1961年秋，学校分配一些青年教师当老教授的助手，学习老教师的专长，当时我被指派担任方先生的助教，向他学习音韵学。我当时虽已毕业两年，但负责社会工作多，进修业务的时间少，而音韵学著作卷帙浩繁，晦涩难懂。接到任命，我心存疑虑，不知我的水平是否配当助手，能否学有所成。拜访方老后，我受到热诚接待，经他循循善诱，耐心指点，疑虑全消。方老告诫我为学必须专心致志，先打好基础，不能好高骛远。第一步是读通《广韵》，抄读《广韵》反切，3800多个小韵及其反切用字，一个一个地读，一个一个地抄。然后再精读陈澧《切韵考》。我在一年内完成此项作业，整理出《广韵》音节表，并写作论文《略论过去音韵学上一些审音的问题——有关〈切韵〉的"重纽"问题及其他》。所论虽很粗浅，方老却加以肯定。进修的第二步是精读瑞典学者高本汉所著《中国音韵学研究》，运用西方现代语音研究方法分析古音，弄清《切韵》的性质，深入分析《广韵》的声类，写作《从〈颜氏家训·音辞篇〉论〈切韵〉》《关于〈切韵〉"又音"的类隔》两篇文章。回忆当时，从论文的选题、论证材料的运用到初稿的修改，方老都一一指点。通过论文写作，他无私地传授治学经验，引导我步入音韵学的门径。

方老虽才华横溢，在民国时期却经历坎坷，为求得一教席，北上南下，辗转奔波，先后在北京大学、华北大学、东北大学、圣约翰大学任教。1948年方老重返中山大学任教时，兼任吴康教授办的私立文化大学中文系主任。

广州解放前夕，吴康决定将文化大学迁往香港，力邀方老随迁，方老谢绝，决心留在广州迎接新中国。中华人民共和国成立后，中山大学校系两级领导对方老十分尊重，先后推荐他担任广州市海珠区人大代表和广东省人大代表。1963年冬，我陪同中山大学党委副书记曾桂友探望方老，为他联系出版《汉语语音史概要》，并祝贺他当选广东省第三届人民代表大会代表。方老感谢党的关怀，风趣地说："这是'化腐朽为神奇'。"此话十分幽默，但却是方老的肺腑之言。中文系领导让我当方老助教时也特地交代说，方老学识渊博，研究领域宽广，不但要努力向他学习，还要在生活上关心他。考虑到他年老乏人照顾，学校组织部门与有关单位联系，把他的小女儿从湖北调来广州。对于党的信任和领导的关怀，方老感铭在心，以出色的教学科研成绩作为回报。

方老性格随和宽厚，谨言慎行，谦谦君子也，从不以名望地位骄人。系里决定让他首先招收语音史研究生，他认为培养目标不能太窄，主动邀请汉语方言学教师协助指导。1956年评定教授级别时，方老只被评为三级。据了解，当时校领导说，以方老的资历和学术成就本应被评为二级，但限于指标，暂被评为三级，以后有机会再提。方老处之泰然，并不争辩。1963年，方老被提为二级教授。

方老住所在文明路旧中山大学校园，平房简陋，但毗邻钟楼，环境清幽，庭园里有方老手植的老来红。晨曦初现，方老常在钟楼前打太极。给方老当助手的那三年，我每周都去看望他，一来汇报进修心得，请他解答疑难；二来带去学校发给高级知识分子的香烟、食油等购物券，替他办些生活琐事。每次见面，当谈到学术问题时，方老往往一语中的，简明扼要，旁及其他，则时发幽默风趣之言。有次我问到论文写作要领，他不假思索答曰："清真雅正。"又曰："多读《东莱博议》。"《跋〈唐写本经典释文〉残卷》一文发表，我向他致贺，他微笑道："抱残守缺。"偶尔兴起，他会邀我散步到昌兴街吃云吞面。某日，他回校上课，与听课的黄家教老师交谈甚欢，遂力邀黄老师和我乘公共汽车到北园酒家吃午饭。有一回我母亲跌伤脚，他在学校开完会后，执意要我陪他到小港新村看望我母亲。1964年10月，我被派往佛山参加"四清"，告别时方老送我到中山四路宁昌饭店共进晚餐。事隔多年我才知道宁昌饭店是广州有名的老字号，善制东江盐焗鸡。

我当方老助手仅三年，参加"四清"之后是"文化大革命"，我被下放到干校。接连不断的政治运动既打断了我的业务进修，也中断了我与方老的联系。而方老因小女儿被调回湖北荆州，在广州无人照料，只好于1971年办理退休后告别羊城。一别八年,直到 1972 年我和方老才恢复通讯。方老多次在信中提到要重回广州再执教鞭,并于 1973 年 8 月将《汉语语音史概要》和《广韵韵图》两部书稿寄来,委托我联系出版。遗憾的是壮志未酬,他竟于四个月后撒手人寰,从此幽明永隔。聊可告慰方老在天之灵的,是他的两部书稿终于在 1979 年和 1988 年先后出版。而我在 1984 年也重新开设"广韵研究"课,根据方老当年的讲授提纲并汇集我的一些研究资料编成教材,以方老与我联名,于 1988 年由中山大学出版社出版。谨以此书表达我对方老无限的敬仰和永远的怀念。

黄海章
(1897—1989)

花开花落浑闲事

——怀念黄海章先生

陈平原*

一

二十年前，我在粤东山村插队务农，闲来自学大学中文系课程，其中一门用的是黄海章先生（1897—1989）的《中国文学批评简史》。当时只觉得此书简单明了，好学好记；尤其是书中大段大段的引文，对我这样的初学者来说，特别适用。

恢复高考后，我踏进中山大学，对各种长于条分缕析的西洋理论感兴趣，自然"怠慢"了黄先生。一个偶然的机缘，大学毕业前夕，我第一次登上了先生那翠竹掩映中显得有点幽深的小楼。那时我对晚清诗僧苏曼殊如痴如醉，而1928年北新版《苏曼殊全集》第五册中收有先生《展曼殊大师墓塔》七绝三首；其中"我亦人间憔悴客，情怀得似曼公无"，尤其令我拍案叫绝。

常常是下午三四点钟，我轻叩柴门，在师母的引导下，步入那间只有七八平方米的小屋。先生慢慢转过身来，戴上眼镜和助听器，再掏出笔和纸，咧嘴笑笑，表示已经准备就绪。然后，一老一少，就着午后稀疏的阳光，连说带写地讨论起苏曼殊来。大概很久没有人跟他谈论苏曼殊了，先生沉默好久，才慢慢打开尘封的记忆；可一旦打开，就很难合上。记不清三年间，我们谈了多少次苏曼殊，每次走出先生的小楼，望着夕阳，我总有"欲辨已忘言"的感觉。

那时候我学的是现代文学，先生带的是古代文学批评史的研究生。在他在我，谈论苏曼殊都只是一种个人兴趣，一种业余爱好。开始，先生"审查"了我大半天，生怕我像一二十年代的痴男怨女那样，只是因为"还卿一钵无情泪，恨不相逢未嫁时"才迷上了这风流诗僧。一旦知道我感兴趣的是

---

* 陈平原：中山大学中国语言文学系1978级系友，北京大学中文系教授。

"行云流水一孤僧",先生又直摇头,连说"不应该不应该"。为什么不应该,先生没说,不过我知道这与先生的个人身世遭遇有关。先生幼时家境清寒,五四运动那年入公费的广东高等师范就读。毕业时大病几死,后曾浪迹天涯,托身佛门。当年我只是依据传闻,偶尔提及,先生又总故意岔开话题;直到近日拜读北大图书馆收藏的《黄叶楼诗》(旅港梅州中学校友会为先生刊行),这种感觉才得以证实。

先生出世之想的时间大概不长,很快就重入红尘,先后任教于梅县梅州中学、潮州金山中学,1936年起执教中山大学,直到以92岁高龄病逝于中大寓所。尽管先生晚年不断表示"蓬莱无可到,梵士亦空悬。不佛亦不仙,蔬食任吾年"(《杂诗》),我还是相信年轻时的感情体验,终其一生无法完全抹去。诗集中随处可见游佛寺感叹"凄凉佛子家"的诗作;当年杭州灵隐寺孤僧留影,普陀山木鱼携归,或者庐山青莲寺妙岸上人之约,更是让诗人刻骨铭心,几十年后不断"回首前尘,恍如昨梦,诗以写怀"(参见《黄叶楼诗》)。也幸亏先生"尘缘终未谢,旧约负庐山",我辈才得以亲聆教诲。先生显然不希望我步其后尘,可此等事无理可说,只能自己把持,故先生只是再三表示"不应该"。

或许正是出于这种考虑,当我提出撰文讨论苏曼殊小说的宗教意识时,先生并不欣赏。他不止一次表示希望我研究曼殊诗歌的爱国主义精神,说着说着,含着老泪吟诵起《东居杂诗》或者《谒平户延平诞生处》:"相逢莫问人间事,故国伤心只泪流";"极目神州余子尽,袈裟和泪伏碑前"。先生用笔敲打着桌子,颤抖着声音追问:"这难道不是爱国主义?!"这种时候我只有沉默。我无法向先生解释清楚我的学术追求,因为先生从不把苏曼殊当研究对象(这才是真正的喜爱!),只是希望尽快为其"平反",故更为强调其故国伤心、袈裟和泪的人间情怀。这点苦心,我能理解,也大体赞同。可我还是坚持原先的思路,把文章写完,犹豫了好久才送呈先生。好在先生宽厚,没有发脾气,只是平静地说了一句:"文章写得漂亮,但我不喜欢。"

1984年初夏,我准备北上求学,请先生为我书写《展曼殊大师墓塔》,作为我们师生一场的纪念。我知道先生平日里"偶有佳思付短吟"(《余年》),但不敢劳动大驾,只是借曼殊的因缘求一墨宝。没想到先生悔其少作,可不忘故情,居然提笔成《重题燕子龛遗诗》三章,最后一章诗云:

五十年来绝赏音,山僧遗墨又重寻。
花开花落浑闲事,流水高山自写心。

先生写毕，颇为得意，自称："不是诗人之诗，不是书家之字，说不上特别好，可就是不俗。"这话让我品味了很久很久。此后虽也有几次短暂的拜访，但我与先生交往的高潮，无疑是促成先生重题燕子龛遗诗。那天先生情绪特别好，满脸笑意，略带天真地等待我这个私淑弟子的夸奖！

先生晚年颇有童心与禅心，真的达到"花开花落浑闲事"的境界。早年的"且自外形骸，一笑齐清浊"（《丙戌重阳后二日，舣棹凤城，重登金山，凄然有作》），尚有故作潇洒之嫌；不若晚年脱却大喜大悲后的平淡天然："天海苍茫处，诗心一往还"（《绝句》），"黄叶滩头秋水冷，何人把卷澹忘归？"（《杂诗》）。

二

吟诗是先生的爱好，学术研究则是先生的正业。先生在《黄叶楼诗》的"后记"中称："自念从旧社会中来，犹存在不少落后的思想意识，然而抒怀述事，尚不失其真。"这话其实也可作为先生治学的自我总结。20世纪50年代后，先生自觉接受思想改造，著作中大量出现"唯心主义""唯物主义""爱国主义""现实主义""形式主义"等新概念。可毕竟是"从旧社会中来"，稍一不慎，便露出庐山真面目。在一大堆远非先生所能熟练驾驭的新概念的掩护下，先生时能表达自己的体验与感悟。即以20世纪60年代初出版的《中国文学批评简史》来说，其中甚多不无偏见但痛快淋漓的断语。如批评严羽教人做功夫的方法：

> 从《楚辞》至盛唐诸公，熟读而酝酿之，悟来悟去，都不外是纸片上的学问。岂不闻诗之外有事？诗之中有人？一个作家如不能面对现实，发掘现实，反映现实，更进一步而指导现实，徒然徘徊于古人诗卷之中，便会被古人压死。所谓向上一路，所谓直截根源，不过如是如是！他的妙悟的伎俩，也就可想而知了！

这段评论实未见精彩，可快人快语，令人羡慕。先生反对时贤之长篇大论，主张"精简一些"，在《漫忆平生》中曾自述其学术追求：

> 我平生治学，重在捃摭要义，挈领提纲，往往失之"粗枝大叶"，但比较"博而寡要，劳而少功"的，似乎稍胜一筹。

先生述学，不长于考据，也不长于分析，而是注重理解与品味，然后单刀直入，直指本心。除了学术训练外，我怀疑这与先生之仰慕佛家大有关系。不管是平日闲谈，还是落笔为文，先生都喜欢简短的判断句（写成文章还另加感叹号）。是好是坏，是对是错，直截了当，没那么多曲里拐弯的"然而"与"但是"。就好像老僧说法，不屑于婆婆妈妈；至于听者领悟与否，全靠个人的修行与悟性。

另外，先生述学，相当注重文字的美感效果。也就是说，不是"写书"，而是"撰文"。《中国文学批评论文集》中的许多文章，读起来都琅琅上口。如《评宋湘〈说诗〉》中发挥宋氏"读书万卷直须破"的观点：

> 读万卷书而不能破，便要为书压死；念佛千声而不能空，便不能成解脱之功。惟其能破能空，才能掉臂游行，自如自在。"从有法度入，从无法度出。"使法度为我用，而我不为法度用；使书本为我用，而我不为书本用，然后能自抒胸臆，自成家数。古今来所以累死许多英雄，都是由于为笔头缠死而不能自脱。换句话说，是死于书本，死于法度。辛苦一生，徒然掉泪而已。

道理其实很平常，令读者感叹的很可能是文章的气势与韵味。这种重体悟与自得、不大重书本与理论的倾向，仍可能暗含玄机。如此学术路数，与近代以来日渐专业化的大趋势格格不入，故在学界显得有点"落伍"。好在先生从不追新潮，政治上、学术上都力戒"从风而靡"，而是追求"内有定见，外有定力"。20世纪70年代初，先生吟成一首《闭关》；对"文革"后期四人帮笼络、愚弄知名学者的政治背景略有理解的话，不难领略先生的襟怀：

> 颂酒未能聊渝茗，藏书不读且看山。
> 鹃花落尽人非故，万绿摇天自闭关。

人生百年，何处无风浪？苟能关键时刻"万绿摇天自闭关"，起码也算气节之士。

先生极重节操，鄙视无行文人。以"有行""无行"来褒贬品评世俗人生，显然有点单薄。只有在易代之际，民族气节与家国兴亡之感纠合在一起，并发之为诗文，此"行"此"节"才具有比较丰富的历史文化内涵。先生晚年撰《明末广东抗清诗人评传》一书，可说是扬长避短，最大限度地发挥其学术潜力。此等诗人，多壮怀激烈，侠气义肠，把做人与做诗统一起来，深为先生所仰慕。只是可惜其人"僻处岭南，知音不多，把他加以阐扬，也不失为治文学史的人一件有意义的工作"。先生治此课题，理论设计非常简单，将众诗人分为"死难的抗清诗人""参加战斗后退隐的诗人"和"退隐的诗人"三大类，外附"方外诗人"等。如此排列，已显先生志趣：处此天崩地裂之际，士大夫中上者举兵抗清，"战死沙场"；其次图谋恢复，"知不可而为之"；再次"逃遁深山"，保全晚节。

除了钩沉史料、表彰英烈，此书的最大特点其实在于"品诗"。在其人其诗均有可称可道的前提下，先生对诗人的褒贬是颇为精当的。如评述狂放不羁而又大节凛然的邝露，扬其"出语自然"的五律而抑其堆砌"辞藻典故"的五古，就非自有体味者不能持此平正通达之论：

> 为诗出于喜愠之情，而乱离之世，作者感于世变，往往发为愤怒不平之声。湛若处在河山变易的年代，其感想为何如？在近体诗中发露其愤郁不平之气者固不在少，感人亦至深，惜古体未能相称耳！

只是先生本人吟诗极少古体，不用典故，不务藻饰，真的是"直抒胸臆"。会否因此而略带偏见褒贬失当？仅读先生引录之作，不便信口雌黄。

三

相对于先生的述学之作，我更欣赏其"流水高山自写心"的诗文。当年郁达夫评苏曼殊的诗比画好，画比小说好，而"比他的一切都要好"的，是"他的浪漫气质，由这一种浪漫品质而来的行动风度"。这里无意横加比附，不过，我确实更敬佩先生为人的温润与淡泊。

先生气质迥异曼殊，以其"淡泊"而激赏曼殊的"逸艳"，表面有点奇怪。可我想，在追求"适性自然"这一点上，二人颇有相通之处；更何况同是"人间憔悴客"！前者是先生评人衡文的主要依据，后者则涉及先生立身处世的根基：忧生且忧世。

先生虽也称"平生淡名利，雅欲栖罗浮"（《杂诗》），终其一生实未能真正"弃圣绝俗"。几十年坎坷曲折，说不上功业卓著，可从未忘记家国兴亡。故其推己及人、体察先贤苦心，甚不以时人抓住三两句诗大谈陶潜如何闲适、散原如何冷漠、曼殊如何放荡为然。在先生看来，这些有真性情的诗人，处乱世而想葆其真，不得不傲群小，出冷音，实则全都寄托遥深。故其读陶渊明诗则感其"慷慨有深怀，吐辞多悲辛"（《读陶诗二首》）；读陈三立诗则叹其"袖手看云非暇逸，感时抚事见深衷"（《读散原精舍诗》）；几十年后重读苏曼殊诗，仍然是"兴亡历历萦心曲，热血何曾逊昔年"（《重题燕子龛遗诗》）！正是这种人间情怀，使得先生与上述诗人不论如何参禅学道，都无法完全忘却家国兴亡与人世沧桑。这也是先生为人为诗，淡泊而不流于枯瘦的重要原因。

当年也曾问及先生高寿的奥秘，先生答以"无心"。《黄叶楼诗》中不乏"舒卷无心随所适，人间何事苦纷纭"（《岭云》）之类的诗句，可接下来很可能即是"大笔抒忠愤，英风警怯顽"（《读放翁诗》）！既求"无心"，又重"忠愤"，二者合起来才是一个完整的先生。晚清以来礼佛者多讲回向与济世，极少满足于寂灭或自了。寄禅、太虚、弘一法师都讲学佛救国的人间佛教，以为这才是佛门子弟真正的大慈大悲救苦救难。而谭嗣同、章太炎辈更是讲求学佛的大无畏，"排除生死，旁若无人，布衣麻鞋，径行独往"。故弘一法师说学佛者乃"积极中之积极"，也不无道理。佛教未必真能救国，但我欣赏文人学者之借学佛"护生"兼"护心"。说到底"救世"近乎空言，不过借此保持一种人间情怀；更重要的是觅一块安身立命的"净土"，以抗拒平庸污秽的世俗人生。先生说得对，这种生活意向，说不上特别崇高或伟大，可就是"不俗"。

世人求功名富贵，先生求自适，各有各的合理性。只是随着商品经济大潮的日渐高涨，先生的诗文、性情及风范，或许将永远隐入历史的深处。每思及此，不禁怅然。

窗外银杏悄然飘落，又到了一地金黄的深秋时节。猛然间记起，先生谢世已经三年整。面对先生书赠的《重题燕子龛遗诗》，我辈俗人还是勘不破生死，仍然认定"花开花落"并非"浑闲事"。于是，才有了这篇未能免俗的短文。

1992 年 10 月于京西蔚秀园

冰壶秋月
——忆黄海章师

吴承学*

1982年春,我有幸考取了黄海章先生的研究生。第一次拜访海老,记得是一个融和的春日。我穿过康乐园绿竹繁荫的小路,来到一幢寂静的旧式楼房。上楼,又穿过摆满书架的过道,便是海老的卧室。卧室约摸八九平方米,又兼书房,十分简朴逼仄。室内弥漫着浓烈的旧书气味。卧室三面开窗,窗外绿竹绕屋,含风萧萧。室内竹影参差,幽静而昏暗。海老用浓重的客家口音和我交谈。他虽然形容枯瘦清癯,齿豁头童,耳聋目眊,着一身旧的黑布衣服,但却隐然透露出一种少见的脱俗超迈的气质。这使我突然想起苏东坡的诗句:"布衫漆黑手如龟,未害冰壶贮秋月。"

此后3年,海老的全部心血几乎都倾注在我们身上。当时导师们通常让研究生自学或者讨论,很少正规授课。不少年纪大或名气大的导师更是挂挂名而已,有些学生甚至难得见导师一面。以海老的名气和资格,完全可以选择很轻松随便的指导方式。但年近九旬的他,仍亲自授课,每周4节,一直坚持两年之久。他总是说,自己带研究生不能仅有空名,误人子弟。海老尽管有60多年的教龄,上课内容可以倒背如流,但仍然一丝不苟地写好教案提要,严格按计划上课。每次上课,在海老的卧室里师生相对而坐。海老便把一口时钟放在书桌上,时间一到,就准时开讲。上完45分钟,宣布休息一会儿。这时师母便端上几杯酽酽的铁观音茶,师生一边呷茶一边海阔天空地聊天。15分钟一过,海老又看看钟说:"继续上课吧。"

海老是近代著名爱国诗人黄遵宪的后人,幼年家境贫寒,中小学的课本,几乎全靠手抄心诵。到了耄耋之年,海老仍博闻强记,一般诗文几乎可以过目成诵。上课时从先秦到近代的各种重要文献,随口背出,几无漏误。平日向他请教问题,他总马上答复,某问题可参考某书某卷,绝无差池。

对于学生,海老的要求是很严格的。他认为治学首先需要高尚的人格,

---

* 吴承学:中山大学中国语言文学系教授。

牵于名缰利锁、见风使舵的人不可能有真正的学术成就。他喜欢用韩愈的话来勉励我们:"无望其速成,无诱于势利,养其根而俟其实,加其膏而希其光。根之茂者其实遂,膏之沃者其光晔。"我想这话也可看作海老的夫子自道。海老的学生布满全国各地,其中不少已是文化界、教育界的专家、教授;但对很多不相识的青年读者,海老仍是有信必复,有求必应。晚年海老一目失明,视力严重衰退,但对我们的每篇文章还是逐字逐句地修改。看到作业上海老那老笔颓颤的评语,我们都深为感动。后来海老听力益衰,甚至借用助听器也无济于事。每次我到海老家,海老便取出纸笔,铺在桌上,一个以手为口,一个以目代耳,师生两人在无言之中,默默地交谈。

我们毕业那天,海老高兴地说:这3年来我一直担心突然死去。我90岁了,并不怕死,唯一担心的是我的死会影响你们的学业。如今你们终于顺利毕业了,我再也无牵挂了。一席话说得我鼻酸神伤。自此以后,海老便正式退休。这期间他又在海外出版了他的诗词选集《黄叶楼诗》,在国内出版了《明末广东抗清诗人评传》。他说他每天都完成该做的事,随时做好死的准备。好像是一个完成了工作的工人,在等待下班的钟声。

如今,海老已溘然长逝了。作为弟子,未能为恩师送别,我无限悲伤和遗憾。但我想,在弥留之际,回首平生,海老一定是坦然无憾的。

附记:

这是我在20多年前写的怀念导师黄海章先生的文章。当时我远在上海复旦大学攻读博士学位,听到海老去世,悲伤不已,即写下这篇小文,并发表于《羊城晚报》1989年10月23日第3版。

叶启芳
(1898—1975)

叶启芳与中山大学图书馆

邬和锰[*]

一、叶启芳生平简介

叶启芳（1898—1975），广东省三水县（今佛山市三水区）金本乡安溪村人，祖居三水，出生于广州，对他影响最深的除了儒家文化，那便是近代西方文化，特别是基督教文化。

清末，叶启芳的父亲叶杰聘来到广州西关长庚里、青槐里一带，在同乡兄弟开办的织造厂学织丝绸，学成后留厂成为技术工人。他长期在西关打工，与妻子共生了10个子女，然而除了六姐、七姐和幺儿子叶启芳之外，其余早夭。故今日安溪村的晚辈按叶启芳兄弟姐妹的出生顺序，还称叶启芳为"十公"。叶启芳的童年基本上是在广州度过的，生活非常艰苦。

1905年，叶启芳7岁时，母亲去世。跟着1906年，父亲做工的丝绸厂倒闭了，父亲失业后，只好靠贩卖瓜菜来维持一家大小的生计。同年，父亲娶了继母。五口之家靠父亲一个人卖瓜菜度日，日子艰难，温饱难得，遑论读书！故叶启芳迟至10岁才启蒙，识字读书。然而11岁，他便辍学在家。因为父亲不但无力供他上学，甚至无力抚养他成长。万般无奈之下，父亲想起了老友何乔汉。父亲便带叶启芳到香港，把儿子交给在香港基督教道济会堂附设小学教书的何乔汉，说明自己失业，日子艰难，让儿子在他们小学当役工，不收工钱。如有可能，工余读点书。何乔汉收下了叶启芳。父亲再三叮嘱儿子：要脚勤手勤，接受长辈的教训，千万不要贪心拿别人的东西……临别之时，父亲给他两角钱，却教育他不要拿去买东西吃，等到要用的时候才用。谁知这一别，竟成了父子俩的永别。

叶启芳每日从事洒扫及其他杂役。叶启芳很想如同学校的孩子们一样读

---

[*] 邬和锰：中山大学图书馆研究员，曾任广州市文史研究馆馆员、广州市政府参事室参事。

书，但只有把一天的工作做完了、做好了，才有可能在路灯下或厕所里读点书。由于聪明能干、勤于操作、勤奋学习，叶启芳不论工作上还是学习上都有较大的进步。后来，叶启芳在教会的资助下，在教会办的学校读书。他先后在广东博罗瓦廷敦小学、东莞礼贤中学、广州培英中学读书。1920年，进入广东协和神学院深造。1922年，转学至北京，进入燕京大学深造，1924年毕业。

叶启芳大学毕业后，先后担任广州黄埔军校教官、广州培英中学校长、广州市公安局护照处主任。1930年前后，他赴上海，受聘于商务印书馆及神州国光社，从事翻译工作，出版了一系列在当时颇有影响的译著。1937年抗日战争开始，1938年10月广州沦陷，他去香港涉足新闻行业，任《星岛日报》等报编辑、主编。1941年底，香港沦陷，他携家人逃出香港，辗转于广东、广西、湖南、贵州、四川5省，颠沛流离，在粤北中山大学、东吴大学、岭南大学3间大学任教。抗战胜利后，他又回到香港，任《新生日报》总编辑、中国新闻学院院长、达德学院教授。1950年，他应叶剑英电召，回到广州，先后担任私立广东国民大学教务长、华南联合大学秘书长、中山大学中文系教授、中山大学图书馆馆长。他的一生，东奔西走，涉事繁杂，风雨坎坷。他前前后后做过多种工作，但不论做什么工作，都体现了读书明礼、崇尚儒家先贤的知识分子的品德，忠于职守，认真负责，兢兢业业，勤勤恳恳，总是把所负责的工作做得很好。叶启芳公正办事，不贪不占，清廉为官，两袖清风，十分难得。

叶启芳热爱祖国，其报效国家的理想，不是停留在口头上的高调空谈，而是付诸行动的。1950年6月，他在香港接到广东省人民政府主席兼广州市市长叶剑英和私立广东国民大学校长陈汝棠的电召。他想到新中国刚刚成立，要恢复、要建设，急需人才为新社会服务，便毅然放弃在香港的优越生活，决定离港返穗。后来，他被委任为广东国民大学教务长，职务虽高，但每月工资才90元，这与他在香港英华女子中学任教的月薪1200元相比，可谓天壤之别。而他这每月的90元，租一套房子30元，雇一工人30元，余下30元过生活，月月入不敷出，所以还要妻子汤慕兰从香港汇钱到广州补助他过生活；但他照样积极工作，从不计较个人得失。同年，美国悍然发动朝鲜战争，妄图把战火燃烧到中国。中国人民义愤填膺，掀起了轰轰烈烈的抗美援朝运动，纷纷参军。叶启芳痛恨美帝，以满腔爱国爱新社会的热忱，毅然送独子叶孟德参军，参加抗美援朝战争。人生在世，谁无亲人，谁无儿女，谁不疼爱自己的儿女？叶启芳夫妇只有这么一个独子，却送独子去抗美援朝，这是多么不容易做到的爱国之举。

二、叶启芳在图书馆领导工作中的贡献

中山大学由孙中山先生于 1924 年创办,原名为国立广东大学,由广东高等师范学校、广东法政专门学校、广东农业专门学校和广东公医学校合并组成。1925 年,孙中山逝世。1926 年,为了纪念孙中山,学校改名为国立中山大学。中山大学图书馆创办于 1924 年,由以上 4 校图书馆合并组成,藏书甚多。1935 年,藏书 30 余万册,居全国著名大学图书馆之首。

办好大学,首先靠校长,其次靠教务长、总务长、图书馆馆长。图书馆是知识信息的海洋,对提高学校的教学质量和科学研究水平起着重要作用。叶启芳于 1956 年秋被任命为中山大学图书馆馆长。叶启芳本来是翻译家,译著甚丰,曾译《政府论》(英国洛克著),该著作今天仍被北京大学、中国人民大学、中山大学、复旦大学等国内著名大学列为政治学、法学专业博士生入学考试必读书目;但要他当图书馆馆长,有人担心他当不好。他虽然不是图书馆学专业科班出身,但极爱读书和藏书,知识面广,对中国古籍也十分了解。这说明他能做好图书馆工作。他在馆工作,虽然不足一年(因为 1957 年他被打成右派,反右斗争后,他不便回馆工作,自然免职了),但工作能力强,经验丰富,尤其能团结何多源、陆华琛、黄闰科三位副馆长,尊重他们,发挥他们的长处,领导全馆同人一道工作,使馆内各部门的工作有序进行,向前迈进。叶启芳在中山大学图书馆的领导工作中做出的成绩和较大的贡献主要有:

(一)清理旧书

叶启芳接任中山大学图书馆馆长之时,正值图书馆继续清理旧书的最后阶段。他对这项巨大的工程极为重视,要求自己继续努力,善始善终,全力做好,尽快完成重任。当年,中山大学图书馆分为中区、东区两部分:中区馆的书是日常借出应用的;东区馆的书为旧书"有性质反动的,有内容含有秽亵的黄色等毒素的,有首尾不全的,有虫蛀残破的……残缺日甚,急需清理"(叶启芳语)。当时,有一位副馆长和几个人一道继续清理旧书。他们择其可用者,调到中区馆去借用流通;又把多余的复本留下,待与其他院校图书馆交流;其余不能用的书,予以封存。这项"尾巴"工作持续一个多月,方告完成。这是一项充分利用图书馆资料的好事,既方便了师生,又促进了学校的教学和科研工作。

（二）编印馆藏图书目录

"清理旧书"是叶启芳担任中山大学图书馆馆长之后所做的"收尾工作"，而"编印馆藏图书目录"则要继续进行，继续努力奋斗。这又是一项巨大的工程。

图书馆的职责和任务与藏书楼不同，重点不在"藏"而在"用"。图书馆的图书流通越快，读者借阅次数越多，图书馆的工作成绩就越大。故编制科学的准确的图书目录让师生利用对促进图书流通至为重要。图书目录是打开图书馆知识宝库大门的金锁匙，读者掌握了这把金锁匙，就可以充分利用图书馆的书刊资料。这样，图书馆就可以充分发挥作用。在旧书清理工作完成之后，叶启芳馆长等就组织人力编印馆藏图书目录。两位副馆长参加了这项工作。他们于1956年4月至9月底，用了120多个工作日，整理了327000册书刊，并均编有书本式分类目录。他们先编写目录卡片，再刻蜡版或打字，最后进行油印。油印的8开16开书本式分类目录共有12厚本。他们又利用书本式目录剪贴制成卡片式著者目录和书名目录，随后即排放到目录柜中。这样，大大解决了中山大学图书馆自1952年广州地区高等学校院系调整以来存在的大量藏书有书无目、有目无书的难题，既方便了广大师生的借阅使用，也可以与校外有关图书馆交流馆藏信息，互通有无，互相支援，还可以帮助各馆的馆际互借工作。中大图书馆编印馆藏图书目录工作的完成，馆长叶启芳做出了不少贡献。

（三）抄录《四川志》

叶启芳到中山大学图书馆担任馆长之初，四川大学图书馆来函，请该图书馆为其抄录《四川志》。叶启芳对此请求十分重视。他亲自到广州市内文德路旧书店，寻找毛笔字写得好、专门从事抄书的人员进馆精心抄录，以保证手抄本图书的质量。

中山大学图书馆收藏的《四川志》，为明代熊相纂修，明正德精刻，明嘉靖增补本，共37卷12册。当时，图书馆人员查遍海内外书目，除中山大学图书馆藏有该《四川志》外，其他馆尚无入藏，实属传世孤本，极为珍贵。《四川志》抄好、校好后，便寄往川大图书馆。川大图书馆收到《四川志》手抄本后，来函表示衷心感谢。中山大学图书馆也为有此一部手抄的珍贵副本，感到欣慰。

（四）举办讲座，进行业务学习

为提高图书馆业务人员的素质和水平，叶启芳积极支持图书馆人员进行业务学习。他与三位副馆长研究决定，1957年馆内人员的业务学习，采用专题报告与小组讨论相结合的方式进行。由图书馆邀请校内外专家来馆举办讲座。先后应邀到馆开设讲座的有：广东省立中山图书馆馆长杜定友和专家金敏甫。他们分别讲授了图书分类法和图书编目法。校内政治课教师丁宝兰教授讲授了哲学概论；中文系容庚教授讲授了金石书目录；历史系刘节教授讲授了史部目录；而叶启芳馆长则讲授了外国文学专题。经过一个学期的听课学习和小组讨论，馆内人员的图书馆学、目录学和科学文化知识得到了极大丰富，图书馆工作人员的工作水平也得到了提高。

（五）读书、藏书、赠书

叶启芳，一介书生，不抽烟、不喝酒、不打牌，他的唯一爱好就是读书，常常手不释卷。他认为，"书比粮食更重要"。他11岁时，父亲把他送去香港，临别时，给他两角钱，他一直舍不得用。后来他用这两角钱买了一本《古文评注》，朝夕诵读，视为至宝。他最喜爱苏轼的文章，"汪洋泛滥，海阔天空，与他之志大而言夸者极相投合"，所以，对此爱不释手。他晚年退休"归田"在家乡安溪村，仍然爱读书。1973年，中山大学中文系的易新农、吴宏聪教授登门造访，就看到叶启芳端坐在椅子上正在专心阅读《柳文指要》。

1957年春节，中山大学图书馆副馆长何多源并刘少雄几位同志到市内丰宁路叶启芳家拜年，见叶府客厅里四五个玻璃书柜放满了书。柜中除了他喜爱的早期外国文学名著译本，还有他喜欢的中国线装古籍，其中就有一部明代版《文苑英华》1000卷，它是宋代四大名书之一（其他为《太平御览》《册府元龟》《太平广记》）。

叶启芳买书藏书，并非把书当作私有财产。有人向他借用，他也乐意借出，甚至把珍贵的藏书慨然赠送给需用的友人。现在中山大学图书馆"陈寅恪纪念室"就有一部世界书局影印阮刻《十三经注疏（附校勘记）》，民国二十四年（1935）十二月初版，精装两厚册，正文共2782页，定价国币十四元，相当于现在人民币1000元。上册扉页有题字："寅恪先生惠存　弟叶启芳敬赠　一九五四年五月三十一日"，这两厚册的首、尾处都盖有叶启芳和陈寅恪的印章。当年，叶启芳赠书的目的，是让陈寅恪的助手查找这方面的资料时更加方便。

书比粮食更重要

易新农[*]　　夏和顺[**]

叶启芳一介书生,平生别无嗜好,不抽烟,不喝酒,唯一的爱好就是手不释卷,爱书如命。汤慕兰在《回忆录》中还说:"启芳个性不喜欢笑,爱孤独地看书,他手上有书,则万事足矣!""他爱清洁,他的衣箱、文具都是井井有条,他不喜欢别人给他移动的。尤其是他的书,没有一卷是折角或卷边的。他手上有书,则肚子饿都不知道了。你给他吃,他就吃,你不给他吃,他从不自己找东西吃。"

晚年他还常逛广州的旧书摊,搜购各种他感兴趣的旧书,外文书、线装书、平装书,凡认为可以收藏的,他均收购无遗。"文革"以后,旧书摊没有了,广州仅有的一家书店——新华书店,他也常常光顾。叶启芳出身贫寒,幼失怙恃,他读书全靠勤奋,藏书也是从零起步。11岁时,叶启芳在香港道济会堂附设何馆做小校役时,用父亲给他的最后两角钱买了一本《古文评注》,对其爱不释手,视之为"枕中秘宝",这即是他一生藏书之始。他的钱大都花在了藏书上,这样聚沙成塔,到晚年他的藏书已增至数千卷之巨。叶启芳这方面的毅力,非常人所能及。

据叶孟德回忆,叶启芳藏书很多,他对书籍特别珍视,曾自己设计制作书柜,以便更好地利用空间,保存书籍。他对线装书的防虫防潮尤下功夫,几乎每天都要轮番把书从书架上搬下来,稍作整理后再放回书柜。他的书房里,不论线装书、平装书,都保持完整,从不在书上折角,他的每本书上都盖有藏书章。

叶启芳曾藏有一套《听雨斋楚辞集注》,六册一函。20世纪90年代,陆键东在北京出差时,于坊间觅得这套藏书,发现有叶启芳藏书印,不忍心见其流失,便花1800元购得。这套书为清乾隆五十三年(1788)听雨斋朱墨套印本,雕工极佳,录汉至明末楚辞学家84家释评和圈点,有朱熹集注,又

---

[*] 易新农:中山大学中国语言文学系教授。
[**] 夏和顺:中山大学中国语言文学系友,《深圳商报》记者,作家。

称《朱文公集注楚辞》，现在（2018）的标价是6500～7500元。

中山大学图书馆荣誉终身研究馆员刘少雄与图书打了一辈子交道，他在回忆50年前作客丰宁路叶府见到叶启芳的藏书时，仍然印象深刻，他说："在其客厅有四五个玻璃书柜，大约看了一下，其入藏早期文学知名译本不少，堪称难得。在线装古籍中，有一部《文苑英华》（明版），此书有一千卷，为宋四大名著之一，十分珍贵。"

叶启芳喜欢逛书摊，出差外地观光游玩也不例外。在上海，刘思慕陪同他一起逛城隍庙旧书摊，他在这里买了一本茅盾当年所译小说集《雪人》，匈牙利作家莫尔纳等著，开明书局1928年5月初版，1929年7月再版。叶启芳在此书扉页上题记："购于上海城隍庙旧书摊，与思慕兄夫妇及慕兰同游时购买，1953年8月25日。"同年9月5日，叶启芳在北京又逛了东安市场旧书摊，他在这里买到一本焦菊隐译晨光出版公司版《爱伦坡故事集》。

时隔3年，刘思慕携夫人回广州探亲访友，还专程赴中山大学看望叶启芳夫妇，相见甚欢。叶启芳特地假座广州荔湾著名的泮溪酒家，为刘思慕夫妇洗尘，共话多年契阔。席间，叶启芳谈起自己在外国文学史方面的研究抱负——他计划几年内写出一本有分量的专著。刘思慕也说，打算把抗日战争前夕旧译的《歌德自传》改译重版，但苦于旧译本早已绝版，他手头原有的一本也已失掉。叶启芳说："巧得很，我前不久在旧书摊上买到了你的这个译本。"他慷慨地把这本书送给了刘思慕。正是靠着这本书，刘思慕晚年完成了《歌德自传》的重新翻译工作，该书1983年由人民文学出版社出版。刘思慕在回忆录中写道："睹物思人，更加深了我对启芳的隆情厚谊的感铭。"

吴重翰
(1900—1980)

回忆父亲吴重翰

吴澍华*

　　家父吴重翰先生于一九〇〇年农历十月八日生于广东省新会县古井镇文楼乡。爷爷吴德获是美国归国华侨。父亲早年在新会县及广州市读中小学,毕业后考入北京大学中文系。大学毕业后父亲南返广东省,在岭南大学任讲师,不久升为副教授和教授,并曾任职中文系代系主任、岭南大学文学院院长。父亲在北京大学学习期间正值鲁迅先生被北大中文系聘为客座教授。当时家父敬仰鲁迅先生,选修其开设的课程。以后作为晚辈的我们在家中常听到家父谈论鲁迅先生的思想和为人。从父亲晚年所表现出来的那种刚直不阿的作风中我们可以看到鲁迅先生对他的影响。

　　抗日战争时期,父亲随岭南大学迁移香港、曲江、罗定等地。在那期间,他一边授课,一边写作,为地方报纸撰写文章、评论,激励抗日救国,如《思想与武力——五四运动献词》《悼鲁迅先生》《民国历史应有汉奸传》《论明代剿倭》《抗战"士"气的今昔》等。父亲还创作了抗日剧本《国殇》,并在当地演出,以鼓舞民众。

　　抗日战争期间,陈香梅女士在岭南大学念书。家父是她的国文老师。陈香梅女士在其所著的回忆录里曾多次提起家父。在《陈香梅文集·卷一》的自序里,陈女士称家父是"我的良师益友,对我指引栽培,使我终生难忘"。在文集的"我的老师"一章里,陈女士写道:"读岭南大学时,教中国文学的吴重翰教授,对我真可以说是另眼相看。吴教授喜欢茶道,课余之暇,用小泥壶泡上好的铁观音,请我和几位教授一同品诗谈词,四周清寂,只有松林的风声,一片茅屋,数卷好书,真是此生复有何求。"

　　父亲是一个纯粹的读书人,在陈香梅女士的追忆里可体会到家父所表达的"一个教授必须有一个教授的立场,有自己独特的学说风格"。父亲治学严谨,潜心专研学术。他在其多年的教学生涯中发表了诸多专业论文和学术文章,如:《我的十年大学教师生活》《明代文学复古之论战》《中国文学思

---

* 吴澍华:吴重翰教授哲嗣,现居波士顿。

潮·后序》《元曲的楔子》《元曲的脚色》《汤显祖还魂记》等。

父亲曾任教于广东文理学院（华南师范大学的前身）中文系，后受聘于广州大学中文系，兼文学院院长。中华人民共和国成立前夕，许多朋友均劝父亲南下香港，但家父基于爱国情怀选择了留在广州。一九五二年高校合并，家父调入中山大学中文系任教授。从此，父亲的后半生就与这所华南最高学府融为一体。新中国的诞生让这块广袤大地上的有志之士跃跃欲试。那是充满激情的年代，是涌现才华的岁月。父亲将更多的心血投在了编写大学中国文学的教材和教书育人上。在二十世纪五十年代的前中期，父亲著有不少学术著作和文章，包括《明清文学史纲目》《明代时期（1368—1643）的散文、诗歌和戏曲》，完成了《中国文学思潮》的编著。从一九五三年至一九五七年，父亲与詹安泰教授、容庚教授一起合作，把各自的教学讲稿合并整理编成《中国文学史》，由高等教育部出版。《中国文学史》在当时的教育界里享有很高的声誉，是一部权威性的专著，为二十世纪五十年代中山大学的一项重大的学术成果。

一九五七年，父亲完成了凝聚他二十多年的心血，自己独立撰写的共二十多万字的《中国明清文学史》。当时，稿子已获高等教育部审阅通过，只待开印发行。同时，经当时的中山大学校长许崇清先生签署的聘请家父为中山大学中文系副主任的委任书也已下发到中文系。也就是在这个时候，历史与家父开了个玩笑：父亲因在当时的"大鸣大放"运动中"言辞不当"而被划为"右派"。至此，父亲那为他所奉献一生的教育事业所迈进的脚步戛然而止！父亲是一个固执却胸襟豁达之人，处于当时的情景，他说："一个人对世事有所为，有所不为，不可局限于个人得失之中。"他同时也深信，随着时光流逝，历史还他以清白的时刻终会到来。他并没有预见错，此时刻真的到来了。一九七八年，父亲得到平反，恢复教授职称，重新获得了教书的权利。遗憾的是，一年后，父亲因病于一九八〇年二月与世长辞，再不能为祖国的教育事业作贡献了。历史的误会使父亲清闲了二十年，而历史最终还给父亲一生清白。父亲辞世后，中大校方为他开了追悼会。追悼会前，容庚先生特意到我家里慰问。在漫长的岁月里，容老已是家父的挚友。他们彼此尊重和欣赏对方，也很谈得来。平时容老也常来家中与父亲小叙。当时家兄作了一副准备用于追悼会上缅怀父亲的挽联，让容老过目："一生光明，一生磊落；廿载清闲，廿载坎坷。"容老读了读对联，婉言对我们说："过去经已过去，不必过于固执，就让吴先生安息吧。"中国的历史长河滚滚流淌了数千年，在华夏大地上培育出来的中国知识分子那种特有的忍辱负重、宽允待人和坚持不懈的品格，应是让其源远流长、盛久不衰的重要元素之一吧？的确，我们不可忘记过去，但展望未来更为重要。如何能够让我们和我们的下一代去完成上一辈未完成的事业，走完上一辈未走完的路，或许这才是我们更需要思考和面对的。

此文就作为我们对父辈的一个追忆吧。

吴澍华

2023 年，于波士顿

商承祚
(1902—1991)

忆容、商二老
——二老与古文字学研究室的往事

曾宪通*

说来有点凑巧,今年(2015)是我走进康乐园的一个甲子,也是本人陪同中山大学古文字学研究室走过来的六十周年。

抗日战争结束后,1946年商承祚先生和容庚先生分别先后从重庆和北京回到岭南,商先生任职于中山大学语言历史研究所,容先生任职于岭南大学中文系。1952年院系调整,岭南大学并入中山大学,中山大学遂将校址从石牌五山迁至岭南大学所在的康乐园。由于王国维先生于1923年在商承祚先生成名之作《殷墟文字类编》的"序"中提到当时最具实力的四位青年古文字学者中,斯时就有两位来到中山大学,故学术界曾一度流行过"中山大学居古文字研究的半壁江山"的说法。

1955年,我在康乐园度过了第一个中秋节,并在赏月时从容庚先生那里得知他是因为研究钟鼎文才从一个中学生变成大学教授的。这一年,学校接受容、商二老的建议,开始筹建古文字学研究室,分别为两位教授配备了助手曾畏和叶史苏,负责协助二老清理和誊写文稿;还特地从图书馆调来两千多册有关文字学和金石考古的图书。研究室就设在当时学校文物馆(即现"保卫处")的二楼。学校把容庚先生修订的《商周彝器通考》和商承祚先生的《楚国竹简研究》列入研究室的首批科研项目。

1956年,容庚和商承祚两教授获准联名招收首届古文字学副博士研究生(仿苏联体制),他们是夏渌、李瑾、马国权和缪锦安。二老指导研究生有所谓"抄读法",就是抄《说文解字》《金文编》和《甲骨文编》三部字书,以便熟悉古文字的字形,作为入门的基础;接着就要熟读古文字学的名著,详细做好读书笔记和卡片,有计划、有目标地系统积累研究资料。二位尊师还分别为本科生讲授"文字学"和"说文研究"两门课程,本人就是修习这两门课的得益者。商老讲文字学课字正腔圆,他特别重视"六书"理论,强

---

* 曾宪通:中山大学中国语言文学系教授。

调要掌握汉字的构字字理和用字原理，避免写错别字。容老讲课总是用白布裹着一叠线装书，在黑板上写几个古字，站在一旁让学生"猜猜"，然后根据台下的回答，从小篆上推到金文和甲骨文，引经据典地加以阐释。这一年秋天，容庚先生收到香港饶宗颐先生寄来刚出版的《敦煌写本老子想尔注校笺》一书，他拿着这本书问我："你来自潮州，知道饶宗颐吗？"他看我直摇头，便很不高兴地说："来自潮州还不知道潮州才子饶宗颐，能算潮州人么？"容老这句话对我刺激很大。就在这一年，容庚先生将自己珍藏的150多件商周青铜器捐献给广州市博物馆，包括一件有40个错金铭文的国宝"乐书缶"（后调至中国历史博物馆展出），并把他回南方后唯一购得的"陈侯午敦"赠送给华南师范学院，作为教学标本之用。

1957年，商先生的《石刻篆文编》在科学出版社出版。

1958年，容庚先生与张维持先生合作的《殷周青铜器通论》一书出版。早在1953年，历史系张维持先生等十位后学想请容庚先生为他们讲讲"古代青铜器知识专题"，容老定于每周五在他家中授课。他结合自己收藏的商周青铜器实物，详细解说其名称、形制、花纹、铭文和年代，以及真伪器的鉴别和拓墨的方法等。随后，容老应大家的要求，提出和张维持先生合编一部有关古代青铜器的通俗读物。张先生遂按照《商周彝器通考》的体系，选择重要内容，参考最新的研究成果和著作，重新编写成《殷周青铜器通论》一书，交科学出版社出版。同年，王子超从中文系毕业，留古文字研究室工作，担任商承祚教授的助教。这一年冬天，容庚先生同中文系师生一起到东莞虎门参加公社化运动，在"大批判"中受到了冲击。

1959年5月，容庚先生带着助手和研究生北上考古和实习，访问了十几个省市的博物馆和文物队，为增订《商周彝器通考》做资料准备。随行人员除张维持、王子超和四位研究生，组织上也让我提前毕业随团学习和服务。在北京期间，我们与在京参加中国历史博物馆建馆工作的商承祚先生会合，共同庆祝第三版《金文编》出版，还拜会了著名古文字学家唐兰和郭沫若二位先生。在郑州时，正好于省吾先生也带着姚孝遂、陈世辉等副博士研究生在当地实习。容先生说："大家来到郑州，要请于老给同学们讲讲夏文化！"于先生讲后，建议同学们来个"演讲比赛"。容先生接着说："演讲比赛需要时间准备，不如拿纸来，让他们来个书法比赛吧！"大家都会意地笑了。7月底返校后，组织正式分配我在古文字研究室工作，担任容庚教授的助教和研究室秘书，协助室主任商承祚教授开展日常工作。当我把留校当助教的消息告诉容先生时，没想到他竟给我大泼冷水，说："现在正在批判'厚古薄今',而你却要来学古文字,青年人何苦钻这个冷门?"但当他看到我并没有动摇,便主动把他妹妹容媛编的《金石书录目》送给我,并开放他著名的"五千卷金石室"供我自由地翻阅。

1961年10月,商承祚先生带领王子超和我赴郑州,在河南省博物馆考察信阳楚墓的出土文物和两批楚简的相关情况。11月中旬到北京,在中国历史博物馆摹校馆藏的信阳楚简。由于信阳简在装试管前被人为修剪过,商先生对此意见很大,谈了许多有关残简拼接和简文摹写的经验。他认为残简拼接要注意内部条件和外部条件的统一和协调。内部条件指字形和文意,同一个字的用笔、体势往往因人而异,而同一篇文章也必然是上下连贯的。同一写手所写而又上下文意通达无碍,是拼接残简最基本的条件,再参照字形的大小、字距的疏密和残简断口的形状,以及相关的花纹、色泽等外部条件,即可作出判断了。商先生说:"具备这些条件的拼复工作,往往是可以做到十拿九稳的。"至于简文的临摹,商先生则主张主观与客观相结合,先无我然后才有我。所谓"无我",就是做到完全客观地将所见到的笔画准确无误地临写下来,而不管其对与不对;所谓"有我",就是要根据自己的学识与经验,判断其笔画和结体是否符合规律,然后决定如何取舍;对于笔画漫漶不清和残缺不全的字,尤其需要反复斟酌和推敲。商先生的这些理论和方法,成为我们日后整理竹简的指南。同年首批副博士研究生毕业,古文字学专业继续招收四年制研究生若干名,他们是杨五铭、孙稚雏、张振林、陈炜湛和刘忠诚(刘雨)。

1962年4月,为改编《商周彝器通考》,中共中央宣传部和国务院文化部介绍容庚先生到全国各地收集青铜器资料,并组成专门小组协助工作,成员除原助手张维持、曾宪通,还有暨南大学的马国权,先后到全国十四个省市做学术考察。回校后,大家即着手改编工作,计划将原书的文字部分由三十万字增至五十万字,图版由原来的一千幅增加到两千幅,并做了初步的分工,其中有些章节已经写出了初稿,先在刊物上发表以征询意见。由于这次带回的多是些有关青铜器的文字记录卡片,许多博物馆和文物单位后续提供图片资料不济,改编工作只能断断续续进行。

1964年初,商承祚先生从日本友人处获得美国弗利亚博物馆的楚帛书黑白照片,撰《战国楚帛书述略》一文,于当年《文物》第9期发表。

1965年春,国务院高等教育部下达由杨秀峰部长签发的批文,大意是:同意中山大学成立古文字学研究室,暂定编制八名,新增研究人员要从年轻人中培养,宁缺毋滥;机构建立,人员调整告一段落,请报我部备案。记得当时我在科研处录有批文的副本，存于中文系党总支，今已无法找到。另外，高等教育部还下拨港币一万元作为购置海外图书之用，研究室现存的《支那古铜精华》《泉屋清赏》和《云冈石窟》等大型图书，就是二老通过香港的陈仁涛先生购置的。其间二老曾因代陈仁涛从上海转寄贵重图书在广州申报出口事被海关立案调查，后因证明均符合相关手续而予以解除。同年秋，古文字学专业1961级研究生毕业，张振林和孙稚雏留校工作。这一年，容庚先生在政协会议上已闻到"以大批判开路"浓浓的火药味，决意从中华书局撤回《颂斋述林》的全部书稿。

1966年"文化大革命"开始，容庚先生首当其冲，商承祚先生也自身难保，研究室工作遂陷于停顿状态。

……

大概是1971年的某一天，坪石市一位女副市长找到我，要我带她请商老为"大瑶山隧道"和"坪石公园"题字。她带着市里毛巾厂出产的两床毛巾被（当时的毛纺织品属统购统销的紧俏商品）送给商承祚先生。商先生见这位领导亲自远道专程赶来，便破例立即当面挥毫。

1972年春，湖南长沙马王堆一号墓发现女尸和许多珍贵文物，轰动了海内外考古学界。初夏，商承祚先生应邀带同古文字研究室几位年轻教师和考古教研室的商志𩺬一行前往湖南省博物馆考察。当时女尸已被转移到湖南医学院，泡浸在福尔马林水里，熏得大家眼水直流。商老一行穿着防护衣，商老很严肃地向着古尸敬礼，说："见着您老人家，大家都流眼泪了！"然后他们又回到博物馆参观出土文物和同出的竹简。在招待所开座谈会时，商老对楚墓的防腐液很感兴趣（后来写成《谈西汉软体尸保存问题——从马王堆到凤凰山》在刊物发表），孙稚雏认为马王堆帛画上的构图，可能就是竹简上所记的"非衣"（后来有人写成文章证成其说）。回校后，考察团在校内做了一次关于马王堆汉墓的考察报告，听众甚多，反应很好，大家都认为这是一次很难得的科普教育。10月底，张振林从"五七"干校回古文字研究室工作。

1973年春，美籍华人袁晓园（袁世凯孙女）和丈夫叶南（国民党元老叶楚伧之子）回国探亲。因袁氏著有《汉字现代化与方案》一书的初稿，要求到中山大学古文字研究室征求意见，由学校办事组庄益群和古文字研究室商承祚、曾宪通负责接待，中文系有四位老教授参加座谈。袁晓园希望于次年"广交会"期间来我校做一次有关"汉字现代化"的学术活动，商先生委托叶南到美国了解有关楚帛书彩色照片的情况。9月，中山大学开始招收工农兵学员，中文系试办汉语事业，古文字研究室为汉语专业学生开设"汉字与汉字改革"专题课。11月，曾宪通到北京出差，顺道到国务院科教组就袁晓园准备来校做有关文字改革的学术讲演一事向教科组做了口头汇报和请示。答复是：根据廖承志等接见叶南时的谈话精神，原则上同意袁晓园在次年参加"广交会"期间到中山大学进行有关文字改革的学术活动。与此同时，北京故宫青铜器馆筹备展览，请容庚先生前往预审。12月，组织上派孙稚雏陪同容庚先生和容先生的夫人麦凌霄赴北京故宫参加青铜器预展，并到北京大学看望相关亲朋好友。这一年，中文系为了筹办汉语专业招生，千方百计从校外挖掘专业人才，先后调进了马国权、李新魁、邓炳坤、陈炜湛和冯志白等来系工作。由于陈炜湛是在"文革"期间分配到广西河池地区工作的，广西壮族自治区政府曾对百色、河池两地的人才流动有过"只准进，不准出"的规定，调动过程颇费周折。好在商老在王冶秋局长处获悉中央有过关于专业人员归队的文件，请求国家文物局领导出面协调粤、桂两地的高层，终于获得成功。陈炜湛于年底回到中山大学报到，进一步充实了古文字研究室的研究力量。

1974年初夏，袁晓园在叶南陪同下来校向汉语专业师生做"关于汉字改革的理论与方案"的学术讲座。期间，叶南带了一份《关于获得楚帛书照片之节略》的书面报告给商老。该报告称：受商承祚先生的委托，经过一番调查，获悉楚帛书现归萨克勒（Sackler）医生收藏，通过与其进行极友善的谈话后，萨克勒氏愿将楚帛书之底片及三册有关参考书奉赠，并表示希望能够得到祖国有关部门的邀请及出入境自由的保证，将楚帛书"原物"带来国内供专家鉴赏，如果访问获得成功，或可将此国之瑰宝慷慨留在中国。可惜碍于当时国内和国际的种种条件，此事终究无法实现。

5月下旬，商承祚先生接到文物局王冶秋局长的借调函，要他尽快到北京沙滩红楼文物出版社报到，参加银雀山汉墓竹简的整理工作。因为当时商先生是唯一接触过楚简实物的老一辈专家，这项工作非他莫属。但此时商先生已经七十多岁，长期在外，希望能带我随行，一来可以就近照料，二来可以从中学习，对我来说确是一个难得的机会。经过各方面协调之后，商老和我于5月下旬到达北京，被安排住在国家文物局招待所，每天上下班要用小车接送，十分不便。后来，整理小组的外来人员多了，就把红楼的地下室清理出来作为宿舍，商老和我及孙贯文先生同住一间房，每晚都可以听到他们聊老北京城的人和事。我本来是陪同人员，不是组里的正式成员。有一次，我在协助商老为竹简照片分类时，看到属于《孙子兵法》的竹简中，一组属于《形》篇的简文，发现有些句子总是重重复复地出现。在小组会上，我认为这种现象可能说明简本《形》篇有两个写本。这一见解得到组长朱德熙先生的支持。当时因为新发现的简本《孙膑兵法》没有传世本可资参照，难度较大，整理小组的主力朱德熙、孙贯文、裘锡圭、李家浩、吴九龙等都全部投入。朱德熙先生便命我在罗福颐先生初步整理的基础上，将各人发现的属于《孙子兵法》的简文汇总起来，并用宋本《十一家注孙子》加以校注。商先生则和傅熹年、周祖谟等先生负责摹本和释文的工作。同年8月，商老和我参加由《文物》杂志编辑部召开的"座谈马王堆帛书"会议，我在会上谈到马王堆二号墓的墓主人和帛书文字问题，当年《文物》第9期上有简单报道。

1975年秋，商老和我奉召回校参加"运动"。行前王冶秋和高履芳两位领导把商老请到家里，要我陪同。王局长对商老说："回去后赶紧把手里的几批楚简整理出来发表。"并对我说："回去向学校汇报，正式组成一个小组协助商老。"在学校的重视下，古文字研究室正式组成"楚简整理小组"，成员除了商老，还有张维持、马国权、曾宪通、孙稚雏、陈炜湛和张振林，尤以陈炜湛和张振林两人用力最多。

1976年3月下旬，陈炜湛、张振林和孙稚雏三人受长江办公室考古队的邀请，到荆州博物馆对湖北凤凰山一六七、一六八、一六九号墓葬出土的简牍做摹本工作。6月初，商承祚先生和商志䪨前来会师，并一起游纪南城和长江三峡，再转湖北省博物馆摹校望山楚简，至6月底经长沙回校。同年4月，曾宪通接到文物出版社公函赴京，就银雀山汉墓竹简《孙子兵法》（简注本）作印行前的最后核封，并代胡绳武社长回复上海读者关于如何看待简本《孙子兵法·用闲》篇中有关"燕之兴也，苏秦在齐"这句宋本所无的话。此外，他还参加了睡虎地秦墓竹简的部分整理工作，并从秦简《岁》篇的"秦楚月名对照表"中，意识到其中的楚月名或可解决望山楚简中楚国代月名的排序问题，拟就《楚月名初探》一文的初稿（后载于油印本《战国楚简研究》第五册）。7月下旬，唐山发生强烈地震，受其影响，整理小组迁往故宫办公，外地学者也陆续撤离北京。我于8月上旬陪同唐长孺先生到武昌站（由其家人接回武大）后返回广州。这一年，中大古文字研究室"楚简整理小组"应约撰写了《谈信阳长台关出土的竹书》一文，该文在《文物》杂志第6期发表。

1977年全国高校恢复高考招生。河北平山发现中山王墓，出土了大批青铜器和长篇铭文，商承祚先生前往参观并亲自施拓，容庚先生还从故宫罗福颐先生处获得珍贵晒蓝本，并陆续将第三版《金文编》上所无的一百多个字形补录到相关的位置上。这一年，研究室"楚简整理小组"集中全力完成七批楚简的照片图版、摹本和分简释文，以及考释与前言等工作，形成《战国楚简汇编》的书稿。在此之前，整理小组曾编印过一种征求意见用的油印本内部小刊物《战国楚简研究》，前后共印过六册。最后一册的"编后记"中指出：两年多来，整理小组把工作的重点放在楚简残简的拼接系联和楚简文字的摹写方面，力求做到准确可靠一些，因为这是整个研究工作的基础，所以用力最多。至于考释部分，虽也做了一些工作，但毕竟能力所限，急需同志们的批评和帮助。这个油印小册子在20世纪七八十年代一度在同行中颇为流行。由整理小组合撰的《湖北江陵昭固墓若干问题的探讨》一文在《中山大学学报》1977年第2期刊发。这一年，黄光武调进古文字研究室，负责资料室和日常管理工作，研究室也由数学楼202课室迁至东北区18栋小洋楼。

  1978年，由于马国权被调到香港《大公报》"副刊"工作，原协助容庚先生摹补《金文编》的工作遂告中断。系领导向他推荐张振林，因为张在"文革"的一张批判容老的大字报中签第一名，容老对此一直心存芥蒂。我把自己了解到的实际情况告诉他，希望他解除误会，接受张振林。随后，他要我向张振林转达他对增补《金文编》的三点指示：第一，主要工作是摹补，要抓紧时间尽快进行；第二，用通用的繁体字代替原来的简体字；第三，摹补者加入马国权，但马国权只署名。6月郭沫若在北京逝世，容、商二老接到"讣告"后立刻拟好"唁电"，命我到长堤邮电局急电致于立群表示哀悼。回校后容先生将郭老给他的书简交给我整理，说可能对研究郭沫若和古文字有点用处。8月间，广东《学术研究》征得容先生同意，从中选出若干通书信先在刊物上发表，并邀我和陈炜湛在白云宾馆合撰《试论郭沫若同志的早期古文字研究》专文在该刊发表。9月，国家恢复学位制招收研究生，容、商二老合招六名古文字学的硕士研究生，他们是陈永正、陈抗、唐钰明、陈初生、张桂光和许伟建。深秋，澳大利亚堪培拉大学的巴纳教授和张光裕博士来访。巴纳是国际研究青铜器的著名专家，他对容庚先生说："您的《商周彝器通考》我们是作为《圣经》来读的。"张光裕博士还特地请容先生和夫人陪他到广州美术馆的地库去观看当年容先生赠送给博物馆的青铜器。容老一进门，见到老朋友黄流沙和台面上摆满了自己收藏过的青铜器，激动地说了句："老朋友今天又见面了！"张博士除了仔细观摩青铜器，还现场表演快速拓墨法，留了几张拓片给博物馆作纪念。11月下旬，陈炜湛将《战国楚竹简汇编》的书稿交到文物出版社。

1978年11月29日至12月8日，中国古文字研究会成立大会在长春举行。这是在党的十一届三中全会之前率先成立的第一个群众性学术团体，在当时一潭死水般的学术界有着振聋发聩的效应。中山大学参会者均提交了相关论文，商老这次还特地把自己收藏的一片"尾甲"带到会上，批评胡厚宣先生的学生以为这片尾甲"谬种流传"的说法，气氛有些紧张。当晚商老接到广东省政府急电，要他立刻回穗参加赴桂庆祝活动。第二天会务组请胡先生发言，胡先生以商老不在场为由拒绝回应。还是启功先生建议由我负责转达，胡先生才作了发言，他指出这片"尾甲"存在若干疑点，引起与会者的热烈讨论。会后，我把正、反两个方面的意见做了整理和归纳，呈商老备参。后来，陈炜湛在相关的著作中对此有所介绍和考辨。根据陈炜湛核实，商老所藏的这片尾甲，是胡先生最早以摹本著录于《甲骨学商史论丛》初集第一册的（见陈著《甲骨文简论》"关于'契斋藏甲之一'的真假问题"），商老后来也写成《一块甲片的风波》，发表在《随笔》（丛刊）第十集上（1980年8月）。会议还作出决定，下届年会在广州举行，并推举商承祚先生为理事会召集人。

在赴长春开会之前，容老已表示自己因年老路远加上天气寒冷，不打算参加。可是到了临出发前，商老没有征求容老的意见就宣布自己同几位年轻教师一起到长春开会，"容老因年纪大就不去了"。容老听后就发火说："谁说我年纪大就不能去？你比他们大几十岁都可以去，为什么我比你大八岁就不能去？"这就是容老的脾气！好在大家一阵"圆场"之后，容老的"气"也就消了。在大家外出开会期间，容老和陈炜湛、黄光武还在研究室接待《汉语大字典》编辑组的方敬、徐永年一行六人，并在南园酒家设宴款待。容先生对《汉语大字典》的编纂工作十分赞赏，还把《金文编》的修订稿借给他们参考。

1979年4月6日至12日，中国考古学会在西安举行成立大会。因为容老是原考古学社的发起人，容老不能到会，但大会一定要容老题词。当时商老和商志醰已乘机直飞西安，我因带着容老的题词未能一道出发，便绕道桂林再转西安。会议开得隆重而热烈，发表了许多新的考古成果，容庚先生和商承祚先生一起被推举为名誉理事，首届理事多达六十余人。会议期间，商老决定前往敦煌参观考察，并要我先向夏鼐先生了解情况，再请常书鸿先生写介绍信。成员除商老父子，还有麦英豪、陈振裕和我。可是临出发前商老感冒发烧，取消了行程。此时我也准备取消行程，可商老却正色对我说："有些地方说去就去了，不去的话今后会后悔的。有志醰陪我，你还不放心吗？"

于是我们一行三人结伴西行。敦煌研究所负责人樊锦诗是陈振裕在北京大学考古专业的同班同学，此次由她安排参观活动，我们感到非常满足，不虚此行。对于商老所说的那句话，我一直记在心上。这一年，为解决年底古文字研究会的论文刻写和印刷问题我们伤透脑筋。经人介绍，商先生派我到广州"统一油印社"商调廖蕴玉到研究室工作，专门负责此事。10月23日，香港中文大学中国语文研究中心许礼平带着香港大学缪锦安的介绍信来找我，要我带他见容老，请容老为《中国语文研究》题写刊名，并为罗福颐先生的《三代吉金文存释文》题写书名。此后两人竟成忘年之交，每隔一两个月，许礼平就来见容老一次，容老的《颂斋述林》和《颂斋文稿》正是交许礼平带去分别在香港和台湾出版的，容老还应许氏请求，撰写《我的自传》在其所办《名家翰墨》"资讯"上发表。

1979年11月30日至12月6日，古文字研究会第二届年会在广州流花宾馆举行。这次会议由中山大学主办，到会学者60余人，共收论文55篇，其中有23篇在会上宣读。为了参加这次会议，陈炜湛和我合撰《试论罗振玉和王国维在古文字研究领域内的地位和影响》一文，批评当时社会上以政治标准代替学术标准，否定罗、王学术成果的种种做法。容先生看后拍手叫好，说："这样的文章为什么不早一点写出来？"又说："我已经拿不出古文字方面的文章了，就拿这篇《略评〈书画书录解题〉》充数吧！"这次会议有两个显著的特点：一是老一辈的古文字学者到得最齐，除容庚、商承祚两位先生，还有于省吾、徐中舒、顾铁符、周祖谟、孙常叙、胡厚宣、张政烺、朱德熙、沈之瑜、启功、张颔、罗福颐等十几位老先生，众学者相聚一堂，盛况空前；二是开始有海外学者出席会议宣读论文，如香港中文大学的饶宗颐、香港大学的缪锦安和美国加州大学的周鸿翔等，都在会上发表高见。年会召集人商承祚教授还向新闻界表示，大会还给台湾代表留有席位，欢迎台湾同行前来大陆参会，充分显示中国学术界在封闭30年后，首次向外界发出对外开放的积极信号。就在这一年年底，学校要容先生从西南区75号搬到东南区1号（现"陈寅恪故居"），要我把钥匙交给他。容老以自己年纪太大，搬家太难为由，不肯搬家。天刚亮老人家就来敲门（我当时就住在对门），要我把钥匙退回学校。如是三次。后来学校说："这次可以把他在中区的书库也一起搬去。"这句话打动了他，他终于同意搬家了。搬家那天，所有的研究生都前来帮忙。商先生就住在新居楼下，老人家显得格外高兴。

1980年春，容、商二老受教育部委托，主办古文字教师进修班，有来自全国各地近十位资深讲师到校学习。在研究室主任商先生的领导和安排下，年轻教师都积极投入，协助二老授课和做辅导工作。期间，文物出版社吴铁梅女士带着《战国楚竹简汇编》的书稿到古文字研究室来，说编辑部已经看了书稿，认为摹本做得很好，但释文的体例不一，不够统一，考释方面，还有不少成果未能吸收，希望大家再接再厉，进一步统统稿，把存在问题加以解决。接着，大家便七嘴八舌地讨论一番。最后还是商老说，人多手杂，很难统一，还是他自己先拿回去看看吧。就这样，书稿一直留在商老家中。暑假期间，好友李新魁全家出去旅游，我一边帮他看家一边准备去成都开会的论文。当时广州正在流行"登革热"，我不幸"中招"，身体十分虚弱。9月，中国古文字研究会第三届年会在成都举行，饶宗颐先生和香港地区以及日本的一批学者前来参加。会后，饶宗颐先生接受文物出版社王仿子社长的邀请北上访古，我作为广东省高教局派出的随行人员一路陪同，直到年底才回到广州。

  1981年10月我到香港中文大学中国文化研究所做访问学者一年，与饶宗颐先生合作研究"楚地出土文献"。回来后因有的工作尚未完成，1983年再续约一年。此期间容老因夜起跌倒骨折，卧病不起。1983年春节期间我到医院探望，见面时他直摇头，表示对自己身体的康复没有信心，但对研究室的工作仍然十分牵挂。到香港后我常做噩梦，恐有不祥之兆。3月7日晨，许礼平拿着当天报纸传来容老已逝的噩耗，我当即申请回校参加追悼会，郑德坤、饶宗颐、常宗豪、许礼平等均托我敬致花圈。3月16日追悼会在广州殡仪馆举行，到会师生和各界人士八百多人，追悼会开得既隆重又庄严肃穆。会后商先生对容师母说："有什么事可打电话或敲敲地板，我都听得到。" 1985年，《金文编》由中华书局出版，可惜容庚先生已来不及看到自己新版的名著！1991年秋，日本东京大学的松丸道雄教授到广州访问，一下飞机，就要我带他去容庚先生的墓地"扫墓"，说这是他父亲对他的嘱托。原来他父亲松丸子鱼是日本有名的考古学家和书法篆刻家，20世纪30年代后期来过中国，曾要求同容先生见面，由于当时中日关系不正常而始终未曾谋面，因而多次叮嘱自己的儿子一定要代他来看望容庚先生。此事让我十分感动！当我说明情况后，便改为到容庚先生的故居凭吊了。1994年和2014年在容庚先生100周年和120周年诞辰之际，中山大学同中国古文字研究会一道在广州和东莞举行学术年会，并出版专刊，隆重纪念容庚先生。2008年，容先生后人将郭沫若致容庚书简送广东省博物馆收藏，广东省博物馆出版了《郭沫若致容庚书简》一书。此年营建"容庚先生墓园"，先生后人将容庚先生与原配徐伟度、继室麦凌霄的骨灰合葬，以告慰先人在天之灵！这一年，重排本《商周彝器通考》由上海人民出版社印行。2011年,《容庚学术著作全集》由中华书局出版,人们可以从中了解容庚先生的学术成就和治学精神,足为后人法式。

1981年首届硕士研究生毕业后,商承祚先生成为中山大学汉语文字学专业的首届博士生导师,并连续招收两期古文字学博士生,分别是唐钰明和刘昭瑞。1981—1982年,商先生的《商承祚篆隶册》和《商承祚秦隶册》相继出版,立即引起全国书坛的注意。先生精于金文、小篆,故能真正体现秦隶的特色,不愧是当代最早把秦隶这种独特的书体用于艺术创作的书法家。1983年1月,商承祚先生为即将到来的容庚先生"九十寿诞"(农历八月初六)拟就《我与希白》一文,"以代寿言,并博希白一粲"。在容老卧病期间,商先生对容老的病情一直非常关切。3月7日,当他得知容先生仙逝的消息后,当晚于灯下情不自禁地为此文写了如下的"附记":"今晨噩耗传来,谓希白于6日上午10时16分在广州医学院第二附属医院逝世,犹如晴天霹雳,为之涕泗滂沱。六十年老友,只希白一人而已,伤哉!"8月,首届"中国古文字学研讨会"在香港中文大学举行,两岸学者在阔别数十年后聚首一堂,切磋学问。其间,缪锦安请商先生和周法高两位导师吃饭,令我作陪。席间,商老对周先生说:"您编的《金文诂林》很好用,大家都离不开它。"周先生却谦逊地说:"很惭愧,我们在香港和台湾看不到新出的古文字资料,只能做些'炒冷饭'和拾人牙慧的工作。"这一年,商先生与王贵忱、唐棣华合编的《先秦货币文编》在书目文献出版社出版;早年发表于《金陵学报》的《说文中之古文考》也由上海古籍出版社印成专书发行,为正在兴起的"古文热"增添了助力。

1985年,国家教育委员会下达高校文科教材编写计划,由我校古文字研究室承担编写《中国古文字学》教材的任务。刚好陈炜湛、唐钰明合编有《古文字学纲要》,正在使用,因决定在此基础上加以修改,并获得以杨振宁为基金会主席的"中山大学高等学术中心"的资助,在商老的主持下,率先在中山大学举办了"古文字学教材研讨会",请有教学经验和成就的学者参加。这个研讨会虽然规模不大,但规格甚高,国内著名的古文字学家都到会发表意见,收到了预期的效果。该教材初版于1988年,后来被列为普通高等教育"十一五"国家级规划教材,2009年出版了修订版。

商承祚先生从1964年开始即陆续将自己珍藏的文物无偿地捐赠给广东省博物馆、广东民间工艺博物馆和深圳市博物馆,体现了他无私奉献的高贵品德。根据两市三馆编印的《商承祚先生捐赠文物精品选》一书统计:捐广东省博物馆的文物有374号，捐民间工艺博物馆的文物有198号，捐深圳市博物馆的文物有229号，其中列为"精品"者达173件。1991年5月12日，商承祚教授走完了他90岁高龄的人生途程。商先生逝世后，哲嗣商志馥从家里取出《战国楚竹简汇编》的书稿，根据商老的批改再三校读，辅以"字表"，并请陈炜湛协助整理和加工，再由我通读一过，请张守中眷抄，交齐鲁书社于1995年出版。至此，中山大学战国楚简研究总算有个迟到的"交代"。2002年，中山大学和中国古文字研究会在番禺莲花山举行学术研讨会，隆重纪念商承祚先生100周年诞辰，并由中华书局出版《古文字研究》第二十四辑专号。与此同时，学校在中文堂辟建了"容庚商承祚先生纪念室"，并请启功先生题匾，作为永久的纪念。

商承祚先生二三事

黄天骥*

一、容商二老

在古文字学领域，人们常把容、商并称。商承祚老师的著作，出版了15本之多，他还出版过两本书法集。其中尤以《殷墟文字类编》《石刻篆文编》，受到学术界交口称赞。当王国维先生看到《殷墟文字类编》时，惊悉这是出自年仅21岁的青年之手，十分称许，认为他睿智勤奋，将来一定是古文字研究的栋梁。商老进入北京大学研究所，和容庚老师成为同门和同事，他俩都喜爱收藏古代文物，后来先后在中山大学研究古文字学，一起指导研究生，一直是莫逆之交。

我在上大学时，就知道容商二老是中山大学国宝级的专家。可是在"文革"前，我和容老接触的机会较多，和商老交往却很少。这倒不是敬而远之，而是在大学二年级时候，商老只给我们上过两节课。那是"古代汉语"课，课程由赵仲邑老师讲授。其中有关古文字的两节课，赵老师特别邀请商老前来讲授。

在高校，有些教师科研能力极高，但口头表达能力稍弱；有些教师，专心于教学，很受学生欢迎，而科研进展则稍缓。这也是高等学府的常态。当然，科研教学兼擅，那是最好的。但这样的教授，在各高校里属凤毛麟角。这一点，真正的教育家，是懂得的。教授们各有所长，而教师们只要做好其中一面，就是优秀的学者，有些可以成为某个领域的国之瑰宝。

当我们得知商老要给我们上课的消息，大家翘首以待。谁知道，商老虽然名重天下，也擅长培养研究生，而给本科生上课，则不是他的强项。我们虽然留意听讲，但实在不知所云。到现在，他讲的是什么，我一点也记不起了。倒是他在上课时穿的服装，却记得清清楚楚。

---

* 黄天骥：中山大学中国语言文学系教授。

当时，老师们的穿戴都比较随便，有穿干部服的，有穿唐装的，有穿长袍的。有些老师，服饰始终不变，像数学系主任胡金昌教授，一直穿着土黄色的中山装；姜立夫教授和容庚教授，一直穿着白色的唐装。而商老，则总是西装笔挺，十分讲究。那天给我们上课，他穿着一套藏青色的西服和背心，雪白的衬领上结着黑色的领带，皮鞋擦得锃亮。这像接待贵宾的穿戴，当年我在课堂上从未见过，因此印象十分深刻。

在1957年以后，商老担任中文系主任。这职务，他一直当到1966年"停课闹革命"之前。但在整整九年中，他很少在系工作，开大会时，也间讲几句不痛不痒的话而已。全系的行政工作，实际上由副主任吴宏聪教授主持。当时，他和容老一起指导研究生，工作地点被安排在另一幢小楼上。因此，我和他的接触实在不多。平常，我们见到商老，一般只是向他微躬致意。而他真正地认识我，却是在20世纪60年代初的羽毛球场上。

二、"小马！来呀！"

我和容庚老师，接触倒是较多的。因为我在当大学生的第一天，就和同学们拜访了容老。容师母捧出一盘荔枝请我们吃。我吃得很快，一不小心，喉头被荔枝汁呛住，容老哈哈大笑。从此对我颇有印象，碰见时也会和我聊天。1962年政治形势和缓的时候，容老还会天天约我到羽毛球场上陪他打球。有一天，商老在场边走过，看到我们一老一少打得兴高采烈，不禁驻足观看。容老很有趣，打得兴奋时，每次还击，便喊一声："小马！来呀！"商老一边看，一边嘻嘻地笑。等到我们休息，他走过来对我说："原来你姓马！"容老抢着回答："不是，他姓黄。人家批判我，说我是不受管束的'野马'。这小子的名字，有'马'字的偏旁，我就叫他为'小马'！"商老笑了。从此，见面时，他也跟容老一样，称我为"小马"。

有一次，我有急事回家，骑上自行车飞奔。迎面看到商老，他把我喝住，我只好滚鞍下车。他便一脸严肃说："小马！你以为你真是马吗？这里是下坡路，骑得快，很危险！"我唯唯。正想跨步上车，他又把我叫住，对我说："我知道你研究古代戏曲。但看书，不能像你骑车一样，一目十行。要和我研究甲骨文那样，逐字细细地读！知道吗？"我赶紧点头。这番教诲，我真的记住了。这是他平生对我认真讲话的一次。我也明白，作为系主任和老教师的他，既是严肃又是亲切地关怀着年青一辈的学者。

"文革"期间，在校园里的草坪边，我偶尔也会遇见商老在看"大字报",彼此一对眼神,便各自走开。那时,我倒很少看到涉及他的"大字报",也许是他外出考察文物的机会较多,平时又谨言慎行,因此,尽管他也属"资产阶级的学术权威",而人们斗争的锋芒,较多地集中于容老。当然,在那特定的环境中,商老也难逃一劫。他原本藏书很多,居住条件较好,但被迫迁到只有两个房间的斗室这一段时期,他虽然"蒙混过关",日子也还是艰难的。

三、"老友啊!"

1983年3月,容老去世,我就明白两位老人的友谊,是何等的深厚了。

在举行容老追悼会的那天,殡仪馆大厅外面,挤满了许多前来向容老告别的亲朋师友。只见商老独自坐在休息室的角落里,一言不发。当时,我作为中文系负责人,一面提醒照顾好来参加吊唁的老教师,一面吩咐殡仪馆工作人员,让我先行进入大厅,检查大厅里的安排。工作人员就只让我一个人进入,又掩上厅门。我进入大厅,调整了一些花圈安排的位置,然后走到容老遗体旁边。只见他安卧在花丛里,就像睡着了一样。我端详着慈祥的遗容,想起容老对我许许多多的教诲,正在黯然神伤。猛抬头,大厅里忽然走进一个人,穿着一身白色的唐装,一看,正是商老。我吓了一跳,赶紧迎上去,刚走到大厅中央,只见商老脸色凄楚,对着容老遗体,高叫一声:"老友呀!"跟着泪流满面。我赶紧上前扶着他,他好像不认识我,只是喃喃自语,"六十年啦!六十年啦!"这时,我劝他不是,不劝也不是,不知如何是好,幸而大厅的门也很快打开了,师友们来到前排。我便请别的老师照顾好商老,赶紧安排别的事宜去了。但是,商老那一声"老友呀!"凄怆的呼唤,一直在我的脑海里萦回,让我心魂震撼。言为心声,我知道,"老友呀"这三个字,包含着两位老人纯真友情的千钧重量!

四、童心未泯的商老

改革开放以后,商老的性格有了新变化,从前谨言慎言的他,变得敢于大胆发言,坚持己见,对后辈也变得又亲切风趣,又严格认真。这一点,竟然很像逝世前的容老。更有趣的是,他再不穿西装了,天天穿的是一套白色的唐装,也和容老生前一样。和容老不同的是,他手中经常拿着一把葵扇,一面走,一面摇。从此,他也经常和我接触,甚至一老一少,打打闹闹。

有一次，我因有接待任务，穿了一套西服，刚好遇见商老。他大声叫喊："小马，过来！"我赶忙前趋，他就问我：为什么要穿西服？我作了解释。他厉声说："中国人就应穿唐装，我在全国政协开会时，给胡耀邦总书记写信，反对他经常穿西装，特别反对接见外宾时穿西装。"我说，我见的是校友，又不代表国家，穿西装可以吧？但他还是唠唠叨叨，固执得很。我赶着要走，又不好和他争拗，突然灵机一动，便问他："您不再穿西装了吗？"他回答："坚决不穿！"我说："我记得您在给我上课时，穿了套藏青色的西装，还在吗？"他说："在呀。"我又问："穿吗？"他答："当然不穿。"这正中我下怀，我立刻说："那么，送给我吧！不送，卖，也行。"商老想不到我会提出这样的要求，一下子愣了，他没有回答，只是用鼻子哼了一声，用葵扇拍一下我的肩膀，便悻悻然走开。我也给自己解了围。

想不到过了几天，他的公子，人类学系的商教授，忽然提着一大包书籍来到我家，说是商老让他带来送给我的。我问为什么，商公子说："我也不知道，他说这对您有用。"商公子离开后，我打开封包，原来里面包着的，赫然是几十本线装的《古本戏曲丛刊》。这正是我在专业上十分需要的书籍。为什么商老忽然送书给我？仔细一想，明白了！那天我和他开玩笑，要他把藏青色的西服送给我，他答不上话，这不是他舍不得，而是他既反对穿西服，怎么会让我来穿呢？这一回，他送给我的书籍，价值远高于那套藏青色的西服。我知道了商老的心意，实在十分感激。过了几天，遇见了他，赶忙上前道谢。他回答说："谢什么，这些书我用不着，对你却有用，不就给了你！"我又给他开玩笑，说："那么，我以后请您吃东西。"他又用鼻子哼了两声，就走开了。

谁知道，我这开玩笑的话，后来真的兑现了。

过了一段时间，我被学校任命为中文系主任，商老遇见我时，再不称我为"小马"，直喊我为"黄老板"了。那时，每天晚饭后，我们夫妻两人有到校园中区散步的习惯。有一天，走到孙中山铜像附近，只见商老站在草坪旁，看见我们走近，立即到我身边，对我说："黄老板，给我两毛钱。"我问他："干什么？"他说："你别管。"我刚好身上有零钱，便掏钱给他。只见他走到"马丁堂"旁边的小档，买了一条冰棒，一边吮着，一边摇着葵扇散步去了。我觉得很有趣，怎么大教授变成小孩般的模样了！谁知第二天黄昏，我们散步行经孙中山铜像前，商老走了过来，伸手又要我给两毛钱买冰棒。以后，天天如此，我也只好天天在口袋里，准备着零钱对付。

过了一段时间，商老的媳妇王医生找到了我，告诉我，他们家不让商老身上带着钱,就是不让他买冰棍,担心老人家拉肚子,请我千万不要再把钱给他。我恍然大悟。其后黄昏散步,便选择别的路径,估计商老再也找不到给他两毛钱的人了。

  康乐园的大草坪,青青如玉,就像铺在小礼堂前的一幅翠锦。可是,在20世纪70年代以来,许多人不自觉,往往横越草坪。"路是人走出来的",草坪四角,便被走出两条斜线。商老很生气,他绕着草坪散步,同时也充当草坪的守护者。每当看见有人贪图方便,打算越过草坪时,他便挥动葵扇高喊:"回去!回去!"听说有一回,两个横越者嫌商老"多管闲事",想对他撒野,但看到商老一脸正气,知道他是不好惹的老教授,只好讪讪地溜走。那时,也有一些同事,担忧商老会被一些混进校园里的流氓伤害,劝说他别管了,由保卫部门管理算了。商老正色回答:"保卫部门要管,我也要管!学校是我们的家,破坏草坪,不能容忍!"别看商老身材瘦小,但精神矍铄。这番话,掷地有声!他爱校如家,每天,在夕阳斜照的草坪中,人们总会以崇敬的目光,看着商老踽踽巡行,显得很长大的身影。

商老百岁
——怀念商承祚教授

苏 晨*

一

我有一只小铜铃,轻轻一振,就发出"叮铃""叮铃"的悦耳之声,这天我找出这只小铜铃,轻轻地振着,"叮铃""叮铃"悦耳铃声响个不停。老伴感到有些奇怪,问我:"你干吗?"我反问她:"你还记不记得这只小铜铃的来历?"她说:"怎么不记得,是那年商承祚教授拿来给我们作拉绳门铃的。"

我认识商老很晚。始于40年前的1962年秋天,我们一起在从化湖滨温泉宾馆开会。我求商老的父亲,清代末科甲辰探花、中央文史馆和广东文史馆副馆长商衍鎏老商老给我写一幅字,商老站在一边给他父亲备笔、研墨牵纸和用印。那年89岁的老商老兴来,不只以自己的诗作给我写了一幅中堂,还给我写了一副嵌有我名字的对联:"苏春莺语传佳报,晨月鸡鸣起壮心。"又给我画了一幅墨竹,画上的题诗更把"《光明日报》苏晨"都嵌了进去:"光明晨日照湖滨,雨露昭苏万物新。更喜平安闻竹报,清风常送太和春。"这联语和题诗,商老都曾为他父亲参谋。

"文化大革命"期间,我们被限住在北京7年。商老这位"资产阶级反动学术权威"自然也好几年没得好过。"文化大革命"接近"收摊儿"时,我得到"解放",坚决要求回广东。当时的《光明日报》总编辑莫艾无可奈何地说:"那你就先回广州去主持广东记者站。"临别嘱咐我两点:第一,工作可干可不干,别瞎主动;第二,千万别写人物"内参"。这两点正合我意。

说来也巧,我回到广州第二天,就在海珠桥南岸桥头遇见了商老。见他

---

* 苏晨:曾任广东人民出版社、花城出版社副社长、副总编辑,财富杂志社社长、总编辑。

穿一套白布唐装衣裤，着皂袜小圆口黑布鞋，蛮潇洒，就知道他必也已是"自由身"。我和商老彼此长时间两手拉着两手不放。他问我："这几年过得怎么样？"我说："一言难尽！您又如何？"他说："彼此彼此。街边不是谈话地。"我家就住在附近一座小楼的4楼，于是我约他同上我家一叙。

这时我们都没有什么公事可干，自此便时相过往聊天。

商老家在康乐村中山大学校部旁边一座两层小楼的楼下，楼上住的是容庚教授。房前围了竹篱，可是喊一声屋里的人就能听见出来开篱门。我住在4楼，楼下的门常关着。安装了电铃也没有用处，广州供电不足，三天两头停电。一次他夜间来访，摸了门钉，回家后写信来说：

> 夜间走访，得门而不得入，仰天高呼呼不应，只好废然而返。我认为你们这座楼的住户，不人人安个电铃和拉绳铃，只能拒来访人于大门之外……

就这样，几天后他亲手给我做了一具拉绳铃拿来，指点我即刻装上，此后他再来我家，碰上停电就拉这具拉绳铃。我一听见"叮铃""叮铃"，便马上下楼给他开门……

我搬家后留下了这个小铜铃作纪念。此刻找出这个小铜铃来振个不停，是在默默怀念商老！

商老字锡永，号驽刚、契斋，室名决定不移轩、古先（姑洗）斋。他生于晚清光绪二十八年（1902）农历正月二十八日，卒于1991年5月18日夏时制午后16时，享年90岁。若还健在，今年（2002）刚好百岁。

二

我家装起商老送的拉绳铃不久，"文化大革命"便随着"四人帮"垮台继而寿终正寝。接着我被调到广东人民出版社工作，那时省属还只有这一个出版社。我在社里分管文艺编辑室，兼管美术编辑室"提高"（对普及而言）部分和另两个编辑室学术性较强部分书稿的决审。这部分工作和商老有一定的关系，自此商老便常到我家聊天，来前多是先有信到。

商老是著名的中国古文字学家、考古学家、书法家和文物鉴藏家，他很关心相关图书的出版，而且非常关注出书质量。如应他的提议出版社决定出版他收藏的颜勤礼碑，责任编辑去他家取时他不在，他放心不下便写信给我：

……颜勤礼碑来人取时我刚巧不在家，未能谈及我对印刷方面的设想问题，现补述如下：
　　一、印时墨不要浓，更不要光，浓与光看起来都不美感，必须色浅而淡如墨拓。可参考解放前民国中叶有正书局等所印的各种石印碑帖的颜色。这一点，在印刷技术上必能做到。如能给我看一下打样就更好。
　　二、线装本不可少。块巴钱一本有的是人买，许多人都说两种本子皆买。印万册以上只少不多，不要小看外销。这两个版本一出，当不胫而走，缺货可立而待也……

信尾还特地加问："您家悬铃安了未？莫再使来者仰天而号不见应，废然而返矣。"
只是他写了信也还放心不下，必是再来家访，带上一批"参照物"再行"实物教学"。
有时来我家是为了要当面批评。如社里出版《端溪名砚》，由我决审，书有差错。商老先在1981年8月22日的《羊城晚报》上发表批评文章，又于31日写信给我：

　　……你们出版社出版的《端溪名砚》，质量可差！我有一文评之，载晚报22日，见否？看老兄面子，隐审稿问题，一笑……

批评文章有"隐"，可还是来我家当面"教训"了我一通。
出版社有时碰上困难，他也热心帮忙。如社里出版郭沫若致容庚的《郭沫若书简》，又是我决审。发稿后迟迟不能付印，是因为里面有许多古文字要专写专刻。他听说后即于1981年2月28日写信给我：

　　……我校古文字研究室应届毕业生某君，年轻好学，在毕业分配自填志愿有出版社一条。我想起"郭、容通讯"至今未能付印，原因是里面有不少古文字，写、刻特别是写无人。你社能考虑吸收否？备此人才，我想你们也需要的。
　　如何？便示……

写信后，他又到我家详细介绍许君情况。

商老来信称我"晨兄"或"苏晨兄",落款也总是"商承祚上"或"祚上",可是急起来也相当不客气。如他的书法集因故出得较慢,他于1981年1月14日来信发牢骚竟是:

……拙书册远在1979年冬交稿,去年5月已送释文给我看,计算有14个月了,发稿发稿,怎么搞的?使人对贵社的工作能不齿冷……

不过过些日子他又到我家登门道歉,说:"话说重了。"

初初和商老来往,大都如此。我从他处获教多多,他也乐得从我这儿多知道一些猫在他那个决定不移轩或古先斋里难以得知的某些世态炎凉。

三

1979年春节过后不久,广东人民出版社发刊了一份新的刊物《随笔》。此刊后由在该社文艺编辑室基础上扩大组建的花城出版社接办迄今,是一份颇有些名气的刊物。

这刊物由我经手创办,刊名是我取的,头四期也是我一手编成。我将刊物逐期寄请商老指正。他从一开头就非常喜欢这份刊物,还欣然为之命笔,在《随笔》上开了一个专栏叫"契斋东西南北谈"。

栏内诸文所涉驳杂,可谓五花八门应有尽有。但是不出学者本色,都是一些具有一定学术味道的小散文。

商老投"契斋东西南北谈"诸稿,都是寄到或送到我家,隔日或当时即不容分说地"捉"住我,让我立马给他看稿、提意见,他说客气话是所谓让我给"把把关"。

老人的稿子质量高,大都是难得的好稿。遇到有可商量之处,他也总是好说好商量。对于我的意见,他同意的,当即在我家改过;或拿起稿子认真斟酌一番,然后双手推到我面前笑道:"就按阁下意见,敬请代劳!"偶尔意见相左,他也必能征引多多说得我心服口服。

他非常不喜欢别人不和他商量就随便改他的文章。他说:"表述一定的事物,传递一定的思维,不同的作者,各有不同的习惯、不同的方式、不同的语言风格,只要不出大格,编辑干吗非要别人都跟自己一个鼻孔出气?"

他寄稿子来,从不摆大学者架子,说自己的文章如何如何。而是正相反,说给人预留下不能用时好下的台阶。如他1980年8月8日的来稿附信:

……多日不见了，我因身体不怎么好，终日伏处斋中。不出门，脑子是安静不了的，这是知识分子的特点。

《东西南北谈》又写了几节呈正。如不用的稿则望退回，勿客气也……

又如同年 9 月 25 日的另一封寄稿附信：

……我近来又整理了六七篇短文，可续《契斋东西南北谈》。有些与老友开玩笑的文，是否可附入……请看，一切都那么好说好商量。

《随笔》发了他的文章，他必高高兴兴地致信道谢，述说感想，和编者交通心灵。如 1980 年 11 月 13 日这封信：

……久未面，亦曾在想念中。见拙文《漆器艺术和广州的汉代漆器》载《随笔》。该年（指初见广州出土汉代漆器之年——苏注）我尚梦想不到日后会成此书（指 1950 年编著的《广州出土汉代漆器图录》一书——苏又注）……

接下来是感慨系之。商老一生出版过多种这类学术性图录。如 1933 年至 1935 年在南京金陵大学执教时编著出版的《福氏所藏甲骨文字及考释》《殷器佚存》《十二家吉金图录》《浑源彝器图》，抗日战争期间编著出版的《长沙出土楚漆器图录》，1950 年编著的《广州光孝寺古代木雕像图录》。

我还得知商老有一个特别之处是发表后常要求退回原稿。如上信的最后便是："原稿寄时未抄下，能赐还否？"

所以我总会交代发稿编辑在发排时标字号指示版式之际一定用笔谨慎，别弄花了他那工整非常的原稿。按说这也是应该的事，像出自商老这类高龄大名家、大学者之手，书法又极讲究的手稿，本来就是文物之属。

四

商老是著名书法家，墨笔字写得极好，特别是写小篆如作行书，篆书也能写得那样活泼，生气勃勃。晚年他又出新作秦隶，一样深受欢迎。

我得过他三幅小中堂，都是他20世纪70年代末80年代初主动送给我的。因为听说他"惜墨如金"，交往还不很深，我哪好意思贸然开口向他求字。

他送给我的第一幅小中堂，是以他的"拿手好戏"小篆写的张问陶的一首诗：

> 书笺日千纸，
> 心动手无据。
> 满眼墨蛟蟠，
> 一笔忽飞去。

商老在那篇近百字的跋里说明了他干吗写这幅字送给我。那是因为他：

> 去年自夏徂冬，在北京参加银雀山汉初墓葬出土的《孙膑兵法》竹简摹本校正工作，时与实物相俯仰，以至眈。迩来作书，每感心手不能相应。因忆所藏张问陶自书诗轴句，似为我而咏也。录之，以搏苏晨同志一粲。
>
> 1975年夏　商承祚

原来是自1975年夏天起，他开始感到自己写字有时会出现"心手不能相应"的情况。他担心这种情况会进一步恶化，于是赶快写了一幅字送给我，还亲自送到我家亲手交给我。深情厚谊，令我感动。要知道那时候"文化大革命"还没最后"收摊儿"。这一辈老人的师友之情，不动声色而又如海洋般深沉。

他送给我的另两幅字，一幅是因为有一次我们偶然谈起汉简的书法，谈到兴致盎然时他忽然提出要把《流沙坠简》中他最喜欢的一条汉简临成小中堂送给我。过了不久，他就写好，来我家串门时给我带了来。再一幅是他一度热衷于写秦隶时，一天写得开心，想到我还没有他的秦隶，就写了一幅拿给我。

我见他并不"惜墨如金"，也就厚起脸皮求他给写册页。拿了一本日本那种8开大册页去，还预先打了格，指定商老用小篆绘写苏轼的《念奴娇·赤壁怀古》。岂知一下子就暴露了我的太过粗心大意：求人家写小篆，却不是打长方格而是稀里糊涂打了方格。这可难为了商老！

他 1980 年 8 月 31 日写信给我说：

　　……属件之久未书，一以方格近百，如画纸为牢，我有点不甘心自投。我不能楷且不能行草，汉隶非所长，无已其秦隶乎？可是许多字非"创造"不可，能不费时日？再请稍等，如何……

这时我才省过腔来，不但请人家写小篆不打长方格而打方格是错，并且格打得太小也是难为人家。

自知理亏，不敢再催。他去成都出差，10 月 2 日回广州，10 月 6 日赶快给我写。写好让人送给我，里面夹了这样一封信：

晨兄左右：
　　二日从成都会后返，读手教，促书册。放置经月，误了别人题识，为之惶悚。所打之格小而方，无法写篆。且字近百，可谓谑而虐矣。乃为之写秦隶。词中字，基本上未见，不能不为之"创造"，嘘！亦苦矣。何止破半日工夫乎？以两句结束谈话：看似寻常最奇崛，成如容易却艰辛。敬候
　　著祺！
　　　　　　　　　　　　　　　　　　　　　　　　商承祚上
　　　　　　　　　　　　　　　　　　　　　　　　80 年 10 月 6 日

册页上的落款也是"1980 年国庆后 5 日　苏晨我兄属正　商承祚拟秦隶"。

还有，此前我请商老题北京著名书法家魏长青老人送给我的《魏长青临怀素自叙帖》手卷，商老竟认认真真以墨笔行书小字在拖尾上题了千字长跋，这更是我连想都不敢想的。还说什么"小病新瘥，录上述求正苏晨同志，必有以教我也"。我只感到相形之下无地自容。

不过也好，因为被他太过认真吓坏，此后我再也不敢求他给写什么或题什么了。

五

商老之为著名古文字学家、考古学家，这和我沾边儿不多。之为著名鉴藏家，也和我只拐弯抹角沾过一点点边儿。

他毕生潜心收藏种种文物。可是从 1964 年起，他就不断把精品文物捐赠给国家。经过"文化大革命"时的被抄家，"落实政策"时的失而复得，他更加快了捐赠进度。20 年里他先后有 9 次大捐赠，身后还由儿女秉承他的遗志进行大捐赠。除捐赠给北京故宫博物院的不计，捐赠给广东省博物馆的有 374 件，捐赠给广东民间工艺馆的有 198 件，捐赠给深圳市博物馆也有 229 件。1998 年，这三馆合作编成《商承祚先生捐赠文物精品选》，由岭南美术出版社精印出版了彩色大画册。我忽然想起他生前并没有为出版自己这种画册奔波过，却在 20 世纪 70 年代末为出版《容庚先生捐赠文物精品选》很是奔波。

住在商老楼上的容老，是著名的这个家那个家不说，单说他也是一位著名的鉴藏家。20 世纪 70 年代尾，容老起意要把自己毕生收藏的文物精品全部捐赠给国家。他和商老商量，想请出版社严选精中之精给出个小画册，要来送送朋友。按说他捐赠的某一件文物精品之值，拿来出一本小画册也用不完。所以商老初以为这个小小要求，当不成问题。

商老来我家找我。我向出版社社长杨奇报告。杨奇连说："应该，应该。"让我马上起草报告，由他签发上呈。万没想到"顶头"那位大首长竟是不许。

杨奇无奈有修养。我无奈发牢骚。商老听说后气鼓鼓，连说："真是莫名其妙。真是莫名其妙！"

赶巧这时新华社发通稿，多家传媒报道了香港一位先生向内地捐赠一些文物，北京给他出了相关的画册。我以为这一下可捞到了救命稻草，赶快拿去给杨奇看。杨奇让我再援例起草报告由他签发上呈，继续争取获准。那位大首长却说人家是香港人，容庚是广州人，不可比……

杨奇还是有修养地叹气、摊手、摇头。我的牢骚有了不干净的字眼儿。商老气极呼呼喘气，可也知道那位现管大首长的不得了，再怎么也奈何不了人家！

我躲着容老不敢见他。因为照真说若给人知道，打个"小报告"上去，我得"吃不了兜着走"。说假话，那算什么人？

1981 年我已在花城出版社工作。这年 4 月著名作家、学者沈从文教授偕夫人张兆和来广州看三联书店香港分店给他出版的《中国古代服饰研究》清样，看花城出版社给他出版的《沈从文文集》头几集编写书稿。我知道沈老和容老、商老都是老友，就把他们一起请到我家相聚。还是这时我才敢当面据实告诉容老不许出那本小画册的真相。容老听了淡淡地说："我早知道。"商老对容老说："你看，苏晨说的可以作证，那时候我真尽了力。"沈老笑笑什么也不说，潜台词好像是说：比起我一些年的遭遇来，你们那算得了什么……

三老久别新逢，高谈阔论。我想请他们去饭店午餐，谁也不肯去。商老让我派人去茶楼买些点心来。就这样，吃过午点良久，他们才肯各自归去。

还有一次搭点边儿的是，我去商老家有事，碰上他正在淘汰文物。这天清出来的有几十张名人书画扇面，梁鼎芬的最多；几十轴裱好的青铜器拓片；一叠还没裱的康有为、梁启超书法。他让我看看有没有看中的，随便拿。

我各翻看一过，一件也没看中。说老实话，也为觉得收这些东西欠商老人情不好。

商老见我怪怪，走入内进拿出三个裱好的立轴、一个裱好的横批来让我看。我看一幅是溥心畬的，画面上有人有鬼；两幅是齐白石的，一幅荷花鸳鸯，一幅篱巴豆角；横批是吴昌硕篆书"挹爽亭"三个大字。

等我看完，他说："这四件送给你。"这时我是觉得人情太重，仍说不要。商老脸上现出很不高兴的样子说："你以为是假的？我这儿没有假货！"我见商老很不高兴，忙下台阶说："那我要两件，一件篱豆，一个横批。"商老的情绪这才缓和了一些，又让我看书房里张挂的字或画有喜欢的不。

我听商老向我讲起过一位大人物，就要看精品，看好就死乞白赖讨要，不给就"借"，一"借"就"刘备借荆州"。我哪还敢打他那些张挂着的精品的主意。

如那天他书房当眼处挂了郑板桥的"四面风墨竹"，郭沫若的四百来字长诗行草。我知道那"四面风墨竹"是他在长沙买到，拿到北京请名裱工"上墙"有半年多慢慢修理，才得今日面貌，裱工是买画钱的 10 倍。我也知道郭沫若那幅字的来历。那是抗日战争期间在重庆，商老能刻图章赚外快，比别的教授富，朋友常来"抓大头"让他请下小馆，其中也包括郭沫若在内，一天郭又来让商请下小馆，商就要郭写了这幅字。当然这都是此前商老讲给我的。

商老见我站在郭沫若那幅字前看了好长时间，问我："你喜欢郭老的字？那容易，我给你要一幅，请他题上你的上款。"我说："那当然好。"商老说到做到，去北京出差，真就去找了郭老。回广州告诉我："郭老已经答应，记下了你的名字，不过要等他病稍好一些才能给你写。"可惜的是郭老的病体不但没有好转，还走上了可怕的下坡路……

郭老的字因为"天意"没办成，商老给我要了一幅黎雄才的山水、一幅关山月的梅花"补数"，当然我更开心。

商老这人，对朋友干什么都一诺千金。

回忆商老二三事

彭卿云[*]

商老给学生的印象是突出而又特别的。早在四十七年前的秋天,他给中山大学中文系新生讲授中国文学史课程文字发展史部分,所讲的内容虽已淡去,但他讲课的形象和风格却历历在目,我至今记忆犹新。他讲课的普通话,字正腔圆,抑扬顿挫,掷地有声,比起其他说广东普通话的老师来,确是别具一格,对非广东来的"北方"学生而言更有亲切之感。他在人们面前,总是衣冠楚楚,西服革履,挺拔端庄,头发梳理得油光可鉴,皮鞋擦拭得闪闪发光,走起路来步步嘎咚作响,一派名教授风度。他的这种风度和形象,一直保持到垂暮之年。其投身事业、享受人生的精神,心理状态之健康,可见一斑。

1973年前后,商老应邀到北京参加国家文物局组织的山东银雀山汉墓出土的竹简整理工作。由于我在国家文物局工作,我们又同在北大红楼办公,师生彼此有了更多的接触机会。但是那时,政治环境十分艰险,人们的生活条件也很艰苦,人人都谨小慎微,除了文物保护这个永恒的主题,其他都很少说。商老住的是北大红楼的地下室,冬天虽不潮湿,但阴冷尤甚;吃的是凭票证供应的机关食堂,早点咸菜、棒子面粥,中午一菜一饭,素食为主,比起现在,真有天壤之别。但是作为著名学者的商老,对这一切却处之泰然,不仅没有半点怨言,而且感到极大的满足。那时,邀请专家参与学术课题研究的主管部门既不发生活补贴,又不宴请犒劳,生活之清苦,只有同时代的人才能感受到其中的滋味。然而,包括商老在内的老中青专家却是清一色的"安贫乐道"者,都在默默地承受着这个特殊时代的特殊赋予。这是多么难能可贵的精神品德啊!

商老天性开朗,兴趣广泛,平易近人,健于言谈,对于保健养生之道尤

---

[*] 彭卿云:中山大学中国语言文学系1959级系友,曾任国家文物局副局长,《中国文物报》社长、总编辑,中国文物学会会长。

为通晓，常常在人们面前津津乐道自己的经验。1976年9月初，广东省文物工作会议在广州市流花宾馆召开。我和他都应邀参加会议。其间，一个没有安排活动的晚上，他来到我的房间，海阔天空地聊了起来，但主题还是保健养生。他说保健的秘诀是两条：乐观自信，锻炼有常；劳逸结合，补治并举。那时，我体质偏瘦，他建议我每天服用微量生明矾，净淤利血，必有良效。他说明矾净淤利血的作用是显而易见的。南方雨水多，食用水常常混浊不清，加入明矾搅拌，立即泥沉水净，清澈见底。同样的道理，对人体也起着清淤净血的作用。自此，我接受他的建议，开始每日空腹服用，但效果不甚明显。偏方治病在民间很流行，这种偏方究竟有无道理，尚待科学证明。他认为，只要坚守这两条，必然健康长寿。由于他自身就是样板，所以很多人对他的经验之谈感兴趣。他常说，随着科技的发展和生活条件的改善，人的寿命一定会增长。"莫道七十古来稀，而今八十不稀奇，六十还是小弟弟……"这是他编的歌诀，在文物界流传广远，成为高龄老人自慰自喜的一段佳话，也体现了商老的豪气。而今，又成为我们这一代学生自励自勉的"警句"。

改革开放以后，商老对保护国家文物更是热情勃发，站在同破坏文物作斗争的前沿阵地。他以全国政协委员和广东省文物管理委员会副主任的身份在各种场合大声疾呼制止文物破坏，反对乱拆乱改。他不畏权势，坚持不懈，为反对广东省拆西堂盖图书馆，深入调查研究，用事实说话，以理服人，要求决策者收回成命。他在中央领导同志接见全国文物工作会议代表的座谈会上，慷慨陈词，列举各地乱拆乱挖古建筑、古遗址的事例，痛斥破坏文物者是不肖子孙和民族罪人，全场为之动容。他以自身的特殊身份，以笔执言，向省市领导同志提建议、出主意，要求加强保护管理祖国文物。直至晚年，仍然不忘为保护文物尽责尽力。20世纪80年代末，深圳特区文物管理部门深感文物管理体制不顺、机构不健全，多次要求成立文物管理委员会，发挥协调各有关部门的职能，设置海关出境文物鉴定机构，开设特区文物商店，等等，但久久未能引起领导部门的重视。最后有人将这些情况通过商志醰同志反映给商老，他当即表示这是有利于文物保护管理的好事。既然全国各地多实行这种体制，都有这样的机构，深圳虽是特区，但文物保护工作不能例外，管理更应加强，否则，有可能成为文物外流、破坏的大漏洞。他同意致函深圳特区的领导同志，请他们予以重视。由于年迈力衰，记忆减退，他要求为他提供草稿。我当时正在深圳办事，参与了拟稿一事。不久由他亲笔书写的信送达深圳市领导，市领导很快批示有关部门，接受商老建议，积极解决问题。经过几年的努力,文物管理委员会、文物商店、文物鉴定机构等,都相继建立、运转,为深圳特区文物保护管理工作做出了重要贡献。令人遗憾的是,商老生前未能亲眼看到这些可喜的成果。然而,这确确是商老为保护、研究祖国文物奋斗一生的一个圆满的句号。商老作为祖国文物的坚强卫士,真正做到了鞠躬尽瘁,死而后已。

詹安泰
(1902—1967)

永远怀念的追记

邱世友[*]

祝南先生离开我们二十年了。缅怀师教,万感横集。在这里,请容我略抒数点,以致怀念。

一九四六年的春天,是广州光复后第二年的春天。中大文学院中文系二年级同学人各一个木凳一张书板,聆听祝南先生的"诗选及习作"课。这时我已经从师院转到这个班了。先生讲授诗学,以高迈之识,运宏博之学,考证、评论,深揭诗歌的底蕴,读者从《论屈原的阶级出身、政治地位及其在文学上的作用》(见《古典文学论集》)略可知之。继"诗选"之后,先生又开设"词选及习作""宋词研究"暨"姜白石词研究"。词为诗余,先生在治诗的基础上治词,词学学术深造自得,于词的源流正变、风格流派,乃至技法韵律,条分缕析,使学生对词的内部规律、词的特性和特点,有较全面较透彻的认识。从今所刊行的《宋词散论》《詹安泰词学论稿》《李璟李煜词》《古典文学论集》的有关部分,以及将刊行的《花外集笺注》中,可以见到先生的词学修养和业绩;当年的词学教学也可得知一二。可惜的是,先生的词学讲稿和著作在"文化大革命"中,大部分散佚了。今仅据当日先生讲学的笔记残编并参以现已刊行的著作,概述如下。

一

有清一代,考据之学盛行,乾嘉两朝成绩辉煌。桐城文派又倡为义理考据辞章三位一体之说,虽未尽付诸实现,但影响并不小。先生学术发轫于辞章。而辞章合考镜史实、究明诂训和阐发义理四者,先生称为经史子集之学。如先生谈到词集笺释时说:"要明故实、辞藻、音训、义理。前者为史,次者为集,次者为经,最后为子。"这是说经史子集的特点都应为词学所包容。显然,先生之学是在这个学术的历史背景中形成的。词学,单就考据方面说,

---

[*] 邱世友:中山大学中国语言文学系教授。

除历史考证、文字训诂，还有校勘、版本诸方面。但词的考据作为一门学科，是直至晚清王鹏运、朱祖谋诸人才确立的，而且发展颇为迅猛。先生尤重历史考证，这是为了探明词的历史背景、历史事实，从而阐明词的思想意义、艺术价值，探究作者的词心所系。"词选"一科，讲到南宋词多寄托，宋末词人尤多兴亡之感时，先生为了证明所寄托的具体历史事实，曾作了如《杨髡发陵考辨》（见《古典文学论集》）这样翔实的有学术价值的考证。这考证是元明以来七百年后对这历史事件第一次所作的科学结论，给研究和评论这一时期的词人词作提供了重要的依据。文章导言说："自古亡国者受祸之惨烈与亡人国者手段之残酷，殆未有甚于宋元易代之际者也。……伯颜陷沙洋，夷殆尽，及攻常州，'役城居民，运土为垒，土至，并人筑之'，甚至'杀民煎膏取油作炮'（俱见《通鉴纲目》）。极天地未有之奇冤！"在元人这种屠杀政策之下，杨琏真珈发宋帝后六陵，激起爱国词人家国之感，其思想历史意义就不难理解了。先生讲授碧山《齐天乐》咏蝉阕，既得知人论世寄托之旨，又联系《乐府补题》中咏莼、咏龙涎香、咏白莲等词作。先生说："碧山词寄托最深。此词当托意后妃，于词中'娇鬟''蝉翼'可知。《乐府补题》有数词连咏后妃者，与发掘六陵事有关。"先生对词的本事的考证、历史背景的分析是为了阐释词意，说明词人寄托所在，因此，常常纠正如杨湜《古今词话》等记述本事的迂执和偏弊。如陆淞《瑞鹤仙》"脸霞红印枕"阕，陈鹄《耆旧续闻》称为盼盼作，先生考证事实，认为盼盼"借题发端耳，当非本意"，并甄综张炎、董毅及王闿运诸家之见，确定为讽宋高宗主和而作，指陈时事，即事造景，缠绵悱恻，寄托甚深，告诫我们不可当艳词读。

与历史考证有密切联系的是词的寄托。先生素重词的寄托。周济倡"非寄托不入，专寄托不出"之论，况周颐有"即性情即寄托"之说。先生于词的评论和创作都本二家之言而加以发展，并兼采浙派的空灵醇雅；认为性情所发，寄托乃真，意境空灵，寄托始深。先生很不满意张惠言言寄托的穿凿附会，对王国维否定张氏之说也不以为然。先生认为张氏之失乃时代之失，盖其时虽考据之学盛行［张氏《词选》成于嘉庆二年（1797）］，而词学考证之科还未确立。张惠言失于考证，是难免的。这就提出了研究词学应有历史观点的问题。先生认为，有寄托之词可当历史读。这是因为，"作者之性情、品格、学问、身世以及其时之社会情况，有非他史所能明言者，反可于词中得之"。这说法较周济"诗有史，词亦有史"，更为具体深入。这不但见于《论寄托》一章，也见于当年先生讲授词学。但先生释词又往往不斥言寄托，不指实史事，而于浑涵中令学生感到有寄托又无寄托，空灵蕴藉，意旨深微。先生释词如少游《踏莎行》"雾失楼台"二句，曰："用'失'用'迷'，固以造暗淡苍茫之境。然主观情意亦寓其中，政事亦作如是观。"这正是先生考证了当时党争所导致的政治暗淡和少游贬谪郴州的身世遭遇后所作的分析，又释史邦卿《双双燕》云："'还相'两句画工，'红楼'两句化工。自今日观之，化工较画工高。托意甚深，时主昏庸，权奸误国，以及人民热望，皆可作如是看。"先生不从贺裳之论而从白石、静安之说，但二人未言化工之妙在于寄托。先生既揭示寄托之意，且又有讽于当时国统区的政治，于"自今观之"一语可知。寄托有具体的史实可稽者，先生既引证而论说之，但又作浑涵点示。如释白石《庆宫春》过片"正凝想、明珰素袜"，只云："有寄托"，"由身世之感联想家国之恨。意者指两宫北上事乎！"所谓"明珰瑶瑟，素袜香尘"，因有寄托而无寄托，故先生评云："空灵荡动，一片神行，绝无钩勒痕迹，真是化工之笔。"或云此词为怀念小红而作，柔情绮怀，能为高调，"可知见仁见智在于浑涵耳"。又释梁栋《念奴娇·春梦》后片"骨朽心存，恩深缘浅，忍把罗衣著"，以为"所指可能是贾似道妾张淑芳为尼事。《西湖志》引《宋元遗事》载贾似道妾张淑芳知似道必败，木棉庵之役，自度为尼"。寻绎词中所写情景，权相荒淫，恰如《宋元遗事》所载，因张氏自度为尼而讽贾似道的下场，自是词史，可补正史之阙。释稼轩《菩萨蛮》云："稼轩有志于匡复，而周必大妒其才而止之。词中托言鹧鸪'行不得也哥哥'"，并且说"家国之感，后主显而稼轩隐，其位各别"。这正是先生言寄托能入能出处。能入，把周必大的妒才，视为该词的历史具体事实；能出，把家国之感隐然寄于词外。能入，故"精力弥满"；能出，故空灵跌宕。咏物词当以有寄托有感慨为上，若仅以题红刻绿，摹写物状为能事，与方物略、群芳谱何异？浙派末流动辄和《乐府补题》咏蝉咏莼而殊无寄托，唯协律、俳色相尚，犹自以为宗南宋，朱、厉嫡冢。其实正如谭献所评："《乐府补题》别有怀抱，后来巧构形似之言，渐忘古意。"（《箧中词》评厉鹗语）古意者何？如先生所称，宋末词人身经亡国，托物寄意之谓。先生释词既遵常州派比兴寄托，亦本浙派空灵醇雅，上阐玉田的清空，下扬复堂的"别有怀抱"。取精用宏，构建己说。如先生论碧山咏物词的成就，于《寄托论》一章及《花外集笺注》可见。南宋将亡已亡之时，咏物词最多，既非题红刻绿，而有寄托，但先生教人不可胶柱鼓瑟，字字都合乎当时的事实，如鲖阳居士释词，把艺术真实和历史事实混同起来。这虽然是从周济论寄托演衍而来的，若无现代典型论依以阐发，也不可能提出如此明确的论点。先生同时代步伐一起前进，发展了常州派的寄托论，这是显然易见的。

主南宋者以为"词至南宋而深"。先生尝从南宋词寄托的特点理解这一"深"字有深隐之义。先生谓北宋晏同叔《踏莎行》、东坡《水龙吟》咏杨花，固然是有寄托之词，但寄托不怎样假思索就能或知其所寄的党争，或知其所寓的不幸遭遇。所以北宋寄托不可谓之深隐。而南宋后期出现了表面上咏物而实际上是影射国家大事的词篇，以无知的物类抒发对国家重大问题的观感，隐含深意。稼轩《摸鱼儿·晚春》"斜阳烟柳"固不待言，碧山《天香·咏龙涎香》《眉妩·新月》、刘辰翁《宝鼎现》《兰陵王·丙子送春》、张玉田《疏影·咏荷》，以及前所列诸阕，都写得隐轸回曲，若即若离，表面是描写景物，但联系时事的实际情况，深入观察体会，又不难知其托意所在。即使如此，由于词的意象的多层次性，还可以从另一个角度去理解，止庵所谓触类多通，浑化无痕。前面说的白石《庆宫春》，或指两宫北上之事，或为小红而作，见仁见智，理解的角度极为不同。这样做，固然是词人为了避文网，也表明这一时期的词作，艺术向纵深发展，创造出转折层深的意境，体现了"极其工极其变"（朱彝尊《词综发凡》）的时代特点。先生释"深"字无疑是独到的，和典型化理论有关，因为典型化愈强，就愈具普遍性，词的意象就愈多层次，词的隐轸回曲不止在于词的技巧。

二

词如绘画，最重虚实。在词的技法方面，如能成功地运用虚实的辩证关系，无论构思、结构、布局、描写和造境，都可以获得很好的艺术效果。对词的虚实相生、相足、相映，以实写虚，以虚写实，先生体会颇深。稼轩《念奴娇》"野塘花落"阕，"楼空"两句不说旧游都杳，而云飞燕能说，不说自己不见，而云行人曾见。以热闹的景况发"楼空人去"寂寞之感。愈热闹愈寂寞，以动态表静境，运思奇创。过变"帘底纤纤月"三句写往时所爱者的纤步尤为行人所见，疏宕空灵；"旧恨"两句则以持重之笔顿住，而今昔之感寄焉而深，虚实运用极为成功，健笔化为柔厚。先生曰："读此词可悟虚实相生法。"先生释白石《八归》送胡德华阕：前片"送客"二句入题旨，属虚写，用"重寻"、用"水面琵琶谁拨"，便觉情思悄怳，无穷别感；过片"渚寒"三句，写离别实景，与上文"送客"句相呼应，"而虚实相足，并不犯复"。送别既非胡德华一人，故在虚实相足中，亦具抒情的典型性。所以"最可惜一片江山，总付与啼鴂"，顿觉天地变成暗淡，寄慨无穷。韦庄《谒金门》前片"相忆"四句,空灵,虚境,下片"满院落花春寂寂",浓艳,实境,前后互相映照,故能引发出结句"断肠芳草碧"的凄黯情调。先生之论如此。倚声填词不可通篇皆实,也不可通篇皆虚,若前后皆实,中间须作虚写,而后气局乃开。白石《扬州慢》前片依小序写实景,沉郁悲凉,后片"二十四桥"三句写凄冷境界,极为精警,与"桥边红药"两句相映发,与"废池乔木"相遥应,都是实景。所以过片写不堪回首,以杜牧事替代。先生云,"此等处最须玩味,盖前后均写实,若不加变化,则气局不宽,运笔涉滞";"正其空灵排宕处,非力弱也"。论者或以为波心冷月,荡着的是青楼绮梦,其实这是不知虚实照映之法所生的误解,读先生之言必有启发。美成《浪淘沙慢》第二叠,"嗟万事难忘,惟是轻别"和盘托出题旨,拙重之至,为一篇关捩,上联"向露冷风清,无人处、耿耿寒漏咽"二句极精细,从想望中特举最难堪的情事作凄清的渲染;下联"翠尊未竭,凭断云、留取西楼残月"三句又极空灵。复堂所谓:"以无厚入有间也。断字残字不轻下。"(谭献《词辨》)止庵云:"'翠尊'三句空际盘旋。"(《宋四家词选》)可见"精细、拙重、空灵配合观之,可悟慢词作法",先生教人如此。实境虚发也是取得空灵动宕之美的技法。美成《西河》第三叠:"燕子不知何世,人间相对,如说兴亡斜阳里",而前著"想依稀王谢邻里"则成虚发了。先生评云:"第三叠纯写怀感,由'伤心东望淮水'生实境虚发。"这种写法最得吊古神理,词境惝恍迷离,引人无穷之思,《通鉴》谓梁燕巢林,为最乱之世。柳永《雨霖铃》前片"念去去"三句,以空灵之笔写出实景,苍茫感慨从虚处生发,盖虽虚而本实。过片先生分三层言之:"多情"句以古人衬说,正写远别,前此"执手"两句刻画真切动人,为"念去去"三句蓄势。此为第一层。"更那堪"以时令衬托说,为第二层。"今宵"句,以景物衬托说,为第三层。此三层均从虚处着力,总说所以远别的难堪,于"念去去"两句为渲染。先生所谓虚处着力,即虚境实写,为情造景之意。

与虚实同类性质的还有疏密关系。先生论词的疏密关系颇得辩证之趣。自从张炎倡清空重疏宕,则以梦窗词的密丽为质实为晦涩。这种看法影响数百年之久。周济撰《宋四家词选》,认为"梦窗每于空际盘旋""若其虚实并到之作,虽清真不过也"(《宋四家词选目录序论》)。麦儒博云:"秾丽极矣,仍自清空。"(《艺蘅馆词选》)陈洵又云:"实处皆空。"(《海绡说词》)诸家评梦窗词,皆指出其密丽秾挚中见疏宕空灵。先生隐括前人之论从而阐发之:"读梦窗词,须于浓密中见疏淡。梦窗意多辞练。"辞练则导致浓密,意多须求疏淡。又释《风入松》"愁草瘗花铭"句云:"五字中三层意,密丽中自见疏宕。"先生论梦窗词这个疏密统一的艺术特点，是值得重视的。

词人用笔，技法无限。虚实相生，已造种种妙境。他如扫处即生、操纵繁会、透过一层、渲染衬托，乃至钩勒、用字，无不因情写景、情景相融，而种种词境亦由此而生。白石《琵琶仙》前片"十里扬州"三句用杜牧事，以包括许多当年情事。止庵云："顺逆相足。"先生则云："扫处即生。"二者相辅见意。这种扫处即生法因空而见实，故"前事空说"，令人无限低回。又《念奴娇》前片着重描写荷花，冷香飞动，情致别出。下片着重写感怀，"似有寄托"；前片写旧时情事，后片写现况，而今昔之感，正在过变处抒写。即"日暮，青盖亭亭，情人不见，争忍凌波去"数句使前后气机互相引动，不致脱节。先生云："可悟操纵繁会之法。"渲染和衬托是词家常用的技法，而所造意境的浅深、艺术的高低，又系于作者的修养，论词亦然。孙光宪《浣溪沙》，先生释曰"揽镜""凝情"两句为引端，"一庭疏雨湿春愁"为渲染。过片"杨柳""杏花"两句为比衬，最后结出本意。"一庭"句为《花间》健笔，写疏雨连绵，一种纤微的凄清况味撩拨着别后的春愁，用"湿"字轻轻粘着，使春愁具体化，所以渲染作用很强。与冯正中《南乡子》"细雨湿流光"同工。白石《霓裳中序第一》"亭皋正望极，乱落江莲归未得"两句已摄全神，多病无力，流光过隙，缅怀伊人，能不兴叹。"纨扇""罗衣""淡月"系渲染，"双燕"系衬说。"许多层折总由'归未得'三字生出。"所以渲染衬说愈精妙，则其词境愈转折层深。先生论词的技法如此。又白石《借红衣》"高树晚蝉，说西风消息"，论者以为拟人而赏其设想诞妙。其实拟人只是修辞格耳，故先生云："两句渲染岑寂时的凄凉情味，用笔幽隽，格韵高绝。"透过一层写法往往使词意层深，矫健有力。于美成《夜飞鹊》前片结句可见："花骢会意，纵扬鞭、亦自行迟。"离别的难堪以"花骢会意"映托。先生云："透过一层写法。花骢如此，人意可知。"词就送人铺写，曲折周至，情意深厚，纯用赋体，是清真词的特色。这种写法，自是从《离骚》脱化而来："仆夫悲余马怀兮，蜷局顾而不行。"又李清照《凤凰台上忆吹箫》过片："休休，这回去也，千万遍《阳关》，也应难留。"先生释云："用透过一层法，作尽头语。拙致深重。凡手至此，觉以下再无可说矣。"以下借实境生发，愈转愈深，显然是从透过一层转折而来，亦虚实相生的转机，无易安笔力妙思终不可得此境界。清真最善于钩勒。止庵曰："他人一钩勒便刻削。清真愈钩勒愈浑厚。"（《宋四家词选目录序论》）清真《满庭芳》："憔悴江南倦客，不堪听、急管繁弦。歌筵畔，先安簟枕，容我醉时眠。"歌筵畔为勒转，自安于地卑山近之境，"故沉郁顿挫中别饶蕴藉"

（陈廷焯《白雨斋词话》）。又《氐州第一》"渐解狂朋欢意少。奈犹被、思牵情绕"，止庵曰："钩转'思牵情绕'，力挽六钧。"（《宋四家词选》）只此二例，可见清真善于钩勒。先生论词派，以为白石是骚雅派宗主，继承清真而去其典丽，代以情韵。至于钩勒，犹得清真法乳。如《凄凉犯》"绿杨巷陌"至"衰草寒烟淡薄"，写淮水前线兵后的荒凉景况，西风画角，衰草寒烟，令人不胜凄黯。先生释云："正说当时情景，纯用钩勒。'似当时'两句，一加衬说，便觉沉郁有远味。"沉郁有远味，正是止庵所说的浑厚。清真的钩勒如此，白石的钩勒亦复如此。唯风格不同罢了。先生于《霓裳中序第一》起调数句亦云："白石此词，沉郁顿宕，多用钩勒，极似美成羁旅之作。"

  词的结拍是词家向来最重视的。张炎早在《词源》中评少游《八六子》、白石《琵琶仙》说："全在情景交炼，得言外意。有如'劝君更尽一杯酒，西出阳关无故人'乃为绝唱。"此即杜工部篇终接混茫之义，也是司空表圣味外之旨。词的结拍也以有余不尽为贵。先生平日释词最重起结和过变，而犹重结拍。如释《浪淘沙慢》"弄夜色，空余满地梨花雪"：这是清真把别情层层推动，以景结情的结果。梨花如雪，在空际写怨，且以倒装出之，不作平钝之笔。而先以"恨春去"作动荡，健笔绝伦。故"弄夜色"以外，以景结情，留无穷之味。考清真他词，结拍多以景结情，情味无穷。即使以情结的，也回味不尽。《夜飞鹊》结拍"但徘徊班草，欹欹欲醉酒，极望天西"，深远之情可见。所以先生评云："双起双结，犹存余味。"白石词，结拍也有余不尽，得味外之旨。《惜红衣》结拍"问甚时重赋，三十六陂秋色"，将人事景物融成一片作结，俊爽绵远，客怀岑寂之意不尽。先生评曰："自具有余不尽之味。"《翠楼吟》结拍"西山外，晚来还卷，一帘秋霁"，亦以景结情，托意南宋时局，既忧虑国运之近黄昏，又盼望一个"西山晚霁"的清明局面。所以先生云："'西山'两句收束，气机流贯，意味深厚。"他如稼轩、碧山乃至飞卿诸家，先生于结拍亦重有余不尽之味。稼轩《贺新郎》"谁共我，醉明月"，先生云："别出醉明月一境，留深长之味。"盖前"啼鸟"两句，回应起笔，沉痛已极。故一归到自身，便无由分说了，别出此境以结之，章法既完密，离别之感又深长可味。碧山《齐天乐》咏蝉歇拍"谩想熏风，柳丝千万缕"，以熏风时节作结，虽哀而不伤，而回首前尘，无魂可断。其曲折含蓄，言外多"家国之恨"（周济《宋四家词选》）。先生亦云："结之正所以哀之也。有言外之音。"他如温飞卿《菩萨蛮》歇拍"心事问谁知？月明花满枝"，先生云："'明月'句以景结情，味更隽永，系加倍写法。飞卿最喜用之。"

尤须指出的是，先生承复堂论绪，评词以柔厚为归，往往从结拍点出，真乃仁者其言蔼如也。如白石《八归》结拍"归来后，翠尊双饮，下了朱帘，玲珑闲看月"，先生云："'想文君'两句，从对方（指胡德华）著笔，清泚可味。末以室家之乐作结，深得柔厚之旨。"结句得柔厚之旨，不仅词品高，而且情味无穷。先生不但评具体的词作重柔厚，评词人作者亦重柔厚。少游词境凄婉，是人所共悉。而先生云"秦观柔厚中含凄婉。婉美派宗主"，"柔厚"则指出了少游词旨的实质。无疑，这是先生论少游词的深到处。

三

词的声律、音韵和词谱，先生最为专门。今刊行的《词学研究》（见《詹安泰词学论稿》），"论声律""论音韵""论调谱"三章可见一斑。这些专门之学，非我所可追述。而学者苟得其一端，则大有启迪。先生当年讲授"宋词研究"，为诸生胪列专题甚夥。如"宋词平入互用考""宋词入声演变考""宋词去上分用考""南宋词音谱拍眼考""词调演变与法曲""诸宫调说唱考"和"宋词词名变易考索"等。先生讲授，常就专题的关键处加以点醒，从而启发学生用功研究。如"宋词去上分用考"这一专题，先生提示云："宋词分去上始自柳永。"易安论词，称耆卿协律，"大得声于当世"。检《乐章集》，去上分用，其目的在于调扬抑于两仄，不唯平仄所当参究。如《雨霖铃》"骤雨""帐饮""泪眼""纵有""更与"等是。又"此去"为上去，则为抑扬，其作用也几同去上；即"暮霭"的"霭"，也不读与"暮"同去声，而应读入声。"大抵两上两去，在所当避。"（《词律发凡》）其后万红友著《词律》，以去上分用为定则。杜文澜云："词用去上，取其一扬一抑，得顿挫之音。"（《憩园词话》）厉樊榭又云："（吴焯）其掐谱寻声，兢兢于去上二字之分，尤不失刌度。"（引自《词苑萃编》卷八）先生从词的创作实践出发，综合清以来去上之论，提出去上分用的专题研究，无疑是有学术价值的。先生在释两宋词时，也经常联系自己的词作，指出去上分用得声律扬抑之美。如释吴梦窗《莺啼序》，第二叠"十载西湖，傍柳系马"，谓"后者当用去上"，即去上去上格。先生自作《莺啼序》吊李冰若阕，同句亦严遵之："莫问当年，醉酕露顶。"至如美成《齐天乐》"绿芜凋尽台城路"阕："静掩""尚有""眺远""醉倒""照敛"，白石同调咏蟋蟀："似诉""暗雨""漫与""更苦"，须用去上之类。虽自清以来，人所共知共守，但并不一定能审其扬抑之美，而先生却于自作词中，于朱、厉词中，得审而赏之。先生论证句律既如上述《莺啼序》，又认为如《疏影》结拍"几时见得"白石"用上平去入"，不可改易，改易则不谐畅。并证之以诸家同调词：吴文英"两堤翠匝"，陈允平"小舟泛得"，黄升"满庭绛雪"，张炎"此时共折"，邵亨贞"可能再得"。此与《甘州》结拍前句同一消息：柳永"倚阑干处"，吴文英"上琴台去"，张炎"有斜阳处"，可知东坡"不应回首"为不律。又前引《翠楼吟》"新翻胡部曲"，"曲"字应入声，不可易以他声，先生论律如此。其所自作同调"填词图漫题一阕"首，同句"红桑惊换劫"，亦严遵入声。先生既严于韵律，因此纠正《词律》的地方不少。如《词律》以为《翠楼吟》押去声韵，但白石此词上去声韵同协，"层楼高峙""叹芳草萋萋千里"两句，先生曰："'峙''里'分明作上声也。"先生自作《翠楼吟》，不从《词律》，而取上去同协。如下片"月楼沉恨远，几荒乱鸦呼眠起，吴宫燕市，剩冷谷栖香，冰丝调水"，用上声韵与"千花弹泪，对万咽风蝉，长条曾系"等句去声韵相押。《庆宫春》，美成、梦窗皆用此调，字数句法均同于白石，但押平韵，且在过变处用暗韵。先生云："二调殆有消息可通也。此调（指白石词）必须用入声韵，王碧山、周草窗均依之，不得改用上去声韵。"这是因为，平入声韵可相代，上去声韵不可代平声韵。先生引自作《庆宫春》悼黄任初教授阕，用平韵"伤心重到、半盏寒泉，空荐花轮""夜台幽复，料不似红尘泪纷"等可见。亦如白石《满江红》"仙姥来时"阕，押平韵，其理可悟，且有小序为之解释。

  以上追记，不无谬误，且谫陋如我，不能体其道之大全，诚有损于先生；所引当日先生讲学的笔记残编，又不能正诸九泉，这一切责任当在笔者。唯期读者读之，有所感念于先生。一九七六年五月，我曾把先生讲学的笔记残编再读一过，欲加整理而未遑，唯作一题记。记曰：詹师祝南先生，归道山且将九年。平生治学，专于宋词，尤以周姜研究为最有得也。其释精深，会意超妙，往往发前人之所未发，言常人之所难言。故在上庠，每讲学罢，诸生无不流连赞叹。余四五年春，乃忝诸生之列，其后又聆教晨夕。顾自学殖荒躐，既不能师承其学，愧对先生，而感念畴昔，不禁抆泪！今于荩箧检得当日之笔记残编，虽文字脱落，读之犹仿佛先生讲学音容。先生遗著大半散佚，余亦五十而无所闻命。嗟乎！羊昙西州之伤，未有甚于今日者哉！

受业邱世友记一九八六年五月游洛后之九日

春风杖履失追陪

蔡起贤*

　　詹安泰老师逝世已二十周年，二十年的岁月是漫长的；但我感觉这二十年，甚至是加上再前的二十年，时间却是很短促，因为许多前尘往事，仍一幕幕出现在我眼前，好像还是昨天的事。我于1983年秋天考进广东省立第二师范学校（即韩山师范前身）之后，虽然名列詹老师门墙，而始终是一株闲桃李，可是詹老师对我这株闲桃李，倒是极尽灌溉培育的辛劳。

　　当年詹老师的寓所在潮州城里的胶柏街，在五间平过的楼房楼上，院子很清幽。家中的设置很简单朴素，可是满目图书。靠右边最后的一间房子，就是詹老师读书工作的地方。我在学校听课之外，常常是星期日到胶柏街詹老师的书房读学校图书馆没有收藏的书。詹老师对我是毫不吝啬的，我要读什么就翻什么，他曾说："你珍惜书籍，不弄脏弄坏，我很放心，只要你读得懂或要读的书，都可随便取阅，也可带回宿舍，细心研读。"要是我偶然有一两个星期天没有到他家，他就打电话来唤我，不但是詹老师，就是柯师母，也把我看成自己的子弟一样。詹老师的家，就好像我的家。同学们及其他老师，都知道我逢星期天总要到胶柏街去。他们要向詹老师索求墨宝，常是把宣纸交给我代请书写。说也奇怪，詹老师真是有求必应。当我研好墨请他挥毫时，他没有推辞过一次。当时伯慧世兄只有五六岁，他拿一本《千首宋人绝句》。我伸纸，他念诗，詹老师就照他所念的诗，写成一张张条幅。我现在挂在厅壁那副"放开肚量食饭，立定脚跟做人"的楹联，就是在这样的情况下写的。每当我看到这副联时，我悠悠的遐思就被引起。伯慧世兄前年来看我时，我还提起他当时站在椅子上伏案念诗的情景，彼此相视而笑。我脑中的小伯慧，他现在也五十四五岁了，已是暨南大学的文学院院长，也是知名学者。岁月的流逝，使我惘然若失。

　　詹老师有不少朋友，都是国内知名的学者、诗人、词人，他们常寄自己的作品给詹老师。詹老师读后就让给我读，像唐圭璋教授寄来新著《宋词三

---

* 蔡起贤：潮汕知名学者，诗人，曾任教于汕头教育学院。

百首笺注》，他读后会在书眉上写下自己的评议意见，然后交给我，要我细读细体会。我还把各条的评议意见过录了一遍，最近我在劫余废纸堆中发现了这些曾经抄录的评议意见。有时我也帮老师誊录一些稿件，抄写资料。他和师友讨论学术问题的信札，每每拿给我看，我读不懂时，他就不厌其烦地为我解释。从他们往还的信件中，我看到老一辈的学人们，全无一点文人相轻的习气。他们都是既坦率又虚心，从善如流，大家都有"疑义相与析"的精神。有的朋友指出詹老师的一些词作喜用僻典，恐蒙"狐穴诗人"之讥，他便勇于接受，因此他在改修自己的作品时，都极力删汰。对于夏承焘教授悼亡友谢玉岑的《减兰》等词，如"拼断朱绳，谁与终弹杀衮声"，他径直指出有"哀而伤"之感，并寄词慰问，也得到夏教授的首肯。他慰问夏教授的《水龙吟》，结语云："漫连环索解，苹鱼残谱，付红潮打。"用薛据《登秦望山诗》："南登秦望山，极目大海空。朝阳半荡漾，晃若天水红。"詹老师的词作是夏教授登秦望山《水龙吟》的和作，"打"字是险韵，押得很自然，夏教授来书极口称赞。他们这种相与为善的精神，使我非常感动。夏教授还一再称许詹老师"词学甚深""词甚工"。除夏教授外，此时与詹老师书札往来、互相切磋琢磨学术的还有胡光炜、龙榆生、曹缵蘅、李冰若、唐圭璋、陈柱尊、陈竺同、陈运彰、卢冀野等名学者、名教授。曹缵蘅主编的《采风录》登载在《国闻周报》上，每期只有一页两版，前面是大名家陈石遗等的诗作，最后就是词，每期只有词一首，詹老师的词常被采录。詹老师在龙榆生编的《词学季刊》和《青鹤杂志》发表的诗、词就更多。他最被人重视的为1936年在《词学季刊》上发表的学术论文《论寄托》，此文阐幽显微。像这样全面论述词的寄托的文章，是很少见的。故饶宗颐教授《读詹祝南先生遗著》有句诗云"微言推《寄托》"，特别拈出这一篇论文。

  20世纪30年代，詹老师在词坛上已享有很高的声誉。香港报纸《探海灯》以《岭东词长詹祝南》为题，报道詹老师的词学有高度的造诣；名学者、名词曲家吴梅教授称赞詹老师的词为"取径一石（姜夔号白石道人）二窗（吴梦窗、周草窗）而卓有成就者"。温丹铭先生也说："祝南词清刚隽上，接《九歌》《九辩》之绪，为能探其极者。"不过这还是就詹老师前期词作的风格而言。其实20世纪30年代后期他所作的词，已经有新的变化。他深许陈述叔先生填词"问涂碧山，宜所先也"的主张，从此非常认真地钻研《碧山乐府》，因碧山词多寄托，他的《论寄托》及《花外集笺注》就是研究碧山词的力作。即为程千帆教授"觉得很精辟"的《杨髡发陵考辨》一文，也是因为笺碧山《天香·咏龙涎香》词，而在这时开始属稿的。故此他常用"词非寄托不入，专寄托不出"的作词方法教导我。对于一些有寄托的词，他也常把内容或本事告诉我。他有"撼局猢儿天不管，层楼何限口脂香"的词句，就是讽刺国民党当时说尽好话骗人（全词已忘记）。故读詹老师的词时，可不能忽略他深邃的命意。1937 年詹老师的第一本词集《无庵词》出版，共收词一百阕。前面有小序一篇，自述作词及葺录成书的经过："余志学之年，即喜填词。风晨月夕，春雨秋声，有触辄书，书罢旋弃。三十以后，爱我者颇劝以存稿，积今五年，得百首，亦才十余六七耳。蔡生起贤见而好之，为葺抄成册。"其实他的选择是十分精审的，当时删去的词就不下三百首，我为他葺成《删余绮语》就有二册。其中只《浣溪沙》二百韵便有四十首，我曾用三天课余的时间遍和这四十首词，他还给我加评语说："颇多隽语，妙年得此俊才也。"其实我的和词，率语倒是不少，这不过是詹老师对我的鼓励而已。

1935 年以前，詹老师用力于词学的研究和创作，作诗不多，从这一年起，诗兴大发，几有一发不可收之势，洋洋洒洒，写了很多诗。《韩山韩水歌寄邵潭秋》《听歌舞团陈翠宝唱大鼓词率成长句》《游别峰八十六韵》《琴香馆夜听王泽如琵琶、郑祝三筝、吴轩孙胡弦合奏》《郁郁四首》等，都作于此时，且曾印成《鹪鹩巢诗》（版式和后来的《滇南挂瓢集》一样，我原藏有一本，"文革"时被抄去）。潮汕名学者、诗人陈沅老先生读到这些诗后，曾有信给老师："忻读韩山歌、游别峰、听鼓词三大作。气韵沈雄，似绛云在霄，瑶泉落汉。别峰八十六韵，矫健盘旋，无一韵松懈，更似幽燕老将，横青胈，策黄渠，骋九折峻阪，观者震骇而驭者整暇，潮汕纪游之作，此篇允推巨制。"可谓推崇备至。海内名流如曹纕蘅则说詹老师的诗"曲而能直"，意思是说诗用语委婉，论断至公。詹老师诗喜爱韩愈，而深得其"妥帖力排奡"（韩愈《荐士诗》）的神气，而更向往的尤其是梅圣俞。他的《澄江读宛陵集》："破壁寸燐闲披读，赏心一刻祛忧噫。深远闲淡固莫匹，政以皱折穷覃思。翻空时或吐芬艳，挹之无尽即以离。"这是他读梅诗的体会，而这正是梅诗的妙处所在。与欧阳修《六一诗话》"圣俞覃思精微，以深远闲澹为意"，又《梅圣俞墓志》"其初喜为清丽闲肆，久则涵演深远，间亦琢刻以出怪巧。然气完力余，益老以劲"的精神一致。詹老师诗学梅尧臣，恰是取径于此。我初学诗时，因年纪轻，喜欢藻绘逞艳，语言流便，詹老师即责以应戒尖新纤巧，同时石铭吾诗翁亦为我指出要改正"流"的毛病。于是我想通过学江西派诗矫正这点。詹老师又告诉我："所作仅得江西派下乘。"于是又改而学李长吉，下了一番功夫。王显诏老师且为我绘制一幅《呼龙耕烟室填词图》（李贺有诗句"呼龙耕烟种瑶草"），饶宗颐、许伟余、陈湛铨几位先生，都在图上题诗，詹老师题的为："以其志尚缵之图，历有所闻近尤习。疆村归鹤吾最爱，恍侍高贤勤古汲。蔡子从我事倚声，十年每妨短影急。便试呼龙耕烟去，一了冤襟万怪袭。画自奇逸转清萧，粗服乱头坐亦得。人生容易眉鬓白，惟愚者始工刻饰。少弄云水乐无穷，况有清吟伴栖息。"我写的几首诗，虽得到詹老师的首肯，但仍取径较狭，宜取法大家，他鼓励我多读昌黎、宛陵二家诗，以端正鹄的。可是我终属"钝根"，一直到老了还学不好。詹老师曾有信给我，希望我能在诗词界夺一席地，可是现在落空了。这使我在缅念詹老师时，觉得又感动又惭愧。

  1938年詹老师应聘为中山大学教授，临别时，他把历年的讲稿三巨册及《词学季刊》汇订本等送给我。讲稿是詹老师用蝇头小楷写的，清劲潇洒。说是讲稿，实是艺术品。我把它当作珍玩看待，可惜也在"文革"中被抄去。我则只能送一部《周词订律》给詹老师作为纪念。从此以后，无论詹老师在石牌、云南澄江、坪石等何地，虽然抗战烽火连天，我们却还是继续通讯。1948年秋天，詹老师回家省亲，途过汕头"潮州修志馆"，索看许伟余老师《庶筑秋轩》诗稿，和饶宗颐先生一起，边读边评论。詹老师对许老师的诗评价很高，说是学昌而能入能出者，成就很高，可惜僻处海陬，不为更多人所知。午饭后他还为我们书写了几幅屏条。我幸存的一幅《河传》（詹老师自作词）就是那时写的。谁知这次会晤，竟是最后一次。新中国成立后，詹老师认真探索文艺理论。1951年詹老师来信说他阅读了大大小小的文艺理论书籍二百多种，并鼓励我力求新知。1957年我们师弟"同科"被错划为右派，我被送往英德劳动。在这样的岁月中，我们还是通信不断。詹老师还寄给我一本他的著作《李璟李煜词》，并说他的生活——每天都在图书馆做卡片工作。我曾对《李璟李煜词》提出十多条补充资料，老师回信说，等此书有再版机会，会将我提供的资料补进去。现在听说书已再版了，但詹老师已作古人。1962年，我从英德回来，即写信告诉詹老师，他接到我的信的那天，恰好是他六旬大寿的日子。他特别为我高兴，说是马上给我复信，还说："你过去是我的好学生，以后仍然是我的好学生。"詹老师对我是何等友爱啊！这时他已摘去了右派帽子，忙于校内外的讲学工作。他仍然关心我，问我有没有作品，可寄给他看。我只能拣出一篇考据旧作寄去。詹老师治学的态度一向是很矜慎的，不肯放过一字一句。因为我的考证中引有徐松的《登科记》，累得詹老师的研究生翻遍了《全唐文》还没有找到。他要我写明出处，以便对勘。那时我的身份是未被人谅解的。肯借书给我的，没有藏我需要的书；藏有书的，又不肯借给我。我只好跑到汕头小公园的古旧书店，才看到有整部的《资治通鉴》摆放在陈列的橱窗里，要求售货员，借给我翻翻。好心的售货员，他毫无难色，打开橱窗，全部拿出来给我。我匆忙地翻到补编部分，记住页码和行数，回来写信答复詹老师。在那个时候，读书是多么困难的事呢！1966年，我被遣送回原籍，对詹老师便断绝了知闻。他什么时候得病，什么时候逝世，我全无所知。到了1978年我才得到确实的消息，这才能致函给柯娥仙师母，向她慰问请罪。据叔夏世兄说，她老人家接到我的信后，淌了不少眼泪，这使我更感到难过。詹老师二十多年间寄给我的信札及手书诗笺、词笺，我都很珍重地把它们保存完好，可惜在"文化大革命"中全部被抄去。至今想起，犹有余痛。

  詹老师在中学是名教师，到大学是名教授，遗憾的是享年只有六十五岁，倘他能活到现在，对中国古典文学的研究，一定会做出更大的贡献。关于他在学术方面的成就，他的及门高弟会作很详尽的介绍，不是我这个樗栎庸材所能陈说的。我只能就本身亲受教诲的经过，据实直书，不加雕饰地写出来，使更多人知道詹老师不但是著名的古典文学家、诗词家、书法艺术家，他还是一个终生从事教学工作、诲人不倦的教育家，是一个良师的典范。

拜师四年

唐玲玲[*]

我向詹先生拜师学习仅四年，但这短暂的时间对我后来的生活和工作却至关重要。

记得三十三年前，当我考上中山大学中文系的时候，姑妈唐舜卿很高兴地对我说："中大的詹安泰教授是我的老同事；他很有学问，你去中大后就好好拜师学习吧！"在她的介绍和鼓励下，入学不久后的一天傍晚，我手持姑妈的问候信，与班上同学饶芃子、周伟民一起，第一次敲门拜访詹安泰师。詹先生的住处是一栋平房，座落在中大西区丛林中。师母开门后，听到我和芃子的乡音，知道都是旧友的下辈，招呼我们格外热情。这时候，詹先生从书房出来，让我们三人入书房坐定，逐个询问家乡来历，然后，就热情地与我们这些不满二十岁的年青人海阔天空地攀谈起来。

当时詹先生也只是五十光景的年纪，身穿中山装，脚着布鞋，目光炯炯，精神奕奕，话语清晰有力，谈锋很健。他接待我们这三个第一次拜访的青年学生，有如见到老朋友一样，热情而又亲切。我当时初次离开潮州家乡到广州求学，对广州、中大和同学还都是很陌生的；加上我胆子小，每到一个新的地方，都有一种怯生生的感觉，这次是在两位同学的陪同下才敢大胆敲开詹先生的家门，但拜见以后，詹先生平易近人的师长风度、长辈对下辈的热情关怀，使我感受到师长对学生的鼓励，在思想上对詹师产生一种信赖感，我拜访名师的胆怯心理顿然消失。詹先生的书房，大概也只有十多平方米大小，但室内环列书柜，书柜上下都堆列着书籍，临窗的书桌上展开着写作的稿纸，桌旁也摆满了常用书籍，先生在书的海洋中求索的勤奋精神，使我们这三个一年级学生受到极深的感染，肃然起敬。那天晚上从詹先生家中出来，在回新女生宿舍的校道上，我们都赞叹先生质朴、热情的作风，称颂先生奖掖后辈的态度，谈到刚才先生对我们的鼓励时，大家都决心在大学四年里用功学习。

---

[*] 唐玲玲：中山大学中国语言文学系 1953 级系友，华中师范大学教授，海南大学教授。

从此以后，我们经常直接受到詹师的教诲。进入二年级，詹先生向我们讲授中国文学史中《诗经》《楚辞》等部分。先生以当时初步掌握的马克思主义文艺理论为指导，高屋建瓴剖析优秀的中国古典文学。当时先生穿着一件绸质的长袍，站在讲台上满怀激情地讲课："在《诗经》中，我们可以看到当时的人是怎样地生活，怎样地斗争，他们具有怎样的思想、感情和愿望；我们可以看到劳动人民是如何艰苦地从事生产，创造财富；我们可以看到劳动人民的勤奋、善良的道德品质以及聪明的创造智慧；我们可以看到当时青年男女的互相热恋的健康的爱情和打破封建枷锁的坚强的意志；我们可以看到当时人民是如何渴望着一个新社会的出现来过上美好幸福的生活……"通过深入分析，先生充分地肯定《诗经》的文化史意义，同时，也使古典文学更加贴近现实生活。先生以他渊博的学识讲授《诗经》，既有详细的考据引证，又有理论上的阐述分析，还经常引用历代作家作品进行比较，深入浅出。尤其是讲《楚辞》时，先生援引丰富的史料，滔滔不绝地向学生讲述其精辟见解，再加上他劲隽秀丽的板书，使我每次上中国文学史课都兴冲冲地跑步占领前排座位，留心地静聆先生的教诲。日长月久，我对学习古典文学逐渐产生了强烈的兴趣，以至于与这门课结下了不解之缘！后来，这门课相继由黄海章先生、王起先生、董每戡先生、吴重翰先生等向我们讲授，师辈们授课的情景，至今还历历如在目前。

　　先生对学生慈祥的关怀，我永远不会忘记。大学二年级期终，学校推行苏联的考试经验，由任课教师主持口试。詹先生是中国文学史教研室主任，他是考场的主考老师。当天，詹先生、黄海章师等一大排教授坐在讲台上，我抽了题目准备片刻，就进教室回答试题；由于我从来没有经历过这样的庄重场面，情绪特别紧张，连说话也不能控制了，满口潮州方音，频率又快，就像放机关枪一样，噼哩叭啦把《诗经》的现实主义精神等两个问题一口气讲完，一脸鼓得通红。詹先生笑着对海章师说："幸亏我们都懂得潮州话，才听清楚答案。"然后对我说："你不必紧张，慢慢地说。"黄老师也呵呵笑将起来。我紧张了一阵，结果得知老师们评分的结果是5分，于是高高兴兴跑出考场。那时我年纪轻，还是一个头发扎个橡皮圈的小姑娘；这以后，我在老师的慈祥关怀下，慢慢地懂得一点勤奋学习的路子，学会沉着地、大胆地对待生活中出现的各种情况，再也不会像这次考试一样，临场那么紧张了。

　　在中大学习的日子里，我除了在课堂上、在科学讨论会上倾听詹先生的讲课和学术报告，每隔一段时间，还会与周伟民一起到詹先生家，聆听先生的直接教导。我也慢慢从一个不懂世事的低年级学生成为较为成熟的高年级的学生了。有一次,我们去看望詹先生,他正坐在书房校勘李璟、李煜词,他细心地向我们介绍李璟、李煜词各种版本的特点和文学上的异同,缓缓地告诉我们,二主词以沈刻王国维校补南词本最为完整,他自己即是据此与其他各个本子以及选本、词话互相比勘,并对字义加以注释的。他深情地望着我们,说:"我做这个工作,对你们初学的学生来说,大概会有帮助的。"詹先生这一次耳提面授关于词集的版本常识,启迪我们认识了词集校勘的意义。在以后的学习过程中,每每忆起老师这番话,我便在自觉不自觉之中,重视起版本的选择及诸本的校勘。后来,在四年级的时候,詹先生开设词学讲座,那时候还不叫选修课,仅作为向高年级部分学生讲的专题研究课。有一次,詹先生怀着极高的兴致谈宋人的几部词选,他告诉我们:"目前流传下来的五部宋人词选,很能够考察到一些文学现象,如曾慥的《乐府雅词》,不选录柳永、苏轼的作品,而黄升编选的《花庵唐宋诸贤绝妙词选》和《中兴以来绝妙词选》中,苏词的地位就提高了,选本中把苏轼名次列于欧阳修后面,选录苏词三十一首。可见黄氏选词的宗旨与曾氏不同。赵闻礼的《阳春白雪》,两种流派的作品都选录,但偏重于追求音律形式美的词篇;周密的《绝妙好词》,选录南宋词作,辛稼轩、刘克庄的词选得很少,也是偏重音律形式美。从这些选本中,不仅可以读到宋词各个流派的具有代表性的作品,而且可以窥见宋词发展的过程和不同流派的宗尚。"詹先生从宋人词选中阐发的精辟见解,令我们十分钦佩。当时,我学习宋词还未升堂入室,只凭浓厚的兴趣爱好,一知半解;詹先生把他的研究心得作了多方面的比较,对我们这些求知欲强的学生进行诱导、启发,在我的心灵上留下了深刻的印象。后来,我在《光明日报》上读到先生发表的文章。到了1980年,汤擎民师把这篇文章收录在《宋词散论》一书中。重读这些著作,忆起詹师当年向我们讲学时的音容笑貌、侃侃而谈的学者风度,总觉格外亲切。

1957年夏天,这是一个风云变幻的年代,先生是中文系中国文学史教研室主任,活跃在教学、科研第一线,深受全系学生的爱戴,但是厄运乃竟降临到他身上。我们怀着沉重的心情离开了中大;离校之前,遇到了詹先生,相对无言,他向我们点头示意,先生在鼓励我们勇敢地走向生活。离开母校回到武汉之后,我们在事业上也几度坎坷,但逆境之中,詹先生、海章师等前辈对我们的教育和鼓励,给了我们克服困难的力量。1962年,詹先生招收宋词研究生,我曾做过努力,力争报考,但因许多客观困难,又一次失去了在詹先生身边求学的可能性。1957年一别,竟成了与詹师的永诀。詹师在我四年的大学生活中对我的教导和启发,培养了我学习、研究宋词的兴趣和决心,使之成为我终生奋斗的事业。1968年，我在武汉大学进修，在沈祖棻先生和程千帆先生的指导下，继续学习宋词；沈、程二师还多次向我称赞詹师在古典文学特别是在词学上的成就。先辈的培养，使我能在词学研究的园地上坚持劳作。

我受詹先生的直接教诲，虽局限于大学时代，但这在我一生的事业上奠定了坚实的思想基础。《离骚》说："乘骐骥以驰骋兮，来吾道夫先路。"詹师就是我的引路导师。想起青年时代先生对我的谆谆教导，重读汤擎民师所整理的詹师几部词学及古典文学遗著时，不禁浮想联翩，写下这一段文字，以表示我对先生的深切怀念。

1986年5月8日于武昌华中师范大学

王 起
(1906—1996)

余霞尚满天

——记王季思教授

黄天骥*

一、"我请大家吃螃蟹"

我的案头，放着两大卷《全元戏曲》。这套书共分 12 卷，由中山大学王季思教授担任主编。近五年，王季思老师带领我们十多个不同年龄层次的师兄弟，为完成这项国家古籍整理的重点工程，排除干扰，努力奋战，终于有了初步的成果。去年（1991），我把一箱样书送到王季思老师家里。王老师亲自打开了包装，取出精美而沉重的书，从他微颤抖的双手，我看到了老师的喜悦和激动。他一页一页地翻阅着，忽然提出："书出版了，是不是该把大伙儿找来，我请大家吃螃蟹。"

王季思老师是浙江人，生长在海边，爱吃螃蟹，凡是遇到什么高兴的事，就想吃螃蟹。不过，我想，这回吃螃蟹还有另一层意义。《全元戏曲》可以说是王老师一生治学的心血结晶，是他带领学生攻克的一座学术的坚城。廉颇老矣，尚能健饭。啃开了"螃蟹"的硬壳，是该持螯把盏，庆贺一番的。

王老师今年（1992）86 岁了，前年退休。不过，退休以后，他依然坚持工作。清晨起来，就坐在书桌旁忙个不休。我们送去《全元戏曲》的校稿，他一个字一个字地认真审阅批改。老年人，嘴角容易流涎。为了避免弄脏书稿，他挂着大口罩伏在案上写着、读着。这两年，王老师没有带研究生的任务了，但我在辅导博士研究生时，总叫大家搬了凳子，环坐在王老师的书桌旁边。老人家专注地听我们发言，也常发表指导性的见解，讲述他的读书心得和治学方法。

就在《全元戏曲》初战告捷的时候，王季思老师在人生旅途中，又一次经历了困难时期。1990 年 8 月底，王老师的老伴姜海燕先生，患登革热诱发

---

* 黄天骥：中山大学中国语言文学系教授。

心肌炎，突然去世。上午，王老师把她送下扶梯，还说等她回来吃饭，谁知当天晚上，即人天永隔！

羊年除夕，羊城洋溢着一派欢乐的气氛，家家团聚，户户笙歌，鞭炮声噼噼啪啪，一夜响个不停。我惦挂着老人家，他和女儿静静地守岁，心情不知怎样。年初一大清早，我带了些糕点，便赶往他的寓所。我转入门前小径，放好自行车，猛抬头，看到门上贴着王季思老师自拟的春联，红彤彤的，分外醒目。联上写着：

龙战中东，惊看海水腾飞，金堤横溃。
春回南国，愿见祥光霞起，兵气烟消。

看罢这副对联，我不禁眼眶一热，心头上的那块石头，也落下了。原先准备好宽慰老人家的话，一句也不必说。他的胸怀、眼界，是那样的宽广，他想到更多的是祖国，是世界的命运。

二、一片冰心在玉壶

1952年，我进入中山大学中文系学习。开学的第一天，我们静静地坐在课室里，等待系领导讲话。秋天的阳光把课室照得通亮，我们的心情也格外兴奋。

忽然，一位教师健步走进课室。有人悄悄告诉我，这就是系主任王起教授，他又名王季思。我一看，王老师身材高大，才50岁出头，已谢了顶，两鬓却是乌黑的。他架着黑边眼镜，容貌严肃而奇特。我不禁心里一惊，怎么他长得像一头老虎，对学生会很凶的吧！

开学后不久，有一天，我到操场上运动，路上碰见王老师，他正在和来穗的杭州大学词学专家夏承焘教授一起散步。王老师瞥见了我，停住了脚，把我叫到身边。大概他见到我长得瘦小，对我说："你要注意锻炼身体。做学问，靠长命不靠拼命，体质不好不行。"

"我喜欢踢球，右边锋。"我那时少不更事，不太注意礼貌，竟在师长面前扭了扭右腿。提起踢球，王老师来劲了："我踢中锋呢！"我打量着他的身躯，觉得他果然是踢中锋的材料。

王老师说得高兴，接着告诉我："我在龙泉浙大分校任教时，有一回踢球累了，蜷伏着在书桌上小睡。阳光射进来，墙上有我的影子，某女同学经过,用粉笔把影子轮廓勾出来,像头老虎。"

夏教授微笑着插话:"我在墙上加了'睡虎图'三个字。从此同学们都叫季思作'王老虎'。"

我笑弯了腰。回到宿舍,赶紧告诉大家:"王季思老师样子很严肃,其实很和善、很幽默。"旁边一位老同学听见了,说:"原来你还不知道,王季思老师是很关心青年、很爱学生的教师。"于是,他给我讲了王老师营救赖春泉同学的事。

在广州解放前夜,由党领导的"地下学联"积极开展活动。地下火在运行,自然引起了国民党反动派的恐慌。1949 年 7 月 13 日,大批军警包围了中山大学校园,把一批进步学生和教师抓走了。在被捕者当中,有一名中文系学生赖春泉。地下党得悉:三天后,赖春泉将被枪决。

地下党决定全力营救。可是,该使的钱使了,该走的门路走了,却无济于事。后来打听到,如果找到名教授保释,事情会有转机。

地下党的领导找到了王季思老师。王老师给赖春泉上过课。学生有难,老师怎能见死不救,他慨然接受了地下党的嘱托,冒着受牵连的风险,亲自深入"魔窟",到反动政府警备司令部,为赖春泉保释签字。

当赖春泉走出监狱的铁门,坐进了在路旁等着的汽车时,看见王老师在车上,才知道是谁救了他,感动得紧紧握住老师的手。

时间过去了 40 年,后来《诗词报》主编赖春泉学兄给我讲述这段往事时,眼里泪光晶莹。他说:"当时,我真不知道该讲些什么。是地下党救了我,是王老师不顾自己身家性命,把我从死神那里拉了回来。"

人世间,有各种各样的感情。师生之情所独具的温厚清醇,往往难以言传。王季思老师常说:"爱青年,爱学生,是当教师的自然而然的事。"他从不在意学生对他的感激。因为,从他任教以来,他就把学生看作自己生命的一部分了。

三、不谈六经爱五剧

1955 年,王季思在《人民文学》杂志发表了评论《西厢记》的学术论文,跟着又出版了论著《从〈莺莺传〉到〈西厢记〉》,系里同学反应强烈,学习古代戏曲的兴趣一下高起来了。我随着大伙儿访问王老师,才知道早在新中国成立前,他已对《西厢记》和元杂剧作了深入的研究。

王季思老师的家乡温州,是我国古代戏曲发源地之一。长期以来,昆腔、乱弹、高腔等地方戏，就在这里流行。王老师从小喜欢看戏，那涂着白鼻子的小丑，插着雉尾的番将，风流潇洒的书生，婀娜多姿的旦角，还有观众的哄笑声、叹息声，飘散在夜空中的锣鼓声、管弦声，在他当时幼小的心灵中，留下了不可磨灭的印象。

1925年，王季思老师在东南大学学习时，曾得到著名学者吴梅先生的教诲。吴先生多才多艺，学识渊博，填词写戏、唱曲制谱，无一不精。他主讲《词选》《曲选》，像磁石一样把学生牢牢吸住。教师高质量的课堂讲授，往往是学生事业成就的催化剂。王老师本来就爱看戏，听了吴梅先生的课，研究戏曲的愿望更加热切了。

在吴梅先生的教育和影响下，王季思老师选择了《西厢记》作为研究中国古代戏曲的突破口。

《西厢记》是我国剧坛上一朵鲜艳的花，它提出了"愿普天下有情人都成了眷属"的理想，热情歌颂了追求婚姻自由的莺莺和张生，反对封建礼教对青年的束缚。五四运动时期，王季思老师正在浙江第十中学读书，和许多青年一样，从《新青年》《新潮》等刊物里，接受了民主思潮的洗礼。他从当时江浙一带的情况体会到，男人虽然剪了辫子，女子虽然不再缠足，可是封建的枷锁依然不容许青年男女迈开自由的脚步。他希望通过研究《西厢记》，唤起青年人反抗封建的叛逆精神。

其实，王老师自己也是从《西厢记》获得反封建的勇气的。他不满家长给他安排的婚姻，另和徐碧霞女士相恋，决定"私奔"。徐女士娴静端庄，是王老师的贤内助，可惜在1958年去世了。

据说，那时，他俩悄悄买了船票，准备乘江轮逃到上海。到了码头，刚好碰到熟人，王老师只好停住脚寒暄几句，让徐女士先上了船。谁知汽笛一响，船儿起锚，离岸盈丈了。王老师急了，飞奔向前。说时迟，那时快，他跃身一跳，竟跳上了甲板。江上风急浪高，人们都替他捏了一把汗。后来，"张生跳墙""王生跳船"，成了温州人的口头禅。

王季思老师以严肃的科学的态度研究《西厢记》，注意弘扬它的反封建精神。显然，王老师从迈入古典文学研究领域的第一步开始，就注意密切联系社会现实，力求从故纸堆中跳出，让优秀的文化遗产发挥积极的社会效能。

《西厢记》语言生动，辞清句丽，使人读来满口生香。可是，它那文采本色兼具的语言，夹杂着大量典故和元代方言俗语，要弄清楚它每字每句的准确含义，难度是很大的。王季思老师决心参照阎若璩的考据、王念孙的训诂，以严谨的态度注释《西厢记》。他注意掌握第一手资料，几乎阅读了元人全部的散曲和杂剧，考查了元代著名作家的生平事迹，写了大量的札记和资料卡片，细心地把《西厢记》中难以理解的方言俗语，与话本散曲以及其他杂剧的例句排勘比较，纠正了从古以来许多注家的臆测，给予了确切的解释。

经过长期不懈的努力，王老师的《西厢五剧注》出版了。当时，学术界反响相当强烈。有人写诗嘲笑他"不谈六经爱五剧，《西厢》浪子是前身"。但更多的人认识到这一研究成果的权威性，曾经流行了300多年的金圣叹批点的《西厢记》，则逐渐少人问津。新中国成立后，《西厢五剧注》更名《西厢记校注》，由上海古籍出版社出版。从20世纪50年代到20世纪80年代，该书再版多次，发行100多万册，在社会上产生了广泛的影响。

20世纪50年代末，我和苏寰中同志在王老师的指导下，校注《中国戏曲选》。当时，对我俩工作最有助益的参考资料，实际上是王老师在注释《西厢记》时所做的各种各样的资料卡片，以及他在《元曲选》上写下的密密麻麻的札记。资料卡片共有三四箱，其中有些还是王老师抗战逃难的劫后余烬。如果把这些卡片稍稍加以整理，它本身就是一部研究元代方言俗语的著述。我和苏兄两个年青人天天摩挲着王老师辛勤抄编的卡片，常常相对慨叹；在老师的手迹里，我们领悟到治学严谨的涵义。

四、开辟研究新局面

从20世纪50年代中期开始，王老师的论文、专著，一篇接一篇地发表、出版。其中，他对关汉卿的研究，最受时人瞩目。

关汉卿是元代伟大的剧作家，这一点，在今天已成为国内学术界的共识。但是，直至20世纪50年代，不少人还囿于旧说，把关汉卿视为"风流浪子"。

对关汉卿的剧作，王季思老师早就十分喜爱。关剧写到的元代人民颠沛流离卖儿鬻女的苦难，使他联想到新中国成立前瓯江发大水，哀鸿遍地、妻离子散的景象，联想到抗日战争时期人民辗转沟壑、国土沦丧的状况。关汉卿塑造的窦娥、赵盼儿等具有反抗精神的典型形象，又使王老师感奋不已。在早年，王老师自己也曾反抗过反动政权，他曾经因宣传抵制"东洋货"、嘲笑亲日派而被勒令退学。新中国成立后，王老师学习了马列主义，懂得要用辩证唯物主义和历史唯物主义的观点看待古代文学，更产生了研究关汉卿这位敢于和封建统治者抗争的剧作家的强烈愿望。

1954年，王季思老师发表了论文《关汉卿和他的杂剧》，着重评价关汉卿剧作的思想、艺术成就，澄清了当时一些糊涂的认识。接着，他又发表了一系列文章，以精审的考证和鞭辟入里的分析，引起人们对关汉卿剧作浓厚的兴趣。

王季思老师一贯认为，搞研究，切忌空疏抽象，游谈无根。他主张研究中国戏曲史和文学史，最好从具体问题入手。通过微观剖析，进而宏观掌握。他研究王实甫、研究关汉卿，便是以此为基点，脚踏实地，扩展到对元代戏曲发展的全局作透彻的了解。20世纪50年代末，王老师的注意力转向明清戏曲，他选择的突破口，则是《琵琶记》与《桃花扇》。

孔尚任的《桃花扇》，是我国戏曲史上一部成功的历史剧。它借离合之情，写兴亡之恨，把南明王朝灭亡的历程以及朝野众生的形象再现在舞台上。清末，梁启超对《桃花扇》作过考订；抗日战争期间，欧阳予倩把它改编为话剧。但在新中国成立后的一个时期，人们对它却不够重视。王老师经过仔细研究，决心把它推荐给广大读者。

王老师对《桃花扇》作了认真的校勘和注释，并写了《桃花扇校注前言》一文，在《文学评论》上发表。在论文中，王季思老师深入考察了我国古代以历史为题材的剧作在创作上的发展变化，既从分析《桃花扇》入手，进入对历史剧全局的考察，又从历史剧创作的发展看《桃花扇》的价值。其意义远远超过一般的分析。1958年，《桃花扇校注》由人民文学出版社出版，也成了再版多次的热门书。

20世纪60年代初，王老师奉调到北京工作一段时期，和游国恩等几位著名的学者一起主编《中国文学史》，并发表了不少研究古代诗词的论文。但他的主攻方向，一直是古代戏曲。他的论文集《新红集》《玉轮轩曲论》《玉轮轩曲论新编》《玉轮轩古典文学论集》所收的论文，多以研究戏曲为主，因此他被学术界公认为当代几位极具影响力的戏曲研究专家之一。

作为从旧社会走过来的高级知识分子，该怎样用自己的知识为社会主义建设事业服务，这是王季思老师经常思考的问题。他相信，唯有马列主义与中国实际的结合才能够救中国，也唯有学习马列主义才能正确解决中国古代文学和戏曲研究存在的种种问题。正由于王季思老师学力深厚，注意联系实际，注意学习辩证唯物主义和历史唯物主义，加之文笔明快，论文写来娓娓动人，能把深奥的道理、枯燥的考证，用明白易懂、质朴流利的语言表达出来，所以他特别受到高校师生的推许。

五、薪尽火传光不绝

王季思老师长期患有胃病，他刚入院把胃切除了五分之三，"文化大革命"便开始了。没完没了的揪斗，使身体原来十分健壮、能够天天挥拍打网球的王老师，一下子苍老了许多。

"文化大革命"给人们心灵带来的创伤，并不容易平复。不过，王老师对那些曾经犯过错误的学生，并不介意。有些人对他表示歉意，他说："在那个疯狂的年代，难免头脑发昏，做了蠢事、错事。大家向前看就好，重要的是把失去的时间夺回来。"

然而，时光毕竟不能倒流。王老师深知，要振兴中华，关键在于培养更多能够担负"四化"建设任务的人才。因此，在打倒"四人帮"以后，他把精力用于辅导年轻教师和研究生上。

1982年，王老师在我的论文集上题了一首诗：

人生有限而无限，历史无情而有情；
薪尽火传光不绝，长留双眼看春星。

这首诗，王老师也送给了许多学生，深情地表达他对后辈的愿望。有一次，郭启宏等几位来自远方的同学，回校看望王老师。王老师很兴奋，留大家吃饭。有人举杯祝愿老师身体健康，多留下几部专著。王老师把酒一饮而尽，却又摇摇头："我能写出几部？人生有限，事业无穷。根本的出路是把有限的人生变为无限的人生！"他似乎觉察出大家有点疑惑不解，转身回到书房，随即拿出几页文字，风趣地说："我有长寿之秘诀，不死的灵方，它就在这里！"

大家凑上前去，边看边传，原来是一份培养研究生的教学计划。同学们霎时明白了，王老师的人生目标，是为国家培养一批又一批的专家，让戏曲研究的事业代代相传，辉光不绝。在这个意义上，有限的人生就变为无限了。

鉴于王老师在学术上的造诣和做出的贡献，国务院学位委员会聘请他为第一届学科评议组成员。在国家教育委员会关于学位评议原则的座谈会上，王季思老师做了题为"为新一代学者、专家的成长开辟道路"的发言，他认为："我们要求的是观点和资料的结合，即马克思主义立场、观点、方法和中国语言文学的现象和现状的结合，而不能为辑佚而辑佚，为考证而考证

（尽管这些工作也需要有专人去做），把新一代引向乾嘉学者的老路。"他主张，老教师与年轻学者共同编书，老中青结合，在编写过程中共同提高，让年轻一代在实践中练好基本功，这是能够较快地培育人才的方法。近十年，他带领着一批中青年学者编纂《中国十大古典喜剧集》《中国十大古典悲剧集》《元杂剧选注》《中国戏曲选》《元散曲选注》《元明清散曲选注》《全元戏曲》等书，出版书稿近300万字。王老师在主编书稿的过程中，亲自参与定本、选目、标点、校勘、注释、眉批、集评以及撰写题记、前言等工作，成稿后又逐页批阅，纠正错讹，付出的劳动，比大家都要多。在王季思老师的带领下，一批中青年学者逐步成长，中山大学也成了国内戏曲研究的学术中心之一。

王季思老师对学生要求是严格的，即使到了80多岁的高龄，还对后辈送来的作业、论著逐字批阅，圈圈点点，连标点符号也不放过。他对学生的帮助，则是无私的。他常说："学术乃天下之公器。"他所藏的图书、资料，随便让门生们翻检，要借阅，签个名就行。一位进修教师要校注《元刊杂剧三十种》，另一位进修教师要校勘《录鬼簿正续编》，他把自己多年积累的有关两书的资料，提供给他们，使他们在较短的时间内完成了两部专著。

王老师也特别喜欢和年轻人接近，他觉得，教学相长，老专家也能从后辈身上吸取自己缺乏的东西。当他写了文章，无论是长篇论文，还是诗词杂感，总要复印出来，请自己的学生提意见。在参加全国古典戏曲讨论会时，他写了发言稿，预先找来几位研究生一起座谈。一位同学很不客气地指出稿子中的几处语病，王老师当即改正。他从不把自己的学术观点强加于人，倒是常常鼓励学生提出不同于他的见解，在互相辩论中共同提高，没有一点学术权威的架子，堪称随和温厚的长者。许多人都愿意跟随王老师学习，跟着他，不仅可以在业务上得到较快的提高，更重要的是，可以受到他从来不计较金钱名位、从来以扶掖学生为重等美德的熏陶。

六、身教言教五十载

岁月无情，容颜易老。昔日虎头虎脑的魁伟壮汉，今天成了白发苍苍的龙钟老者。但是，他爱学生、爱青年的心，"老而弥坚"。他的女儿曾经埋怨："爸爸就是爱学生，不爱子女。"王老师嘿嘿一笑，不作辩解。其实，王老师也深深爱着自己的骨肉，但从他女儿那句半开玩笑的话里，倒真可以看到王老师对学生的情感。

王老师对学生的关心，是无微不至的。谁在生活上不顺心，谁在工作中受到挫折，谁在学习中遇到困难，王老师总会主动设法帮助。有一次我到南京开会，王老师告诉我："我们的研究生王星琦，在南京工作，听说还没有解决'两地分居'问题。你到那里，要向当地领导了解他的工作表现，也要请求关照他家属调动的问题。"后来，我由宁返穗，向他报告有关领导对星琦的关怀，他才放了心。另一位学生受到不公正的对待，王老师知道了，立刻写信给有关方面反映情况。他写着写着，禁不住老泪纵横，把信稿也打湿了。

对学生，王老师是关心一辈子、教育一辈子的。陆定一同志的夫人严慰冰，1934年曾和妹妹一起在江苏松江女子中学读书。当时，王季思老师给她们上国文课和历史课。据严慰冰同志在一篇题为《五十年如一日——遥寄王季思老师》的文章中回忆："他批改作业很认真，好句子打双圈，错别字加上框框。"后来，严慰冰同志受到"四人帮"的残酷迫害，王老师一直为她的生死担忧。1980年王老师到京，见到了严慰冰姊妹，他从行囊里取出岭南嘉应子，说："上了年纪，带不动太多的东西，这嘉应子北京没有，姊妹俩分着吃吧！"严慰冰同志感慨地写道："妹妹因株连，坐了九年牢，她与我都已白发苍苍，可老师还把我们当孩子看待。"

严慰冰同志又写道："我1982年离休后，偶尔为报刊写些短文，老师看到后，他还像50年前一样，仔细为我批改。刊物字小，排得又密，老师因我患白内障视力太差，特用另纸抄过，将刊物与改件用挂号信寄给我。"

我看到严慰冰同志的这段话，不禁思绪如潮。得到王老师教诲的学生，都有和她一样的感受。

在20世纪80年代初的一段时间里，同学们学习的热情十分高涨，年迈的王老师，也主动给本科学生开设选修课。每次上课，教室总是坐得满满的，大家都希望能多听听老专家的学术见解。这时候，他的老伴姜先生被发现患了子宫癌，必须切除。

同志们好不容易把姜先生送进肿瘤医院，王老师也三番四次地到医院看望陪伴。亲人患病，谁不揪心？可是，医院决定动手术的日期，恰巧和王老师上课的日期碰在一起。

"季思，开刀的时候，你来陪着吧？"姜先生问。

"我想来，可刚好要上课。"王老师回答。

"请个假，不就行了。"姜先生躺着说。

王老师迟疑了。"行是行，不过耽误了一百几十名学生的学习，怕不大好。"他用征询的目光看着老伴,"何况我又不是医生,待在手术室外面,也无济于事。不如下课后赶来吧!"

"也行。"姜先生识大体,也了解王老师的脾气,虽然她多么希望开刀时丈夫留在身边,使她多一份勇气和力量。

在姜先生被送上手术台的时候,王老师也迈步走上讲台。这两节课,他和平常一样,讲得流畅认真。下课后,他才匆匆赶赴医院。

这件事,学生们知道了都非常感动。中青年教师更是从王老师身上得到教育,大家说:"如何对待工作,老师给我们作了表率。"

王季思老师常说,"当教师,不能不懂装懂,更不能文过饰非。坦诚地承认自己的不足,这表明你在进步,也可以让学生懂得应该诚以任事,诚以待人"。每当我们坐在一起,回首往事,心直口快的姜先生常会责备王老师过去工作的过失,我看到他总是沉吟不语,知道老人家在反躬自省。

1981年,《中国当代社会科学家》一书登载了王季思老师的一篇自传。文章末尾,王老师加上了一段"附记",说明传文是助手整理的,同时郑重地指出:

> ……传文对我过去走过的弯路,如在学术上贪多务博,主次不分;在历次运动中的随风俯仰,缺乏定见等,没有指出。尤其是我到大学教书后,安于书房生活,脱离广大群众,反映现实的诗歌与散文越来越少写。这是应该作为切身的教训来向读者说明的。

岁月悠悠,谁能没有做过错事或违心的事;而一个享有盛誉的长者,勇于向读者自我解剖,却不是多见的。

有一桩事,让学生受教至深。

1979年春节,王老师到学生宿舍探望同学。同学们很高兴,围拢过来,和王老师一起谈天。老人家很关心大家的学习,当了解到同学们对文学史课某一位任课老师的教学颇有意见时,他默默地坐着,想着。王老师走后,同学们议论纷纷,都说想不到老专家竟先给学生拜年。

更使同学们想不到的是,新学期开始,当文学史课上第一节课的时候,王老师颤巍巍地走进课室,坐在第一排的位置上。

上课铃声还未响,王老师先站了起来,对同学们说:"大家对任课老师教学的意见,我是知道的。不过,你们也许不知道,任课老师遭遇坎坷,他20年没有教课。今天,他能走上讲台,这已经很不容易了!"

王老师停了一停，双手按着椅背，禁不住微微颤动："那时，我担任系主任，也做了违心的事，实在不堪回首。"他的声音很低，但发自肺腑之言，大伙都听到了。

接着，王老师又说："任课老师学识广博，虽然他的普通话说得不大好懂，但如果大家耐心听讲，一定会大有收获。"

当任课老师来到课室，看到同学们十分安静，又看到作为前辈的王老师摊开笔记本，准备听他讲课时，不禁一怔。在讲课中，王老师几次走上教坛，亲手替他把黑板抹净。开始时，他有点手足无措，但很快就明白过来了。下课时，同学们一齐起立向任课老师致意，他却对着王老师深深地鞠躬，然后搀扶着老人家，一起离开了课室。

这一幕，同学们全看在眼里，许多人感动得眼睛湿润。从此，大家对这门功课听得特别用心，任课老师的讲授也越来越受到同学们的欢迎。过了许多年，同学们还常常谈到这一番动人的情景。一位同学说："从王老师的身上，我懂得了什么叫做高尚的品德，懂得了怎样做人、怎样助人、怎样教书育人。我一辈子也忘不了王老师擦黑板时的背影。"

人们不是常常赞美"名师"吗？我想，凡是"名师"，首先应是明师吧？明师，不仅指明智、明慧、明察，重要的是心怀像水晶一样透明。明彻的光辉，可以使愚者智、懦者起，可以帮助人洗涤灵魂的污浊。为什么人们推重"身教"，称教师为"灵魂的工程师"，道理也在于此吧！

现在，到了耄耋之年的王季思老师，早就不给本科学生上课了。但同学们知道他行动不便，有五位学生便自动组织起来，每天轮流搀扶着王老师散步锻炼。我们的校园靠近珠江，黄昏时，"余霞散成绮，澄江净如练"。人们总会看到王老师在余霞尚满天的景色中，和年轻人一起走着，一步、一步，向前、向前……

我心飞扬

——记跟随季思师学习的时光

黄仕忠*

一

1985年初，我在杭州大学跟随徐朔方先生读研已近三年，稍稍触摸到学术殿堂的门庑，有意以学术为未来的事业，又觉视野尚窄，基础有缺，听闻新设有博士制度，便想再读一个学位。

当时招戏曲研究的导师，只有北京的张庚、郭汉城先生和广州的王季思先生。询问朔方师，答曰：不论导师，应选北方。我内心也很向往北方，因为那里学术氛围浓厚。但那年北京的先生不招学生，就选择了中大。

考试点设在中大。这是我第一次来到广州，住在西区招待所，参加笔试和面试。午后赴考时，中途遇雨，曾在西区球场的竹林边小避。之前听说博士不用复习，只考平时，所以我没有事先通过师友做些了解。翻开文学理论教研室出的试卷，只有两个大题，都属于马列文论，源自马克思、恩格斯的书信，我本科时虽有涉及，那一刻却是真切体会到"猝不及防"的感觉。面试时见到了王先生和黄天骥老师，小心翼翼地回答了提问，心中却没有底。结果是没录取。不过，有了这次经验，对中大也有了更多的了解，这让我坚定了信心：明年再来！

第二年，我已在杭大任教一段时间了，但心里依然向往中大。我到徐朔方先生家里，请他再度为我写推荐信。徐先生咧嘴一笑，说："去年你的成绩其实够了的……"然后就定定地看着我。我没有细问缘由，对自己决定了的事情却是十分执着，就坚定地点了下头。徐先生便取来信笺纸，写了两行字，大意是黄仕忠同志毫不气馁，勇气可嘉——我后来才知道和我一起面试的中大应届毕业生谢日新兄也没被录取，王先生空了一年。

---

* 黄仕忠：中山大学中国语言文学系教授。

第二年，黄天骥老师正式招生，两位导师联合培养，我则再度重来。这次是中大寄来试卷，委托杭大研究生办代为监督考试。考完我就放下了。不久便收到通知，我被录取了。

后来听说这年考生很多，成绩都不错（我多年后知道有两位没被录取的，他们没再考博，但很快就成了研究戏曲的翘楚），两位导师向学校争取名额，招了三人：南京大学教师郑尚宪、华东师大应届毕业生谢柏良（现在多署作"柏梁"）和我。两位师兄对突然"冒"出来的小师弟，有些好奇，因为面试时并没见到我。我推测是我去年已面试过，就免了这一关。

报到后拜见王先生。先生说："原本想请徐先生也参与指导，你是徐先生的学生，成绩排在最前，徐先生同意带的话，就可再多招一名。"但因一些具体原因，徐先生没有答应。

我报到时是9月23日。一周后，刚过国庆，先生赴山西临汾参加第二届古代戏曲学术研讨会，让我们也一起去。

这是一次有将近二百人参加的学术会议，规模宏大。据说前一年在郑州开的第一届，也是名家荟萃，俊彦齐集，规模盛大。但之后再也没了第三届。季思先生是古代戏曲学会的会长，也是会上几位资深学者之一。下榻后，他把我们三个博士生召去，特意叮嘱：你们年轻人，要与年轻人交朋友，那是一生的朋友。

听从先生的话，在这次会议上，我们结交了一大帮"一生的朋友"：刚从中央戏剧学院毕业分配去北京戏曲学院的卜键，《文学遗产》编辑部的李伊白，南京大学的周维培，南开大学的陆林，安徽大学的朱万曙，北京大学的李简，中华书局的马欣来，同时还熟悉了中大同门董上德，学弟陈维昭、钟蕴晴、云亮，在暨南大学读研的小师妹王小雷，华南师范大学的周国雄老师，等等。20多年后，我在日本的大木康教授那里看到会议合影，发现那次他也在！

会议期间，我们一同到《西厢记》故事发生地——蒲州普救寺，寻访当年那位多情才子跳墙的踪迹，像张生一样，久久伫立在黄河渡口，领略那浊浪排空的九曲风涛。归途中，在西安的碑林里感受那剥蚀的时光，在华清池边，想象贵妃出浴、力士捧靴、李白挥毫的身姿。我们还登上了华山，在西岳之巅仰天长啸，笑指日出，听野老闲话沉香太子劈山救母的传说。真可谓同学少年，意气风发。

二

我们就这样进入先生门下，开启了全新的历程。

黄天骥老师当时是系主任，行政事务十分繁忙，因为那时中文系不仅规划了本科生一年级"百篇作文"的写作，还设立了"刊授中心"——王先生曾赋《满江红》词，题作《中大中文系为自学成才创办刊授中心，被称为没有围墙的大学，喜赋》——学员累计多达二十余万人。所以甫一见面，黄老师就轻松地开起了玩笑："我的任务是把你们招进来。你们的学习，我就交给王起老师了。"

老师们没有给我们开具体的书单，也没有限定具体的要求，完全让我们自由发展。他们主要根据我们的作业来作引导。而我们自己心中其实也是各有计划的。尚宪跟我一样，已经留校教了一年书，他考来中大，南大起初不愿放行，让他写下字据，保证毕业后一定回去（后因没有指标，无法回去。这是后话）。柏良虽是应届毕业，但出手很快，论文不少。大家心无旁骛，埋头书堆，努力让老师们看到我们的成绩。

我们这一届博士生，文理在内，全校才十一个人，都是恢复高考后上的大学，也就是现在统称的"新三届"。有这么好的平台，这么好的资料条件，又有这么好的导师带领，我们简直是放开了步子撒野，个个踌躇满志。每天想的都是问题，相互讨论，勤于写作，也不乏合作，写了就投。

20世纪80年代初，学术研究刚刚拨乱反正，回归正道，旧迹未尽，新途待拓，新观念、新方法纷至，我们在这个背景下打下了学术的基础，又个个力求走出自己的新路。尚宪从厦门大学考入南京大学，基础厚实，为人纯朴，其学谨守师训，老老实实地做着版本比勘研究。柏良从湖北师院考入华东师大，沾得海上风气，心高气雄，着力于构建自己的独特体系。我则谨奉老杭大"论考结合"的准则，力求将理论与实证融通。我之所为，正好介于两位师兄之间。三人秉性各异，风格不同，却可互济。两位导师经常是读到我们发表出来的文章，才给予评说的。他们微笑着颔首肯定，然后委婉地提出意见与建议。我们高高兴兴地接受了表扬的话语，却有意无意地漏过那些批评的词句。在那个神州复苏的80年代，一切都是那么美好，那么生机勃勃，年轻的我们，意气风发，睥睨四海。

当时导师没有专门开课授讲，但会不定期地举行精心安排的"辅导课"（研讨课），给我们无数的启发。地点就在王先生家的客厅，时间是一个上午或一个下午。所有讨论课，先生都全程参与，并发表意见。有几次是王先生主讲。

那时还没树起"研究团队"的旗帜，实际则已形成。参加研讨课的，中年一代有苏寰中、黄天骥、吴国钦三位老师，年轻教师有罗斯宁、欧阳光、师飚、康保成、董上德，学生则是我们三位博士生，有时也有硕士同学参加。那时外部学术交流很少，这个群体却能经常展开内部研讨，对我们三位初窥学术门径的博士生来说，等于是得到了一次次的集体辅导，因而大开眼界，收获良多。

研讨课每次都有一个主题，有时是精选的戏曲史问题，有时取学界新发表的论文，或由老师主讲，或由同学承当，这些都是由王先生与黄老师提议或商定的。研讨中所有人都是自由发言，直率表达自己的见解。我不仅观察到师长们各自的个性、风格以及学养，还能体会到因年龄和经历的不同而产生的"代际"差异，观察到各人在理论掌握与逻辑思考等方面的特色，内心也颇有跃跃欲试的冲动。

这种集体研讨课，成为中山大学戏曲研究团队的传统。我毕业后作为年轻教师也一直在参加。到20世纪90年代，黄老师提出韬光养晦，沉潜下来，夯实基础，带领我们研读经典，每两周一次，定期举行。这种研读会和研讨课的传统，一直延续至今。

有两次研讨课，让我印象深刻。

一次是王季思先生主讲悲剧，他提出中国古代戏曲的特征是"悲喜相乘"，并作了系统阐释。我听了，有一种每个毛孔都被打开的感觉，几乎浑身发抖，一时浮想联翩，十分激动。课后我根据先生的提纲和我的笔记，附以我的理解，整理成文，题为《悲喜相乘——中国古典悲、喜剧的艺术特征和审美意蕴》，此文后来发表在《戏剧艺术》1990年第1期。这成为先生晚年最重要的学术论文之一。在发表时，先生特意在文末加了一段话："这是我的博士生黄仕忠根据我一次辅导课的讲授提纲和录音整理的。第四节里融入了他个人的一些见解。"我为先生整理的另一篇文章是《关汉卿〈玉镜台〉杂剧再评价》，先生也是特地附上一笔："这是黄仕忠同学根据我的提纲和谈话撰写的。在某些段落还融进他自己的见解，不见拼凑痕迹，这是不容易的。"其实我在整理时改动、调整了先生的一些观点与表述，加了我的浅见，先生却不以为忤，附言肯定。

另一次是黄天骥老师主讲元代钟嗣成的《录鬼簿》。黄老师没有写提纲，即席开讲。切入的角度十分特别，仿佛打开了一扇新的门户，令人思绪万千，更有许多新的角度与新的可能在我脑海中活跃了起来。我的书写速度比较快，把主要内容记录下来了，课后安排新入学的博士生作整理，就把笔记给了他们，可惜最后却未能成文，笔记也遗失了。多年之后，我说起此事，黄老师也说，那天去先生家的路上，忽然灵感触动，纷至沓来，许多以前从来没想过的问题，一下子冒出来，又全部贯通了；可惜事忙，后来这种灵感消失，就再也记不起来了。我觉得十分遗憾，不然，学界应能收获一篇出色的论文。

入学第二年（1987）夏天，黄老师组织在佛山的西樵山举办《长生殿》讨论会，不要求与会学者提交论文，"只带头脑来就可"。事先安排尚宪和我撰写研究综述。我们花了近一个月时间，认真阅读了所有能找到的有关《长生殿》的论文和著作，写出了三万多字的综述，印发给与会代表（其中一万多字后来在《文学研究参考》上发表），这次整理也让我们对相关的各类问题有了一个底。

会上的讨论十分精彩而激烈。每提出一个问题，都能引发不同的回应，并且又引出更深入的思考、更激烈的争论。很多发言我听来十分熟悉，因为之前的论文已有涉及；但又不相同，因为角度、路径有别。学者之间各执己见，互不相让，争得面红耳赤。也因为这样，很多细节，很多从来没有被关注的问题，都被一一翻了出来，让人耳目一新。

尚宪曾这样记道："在花果飘香的夏日，我们与众多师友聚会在南海西樵山麓，一边哚味荔枝，一边细细探究唐明皇与杨贵妃的生死情缘，为《长生殿》扑朔迷离的主题争个不亦乐乎。"

我在记录时，也悄悄地观察着学者的个性。有的性急气盛，抢先发言，逻辑严密，言辞犀利，直入人心，例如南开大学的宁宗一教授；有的则是沉稳含蓄，到最后才发言，已经系统地梳理了前面的讨论，附以己见，给人条理清晰、滴水不漏的印象，例如华东师大的齐森华教授。

会后，我和尚宪根据录音记录成文字，编为《〈长生殿〉讨论集》，由文化艺术出版社出版。季思先生十分认真地准备了提纲，作了二十多分钟的发言，会后他又专门审读了我们的记录，进行了细致的补充。他说发言时口头表达跟不上思路，会有缺漏。这种认真的态度，给我留下了深刻的印象。

许多年之后，与会学者回忆起来，仍赞不绝口，称这才是真正的学术讨论会。在我迄今为止参加过的会议中，也找不出第二次同样的研讨会。

那时我们还在先生家里唱"堂会"，从昆曲、现代京剧到地方戏，众位师兄弟（妹）各显身手，连黄天骥老师也一展歌喉，演唱了粤剧，且有身段表演，让王先生十分开心。我也被推上场表演越剧《红楼梦》唱段，民乐专业出身的谢嫂子用二胡伴奏,这是我第一次随伴奏唱曲,一心想着配合,结果总慢半拍。尚宪小声对我说:你只管唱,她是有经验的,会随唱合乐。于是让我对演唱与伴奏的关系有了新的体悟。

三

博士三年,我们是在两位导师的关心与指导下,在一种亢奋的情绪中度过的。中大为博士生提供了单人间寝室,让我们不受干扰地安心学习,当时在全国也是独此一家。

入学报到的那天黄昏,我尚未将宿舍整理好,师兄叫我一起去先生家拜见导师。王先生问:都安顿下来了吗?我们说,房间都定下了,里面还剩些垃圾,清理一下就好。先生听了,有些不高兴。黄老师接话说,报到的日期早就定下的,他们为什么不事先清扫?说要给房管处打电话。我们赶紧说不用不用,我们可以处理。在我们看来,这点事根本算不了什么啊。两位导师对学生的呵护之心,于此可见一斑。

事实上,学校和系里对我们也都是大开绿灯。柏良因为家人要来,希望换个宽敞些的房子,后来就给他换了个套间;又因孩子吵,不利写作,系办公室就为他临时找了个房间,所以他在博士阶段撰述甚多。

入学时,学校给每人都发了一个经费本,每年八百元经费,都归个人支配,只要符合财务制度,经过导师签字,就可以自由开支。所以1987年暑期,我为散心而有西北之行,前后历时四十三天,经西安、麦积山、兰州、甘南拉卜楞寺、西宁、柴达木,转敦煌,再往乌鲁木齐,游历了北疆和南疆。在柴达木往敦煌的戈壁沙滩上,草色遥看近却无,感悟到生命的艰难和个人的渺小;在无边的塔克拉玛干沙漠北沿和劈开漫漫黄沙蜿蜒千余里的黑色公路上,体会到心胸被撕开的感受。正是因为这次游历,我忽然找到了生命的节律,将混沌复杂的思绪化为有序;而回到广州寝室,首先看到的却是先生嘱师母写给我的安慰的便笺……

多年后,尚宪为我的论文集作序时写道:

> 绿树掩映的"玉轮轩"里,我们曾无数次围坐在两位恩师的身旁,聆听他们的谆谆教诲,感受一代大师的道德文章和崇高风范。每年初夏时分,我们趴在宿舍窗口,用细竹竿勾取洁白的玉兰花,给远方的亲友寄去缕缕芳香;秋冬时节,我们常常在江堤上漫步,看着夕阳将珠江染

成一派通红，然后踏着暮色回到斗室，黄卷青灯读到深夜。元旦晚会上，我们不敷粉墨就昂然登场，在哄堂大笑声中，串演了一出"歪批三国"。

然而更难忘的，还是三年中那无数次竟夕长谈：在书堆纵横的桌上挪出一小块空间，摆上一把缺了嘴的茶壶，两个锈迹斑斑的小茶杯，泡上一壶从家乡带来的大叶茶，然后就海阔天空地聊将起来。我们聊人生，聊理想，聊家乡趣闻，聊往日师友。常常一聊聊到深更半夜，茶壶里倒出来的水早已淡白无味，而我们的谈兴却越来越浓。一个个想法在神聊中产生，一篇篇文章在聊天后"出笼"。无论是我还是他，每当有了一个新的想法或读书有所得，第一个念头就是找对方聊聊，切磋切磋；每篇文章脱稿后，总要让对方第一个过目，提提意见，有时候干脆合作撰写。这种学问商量之乐，是他人难以体会的。

写到这里，尚宪问我："有一次你穿着拖鞋去系办公室，被反映到黄天骥老师那里去了，不知道你是否还记得？"

我说："知道。那时十分放飞自我，'目中无人'，以为不同于杭大，反正没人认识我，不用管别人，我所做与人无关。——事实上也是一头沉浸在自己的问题里，每天都在书堆里泡十来个小时。往往是快中午了，才骑个自行车，趿拉着拖鞋去系里看信，然后飞快返回，从来没去留意别人会怎么看……这种'与人无关'的感觉，仿佛就在眼前：骑着单车，穿行中大，哪怕知道遇见的人是谁，但既然我们从来没有打过招呼，那就是不认识，对不？我不问候你，你也不用招呼我，大家都省事、省时间，多好！——于是飞驰而过，目不旁视，潇洒快活！"我们很幸运，就是在这样神采飞扬的日子里，学习、生活、思考、成长，完成学业。

我在第二学年结束时，才确定以"负心婚变母题研究"作为博士论文选题。我硕士时做《琵琶记》的研究，它原是一个负心婚变故事，前身可追溯到宋代的"赵贞女蔡二郎"，甚至上溯到唐人小说《玉川子·邓敞》，其后身则延续到清代《赛琵琶》、当代的《铡美案》。我以此为中心，再作展开，往上追溯到《诗经》的《氓》《谷风》，向下涉及1988年谌容的小说《懒得离婚》，主要就同一事件在古今作品中的不同表现，展开"文学社会学"的解读。表面上看起来这只是我硕士论文的延续，其实这是受王先生《从〈凤求凰〉到〈西厢记〉》《从〈昭君怨〉到〈汉宫秋〉》等论文的影响。而将"负心婚变悲剧"的成立、转换、复现作为元明清三代的阶段性特征，则是以王先生主编的《中国十大古典悲剧集》序言对悲剧的解说为基础的。这个选题还有着现实的因素，因为当时高考和知青返城所引发的婚恋变故被视为社会问题，备受争议。学术研究应当关注社会现实，也是先生一直强调的。

1991年，我在《文献》杂志上刊出一篇文章，梳理了从《诗经》时代"清庙之声，一唱三叹"，及楚辞之"乱"，吴声西曲的"趋、艳、送"，到唐代《踏摇娘》"旁人齐声和之"，《小孙屠》的"和""和同前"，再到弋阳腔的"一唱众和"，说明"帮腔合唱"源远流长，在南戏中已是常态，而不是弋阳腔的发明。我去拜见先生，先生说他收到了杂志社赠刊，读过这篇文章了，并有嘉许之意，让我按这个路子走下去就好。这让我深感喜悦，又解释道，文章寄出后，还找到好多资料，没能放进去。先生听后，呵呵笑了，轻声说：结论对，材料会越来越多，找不完的，也不用都放的呢。我这篇文章虽是以考证为主，却也是学习了先生一贯主张的上下打通的模式。

尚宪后来记述道："有位友人读了仕忠某篇文章后，很感慨地对我说：'黄仕忠得了徐朔方先生的真传！'我告诉他，你多看他几篇文章，就能看到王先生、黄老师的影响。"诚哉郑兄，确具慧眼。

我们博士毕业时，正值动荡的夏日。先生忧心忡忡。十分遗憾的是，原定邀请北京、上海的学者来主持答辩，最后因故未成，只得临时改请广州本地学者。商议那日，先生老泪纵横，哽咽不能成声。此情此景，至今犹在眼前。

6月中旬的两天，我们三人顺利通过答辩。不久，先生被要求"自愿退休"，从此不再招收研究生。就这样，我们三年的博士生生活，以及我心飞扬的80年代，落下了帷幕。

王季思老师的治曲情怀

董上德*

王季思（1906—1996）老师，以其戏曲史研究、主编《全元戏曲》及《西厢记》校注等而享誉学界，至今年（2017），冥寿一百一十一周年。他老人家离开我们也已经逾二十年了。

作为学生，我有亲承謦欬之幸，在老师的晚年，经常出入其在康乐园的书斋玉轮轩；也曾陪同老师于1986年10月去山西临汾参加学术会议，顺道一起去永济县参观普救寺遗址，一起去太原游览晋祠，一起到黄河边看滔滔巨浪。犹记得，1982年我刚考上研究生时，老师尚未搬到马岗顶寓所，住在外墙是红砖的三室一厅套间，那时，他主编的《中国十大古典悲剧集》《中国十大古典喜剧集》即将出版，老师嘱咐我好好读读这两部书，这可视为给我布置的第一次研究生作业。平时，老师除了在家里给我们上课，还会聊起天下大事，聊起他与戏剧界人士的交往，聊起他跟夏承焘先生昔日同住一间宿舍时的趣事，聊起他读朱自清先生《经典常谈》的感悟、读《胡适日记》的心得。那时候，老师刚刚迁居马岗顶不久，客厅挂着一副自撰联："三面绿云新世界，半间书室小沧桑。"记得是张振林教授所书。厅里还有黄宾虹所画的山水、齐白石所画的虾，这两幅画都是两位大师亲笔题赠给老师的，当年能够时常亲近这些真迹，至今回想起来，依然感觉大饱眼福、机缘难得。可以想见，那是一个读书论道的理想空间，客厅兼课室，师生间无话不谈；老师给我们上课时，年近八十，手里拿着一纸讲课提纲，声音略小，我和另一位同学（那一届就我们两个学生）都会挨近老师听他说话，听得多了，对他的温州口音也就慢慢熟悉了。老师说话，是温软的，他说完一部分，会稍作停顿、嘴角含笑、目光慈祥，看看学生的反应，然后再接着说。遇到要查找什么书籍，学生还可以进入老师的书房兼卧室，在书架上找书翻阅；置身于玉轮轩，可谓春风满怀、乐也融融。

---

* 董上德：中山大学中国语言文学系教授。

老师是一位胸怀天下的学者，虽然人在书斋，却也眼观六路、耳听八方，你在他身边，他随时会跟你谈今天发生的新闻，以及他对新闻的看法。同时，老师又是一位将自己置身于历史与现实之间的"张力"之中的学者，使历史意识和现实感受相互对应，在这种"对应"里寻找自己的存在感，并获得自己与现实的"联系方式"。这是老师跟一般的书斋学者的不同之处。

《王季思全集》第六卷有一首《鹧鸪天》，其小序云："白无咎的《鹦鹉曲》在元朝统一中国后一时大流行。他是借长江上一个不识字的渔夫碰到一场风雨时的心态，表现自己乐天应变的心情。我在南京读书时，吴梅师曾以此意相告。1995年正值抗战胜利五十周年，7月7日，董生上德以完成《元人杂剧精品选集》的编著相告，喜而有作。"词的正文是：

> 满目青山鹦鹉洲，寒光一道大江流。中川雨过天容净，抖擞蓑衣把网收。《单刀会》《汉宫秋》《西厢五剧》足风流。和平岁月须珍惜，江汉渔歌在上头。

这首《鹧鸪天》，跟我有些关系。1995年7月，我和老师合编的《元曲精品》（小序所称之《元人杂剧精品选集》）全部完工，此书是时代文艺出版社约请老师选编的，老师选定了剧目，命我校勘、注释并草拟前言，前言经老师修订。完稿后，适逢抗日战争胜利五十周年，老师年届九十，回首平生，忘不了恩师吴梅先生的栽培，忘不了数十年的治曲生涯，忘不了将近一个世纪的变幻不定的时代风云；个体生命与家国命运密不可分，时光流逝，岁月不居，国家的兴盛、个人事业的发展，均来之不易，于是，积数十年的人生经验，领悟到"乐天应变"四字的精髓；而在风雨兼程的漫长岁月之后，"中川雨过天容净，抖擞蓑衣把网收"，自己已经步入晚境，喜看国家和平、天清气朗，检点一下自己的治曲心得，那些时常念在心头的名剧，何尝不是曲折历史的写照、人民愿望的反映？"《单刀会》《汉宫秋》《西厢五剧》足风流。"一部元杂剧史，甚或是一部元杂剧的选本，却也布满了历史的烟尘、充满了民众的悲喜，其中不也有生灵涂炭之痛、身不由己之悲，以及"愿天下有情人都成眷属"之渴望吗？研究戏曲，离不开对历史、国运与人生的考察和思索，也离不开对"过去"与"现在"的演化过程的贯通性研究，此乃老师这首词所要传达的核心意思，也是其治曲情怀的一种"晚年表达"。

老师作为学者，有一个自觉的意识，就是不做不闻天下事的"学究"。

除了受到五四精神的感召之外，老师的家学及其本人的经历也起到较大的作用。其祖父诗人，给后辈留下来一部《雪蕉斋诗集》，老师从小就熟悉乃祖的诗作，曾有诗记其事："昔我从兄姊，读书前间屋。雪蕉斋集诗，童稚耳已熟。"渐渐长大，老师的父亲亲授陶诗、杜诗："十三学韵语，陶集亲课读。高韵何所知，吟讽意自足。十五授杜诗，忠爱致谆嘱。"而且，其父时常给儿女讲述他们的祖父正直与刚强的往事，老师曾写道："先祖因反对地方官贪污，被捕入狱，越狱后远走辽东，有《居辽念家中儿女》诗。"每逢清明祭祖，其父借此教育儿女不忘祖德，深切了解人世艰辛："父昔挈儿辈，竹舁上祖坟。先期办祭具，事事必躬亲。舟中诵祖诗，居辽念儿女。至性潜悲辛，春物为凄苦。"（《竹舁扫墓三首》）老师是在充满"诗学"的家庭文化氛围中长大的，尤其对民生的疾苦、国运的兴衰极为关注，他常在自己的诗作里表达一种悲悯苍生的情怀，以及疾恶如仇的血性，如《米贵行》写道："嗷嗷哀雁遍郊原，朝阳如水春不温。今朝米价又狂涨，十家五家泪暗吞。"而米价的腾贵，皆因"豪商奸吏恣勾结"，他们挖空心思欺诈百姓，以卑鄙的手段搜刮民脂民膏，无耻地买官升迁："君不见，左官印，右算盘，金愈多，位愈尊；抗战二字挂耳根。又不见，出包车，入官府；团团面，便便腹，四肢上下绫罗裹。"活画出一幅"百丑奸诈图"。诗作的末尾以愤慨的语气写道："一身何者非民膏，无米何不食其肉！"老师青年及中年时期的诗歌创作，自觉学习乐府传统，歌吟悲苦，不平则鸣，不免显露出直白的诗风和急切的个性。他经历了抗日战争岁月，终其一生，"抗战情结"一直郁结于心，难以解开，在他的不少诗作里屡屡展露，故此，他是将自己的学者生涯置于国运的起伏兴衰之中的。他从早年的学术工作开始就立下志向，不做酸腐的"学究"，不喜欢两耳不闻窗外事的"学究习气"，"汉宋诸儒语太酸，'六经'日对古衣冠"（《龙川杂兴二首》其二），这是他在新时代所不愿见到的景象；尽管他也接受过经学训练，尤其是亲近过经学大师孙诒让的遗著、遗稿，并受其影响，尽管他也曾经以治经的方式注释过《西厢记》，可是，老师本质上是不受"经学"规范的，他的思想更是远远超越"经学"，尤其是他十分自觉地扬弃"酸腐"的"经学"。他的文风、他整理古籍的思路、他研究戏曲的出发点，都是经过五四运动的洗礼之后产生的，处处想到的是如何弘扬传统文化的精髓、如何有利于提升国民的文化素质、如何借鉴历史的经验教训。这是老师的学者情怀。

老师曾说，年轻时候，其姐夫"每以锋芒太露为戒"（见《用山谷韵寄仲陶》一诗附记)。虽说如此，却也是一种性情，故而，老师一生喜爱同样很有锋芒的关汉卿及其杂剧，曾写道："关汉卿的戏曲作品有不少是从当时社会现实汲取题材的。当元朝贵族统治中国的时候，中国封建社会内部的黑暗势力跟他们勾结起来沉重地压在中国人民的头上。中国人民内部有的屈服、逃避，有的起来反抗，更多的是暂时忍耐下来等待时机。关汉卿在作品里反映这些现象时，不是像照相机一样无动于衷地把这些不同人物的生活面貌拍摄下来，而是热烈歌颂那些敢于对敌斗争的英雄，批判那些对黑暗势力屈服的软虫，大胆揭露当时骑在人民头上作威作福的各种丑恶的嘴脸。"(《关汉卿战斗的一生》，1958) 过了这么长时间，今天读来，我觉得，不宜将老师的这番言辞仅仅看作"革命年代"的话语。固然，老师是掌握特定年代的话语方式的，可是，联系到他向来的情怀、视野和观点，他的这类言辞与其脾性颇为吻合，他在其诗词创作里是敢于以激愤的语句示人的，如《花蜣螂》："有虫花蜣螂，愈老性愈臭。泥中团牛矢，六足挽之走。微独虫有然，人亦畏老寿。血气衰其前，嗜欲迫其后。一朝堕贪泉，沉溺难自救。洪季川，老而不死做赃官；吴孝乾，老而不死做汉奸。季川不老孝乾死，泰顺太平永嘉安。"篇末"附记"云："洪季川、吴孝乾都是我少年时的同学。1944年，日寇陷永嘉，吴孝乾当了汉奸。洪季川当时在泰顺做县长，贪赃狼藉。"其同学做了汉奸、贪官，他便不留情面，写诗痛骂，淋漓尽致，这就是老师率直而有血性的风格。他研究关汉卿的杂剧，与敢于"骂天骂地"的关汉卿颇有共鸣，这也是自然的事情。

　　说老师是"书生"，似乎未尝不可，但他"毕竟不是书生"，或者说，他不愿意仅仅做一个"书生"。他敏锐观察现实、怀抱政治热情，更有"家国情怀"，哪怕到了晚年，还要写《元曲的时代精神和我们的时代感受》这样的文章。这种治曲思路是一贯的，它关乎一个学者与时代的联系。老师不愿意脱离时代去做"闭门造车"式的"学术"，他也不屑于做那种在历史黑暗角落里"捡破烂"的"学问"。

　　老师的学术人生是漫长而曲折的，有"一贯"的情怀，可也有不同阶段的"弯路"。他在七十六岁时写了一份《王季思自传》，于"附记"里就提及"我过去走过的弯路"，还自我反思得与失、对与错、是与非。他也活在中国知识分子共同遭遇的一段"痛史"之中，冷暖无常、荣辱交替。在其生命的最后十年里，他则全力以赴，以残年病躯做一番"前无古人"的工作，带领我们一批学生编校《全元戏曲》，以便与《全唐诗》《全宋词》配套，可谓"名山事业"。在老师的有生之年，他看到了《全元戏曲》第一卷、第二卷的出版，我所珍藏的这两册书的扉页上均有老师亲笔题词。只是等到全书出齐，老师已归道山，实为憾事。老师去世前两年，写过一篇《我所想象的21世纪》（1994），如此命题，已经显得气度不凡，很难想象，这是出自一位古典文学研究家之手，更难以想象还是出自一位垂垂老矣、将要走到生命尽头的"老先生"之手。文末有一段话："未来的21世纪，将是一个政治昌明、法制健全、世界各国和平相处、经济迅速发展、人民生活越来越多彩的世界。我相信，不管历史发展还有什么曲折，我们的子孙将会生活在这样一个比我经历过的好得多的时代。"这就不是那种不问天下事的"书生"写得出来的。

老师毕竟是将家国情怀置于首位的戏曲史家。

王季思先生晚年的学术情怀

康保成[*]

去年年底，姚小鸥教授在整理书籍、文稿的时候，翻出了当年采访王季思先生的一些原始材料，包括我的访谈记录稿和先生的手迹。其时恰逢王小盾兄约稿，希望能谈谈王季思先生治学的情况，不妨就从这次访谈说起吧。

一、30年前的学术访谈

1988年冬季某日，尚在东北师大杨公骥先生门下攻读博士学位的姚小鸥兄，在我的陪同下拜访了居住在中山大学东北区马岗顶的王季思先生。当时先生年届83岁，但身体很好，兴致很高，先生在回顾自己的学术人生时，主要讲述了他近十年来的学术成果以及对学术、对人生的看法。访谈由我做记录，先生自己也亲手拟录了一个访谈提纲。

王季思先生亲笔拟录的谈话提纲如下：

从老大的十年回顾艰勤的一生

老大十年的成就，培养了四批研究生，出版了十部以上的专著，还写了不少诗词散文，我的《移家马岗顶》一诗抒发我晚年的心境：

曈曈晓日上东窗，又见先生校点忙。三面绿云新世界，半间书室小沧桑。关灯止读人何在，击节高吟客已亡。犹有老来堪慰处，门前花树正芬芳。

晚年心情的愉快，基础在于青壮年时期的艰勤拼搏。这艰勤拼搏的一生，可以用三句诗来概括："饭熟书还熟"，"艰勤壮时业"，"门前流水尚能西"。总之一句话，是得力于王安石二句诗：

志士无时亦少成，中才随世就功名。

---

[*] 康保成：中山大学中国语言文学系教授。

上句说明个人抱负与时代条件的关系，次句说明个人应如何正确估计自己，对待形势。我个人体会，可分三点来谈：

中才——对个人的估计不能过高。它改变了我的天才观——天生我材必有用的天才观。

随世——确定了个人与形势的对应关系，不能超前，也不能甘居后进。它改变了我"为天地立心，为生命（民）立命，为往圣继绝学，为万世立（开）太平"的主观妄想。

就功名——确立了我积极用世的态度，改变了我"穷则独善其身，达则兼善天下"的士大夫处世哲学。这些想法不是主观自有的，也不是一成不变的，而是随着现实形势的发展，个人生活的经历逐步形成的。即使经历相似的同辈人，也往往不能理解，年轻一代自然更难体会。

下面是访谈记录稿：

王先生的谈话（记录稿）

我看了《新文化报》，一个省文化厅办这样一个报不容易。其中有的文章引起我的兴趣。比如一个副教授与一个老教授的对话，老学者与新学者的对话，谈他们对哲学的看法，很有好处。里面还谈到当前的文化思潮，社会风气。有的文章比较有份量。我们在改革开放过程中，在党风、民风方面，人们议论纷纷。文化部门应及时反映、讨论，通过报纸引起人们注意。在广州，报刊上刊登这方面的内容也有不少。可以互相交流，对精神文明建设起促进作用。

近十年来，我的一些著作被定为高校教材。还有一些著作即将被重版，影响扩大到海外。这十年来，还写了不少诗词散文，准备编成集子出版。晚年的心境，集中表现在一首诗中，我从中摘出一联，请学生张振林手书："三面绿云新世界，半间书室小沧桑。"我从8岁以后，直到中学，辛亥革命以后，这段时间相对安定。我出生在一个藏书较富有文化传统的地主家庭。龚自珍的两句诗："家家饭熟书还熟，美煞承平好秀才。"这可以概括我少年时期安定的读书生活。

"艰勤壮时业"，这是梅尧臣的诗句。梅尧臣是安徽宣城人。有一次，他在桐城的山路上遇到老虎，吓出一身冷汗。回去后同他妻子讲，山路荒凉可怕，今后不能冒险出门了。他妻子告诫他，正要趁年轻时发奋,他把妻子的嘱托概括成一句五言诗:"艰勤壮时业"。此后他就非常努力,做事无所畏惧,这对我影响极深。在以后的学习工作中,我遇到困难产生消极情绪,总能从中汲取力量。

从 50 到 70 岁,这一阶段,在大学开宋元文学课。苏轼在一首词中说:"谁道人生无再少,门前流水尚能西。"这是苏轼在黄州作的一首词。他在黄州名义上是团练副使,实际上却被监视。一次看到水向西流,中国的地势东低西高,水向东流,但这里却向西流。于是他发了感慨,说一个人年纪虽然大了,但是还可以保持青年人的状态。我现在年纪也大了,有时难免悲观,但想想苏轼的这句诗,这对于安定情绪很有作用。

还有,王安石的两句诗对我影响较大。王安石在《读唐书》诗中说:"志士无时亦少成,中才随世就功名。"王安石当然是天才,但他把自己看成中才。年轻时读李白的诗:"天生我材必有用,千金散尽还复来。"很欣赏。年轻人往往把自己估计过高,把自己看成是天才。但王安石的诗对骄傲自大很有教育作用。

随世——随着时代前进,有的天才因超越时代,往往在现实中不能立足。屈原、贾谊都是如此,结果是悲剧。我读《史记·屈贾列传》,见贾谊因才气逼人,受到汉文帝的重用,但其也因此遭到众人嫉妒陷害,被疏远,后惨死,这令我非常感慨。我们写文章、谈问题,力求平易近人,深入浅出。一些自视太高的人往往不行,自甘落后的人也往往不行。只有随着时代前进的人才可能为历史为时代做出自己的贡献。

我的做法,同辈有些人往往不能理解,可能认为我的做法是赶时髦,出风头。例如,华东师大一位老友对形势看法就比较悲观,与年轻人合不来。我今天还可以和年轻人合作。保成说过,现代文学研究在空间上占优势,古代文学研究在时间上占优势。这话我认为是对的。

今天我还想为整理古代遗产做工作,今后总会有人理解和利用,也会对历史起推动作用,但这样做不是为历史而历史,学历史的人要关心现实,对现代的东西也要学习。

二、对"访谈"的解读

经姚小鸥兄和我的共同回忆,这次访谈的背景是这样的:1988 年,吉林省文化厅创办了《新文化报》,该报设立了"名人访谈"栏目,编辑部得悉姚小鸥兄要到中山大学访学，于是委托他以兼职记者的身份对王先生进行采访。由于事先我已经将小鸥兄带来的报纸请王先生看过，并讲明了访谈的目的，所以先生事先拟好了谈话提纲，并在正式谈话之前，先讲了对该报的印象。只不过这篇采访并没有见报。

20世纪80年代后期，人们刚从"文化大革命"中清醒过来，许多禁区被冲破，国内的新闻媒体比较开放，新创刊的《新文化报》亦如此。王先生说"我们在改革开放过程中，在党风、民风方面，人们议论纷纷"，指的就是此类报刊上发表的有关"党风""民风"的文章。同时，不少报刊还能深入讨论一些文化问题、哲学问题。王先生说"在广州，报刊上刊登这方面的内容也有不少"，指的应是以《南方周末》为代表的"南方报系"。

王先生拟定的谈话标题是《从老大的十年回顾艰勤的一生》，这"十年"即指从1978年到1988年，恰好是改革开放的十年，也是先生老有所为、收获颇丰的十年。他指导的"四批研究生"，指的是首批博士生（我和薛瑞兆兄，1987年春毕业）和此前毕业的三批硕士生。"十部以上专著"，按出版先后应该是指《玉轮轩曲论》（中华书局，1980）、《元杂剧选注》（北京出版社，1980）、《元散曲选注》（北京出版社，1981）、《玉轮轩古典文学论集》（中华书局，1982）、《王季思诗词录》（浙江人民出版社，1982）、《中国十大古典悲剧集》（上海文艺出版社，1982）、《中国十大古典喜剧集》（上海文艺出版社，1982）、《玉轮轩曲论新编》（中国戏剧出版社，1983）、《中国戏曲选》（人民文学出版社，1986）、《集评校注〈西厢记〉》（上海古籍出版社，1987）、《元明清散曲选》（人民文学出版社，1988）等著作。对于先生这个年纪的人来说，在十年内有如此收获，可谓老树新花，分外夺目了。当时《全元戏曲》的编校工作已经启动，先生作为主编，除了整套书的谋篇布局，还要负责把好最后一关，把各分卷主编交来的稿子统统校对一遍。《移家马岗顶》一诗前两句"瞳瞳晓日上东窗，又见先生校点忙"，指的就是《全元戏曲》的校点。

顺便指出，《移家马岗顶》一诗在《王季思全集》中题作《移居马岗顶》，二者皆可通，但诗中的"犹有老来堪慰处"一句，《王季思全集》作"犹有老怀堪慰处"，似未安，应以手稿"老来"为妥。此外先生谈话中所提到的此诗颔联"三面绿云新世界，半间书室小沧桑"，由中山大学中文系1961年毕业生、古文字学家张振林先生用隶书手书，一直悬挂在先生家的客厅醒目处，直到先生去世。此外，先生另有一篇题为《半间书室小沧桑》的散文，回忆了从 20 世纪 30 年代在松江女中教书时的"翠叶庵"书房，到改革开放，中山大学落实政策，先生移家马岗顶后拥有的"玉轮轩"书房，其间半个世纪，半间书房经历的三次跌宕起伏，沧桑变化。文章说："从我书室的三次小沧桑看，同样表现事物的反复变化，反映了时代的风涛起伏。然而我今天重提松江沦陷或'文化大革命'时，已激不起多少愤慨或悲凉，因为我已经从有限的人生体会到它的无限，从无情的历史体会到它的有情。"先生晚年的心境和情怀，于此可见一斑。

毋庸讳言，和许多同龄学者相比，先生是幸运的。虽然"文革"时，先生"被折腾得几乎丧生"，但落实政策之后，先生重新受到重视。不仅成为文科的首批博士生导师，而且成为首届国务院学科评议组成员，主持了教育部委托的"全国高校戏曲师资进修班"（其成果便是《中国十大古典悲剧集》和《中国十大古典喜剧集》），还但任了《中国大百科全书·戏曲曲艺卷》第一副主编（主编为张庚先生）。他指导的研究生，也已经毕业了四届。此时的王季思先生，已经从"文革"的阴影中走出来，进入了新的学术天地。

三、王先生晚年的学术情怀

整理完这次访谈的记录稿，再次翻阅《王季思全集》，发现先生的学术成果，除了早年的《西厢五剧注》等校注类成果，有理论深度或创新程度较高的学术论文大都发表在晚年。其中《从〈凤求凰〉到〈西厢记〉——兼谈如何评价古典文学中的爱情作品》《从〈昭君怨〉到〈汉宫秋〉——王昭君的悲剧形象》《〈中国十大古典悲剧集〉前言》《〈中国十大古典喜剧集〉前言》《元曲的时代精神和我们的时代感受》《汤显祖在〈牡丹亭〉里表现的恋爱观和生死观》等，堪称代表作。这些论文，均充分反映了先生晚年的学术情怀。

先生晚年的学术研究，从个案走向宏观，理论色彩浓厚，创新意识明显，对于解读古典戏曲作品和相关文化现象具有指导意义。众所周知，先生是《西厢记》研究权威，他以注经的态度和方法注《西厢记》，成就卓越，迄今无人超越。他对《西厢记》作者的考证，雄辩地证明了王实甫是《西厢记》的唯一作者。他在 20 世纪 50 年代撰写的《从〈莺莺传〉到〈西厢记〉》，是较早运用母题流变理论研究古典戏曲的优秀论文。这些，当然功不可没。但"文革"后，先生对《西厢记》的研究步入了一个新境界，其代表作便是《从〈凤求凰〉到〈西厢记〉——兼谈如何评价古典文学中的爱情作品》一文。

从该文标题便可以知道，先生的学术眼界更加阔大，探讨的问题也更加深入。以往探讨《西厢记》的本事，最远上溯到唐代的《莺莺传》，但该文却追溯到汉代的《凤求凰》。先生敏锐地捕捉到司马相如以琴声挑动卓文君的细节与《西厢记》中张生以琴曲《凤求凰》挑逗莺莺有内在联系，再从汉代顺流而下，涉及《西京杂记》里的《白头吟》故事，李白的乐府诗《白头吟》，元稹的《白头吟》《莺莺传》《悼亡》以及《董西厢》等。除崔张故事之外，该文所涉及的古代爱情作品还有唐人小说《步非烟》、苏轼与贺铸的词、梁祝故事、元杂剧《百花亭》、南戏《荆钗记》、明清传奇《牡丹亭》《红梅记》《玉玦记》、近代戏曲作品《玉堂春》、明代小说《十美图》以及《红楼梦》等一系列作品。更为难得的是，先生熟练地将恩格斯《家庭、私有制和国家的起源》中概括的相关理论运用于对中国古代爱情作品的分析与评价，并大胆地使用了"性爱"这个词语。

在很长一段时间里，我们的文学史和文学评论羞于谈"性"，先生在改革开放不久，率先在古代文学研究领域里标举"性爱"的旗帜，在当时可谓惊世骇俗。先生曾对研究生们说："爱情，恩格斯的著作中称为'性爱'。从男女两性关系来说，我认为这是比'爱情'更为准确的提法。过去封建道学先生将这个问题神秘化，似乎是提不得的，而小市民则片面追求黄色、庸俗的东西。这两种东西都是不对的。"可以说，先生这篇讨论"性爱"的大作，既是20世纪80年代学术研究无禁区的一个反映，也是先生深入钻研恩格斯的《家庭、私有制和国家的起源》一书的一个成果。

根据摩尔根以及恩格斯的研究，先生把人类的"性爱"分成古代的性爱、现代的性爱与未来的性爱。先生总结说：古代的性爱"由父母主宰子女的婚姻，不考虑男女双方是否愿意"，"剥夺了青年男女选择配偶的自由"；现代的性爱"考虑到男女双方是否自愿，它要求男女平等，恋爱自由"，"但男女双方在选择对象时不可能排除种种经济的考虑，如对方的工资、家庭等等"；未来的性爱"除了相互的爱慕以外，就再不会有别的动机了"。以此为准绳，先生判断从《凤求凰》到《西厢记》的矛盾冲突，是处于"萌芽状态的现代性爱和占据统治地位的古代性爱的矛盾"。在这个基础上，先生进一步提出了古代优秀爱情作品的共同点：以一夫一妻制、男女平等为原则，歌颂男女双方当事人互相爱慕、自由择偶。这些都具有现代性爱性质。反之，违背当事人心愿，以家族利益、门第观念以及经济利益为主要择偶标准，或歌颂、认同男子三妻四妾，女子从一而终的作品，属于古代性爱范畴。可以说，先生的这一总结，对于评价古代爱情作品，具有普遍的指导意义。

爱情作品之外，先生关注的另一个领域，便是历史剧。众所周知，中国古代戏曲小说中有大量历史题材的作品，但这些作品很难完全尊重历史事实，甚至虚构的成分远远大于事实本身。元杂剧《汉宫秋》，将史书中王昭君的出塞和亲，改为昭君在胡汉边境，换上汉服，自沉于黑水河。可是这个颠覆了历史的作品却受到欢迎。再如《三国演义》里的曹操，从一个"很有本事"的政治家、军事家变成了人人唾弃的"奸雄"，并受到读者的普遍认同，乃至于有学者提出"为曹操翻案"（郭沫若语）的主张。究竟应该如何认识这些作品呢？先生在《从〈昭君怨〉到〈汉宫秋〉——王昭君的悲剧形象》一文中，对《汉宫秋》中王昭君悲剧形象的形成过程进行了一番梳理，指出历史上的王昭君虽然扮演了"和亲"的角色，但史书以及民间作品表明，昭君出塞绝非自愿，"昭君的一辈子"都是在"汉元帝的绝对支配下抑郁地度过的"。加之元代"民族灾难的深重"，马致远"借他人酒杯，浇自己块垒"就成为"唯一抉择"。他进一步指出，在历史题材的作品中，"作家在塑造人物、提炼主题的时候，与其说是重现历史，毋宁说是通过历史人物和事件，重现当代人民的生活和斗争"。他说："千百年来人们的乐于欣赏，就是给这些作品开了一张合格证。"这样一来，以往纠缠不休的历史真实与艺术真实的关系问题，便得到了根本的澄清。

中国有无悲剧的问题，也是长期以来聚讼纷纭的学术问题。王国维认为中国有悲剧，并提出《赵氏孤儿》《窦娥冤》"置于世界大悲剧中亦无愧色"（《宋元戏曲史》）。但朱光潜、钱钟书等学者认为中国没有悲剧。其实最早提出《赵氏孤儿》是悲剧的，是法国的传教士马若瑟，他的法译本《赵氏孤儿》的题目就是《赵氏孤儿：中国悲剧》（*Tchao-chi-cou-eulh：ou, L'orphelin de la Maison de Tchao, tragédie chinoise*），此后哈切特、伏尔泰、梅塔斯塔齐奥、谋飞等的外文译本均对这一标题表示认同。王国维是否参考过这些译本不得而知，不过《宋元戏曲史》完全没有提到西方的悲剧以及悲剧理论，但王季思先生的悲剧理论却不可能无视古希腊悲剧、莎士比亚悲剧以及学术界的相关论争。他将中、欧不同的文化传统和作品进行深入的比较，指出："希腊悲剧接触到人类命运、战争、民主制度等问题，贯穿于悲剧中的冲突，主要是人的自由意志对命运的抗争"，"但悲剧作品在不同民族、国家各自产生、发展时，由于历史条件的不同，民族性格的各异，在思想倾向、人物性格、情节结构等各个方面，又各自形成不同的艺术特征"。先生总结的中国悲剧的艺术特征如下。

首先，欧洲悲剧的主人公往往是"帝王将相""英雄人物"，而中国悲剧的主人公虽然也有诸如岳飞、周顺昌等英雄人物，但较多的是"普通人民特别是受压迫的妇女"。其次，和欧洲悲剧相比，中国悲剧的"美感教育作用"十分突出。再次，中国悲剧的结构完整且富有变化，它们"大都善于开展悲剧冲突，推进悲剧高潮，为剧中矛盾冲突的解决造成足够的情势，然后转向完满的结局"。先生指出："希腊悲剧有不少以团圆结束，但到莎士比亚以后，就大部分以剧中主人公的不幸收场。我国古典悲剧以大团圆结局的要比欧洲多。这种结局，有的是剧情发展的结果，是戏剧结构完整性的表现，有的表现了斗争必将取得胜利的乐观主义精神，但有的却表现出折中调和的倾向，让一个干尽坏事的恶人跟悲剧主人公同庆团圆，这自然要削弱悲剧动人的力量。"最后第四点，中国古典戏曲以曲词作为主要抒情手段，因而悲剧中常有西方悲剧所缺乏的"悲壮动人的曲词"。

众所周知，中国戏剧具有起源早成晚熟的特点，而真正成熟的戏剧理论直到明末清初在李渔的手上才得以完成，至于悲剧理论则基本可以说是一片空白。基于这个现实，先生晚年以西方悲剧理论和作品为参照，深入洞察民族文化和民族心理发展的细微末节，总结出民族悲剧的艺术特征，初步建立了我国自己的悲剧理论体系。

先生对我国戏剧形态的发展也有一些推测，但往往被忽略了。先生在《打诨、参禅与江西诗派》一文中即指出禅宗仪式和戏剧形式的关系，在校注《西厢记》时指出杂剧中提示动作的术语"科"来自道教科范。最近翻阅他晚年的著作，又发现他在谈元杂剧《汉宫秋》时，已经意识到汉魏时期已经有"萌芽状态的悲剧"，他是这样说的：

> 汉魏时期一些有故事内容的民间乐舞歌词，在演出时多是歌舞配合："歌以咏德，舞以象事。"（见沈约《宋书·乐志》）琴曲《昭君怨》和胡笳《明君别》看来也不例外。在乐曲演奏时，不但有伴唱的歌词，而且有表演事件经过的各种舞蹈动作。《古今乐录》说晋太康中，石崇的宠妓绿珠以善舞《明君》著称，可见西晋以前民间演唱昭君出塞的乐曲已为载歌载舞的综合艺术形式。这实际是以昭君故事为题材的处于萌芽状态的悲剧。

虽然这里没有明确说汉代已经有歌舞戏，但这样的表述对于我们深入讨论戏曲的形成无疑很有启发。先生还在一篇杂文中说："李白《长干行》：'妾发初覆额，折花门前剧；郎骑竹马来，绕床弄青梅。'……人们没有注意到诗中的'剧'字，仅仅把它看作一般的儿童游戏，没有联系当时的戏剧演出。""女的站在门外的胡床上玩弄着花鼓，男的骑着竹马，玩弄着青梅，绕着这女孩子的胡床跑。这分明在模仿舞台上的一场爱情戏。"先生还"怀疑"《墙头马上》杂剧"是从唐代一直流传下来的"。可惜的是，先生的这些吉光片羽式的论述，并没有受到学术界的关注。

先生晚年学术研究的另一个特点，是更为谦虚、豁达、从容、淡定。这既表现在他十年如一日，孜孜矻矻地伏案校对《全元戏曲》，也表现在他在与晚辈合作编著《中国十大古典悲剧集》《中国十大古典喜剧集》《中国戏曲选》等著作中。毫无疑问，集体编书是会影响个人研究的。正如先生所说："集体编书与个人著书是有矛盾的，我个人的写作计划就多次为集体编书所打断，有的胎死腹中，有的半途夭折。"但他认为，"通过集体讨论，交换意见，彼此取长补短，共同提高"，还可以"培养出一批人才"，"形成老中青结合的梯队"。正是有了这样的胸怀，先生才多次主动放弃了自己的研究，和中青年学者一道编书、搞研究，从而在中山大学带出了一个为国内外同行所钦羡的戏曲研究梯队。

在我和先生的接触中，从未见他背后臧否人物，从未见他自以为是、盛气凌人，以导师自居，而完全就是一个忠厚长者。他常常在完成一篇论文的初稿以后，请研究生（硕士生和博士生）评论，并允许大家"说三道四"、横挑鼻子竖挑眼，而他总是对这些批评加以鼓励，并从中择取合理的部分。他把培养研究生看作晚年最重要的两项工作之一，甚至把青年学者的成长看作生命的延续。因而，先生也理所当然地受到了学生和晚辈学者的衷心爱戴。

1993年4月，在王先生最早的学生之一黄天骥教授的策划下，广州市政协与中山大学联合主办了"王季思教授从教七十周年庆祝大会"，他在答谢辞中先讲了"三个不后悔"：一是选择教师为职业不后悔；二是选择广东作为大半生的工作园地不后悔；三是新中国成立后，以马克思主义指导学术研究不后悔。他接着说："在这条道路上摸索前进的时候，我也经历了一些坑坑坎坎，也走过一些弯路，写过一些错误文章，既错批了自己，也伤害过别人。"最后，他把希望寄托在青年一代的身上，他送给后辈的一首诗说：

> 人生有限而无限，历史无情还有情。
> 薪尽火传光不绝，长留双眼看春星。

这和本文开头提到的那次访谈的内容，精神实质完全一致。

四、王先生晚年的反思与忏悔

先生晚年，常对自己以往的学术观点进行反思，进行自我解剖，这在老一辈学者中极为罕见。

1987年，南开大学宁宗一教授在《戏曲艺术》第3期发表了题为《另一种精神世界的透视——为关汉卿〈谢天香〉一辩》的论文。先生看后，当即写了一封长信给宁教授。信中除了对宁作给予热情的肯定之外，还反思自己以往"高度肯定《救风尘》，而对《谢天香》的成就一直估计不足"，并引用梁任公的话："我不惜以今日之我与昨日之我宣战。"宁先生收到此信非常感动，致信王先生希望公开发表此信，并得到先生首肯。于是，《戏曲艺术》1988年第1期，以《关于〈谢天香〉的通信》为题发表了这封长信和宁教授《致本刊编辑部》的信。宁先生说："我从老人家的身上真切地了解到一位前辈学者的心胸、眼光、为人、学识，觉得他的心总是和我们这些后学的心息息相通的。"王先生的这封信，在收入他的论文集时题为《与宁宗一教授论关汉卿杂剧〈谢天香〉书》。

王先生的自我解剖，以《元曲的时代精神和我们的时代感受》最有代表性。先生说："我们在重视元曲的政治倾向时，往往忽略它的娱乐性、艺术性，像戴善夫的《风光好》、乔梦符的《金钱记》等轻喜剧就被忽视了。我们重视了作品的思想分析，对版本的校勘、文字的考订等工作又相对地忽视了。""我们强调元曲的战斗性、斗争性，没有看到它们也反映了元代社会的错综性、和谐性，这是古典文学领域一种'左'倾幼稚病的表现。"更加令人震撼的是下面这一段叙述：

> 我们……往往把他们长期从事革命斗争的经验运用到文艺领域里来……斗争越来越尖锐，思想越来越"左"倾，在文化教育领域造成的危害越来越大。……思想也跟着越来越"左"，甚至对自己解放前后有些基本正确的做法，如独立思考，自由争论等，也未能坚持。这教训是十分深刻的。

这是先生自己的反思与忏悔。

王季思先生的学术与人生之路，是许多老一辈知识分子的缩影。他们因经历过战乱，对新中国寄予了无限的希望。《王季思全集》中的许多篇章，即使他晚年的一些论著，也还是笼罩在曾经的阴影之下未能完全挣脱出来。正如先生所言："这教训是十分深刻的。"

不仅如此，由于受反右思想的影响，先生竟不惜与被错划成"右派"的长女王田兰、长公子王兆凯"划清界限"，还做过一些伤害朋友的事。然而，历史的车轮滚滚向前，"物极必反"是自然规律。"文革"的一番折腾终使先生大彻大悟，他的自我反省也是真诚的。他在写给长女王田兰的信中说："经历了半个世纪的风风雨雨，我们终于走到共同的道路上来了。""自己这一生虽然也写了些东西，出了些著作，培养过一些青年，可是出的废品，犯的错误，走过的弯路，可能更多更大。"

董每戡
（1907—1980）

杏花零落香
——忆董每戡教授

黄天骥*

在我们校园东侧，有一幢小楼，瓦老苔青，绿阴笼罩，显得分外宁谧。多年以前，我国著名的戏剧史家董每戡教授，就住在这幢小楼上。每当走过这里，我总是把脚步放轻，脑海中也总会掠过董先生佝偻的身影。

说起董每戡先生，许多人恐已淡忘了。不过，新中国成立初期，在戏曲界和学术界中，董先生的名字，却是如雷贯耳。他在青年时，就已出版了《中国戏剧简史》和《西洋戏剧简史》，是最早能用唯物史观研究戏剧发展的专家。他还导演话剧，撰写剧本，电影艺术家赵丹第一次登上舞台，演的就是董先生所写的剧本《C夫人的肖像》。抗日战争期间，他参加过"左联"（中国左翼作家联盟）、"剧联"（中国左翼戏剧家联盟），和田汉等人在各地组织戏剧活动，将文艺作为反抗日本侵略和揭露蒋家王朝黑暗统治的武器。新中国成立后，他在我们学校讲授中国戏曲史，讲课绘声绘色，妙语如珠，学生们听得如痴如醉。在课余，董先生积极参加广东省省内的戏剧改革和评论工作，激扬文字，指点江山，以鞭辟入里的分析和渊博的知识，获得了戏剧界同行的尊敬。20世纪50年代初，他连续出版了《三国演义试论》和《琵琶记简说》等专著，其见解独到深刻，使学术界大开眼界。这段时期，董先生单薄的身躯，像是上足了发条的机器，释放出无穷无尽的精力。由于他在科研和教学上做出了重大贡献，49岁时，他被评为能获得二级工资的教授。当时，同样被评为"二级"者，我们系里只有容庚、商承祚、詹安泰等几位，董先生是二级教授中最年轻的一个。

新中国刚成立的那几年，社会安定，气氛宽松，呈现一派欣欣向荣的局面。在学校里，董先生意气风发，十分活跃。除上课外，他还指导学生排戏。有一次，系学生会排练《借靴》——这是一出由京剧改编的话剧，董先生当导演，教我们体验角色，给我们示范动作。经他点拨，平淡无奇的场面变得

---

* 黄天骥：中山大学中国语言文学系教授。

妙趣横生，让观众捧腹大笑。在导演的过程中，董先生让我们懂得了斯坦尼拉夫斯基的戏剧体系，懂得了怎样处理演员与角色的矛盾，文娱活动也就成了深刻生动的课堂。董先生享有盛名，嘴唇上翘着八字胡，显得颇为威严。其实，他对学生最是随和宽容不过的。这一点，我的感受也特别深。求学时，我常常调皮捣蛋。有一回上课，董先生因事迟到，同学们静静地坐等，我却不耐烦，张望外边无人，便学着董先生惯常走路的姿态，半弯着腰，大摆着臂，悠悠晃晃，然后走上讲台，用食指擦擦鼻下的"胡子"。同学们看了，哄然大笑。

我正在得意，回头一望，只见董先生在课室门口盯着。我手足无措，赶紧溜回座位。下课时，董先生叫我留下。我想，这回惨了，准要挨批了。谁知他一边拍打衣袖上的粉笔灰，一边对我说："我看你的模仿能力不错，研究戏剧合适，以后多跟我讨论，好吗？"我一怔，说不出话，只会呆呆地一个劲儿点头。以后，我的兴趣就从研究古代诗词，转到研究古代戏曲。在毕业论文答辩时，董先生给了我很高的分数。留校工作后，我和董先生接触的机会更多，成了他家的常客，在那幢小楼上，黄昏清昼，听他分析剧目，考证古剧。每回请教，都收获极多。而董先生对青年学生的宽厚和他自己严谨的治学精神，更使我逐步懂得了作为教师，应该走什么样的路。

正当董先生直攀事业高峰的时候，他的名字，和许多耿介之士一样，一下子消失了。1957年夏天，他响应号召，帮助整风，被某位领导邀请发言，于是"蛇"便被"引出"了"洞"，沉沦在惊心动魄的"运动"中。要知道，学者们多有恃才傲物和"语不惊人死不休"的弱点，董先生也不例外，何况以为"治病救人""言者无罪"，谁料到会被打翻在地。于是，曾经营救过地下党员，从事过进步戏剧活动，新中国成立后积极靠拢党的董先生，一转眼成了"恶毒攻击"的"极右分子"。等到20年后，云烟消散，董先生感叹地说："当时人们说我否定一切，而我和田汉是生死之交，对冯乃超校长十分敬服，难道我会连他们也否定么！"言谈之间，我看到董先生虽然露着笑容，但终掩不住内心的痛楚。

董先生和田汉交情至深。记得董师母给我说过，在1968年12月上旬，一天午夜，董先生突然从睡梦中惊醒，拥衾痛哭。董师母赶紧起来，问他为什么。董先生说："田老大死了！"董师母知道他一定梦见了什么，虽感诧异，但认为不可能，因为他们一直不知道有关田汉健康的消息。她劝董先生安心睡觉，无谓胡思乱想，可董先生就是不听，连夜和泪给田汉写了五首挽诗。谁知道过了几天，报章上便登载田汉逝世的消息，应验了董先生的预感。

这件事，确属奇怪，真不知该如何解释，难道世上果有心灵感应之说么？不过，思念至深，幻而为梦，则是常有的事。董先生的梦中幻象莫非是精诚凝聚的倒影？

1957年后，董先生离开了学校，回到湖南。从1958年到1979年，漫长的20年，这一段生活是怎样过的，他没有细说。在他逝世后，人民文学出版社出版了他的专著《说剧》，他的独子董苗给该书责任编辑弥松颐兄去信，倒是提到了董先生当时情景。松颐把该信收录在《说剧》编后记中，兹转摘如下：

> ……父亲1957年被划为右派，临时处分是撤销一切职务，每月发生活费二十元；母亲（胡蒂子）也被牵连划为右派，由九十元降为三十元，当时还要负担祖母的生活费。由于广州生活水平高，生活有困难。那时对教授的处理有一条是可以自谋生活，母亲是长沙人，因此迁家长沙。母亲退职，发了两个月的生活费共六十元。父亲后来被称为自动离职。
>
> 国庆十周年前夕，他写出了《中国戏剧发展史》近六十万字，《李笠翁曲话论释》约二十万字。到一九六二年，他又将《三国演义试论》增修为二十万字。
>
> 湖南省委统战部领导，知道了我父亲的困难处境，从一九六二年五月到一九六五年十月，每月给生活费五十元，并照顾住房。到一九六五年十一月以后，取消了生活费，让全家迁到一处小房子住。
>
> 这个期间，他仍然不停地写作，写出《明清传奇选论》约三十万字，及《五大名剧论》五十万字。到一九六六年九月上旬，两度抄家，家中稍值钱的东西（甚至连眼镜）都抄走了。父亲最痛心的是被抄走了《中国戏剧发展史》《明清传奇选论》《三国演义试论》等手稿和十箱书籍、资料。《五大名剧论》由于藏在地板下（已被老鼠咬掉一半），《说剧》因寄给洛阳的三叔审阅，所以幸免遭劫。从一九六六年起一直到一九七九年四月，他面壁斗室，一面修改、补充这两部手稿，一面继续写能回忆起来的稿子。当时手头资料全无，只好托人借书参阅。
>
> 这些年，家贫如洗，他睡的是两个空书箱搭起的门板（睡了十二年之久，原来的床已被抄走），吃的是粗茶淡饭，电影都没有看过一次。写作用的是一支蘸水用的破钢笔，稿纸五花八门……当时靠我菲薄的工资维持生活（我在一九六五年十二月才进一个区办小厂当工人），亲友

偶尔接济。在极度困难的条件下，尽管营养不良，他还是把全部精力花在写作上，从来不向亲友叫苦，坚信自己没有错。在这种信念支持下，精神才没有崩溃……

记得董苗跟随父母离开校园时，他才九岁，圆脑袋剃个小平头，活泼可爱。他给松颐写这封信时，也三十出头了吧！信写得很平实，却是一字一泪，使人读来心灵震撼。我们后来才知道，当时董先生买不起稿纸，只好到街上捡来烟盒，把它拆开铺平，当稿纸用。为了节省，字写得小如蝇头，齐整工细。我记得董先生在校工作时，常跑到中山五路附近的西餐馆，边喝咖啡边写作。他身体不好，手常颤抖，把字写得歪歪斜斜，其大如卵，往往一张稿纸写不了十多个字。想不到环境的改变，竟使他咬着牙镇住了发抖的手腕，他意志的坚强，于此可见一斑。

松颐说："这样一个老知识分子，在极端困难的环境中锲而不舍地进行研究和写作，他的勤奋和刻苦，乃是忠于自己所从事的专业，忠于祖国文化学术事业的表现。这是中国知识分子可贵的品质。"的确，能于逆境中挺过来，已不容易，何况还能在没有资料只凭记忆的情况下，写出近200万字的学术论稿！过去，屈原见逐，乃赋《离骚》；司马迁被谤，乃著《史记》。董先生穷厄著书，不正是继承着中国知识分子从古以来的高尚品德么！他们以铮铮铁骨，撑持着中华文化。翻开董先生的《说剧》和《五大名剧论》，里面密密麻麻的字，岂止是用心血浇成，它还包含着董先生对祖国文化的热爱之情，凝聚着敢于直面人生的勇气。

"文革"期间，本来已是入息低微的董先生，连区区一点生活费也被取消，实在穷愁困窘。有位好心的朋友便提醒他："如今江青掌权，你认识她，何不给她一信，帮你解决困难？"说实在的，董先生在上海滩参加戏剧活动，当然认识江青，但他拒绝了朋友的建议。因为他早就晓得江青为人，看透了"文革"是怎么一回事，岂肯为五斗米折腰，攀龙附凤！后来，有关部门派人向董先生调查，问他认不认得蓝苹（编者按：江青曾用名）。他断然回应：不认识。也幸亏董先生没有据实回答，否则就完了，江青是要把20世纪30年代认识她的人赶尽杀绝的。当时，董先生未必了解查访的深意，但耿介的品格挽救了他，使他逃过了劫难。

董先生的耿介，邻里们是知道的。他多次被抄，家徒四壁。"文革"后期，政策稍稍"落实"，有关方面给他发还被抄的东西。然而，劫后余灰，所剩无几了。其中最值钱的，不过是一块手表。董先生一看，这手表不是他的，赶紧缴回。主事者颇感为难，也不知这表该还给谁，便劝他好歹收下，聊作损失的弥补。但董先生硬是不肯。这件事，感动了许多人，统战部门知道董先生是大好人，尽可能给予援手。在世界上，群众的眼睛是雪亮的，好人也总占大多数。我想，人们的理解，有助于董先生撑过那段艰难的岁月；而人们之所以理解他，是因为看到了他高尚的人格，看到了他在"文革"当中的大节、小节，看到他"贫贱不能移"的风骨。

1979年5月，中大为落实政策，派人把董先生接了回来，把他夫妇俩安排在面积为28平方米的房子里。董家别无长物，而且20多年惯处穷巷陋室，来到这里，他们夫妇竟颇满足。平心而论，在当时的条件下，校方在物质上对董先生还是注意照顾了的。回校以后，董先生很快就把精力用于科研教学。那年夏天，我陪他应邀到广东省戏剧家协会演讲，看着他在讲台上侃侃而谈。时光和苦难，虽然磨蚀了这位老人的锋芒，但他思路清晰，旁征博引，依然和往昔一样吸引着听众。那年冬天，他被邀请到北京，参加第四届中国文学艺术工作者第四次代表大会。当时拨乱反正，形势大好，他十分兴奋，还准备撰写一部反映新中国戏剧发展的专著，连题目也定好了，名为《新华铺绣录》。光看书名，就可以看出董先生对新中国文化事业的热爱。一个曾经呼唤新中国诞生，却在新中国饱受煎熬的人，对新中国依然怀着赤诚的心。正像《离骚》所写："亦余心之所善兮，虽九死其犹未悔。"这至死不变的爱国心，就是亘古以来中国知识分子的良心。

可惜，《新华铺绣录》还未动笔，董先生从京返校不久，便溘然长逝。算起来，他离湘南下，还不到一年，稍稍舒坦的日子也没过几天，霎时间，一切都成虚幻。真不知老天爷对这位正直善良、勤奋坚韧的学者，为什么如此刻薄！

我见到董先生的最后一面，是在他逝世前两天。那时，快临近1980年的春节。董先生素患哮喘，天冷病发，肺部感染，要到市内医院急救住院。教研组里的年青教师，便轮番到医院值夜陪伴。董先生住院数天，病情逐渐稳定。2月10日，该我值班。下午1点，我到了董先生病房。那天他精神很好，刚刚聊了几句，董苗便从长沙赶来了。我们坐了一会儿，董先生说有儿子陪他了，催我回家。我便起身告辞，想不到从此永诀。

据说11日晚上，医生抢救别的病人，病房嘈杂，董先生一夜未曾合眼。天亮前，他要求吃安眠药，但吃了依然不起作用。他急了，再请护士给他注射镇静剂，才勉强入睡，谁知以后再也没有醒过来。这意外，属医疗事故还是别的问题，不得而知，家属也没有追究，大家默默地把他送走。

董先生壮志未酬，匆匆谢世，实在令人痛惜伤感。不过，想到他在世时历尽崎岖，饱受折磨，离去时却没有什么痛苦，于是亲朋们在悲痛中又找到了一丝安慰。这也许是老天爷的另一种安排吧！在追悼会上，学校宣告董先生在1957年被错划成右派，算是给他平反。然而逝者已矣，如果这决定早做出几天，或许可以使董先生放下心上的石头。现在，他已无所谓了！就只能作为给后人的一种交代了！过了几天，我去看望董师母。只见她独自盘坐床前，黯然无语。床的对面，挂着董先生遗像，桌上放着骨灰盒，盒子围着一圈黄色的花，花瓣开始憔悴，有些还散落在地面上。我不知道该怎样安慰董师母，只好向董先生的遗像深深地鞠躬，随后默默告退。不久，董师母回到长沙，又过了一段日子，也逝世了。

转眼间，董先生已离世许多年了。然而，骨灰盒旁那一圈黄色的花，我依然记得清楚。这些花该是杏花吧！在曲阜孔子讲学的地方，叫作杏坛，当初想是开满杏花的，后来也用以泛指教师的讲学处。我想，让杏花陪伴董先生安息，是很合适的。我又想起了古人的诗："雨后复斜阳，杏花零落香。"竟觉得可以作为董先生身后的写照。

岁月如梭，我国很快就要进入21世纪。改革开放的道路不可逆转，法制逐渐健全，随意整人者不易为所欲为了。而且，好些在20世纪50年代蒙冤受屈的人，已能尽其所长，为国家输诚效力。像董先生那样的悲剧，该不会重演了吧！重阳时节，仰视晴朗的天，万里无云，我在董先生旧居附近徘徊，往事历历在目。我轻轻地走着，心中一直默默地祝祷……

劫后春重到　笑声达九泉
——悼念董每戡老师

梁中民[*]

1980年2月15日,获悉董每戡老师不幸于2月13日在广州逝世,噩耗传来,异常悲痛。

去年,知道他已重回中山大学执教,我曾去信致候。当我正想返母校探望这位"劫后余生"的老师时,谁料一纸讣告,竟成永诀。

1954年前后,我在中山大学中文系学习,董每戡老师讲授"中国戏剧史"课程,我是课代表,我写毕业论文时,他又是指导老师,因此,师生之间往来较密。记得1955年初春的一天,我在他家向他反映我们系的同学想请冯乃超副校长讲后期"创造社",并拟整理成史时,他说,他也想把20世纪30年代参加"左翼剧联"的回忆录写出来,还约我协助他记录整理。当时,我觉得这事是责无旁贷的。但后来他因故无暇口述,就把此事拖了下来。不料一九五七年底,他被划为"右派",从此便再也没有见过面。

每戡老师于1958年10月离开中山大学,在长沙住了20多年。当时,他的生活极为困难,双手颤抖难以写字,但他仍埋头写作、发愤著书。他艰苦地用双手"推"写出了120多万字的《中国戏剧史》初稿。但不幸,这些呕心沥血的著作,竟于"文化大革命"中被打砸抢分子抢去。同时遭劫走的还有他的其他著作手稿和全部藏书,而且至今下落不明。这是他生平最痛心的一件事。

去年落实政策后他又回到中山大学。在长沙多年,他患了肺气肿、哮喘等疾病,可是疾病的折磨与处境的困难都没有使他灰心丧气,他仍然是热情洋溢,活力充沛。去年秋后,他先后参加了专家教授座谈会和中国文学艺术工作者第四次代表大会。会后他表示要把自己的余生贡献给社会主义祖国的"四化"事业。在他逝世前不到一年的时间里,他仍加倍辛勤地工作着,除了偶尔参加必要的会议,他几乎足不出校,尽量把在"文革"中失去的手稿重写,

---

[*] 梁中民:中山大学中国语言文学系1954级系友。

把幸存而不成篇的断章整补。夏天，他忙着增订《说剧》一书；秋后，他又整补出近50万字的《五大名剧论》。巨量的整补和重写工作，都是他用颤抖着的双手一字一字地"推"写出来的。所幸的是，这两本著作已在他逝世前完稿，并已先后付印。这是每戡老师以他最后的"余生"对社会主义祖国所做的贡献。仅凭这点，每戡老师也可含笑九泉了。

每戡老师治学是严谨的。他数十年如一日，辛勤踏实地从事学术研究。他曾一再教导我们："学术研究要力戒虚浮，提出为学要博而约，一定要学好各科课程，打好全面而牢固的基础，然后再选择一个专题深入钻研。"他提示我们搞古典文学必须打好稳实的"小学"（文字、音韵和训诂）基础，要学好历史。他说："历史学不好，文学是不会学得好的。搞现代文学也离不开历史，分析作品总离不了要分析时代背景嘛"，"要注意积累资料，凡读过的书都要做摘记、写卡片，看一本书就要积累一本书，但千万不要为资料而资料。要分析资料，用资料去说明问题"，"要学好文艺理论。文艺理论水平高，分析问题才深入、逻辑性强，有说服力"。他特别强调写论著要有创见。他说："古今有成就的人，无不有自己的创见；人云亦云、亦步亦趋是永远不会有所建树的。"我觉得每戡老师的著作就是有他自己的个性和真知灼见的。每戡老师的这些总结出来的经验之谈，对后学者是很有启发的。

每戡老师作风正派、率直耿介。凡与他接近的人都会感受到他的满腔热情、平易近人。他对地方剧种与老艺人很是热情关心。1957年初，当他知道温州"和剧"被有关领导误当作"婺剧"，"和剧"的剧种与艺人得不到重视，便写了一篇题为《为一个剧种正名》的文章，发表于当时的《戏剧报》，为恢复"和剧"的名称、为扶植与发展这个地方剧种提出强烈的呼吁。去年11月，《南方日报》刊载了他的一篇遗作《喜再看南国奇葩》，写的是他离开广州20多年回来重看潮剧演出折子戏，见到中年演员的演技不减当年，青年演员的唱腔和做工"出蓝胜蓝"，为潮剧新苗茁壮成长、后继有人高兴得彻夜不眠。他写道："因而我一直坚信历史的潮流不可逆转，人民的意志总是压不垮的，烂漫的群花也总是掐不死的。"他在《金缕曲》一词中，赞颂今日文坛是"劫后春重到、生意满人间"。是的，当我们看到今日万花争艳的剧坛春色，就会想到曾经毕生为此流过辛勤汗水的董每戡老师，情不自禁地寄托着我们对他的哀思！

1980年清明

董每戡：陪陈寅恪听戏

周吉敏*

读董每戡先生的著作，常有"我们南戏故乡温州"这样温暖的文字映入眼帘。先生晚年也常说自己是"南戏乡亲"。问董每戡先生的哲嗣董苗，先生有无"南戏乡亲"四字留下来。过了一些时日，董苗寄来了一份其父在中山大学时的剪报，其实只剩一张封面了，边沿破损，左上角还缺了一块，背面粘着一张剪报。封面上横写着"天南骚屑"，下竖写着"南戏乡亲"，中间写着"1956～1957于中山大学"。至此，先生的"南戏乡亲"情结和我认先生为"南戏乡亲"的情结都有了着落。

细看背面那张剪报，是1956年5月10日《光明日报》特约记者梁诚瑞采写的一篇通讯稿——《访陈寅恪教授》。这是一篇时文，但只关日常琐碎生活，并没有那些恍若隔世的文字，这是陈寅恪先生的智慧。结尾一段不经意间还透露了陈寅恪先生与董每戡先生一份因戏结缘的深厚友情。摘录于此：

> 他最近极爱听京戏，可惜广州京剧团演出得比较少。今年春节，广州京剧团主要演员被邀到中大作过一次清唱演出，难得陈老亲自出门去听赏。当他高兴地听罢归来，立即赋诗三首，还兴致勃勃地拟对联一副，赠给这个京剧团。而尤其赞赏剧团中新谷莺、华兰萍两位演员。
>
> 对联是这样的：
> "古董先生谁似我，
> 新花齐放此逢君。"
>
> （按：古董先生，古作"陈"解，指他自己，"董"指中大教授董每戡，因为看京剧时，有董君作陪。此句出自桃花扇曲词。新花齐放，"新"指新谷莺，"花"指华兰萍，"花"与"华"通，新华齐放取百花齐放意。）

---

* 周吉敏：浙江温州人，作家。

董苗说,剪报是父亲去世后从中山大学带回的一个废纸箱里找到的,至今已40年了,蓦然回首,往事犹历历在目。

1956年5月10日《光明日报》头版

1943年,时年36岁的董每戡放下抗战戏剧工作,离开贵阳到迁往四川三台的东北大学中文系教课,也从话剧编导转向剧史研究领域。此后,董每戡在金陵女子文理学院、上海戏剧专科学校、湖南大学都开设过"中国戏剧史"课。1948年至1951年,董每戡先后出版了《西洋诗歌简史》《西洋戏剧简史》《中国戏剧简史》《戏剧欣赏和创作》,确立了他在学术界的地位。其《中国戏剧简史》,是继王国维《宋元戏曲史》之后又一次历史性突破与开创性建树,为我国戏剧史研究写下"本体"回归的第一页。1952年年底,全国高等院校"院系调整"。1953年夏天,被安排调入中山大学中文系时,他是带着成熟的中国戏剧史体系来到中大的。董每戡教授这一专业课开设长达十多年的时间,这在20世纪中叶的中国高等院校是很少见的。

戏曲研究专家是戏曲演员的知音。因董每戡在戏曲学术界的声名,剧团和名伶进中大演出亦成一时风气。董每戡是穿针引线人,也是策划组织者。中大教工业余生活姹紫嫣红,教授中的一批戏迷的戏瘾像风入池塘荡起阵阵涟漪。

1956年4月1日,广州京剧团主要演员到中大唱戏,董每戡邀请陈寅恪先生一起去听赏。听罢归来,陈老情不能自已地写下三首绝句并"分赠祝南、季思、每戡,以乞唱和":

其一
暮年萧瑟感江关,城市郊园倦往返。
来谱云和琴上曲,凤声何意落人间。①

其二
沈郁轩昂各有情,好凭弦管唱升平。
杜公披雾花仍隔,戴子听鹂酒待倾。

其三
红豆生春翠欲流,闻歌心事转悠悠。
贞元朝士曾陪座,一梦华胥四十秋。②

陈寅恪自注:
①谓张淑云、孙艳琴及任凤仪女士。
②四十余年前在沪陪林瑞清丈观谭鑫培君演连营寨,后数年在京又陪樊增祥丈观谭君演空城计。

时年67岁,一直深居简出、心事深隐的陈寅恪先生难得袒露心迹。"贞元朝士曾陪坐,一梦华胥四十秋",这是勾起了一个老戏迷的回忆。戏曲叩开陈寅恪先生的心门,在于其身边有一位懂戏的"在陪者"董每戡,充当陈寅恪先生的眼睛,在旁边讲解戏曲。

对于陈寅恪先生听戏有感而赋诗,陆健东先生在《陈寅恪的最后二十年》里写道,"太不容易了。这是陈寅恪晚年唯一一次公开向'同道中人'求心灵的和鸣与回应。其情不自已于今亦能感受到生命的欢欣所带来的喜悦"。

当时一起在《中山大学学报》上刊发的还有其他三人的唱和之作,董每

戡写下四首诗作:

其一
花前杖策听莺语,清兴来时妙句成。
硕学先生非古董,风流诗笔压群英。①

其二
喜见天南放异葩,兰香菊艳比京华。②
相思漫爱歌红豆③,云外莺声亦可夸。④

其三
抒情何必凭彤管?一曲深沉苾忱传。⑤
更爱凤声非俗响,天风吹堕落人间。⑥

其四
皮黄腔韵贵当行,各有千秋傅与王。⑦
盛世居然多盛事,座间顾曲尽周郎。⑧

董每戡自注:
①陈先生曾戏作二联有"百花齐放听新莺""古董先生谁似我"句,故云。
②华兰萍与孙艳琴女士。
③周总理誉粤剧为"南国红豆",余参加粤剧改革三年有余,亦甚爱之。
④新谷莺与张淑云女士。
⑤史彤先生当时所唱"托兆"。
⑥任凤仪女士歌"红娘"。
⑦傅祥麟与王鸿福唱腔派别不同。
⑧是日与会诸教授均系京剧爱好者,故云。

董诗写得开阔高远,"风流诗笔"逢着"盛世",有漫天流霞的灿烂和奔放。不懂陈寅恪先生心思的人,是难以写出这样直陈肺腑的诗句的。陈老当时喜欢听一个叫"新谷莺"的演员唱戏,"花前杖策听莺语"和"云外莺声亦可夸"中的"莺"就是指"新谷莺"。

其后不久，江西赣剧团到广州演出，专赴中大演出最后一场，董每戡陪同陈寅恪先生去听戏。陈寅恪先生听后又作七律《丁酉首夏赣剧团来校演唱〈牡丹对药〉〈梁祝因缘〉戏题一诗》：

金楼玉茗了生涯，老去风情岁岁差。
细雨竞鸣秦吉了，故园新放洛阳花。
相逢南国能倾国，不信仙家果出家。
共入临川梦中梦，闻歌一笑似京华。

董每戡步陈诗之韵作《奉和陈寅老原韵，兼赠赣剧团诸同志，并坚后约》：

半生浪迹遍天涯，剩有豪情未少差。
病手挥毫芟谬论，苦心洒露护奇花。
何愁岭外无新圃？休念江西是老家！
他日春风来粤峤，百花怒放绣中华。

且不说诗风人意，陈、董两人的情谊或许可在这两首诗中细细体味一番了。陈诗中有"共入临川梦中梦"，董诗中有"休念江西是老家"，两人心意相通，相互安慰鼓励，情谊自在其中。再说，董每戡来自南戏的发源地温州，而陈寅恪的老家江西是南戏流脉之一的弋阳腔的起源地，何况江西还有写"四梦"的汤显祖。两人生命的最初都落在中国戏曲文化的沃土里，感情上投缘也是地理和文化上的内心认同，而丰富的情感和良善的天性，是两人相知相惜的基础。

我的父亲董每戡（节选）

董 苗*

半生浪迹遍天涯

父亲董每戡，1907年6月30日（阴历五月廿日）出生于浙江省永嘉县三溪横屿头村（今属温州市瓯海区潘桥乡）的一个地主家庭。祖父董范九，祖母唐明西。1916年，父亲9岁时祖父死于肺病。祖母一手养大三男二女，父亲为长子，下有二弟二妹：仲弟国荣生于1911年，1942年抗日战争时期殁于四川泸州；三弟国铭（辛名）生于1913年，1975年在河南洛阳病逝；大妹芷芷生于1909年，嫁瑞安黄铁桥，1947年去世；最小的妹妹柔嘉生于1915年，过继给没有生育子女的三姑母做女儿，未出阁在1940年就病逝了。

父亲原名董国清（属国字辈），学生时称董华，6岁入私塾念书，从小便喜欢看戏；14岁时进温州教会办的艺文中学念书；后到上海大学中文系学习，与孟超、戴望峰等同班。

上海大学是1921年中国共产党诞生后，最早创办的培养革命干部的学校，聚集着许多著名的共产党人。在他们的影响下，父亲在大革命中加入了中国共产党，并在后来被派往北伐16军政治部任宣传科长。国民党"清党"时被16军"礼送出境"。

"四一二"事变后，受党指派，父亲回家乡温州重建党组织开展农民运动。1927年11月，由于被叛徒出卖，浙江省委机关遭到破坏，统治当局在搜到的文件中发现省委领导人王家谟、周定的行踪，于是分电各地缉拿。负责浙东暴动的省委代书记王家谟及特派员周定、郑敬衡在温州不幸被捕（后来全部牺牲）。当局从他们身边搜去"浙东暴动计划"和"秘密通讯方法"及"杭温党员通讯名录"等重要文件后，立即展开大搜捕，省委11人中被捕被杀者便有7人。父亲当时正住在温州木杓巷二号曾宅的三姑母（姑父曾

---

* 董苗：董每戡先生哲嗣。

小周）家中，在军警来家抓捕时，藏在谷仓中侥幸躲过，事后立即逃入深山古寺。国民党省政府按所获的通讯录名单发出军字第 19973 号命令，通缉各地共产党人；在 1928 年 1 月 8 日上海《申报》第九版所登通缉名单《温属共产党人通讯录》中第一人"董丏丏"即父亲，报上把父亲化名"董丏丏"印成了"董丐丐"［此字源于父亲在面馆经常看到"丏"（即麪）字被写成"丐"字，有感而取为化名］。又由于在温州方言中"丏丏"的发音同"每戡"一样，所以 1928 年春从深山避难出来潜赴上海不久之后，他就改用"董每戡"这个名字了。

1928 年，祖母变卖田产凑集了一笔款项，准备送父亲往法国留学。此时，父亲和金溟若正在上海着手开办"时代书店"，5 月间曾为金溟若的译稿出版一起去拜访鲁迅先生，得到鲁迅先生热情慷慨的帮助。9 月，"时代书店"出版了文艺月刊《未明》（由未明社编辑），仅出一期，撰稿人有顾仲起、金溟若、董每戡等。书店开办不久后亏了本，剩下的钱已不够去法国，父亲只好在当年年底与林亦龙（"温属共产党人通讯录"上第三人）前往日本，进入东京日本大学文学院攻读戏剧。1929 年年底回国。

同时，倪墨炎先生所著的《现代文坛灾祸录》称，孟超、董每戡、金溟若、彭芮生等人在 1929 年春成立"引擎社"，并创办《引擎》月刊。这本偏重文艺兼及社会科学的综合性刊物只出了创刊号，随即被国民党以"主张唯物史观，鼓吹阶级斗争"为由查禁。

1930 年 2 月 23 日父亲与胡也频一起乘船离开上海去青岛，再转火车沿胶济线去济南，至济南市省立高级中学教书；同行者还有去曲阜师范教书的钱易寒（钱天起）。在济南高中教课时，曾与部分同学组织"浅草社"并在报纸上办《浅草》副刊。同年 6 月，父亲因"左"的倾向较为明显，为省府所不容，被迫与胡也频、丁玲等先后回到上海。

1930 年下半年，父亲投身于"左翼文化运动"，参加文化大同盟。1931 年起在共产党领导的地下"中国左翼戏剧家联盟"里工作，成为"左翼作家联盟"成员。此时，"白色恐怖"笼罩上海，剧联领袖田汉先生已不能公开露面，左翼外围剧团及各学校剧团全交由父亲负责。1932 年，父亲在上海中国公学任教，教授宋词，5 月著就个人词集《永嘉长短句》，与柳亚子、郁达夫、庄一拂诸先生来往甚多，郁达夫和柳亚子还为《永嘉长短句》写了序言。

1932 年至 1933 年期间，父亲撰写了不少剧本，如《C 夫人肖像》（三幕剧)、《饥饿线》《夜》《黑暗中的人》《血液出卖者》《典妻》等。其中《C夫人肖像》由美专剧团排演，赵铭彝、郑君里导演，轰动一时；赵丹因出演剧中男主角而崭露头角。《饥饿线》由中国公学的"新中公剧社"演出过，聂耳为该剧的主题歌《饥寒交迫之歌》谱曲——这是聂耳首次为戏剧作曲。

创作剧本之外，父亲还在黎烈文先生主编的《申报·自由谈》栏目上发表过许多散文，其中1933年2月3日的《雪》（署名"董"）便是为了纪念被国民党当局杀害的胡也频先生。

在此期间，父亲认识了从故乡长沙来上海考入明星电影公司演员养成所的家母胡丽（生于1914年元月7日，不久改名胡蒂子），后结为连理。1933年春，父亲率上海剧联组织三三剧社、光光剧社的成员赴苏州公演，这是一次比较大的演出活动，参加演出的演员有金山、杜宣、王为一、刘亚伟等人。

1933年左翼剧联组织明星公司的进步学员创立了南海剧社，母亲是该社成员，父亲则在该社任导演。1934年，母亲毕业后留在明星电影公司当演员。这时，南海剧社已并入"无名剧人协会"，赵丹、金山、王为一都是该协会的主要演员。同时，他还为方之中主编的《生存》月刊撰稿。

1934年，上海滩乌云密布，国民党政府对左翼人士实行残酷打压，父亲感觉到危险正在逼近，加之1928年当局对他的通缉并未解除，为了摆脱困境，他只好选择再一次出走日本。

1937年"七七"事变爆发，父亲马上回到上海，并在"八一三"后由上海抵达长沙。抗战初期，文化名人汇集长沙；在抗日民族统一战线的号召下，长沙的抗日救亡文化运动开展得如火如荼。父亲积极投身宣传运动，参与田汉、廖沫沙创办的《抗战日报》工作，并与母亲于1938年2月份同田汉、田洪、李也非、易杰、刘亚伟夫妇成立"战斗演剧队"，公演了《台儿庄前夕》《血洒情空》等抗日话剧，还屡应长沙广播电台之邀，播演了《打鬼子去》《中国的母亲》《张家店》等以抗战为题材的剧本，开启了电台抗日广播剧之先河，为此父亲特地在《抗战日报》上发表了连载的《广播剧论》，进行积极鼓吹。这时，一些大学生和各地流亡来长沙的有识青年聚集起来，想请田汉帮忙组建剧团，田汉由于实在无法抽身便请父亲帮助学生们组织并成立了"一致剧社"。父亲担任社长兼导演，并作了社歌《剧人战歌》的歌词，冼星海为社歌谱曲。一致剧社上演了很多宣传抗日的戏剧，3月19日首次公演的就是父亲撰写的独幕剧《最后的吼声》和边写边排而成的三幕剧《敌》。

1938年2月上旬，田汉闻郭沫若来长沙，作《长沙迎沫若》诗一首：

> 十年城郭曾相识，千古湖南未可臣。
> 此处尚多雄杰气，登高振臂待诗人。

2月13日，湖南省文化界人士聚集青年会举行欢迎郭沫若先生大会。郭沫若即席吟《和寿昌原韵》诗一首：

> 洞庭落木余霜叶，楚有湘累汉逐臣。
> 苟与吕伊同际遇，何因憔悴作诗人？

当场和者甚众，父亲亦有和诗云：

> 忧时我亦心肠热，朋辈当年半逐臣。
> 如此江山供践踏，敢抛心力作诗人。

1938年3月下旬，父亲应田汉先生邀请，前往武汉，进入军事委员会政治部三厅六处（艺术宣传处）戏剧科工作，当时田汉任处长，戏剧科科长是洪深。在保卫大武汉的前夕，父亲和演剧八队及孩子剧团撤退到了湖南衡山。8月应石凌鹤邀请，为演剧六队整理和排演了抗日话剧《壮丁》及《俘虏》（由父亲编剧）。

父亲和田洪等几个朋友在衡山试以摄影废弃的胶片代替牛皮、驴皮作影型，取得成功，促进了皮影艺术的提高。当时还试过用电照明代替牛蜡、桐油灯，后来经继续改良终获成功。此项改革被视为皮影戏的一大飞跃，被湖南的皮影剧队一直沿用下来。

10月父亲因重病离开政治部三厅，从衡山转到衡阳养病。此间，碰到航空委员会政治部的许建吾先生，谈起创建空军戏剧一事，许先生要父亲过来共同把神鹰剧团正式办起来（当时的神鹰剧团一直有名无实，除许先生外只有余梦平、沈承珩及家母三人）。因为病得实在太重，父亲无法前去，却对此项计划很是赞成。

病愈之后，父亲往广西桂林，于11月30日在月牙山倚虹楼参加了中华全国文艺界抗敌协会桂林分会的成立座谈会。

在桂林，父亲住在诗人艾青家中。一日逢日军空袭，在防空洞躲至空袭警报解除后回家一看，却见住房已被投下的燃烧弹击中，一切财物、书籍、手稿统统化为灰烬。父亲当时便心痛地写下四句：

几篇剧稿一篮书，珍护未曾饱蠹鱼。
今日居然罹秦火，烧夷弹下付焚如。

而最令父亲难过的，便是为《敌》的主题歌《抗战到底歌》谱曲的音乐家张曙在这次轰炸中不幸罹难。

12月下旬父亲到贵阳，许建吾诚邀父亲与航空委员会政治部主任、神鹰剧团团长简若素一谈。之后，父亲同意在该团担任编导一职。随即衔命去重庆招考演员，并先后在重庆和成都召开了剧人座谈会，得到赵铭彝、陈白尘、应云卫、熊佛西等戏剧界人士的大力支持。此间父亲寓居成都中城小学，开始训练演员并排戏，同时边写边排宣传建设空军抗日的三幕话剧《保卫领空》（该剧主题歌《飞将颂》由音乐家贺绿汀谱曲），并于1939年3月下旬在成都公演了六天十二场，除了补贴开销，盈余的一千五百元全数捐献以救济难童。父亲还担任了刚成立的成都剧协的常务理事，并在《飞报》上主编了《战时剧坛》周刊，且于9月与侯枫、李束丝、田禽等自费创办了《戏剧战线》月刊，在上面发表了大量宣传抗日的文章，为抗战戏剧运动摇旗呐喊。当时，印刷费奇昂，在许多文艺界朋友们的支持下，父亲竭力将《戏剧战线》艰难地维持了两年多时间。

1941年父亲的《新女店主》（三幕话剧）、《天罗地网》（三幕话剧）和《每戡独幕剧作》等以抗日为主题的剧本得以出版，一定程度上缓解了抗战时期的"剧本荒"。

1941年5月父亲辞去在成都的神鹰剧团编导主任职务，前往贵阳开拓抗日戏剧运动，筹备组织了贵州省教育厅戏剧施教队，任主任。带队赴遵义、安顺、惠水、贵阳各地，演出过的剧目有《女店主》《壮丁》《敌》《渡黄河》《搜查》等，鼓励民众积极抗日。

1942年与朋友一起主编了《学而》半月刊。后来在谢六逸先生主编的刊物《文讯》上发表了不少作品。

1943年4月父亲辞去贵州省教育厅戏剧施教队的职务，是年8月应陆侃如、冯沅君夫妇的邀请经重庆、成都到达四川三台县，在内迁的东北大学中国文学系任教授，暂时放下了六年来身心为之俱疲的抗战戏剧工作，从此转入高等学校开始教书生涯，并将治学重心转为剧史研究，此乃他人生中一个重要的转折点。"在三台度过的一段生活，我一直记忆起，因为那种'人情味'在近卅年中是不易找到的。"这是他在1979年给学生王廷润的信中写下的话，他深情地回忆起那段和学生、同事其乐融融的日子，尽管当时条件简陋，生活清苦。

当时东北大学驻在三台的杜工部草堂（实为一座古庙），文学院院长是金静庵，中文系主任陆侃如，一同教书的同事有冯沅君、赵纪彬、高亨、叶丁易、佘雪曼、杨向奎、金景芳、霍玉厚、孔德等教授，以及后来的杨荣国、姚雪垠诸先生。父亲教授的是戏剧及外国文学。1944年秋又在三台草堂国学专科学校兼课，同年12月转入中华全国文艺界抗战协会三台分会，后来三台文协会改为川北文协会。

在东北大学教书期间，父亲对学生谢宇衡、孙跃冬创办的"山谷诗社"及其刊物《山谷诗帖》给予支持；并指导"野火社"（负责人为汪玢玲），为其刊物题字："扬弃旧的，追求新的！"同时，在中文系组建"三台实验剧团"，出任团长，剧团成员有郭秉箴、刘黑枷、石开基及家母等人，排演了《日出》等剧，轰动了整个县城。父亲擅长书法，自幼练得一手好毛笔字，传于市，被当地的医院、学校甚至饭店、裁缝铺、笔墨庄争相索字。他为人题字从不论身份，不收润金，凡有所请，无不应承。一时间，三台城的大街小巷到处是落款"永嘉董每戡书"的牌匾。二十世纪八十年代末，我专程去三台凭吊了当年东北大学旧址，陪同我的三台政协副主席胥正元（当年为东北大学学生）还津津乐道地对我谈起此事。

在此期间，父亲与友人诗词酬答亦不少，曾辑成旧诗词集《有漏菴油账》。他也曾化名戈力士在《华西晚报》上发表过一篇杂文《试笔喜鹊叫》，为学生李落（李世刚）遭反动派迫害打抱不平，文笔辛辣，批评了社会的黑暗面。

又据《叶圣陶日记》所记，父亲和姚雪垠先生在1945年7月暑假到成都访友，与叶圣陶、王畹芗、瞿冰森、陈中凡、朱自清、叶鼎彝、陈白尘诸先生多次聚饮，谈文艺界种种事状，相洽甚欢。

1945年夏他加入了"中国民主同盟"（民盟），5月间参与声援被国民党特务打砸的民盟机关报《华西日报》，积极投入民主运动，因而被特务视为眼中钉，终于在1946年5月被东北大学当局以"异党分子"为由与赵纪彬、杨荣国、叶丁易、张艾丁五人一起被解聘。

抗战胜利后，父亲加入了"中国民主革命同盟"（简称"小民革"，是中国共产党的外围组织，负责人王昆仑、王炳南，在1949年9月17日奉周恩来指示结束活动）。1946年6月至重庆，承中国共产党代表团吴玉章先生设法弄来飞机票，父亲飞往南京，7月即至金陵女子文理学院教书。1947年，父亲手疾发作，右手开始颤抖，遂改用左腕写字。同时在神学院兼课，是年6月因参与"反饥饿运动"又遭解聘，转赴上海，开始在上海大夏大学、上海市立实验戏剧学校教书，后任上海商务印书馆编审。

1948年参加中共领导的上海市大学教授联谊会（简称"大教联"），任干事（当时"大教联"七干事为沈体兰、孙大雨、彭文应、许杰、董每戡、林穆光、陈仁炳）。由于参加"反饥饿、反内战、反迫害"及反美扶日运动，顿时危机四伏，为免遭暗算，父亲便把母亲和我安顿在苏州太平天国忠王府（拙政园）内。他同时在苏州国立社会教育学院兼课，风尘仆仆地往来于上海、苏州两地。

1949年商务印书馆出版了父亲的《中国戏剧简史》和《西洋戏剧简史》；另一部著作《西洋诗歌简史》则由文光书店印行。

楼 栖
(1912—1997)

寒梅绽放香长存

——纪念恩师楼栖教授冥诞100周年

罗小平*

寒梅绽放香长存,名师西去学魂在。先生健在时,学生们会不时到先生家中小聚,汇报近况、畅谈心得、继续求教。先生辞世后,他的音容笑貌仍时常浮现脑海,激励我们不懈努力。自从1982年底毕业离校,每当笔者在学术的阶梯上跨进一步,就会想起楼老师为我们的学习呕心沥血的情景,就会感激中山大学中文系的导师们,给我们奠定了学术的基础和发展的基石,就会庆幸改革开放后的研究生教育,为我们插上了腾飞的翅膀!

一

楼栖教授生于1912年,是广东梅县人。纵观他的一生有这么几个关键词:著名诗人、作家、编辑、理论家、教授。当然,从本质上看,他始终是一个为真理而斗争的战士。

他从小家境贫寒,却很早显露出文学才华。就读大学时,已在报刊上发表各类文学体裁的作品,小说、散文、诗歌、杂文、评论样样涉及。从1934年秋开始,两年内就发表了30万字的文稿,解决了上学的费用。如果说20世纪30年代是他创作的第一个多产期,那么抗日战争爆发后,在香港担任报刊副总编辑和在达德学院任教期间,则是他创作的第二个高峰期。此间,他发表了大量的小说、散文、方言诗和杂文,出版了杂文集《反刍集》和客家方言叙事长诗《鸳鸯子》,之前出版的作品还有散文集《室》。新中国成立后,他又出版了中篇小说《枫树林村第一朵花》、旅游杂记《柏林啊,柏林!》。20世纪90年代,应花城出版社之约出版了《楼栖自选集》,作家协会为之出版了《楼栖作品选萃》。他在文学上的成就,使他荣任广东省作协副主席和中国现代文学研究会顾问。

---

* 罗小平:中山大学中国语言文学系1979级系友,广州星海音乐学院教授。

楼先生早在大学时期，就参加了进步文艺刊物《新路线》的编辑工作，抗战期间，他曾任桂林《广西日报》国际新闻编辑。战后，又担任过香港《聪明人评论报》副总编辑和《人民报》副刊编辑。在中山大学任教时，他还兼任《中山大学学报》主编。

他在20世纪30年代从事文学创作的同时，也一直撰写评论。新中国成立后，他专门从事文艺理论的研究，论著有《论郭沫若的诗》以及发表在报刊上的系列评论文章和学术论文。20世纪60年代他还到北京参加了高校统编教材《文学概论》的编著工作。

楼栖先生还是一位教育家，高中毕业就在新加坡星洲平民学校任教。从中山大学文学院毕业后，在香港华南中学当过老师，也曾在达德学院任教授。新中国成立后，他历任中山大学中文系的教授、现代文学教研室主任、文学理论教研室主任、中文系副主任等。1957年至1959年，楼教授还外聘至东德柏林洪堡大学东方学院讲授中国现代文学，获得学院师生的好评并希望他再续约两年。在多年的教学生涯中，楼栖先生培养弟子无数，誉满学坛。

无论楼先生在哪一个岗位、从事什么工作，亦不管他身处何时、何方，贯串其一生的红线就是为真理而战、为正义而战，战士之本色一如既往。

他从小生活在穷乡的穷苦人家，早就洞悉了现实生活中形形色色的丑恶，看透了压迫者的残暴、贪婪。因此，他很早就倾向于革命，参与进步刊物的编写并为此被捕入狱。小说《在狱中》反映了他半年的铁窗生活，揭露了国民党牢狱的非人待遇。在后来的文学作品中，楼先生一直以笔为矛，刺向黑暗的社会、刺向日本侵略者、刺向一切损害人民利益的丑陋现象。1949年以前，楼先生是以一位共产党员的自觉性，通过小说、杂文、评论来鞭挞国民党政府的腐败、抨击旧社会的黑暗，在改革开放的今天，他同样以一个共产党员的良知，以诗歌为首，撕破那些祸国殃民败类的面具。请看诗歌《皮包公司》之《行贿》："舞带飘兮舞袖长，豪门献媚最当行。重金请得黄罗伞，护送陶朱下玉堂。"《以权谋房系列》："地皮权力两相欢，长得陶朱带笑看。但使鬼神推磨转，高楼起处望长安。"我们的老师永远是不屈的战士！

二

我们眼前的楼老师身材瘦小，然而，我们心中的楼老师高大健硕。记得第一次拜访恩师是由中国民俗学之父钟敬文教授引荐的。钟老得知我要在文艺理论上深造，马上热心地向我推荐了中山大学的楼栖教授。初见名师心里不免有些忐忑不安,但楼老师慈祥的笑容、温和的言语,如春风化雨令我倍感亲切,绷紧的神经松弛了,手足无措的举止自然了,我也能够很随意地和老师交谈下去。当我把以前发表的散文、评论、杂文、短篇小说拿去向他求教时,他很高兴地说:"你有文艺写作的实践和体会,这对日后学习文艺理论是很重要的。否则,就会隔靴搔痒,不能使理论有效地指导实践。"然后,又严肃地说:"回去好好准备考试,我对考生是一视同仁、严格要求的。"初次接触,楼老师对晚辈的关爱、激励、期待让我记忆犹新,他的正气和严明让我顿时肃然起敬。而这种感受,在日后的学习中,体会得更深刻。

记得中山大学79届招收的研究生全校各系共109人,我们9名女生每次排队都站在最后。当时,绝对是阳盛阴衰、男生的天下:只有物理系、历史系、外语系、中文系、经济系有个把女生,其他系则清一色男子汉。这9位女生中,"妈妈"研究生占了一半以上。这恐怕也是改革开放后,前几届研究生的特色。楼教授的文艺理论专业方向招收了4名学生。第一门课"文学概论"由他亲自执教。课前就听说中文系的文艺理论教研室以严格著称,给分特别严。80分以上就是好学生了,90分更是难得一见。尽管我在入学前,在报刊上已发表过20多篇文稿,但是从来没有写过学术论文。写第一篇论文就很不规范,被楼老师狠狠批评,说我根本没入门。看到老师的批语,我刚入学的兴奋情绪即时一落千丈,不禁两眼发直、黯然泪下。如今翻开上课时写的读书笔记和短评作业,楼老师为我们写的密密麻麻的红字批注还是那么鲜明、清晰。他从概念的界定到论点的提炼、论据的论述,都让我们逐一推敲、斟酌,就是在这样一篇篇作业的批改、一篇篇论文的修正中,我们的逻辑思维、分析能力逐步提高,写作水平、文字功夫持续进步。我在这门课程修毕后完成的论文《题材问题浅议》,能够发表在《中山大学研究生学刊》(创刊号)上,字字句句都包含着老师的心血!在撰写硕士论文《试谈文学欣赏的特点》的过程中,反复修改的文稿上每一篇、每一段都写满了楼老师批阅的红字。他为我们殚精竭虑的情景,至今仍历历在目。毕业时,这篇论文的第三部分《试谈文学欣赏中想象再创造的特点》发表在1983年出版的《中山大学研究生学刊》第1期上,并被《人民大学复印资料》的《文艺理论》专刊在同年第7期全文转载。老师的敬业和关怀、认真和严谨,为我们日后的学术研究打下了坚实的根基。

楼老师的诗人、作家、编辑的实践和经验不仅使他在文艺理论的研究中,保持评论家的敏锐和深邃,还令他在论文写作上具有诗人的精炼、作家的生动、编辑的细致和准确。这种特征也体现在他的教学上。他要求我们的论文简明、精确，言之有物、言必有据，不必洋洋洒洒、长篇大论。他认为那些无关主题的铺垫、外围知识的介绍都是凑数的水分，能去则去。他希望理论文章不要写得索然无味、玩弄名词概念、又玄又虚，要深入浅出，把理论观点阐述得明晰、准确，让人在形象的例子和优美的文笔中领悟论者的见解，接受论者的观点。楼教授的写作风格和严格训练，使我们形成了规范的研究模式和良好的写作习惯，积累了持续发展、不断提高的能力和动力。

三

毕业后，我曾对师母、作家郭茜菲谈到楼先生对我一生的影响："跟楼栖先生从学是我一生的转折点。是他发现了我的理论研究潜质，给予我深造的机会。我今天取得的成绩和老师的精心培养是分不开的。"

老师不仅在学术上给予我们谆谆的教诲、严格的训练、悉心的培育，而且在做人方面，也是以身作则、为人师表。他常告诫我们要在学术上有进步，首先要学会做人。

他是著名的诗人、作家、理论家、教授，却一直虚怀若谷、十分低调；成就卓著却从不满足、绝不张扬。他性格内向、待人诚恳，连家中保姆都认为先生没脾气、没架子。他与学生、同行、朋友相聚时非常健谈，可以连续几个小时、滔滔不绝地讨论学术问题。记得有一次他和我父亲聊起少年时代在梅县读中学的趣事——两所中学的足球比赛，两位老人兴奋得神采飞扬、开怀大笑。我们在先生的言行中，真切体会到什么叫"横眉冷对千夫指，俯首甘为孺子牛"。他对假丑恶的抗争，令人看到他外柔内刚的品格，他对后学的慈爱、关怀、扶持，又让人感到其父亲般的温情。

所以我觉得先生就像不畏风雪的寒梅，有傲霜的刚强，有谦和的品性。梅花绽开、清香长存，先生的薪火在后学中相传，精神在学界中相承，著作在众多读者中相诵。

在楼栖先生百年诞辰之时，作为最崇敬您的学生，我仿佛又看见您在天堂的微笑，还是那么慈祥、那么温厚，让我们永远铭记于心！

哲人其萎　风范犹存

杨益群*

楼栖教授夫妇（居中）、本文作者（右一）合影

　　今年（2013）5月23日，是中山大学楼栖教授仙逝十七周年。缅怀其生前往事，心潮澎湃。其音容笑貌，历历在目。其卓著功绩，光耀千秋。其恩泽教诲，永铭于心。

　　楼栖教授是我的恩师。1961年至1968年我在中山大学中文系就读时，他是我们的副系主任和文艺理论课导师。身为此届学生，我们庆幸当时的专业课老师都是全国一流的，除了他，还有古文字教授商承祚和容庚，古典戏剧教授王起等。楼栖老师身材虽较瘦小，但双目炯炯有神，精神矍铄。他当年从东德讲学回来不久，仍旧穿着吊肩裤，别有一番风度。他操着浓重的客家口音，讲起课来轻声细语，深入浅出，引人入胜，每次都令人听得津津有味，从而唤起了我对文学理论研究的强烈兴趣。

　　毕业至今，我之所以能坚持文学史和文学理论研究，自应感激他当年帮我打下了良好基础。但每当忆及当年"文革"时中文系某些"革命小将"对

---

* 杨益群：中山大学中国语言文学系1961级系友，深圳市社会科学院研究员。

他横蛮的迫害，于今仍深感痛心。

离开母校之后，我曾萌发回校看望恩师的念头，然忙于应付日常杂务，即使偶尔回家探亲，也只是悾偬路过广州，无暇顾及。

1980 年，我调到广西社会科学院从事桂林抗战文化研究，主编该院《学术论坛》"桂林抗战文化研究"专栏。我开始对楼栖教授抗日战争时期的抗日救亡文化活动有所了解，由于工作的需要，当即向其约稿。是年底，老师应约赐稿，题为《〈广西日报〉杂忆》。我如获至宝，遂编发于本刊 1981 年第 2 期。为还老师的历史清白，把颠倒的历史颠倒过来，我继续搜集研究他的有关资料，并先后在我编写的《桂林抗战文学史》（广西教育出版社，1994）和我主编的《抗战时期文化名人在桂林》（续集）（漓江出版社，2004）中有所论述。现将楼栖教授抗日战争时期在桂林的活动及其功绩综述于下。

为了更好地说明问题，在此有必要对当年桂林文化城作简单介绍。抗日战争期间，随着 1938 年 10 月武汉、广州相继沦陷，桂林遂成为联结我国西南、华南、华东的重要交通枢纽。又因桂系标榜抗日，与蒋介石存在着对立，在一定程度上欢迎、保护进步文化人，而最重要的是中国共产党的坚强领导，积极做好桂系的统战工作，因此，文人荟萃，人材济济。当时来到桂林的文化人有 1000 多位，其中闻名全国的文化名人近 200 位，如茅盾、巴金、田汉、夏衍、柳亚子、何香凝、王鲁彦、艾青、艾芜、胡风、黄药眠、秦牧、欧阳予倩、熊佛西、蔡楚生、徐悲鸿、丰子恺、黄新波、关山月、李四光、陶行知、邹韬奋、叶圣陶、范长江、千家驹等。在桂林出版的报纸杂志猛增，杂志有《戏剧春秋》（田汉主编）、《国文杂志》（叶圣陶主编）、《野草》（夏衍、宋云彬、聂绀弩、孟超、秦似主编）、《顶点》（艾青、戴望舒主编）、《国民公论》（千家驹、胡愈之主编）等二百种。报纸有《救亡日报》（郭沫若任社长、夏衍主编）等十一家。桂林的文化团体众多，宣传活动卓有成效，遂以国统区的文化中心而蜚声中外。

正是桂林文化城轰轰烈烈的抗战文化运动，吸引了报国心切的楼栖教授。1939 年，他在香港教中学，虽然生活远比陷于水深火热的内地安逸，但"隔江烽火，召唤我投奔故国的怀抱。于是，抖清了满身的粉笔屑，奏一阕《岛上谣》，驼一个梦，奔向遥远"，"祝福自己这份愉悦的旅程"。（见楼栖《风尘草》）于是，他怀抱刚两岁的幼儿，乘船经越南河内到达昆明。把孩子交给妻子后，他便马不停蹄绕道贵阳进入广西柳州，沿途艰辛劳顿。更为不幸的是，他收到爱儿夭折的噩耗。但是，个人的悲哀丝毫动摇不了楼栖教授抗日救国的决心，痛定思痛，他怀着满腔的革命热情，积极参加桂林抗战文化运动，从事《广西日报》国际新闻部编辑工作。《广西日报》创刊于1937年4月1日，系桂系所办，该报聚集了不少进步文化名人，如总主笔金仲华，主笔刘思慕，采访部主任刘火子、陈子涛（1947年遭蒋介石政府杀害），副刊部主任艾青。还有韩北屏、陈芦荻、马国亮、楼栖、洪遒、胡明树、吴紫风等编辑记者。由艾芜负责的中华全国文艺界抗敌协会桂林分会主编的《文协》旬刊，也在《广西日报》上创刊。郭沫若、巴金、田汉、夏衍、邵荃麟、周立波、艾芜、周钢鸣、司马文森、林林、欧阳予倩、焦菊隐、王鲁彦、黄药眠、林焕平、秦牧、廖沫沙、千家驹、黄新波等经常为该报撰稿。这些文章在宣传团结抗战，揭露抨击日寇侵略暴行，反击汪伪投降势力，支持国际反法西斯阵营等方面发挥了一定的作用，这与楼栖教授的努力工作是密不可分的。工作之余，楼栖教授还积极参加中华全国文艺界抗敌协会桂林分会的活动，创作发表了一批诗歌、散文、小说、评论文章。

楼栖教授著作甚丰，但其自认为主要成就在于诗歌创作，足见其对诗作情有独钟。他是中国诗坛社重要成员。先后在桂林创作发表了《斯巴达之魂》《七月的烽火》《枕木·列车》《别山城》《春之献》《定型》《算盘》《悼儿殇》《南方的城市》《岛国的世纪梦》等诗作。这些诗，感情炽热，节奏感强，激发了人民的抗战情绪，如"七七"四周年前夕写的《七月的烽火》（载《广西日报》1941年7月7日），开章便气势如虹，闪耀着强烈的爱国主义精神：

七月的烽火／四年前在卢沟桥／燃起了烈焰／五千年的历史闪耀着红光／四百余兆的炎黄子孙／昂头作摇天的呼啸／东方的不愿意作奴隶的／民族，挣脱了镣铐／广漠的原野卷起血腥风／掠过万里长城／掠过黄浦江畔／掠过重山又重山／也掠过了黄河的滚滚怒涛／长江的滔滔白浪／百余年来的血债／要向敌人清偿

长诗《南方的城市》和《岛国的世纪梦》，每诗均在四百行左右，前者系"广州沦陷二周年于桂林"所写，后诗则于1941年除夕，也即香港沦陷之际写于桂林。诗人以饱蘸情感的笔触，讴歌这两座富有革命传统的"南方的城市"广州和"海上明珠"香港的光辉历史及其斗争精神，强烈谴责日本侵略者的血腥暴行，鼓舞国人团结奋战，夺取抗战的最后胜利。

楼栖还撰写了不少散文和小说，其代表作为散文、小说集《窗》，1942

年由桂林山城文艺出版社出版，共收入作者在香港、桂林等地创作的作品13篇。有散文《窗》《岛上谣》《山居恋》《黄花忆》《冬》《风尘草》《田东行》《周年祭》《旧寓》《阳朔冬旅》《叔父》和小说《曹宋》《伴侣》等，作品多数写于桂林。作者在《〈窗〉后记》中提到，他前期在广州所写的文稿，曾先后两次被焚毁，仅剩下在香港、桂林之作，"收在这里的，是在祖国过着血腥的日子时写下的散文的一部。我常常感到矛盾：我向往美好感情的和谐，爱自然的绮丽，因此我的文笔有时不免过于轻松和细腻。如《岛上谣》《风尘草》《田东行》。这些文章的这样写法，一半也是迁就编辑底脾胃，才给自己底感情以这么大的挤压。但在另一方面，我也爱纯朴，爱血肉的生活，爱火热的战斗，像《窗》《曹宋》和《周年祭》，我变得没有这么华丽，也没有那么拘谨了"。文集《窗》出版后，广获好评，反应热烈。桂林唯一的文艺评论刊物《文学批评》创刊特大号上，特发文高度评价，指出：这些反映抗日战争生活及其感受的作品，"笔触颇为广泛的：有牢狱的诅咒，有自由的呼吸，有岛国龌龊的写生，有祖国抗战的歌唱，有后方人物的素描，有战士英勇的姿态。个人的悲欢连结着时代的喘息，文笔生动多姿，永不会给读者以单调感！"（载《文学批评》创刊号1942年9月1日）。其中，写于香港的《曹宋》《窗》《岛上谣》和作于桂林的《伴侣》《风尘草》《田东行》《周年祭》《阳朔冬旅》等篇，被作者收入《楼栖自选集》（花城出版社，1994）。

值得一提的是，1941年2月17日写于柳州的《周年祭》（载桂林《大公报》1941年4月4日副刊第8期）文章不长，楼栖以白描手法，不加修饰，信笔写来，悲情横溢，从儿子还在娘胎"就擎起小拳头慢慢划过腹壁，作颤动的小捣乱"，到"从来不爱哭"，"天真的笑靥像一朵灿烂的蔷薇，记录了全家人的欢乐"，再到"仅仅是两岁的稚龄，你却有惊人的'狡计'"，"奇特的智慧超过同龄的婴儿"，写尽了儿子的娇憨聪慧，宝贝至爱。随后笔头陡然一转，又抒写了娇儿生不逢时，乱世遭飘荡的悲命：卢沟桥一声炮响，国难当头，"我还不高兴你来时，你却悄悄地来了"。因无法供养，头一年（即1937年），只好"寄养在九江外婆家"。翌年冬，广州沦陷后一个月，"外婆抱着你饱尝了逃难的苦味，取道石岐来到香港"。"前年（即1939年），我回祖国时，携你奔逐了几千里的长途"，旅途劳累加之昆明不适的高原气候，爱子终于不幸夭折。望着这山城荒郊的孤坟，作者写下了"黄土的分量于你太沉重，无泪的悲苦于我却太浓"的诗句。真是此时无声胜有声，情透纸背，痛彻心扉！楼栖教授正是通过对大喜大悲经历的强烈对比，形象生动地控诉了日本侵略者给中华民族带来的深重灾难！言简意赅，不可多得。

我在撰写长篇纪实文学《湘桂大撤退——抗战时期中国文化人大流亡》（漓江出版社，1999）一书时，曾搜集到不少当年逃难途中儿童病亡甚或被丢弃的例证，如由田汉率领的新中国剧社，从桂林撤往贵阳途中，其优秀作曲家费克、曹珉夫妇过安顺时，一双儿女突染斑疹伤寒，相继夭折。经济学家蒋学模八个月大的女儿虽患普通的疳积病，也不能幸免于难，夭折于逃亡路上，他只好用小石头垒了个小坟茔，忍痛继续逃难。但对这些惨绝人寰的悲剧都是语焉不详，一笔带过。楼栖教授此文，无疑填补了空白，弥足珍重。

楼栖教授还撰写了不少杂文、评论，如1942年1月写于桂林的《应考》和1945年6月写于广西八步的《补考》，针砭时弊，文笔精炼犀利，自成一格，也被选入《楼栖自选集》中。时评《莫斯科争夺战与近卫内阁的坍台》（载《广西妇女》1941年17、18期合刊）一文，楼栖教授针对时下流行的对法西斯势力咄咄逼人的担忧，通过缜密严谨的分析，科学地回答了人们关于"莫斯科能守得住吗"的疑问，明确指出："以苏联一国的军力来抵抗欧洲大陆各国的联合军"，看似寡不敌众，"但兵力的多寡，不一定就是决定胜败的最主要因素，列宁格勒久攻不下，便是一个实例；但莫斯科争夺战的结果，还是留给事实来证明吧"。后来事实有力地证实了他的论断的正确性。楼栖教授的剧评《看过了〈李秀成〉》，在指出欧阳予倩编导的《忠王李秀成》的成功与不足之后，对布景也提出独到见解。他说："布景也是出人意外的华丽，色调都很强烈，每幕的后面都似乎有美丽的天幕，撩起观众深幽的意境。最难得的是，虽然彩排，但也布置得很快。不过，第四幕的几度换景，我都认为大可商量。观众到了第五幕，已经感到疲倦了。再来几次换幕，不仅是觉得时间的浪费，而且要当心情绪的低潮。"（载《广西日报》1941年10月31日）深为戏剧大师欧阳予倩所乐见赏识。

1938年10月广州失守前夕，中山大学迁往粤北坪石，与桂林文化教育团体交往频繁。据计当年来往桂林或驻桂活动的，有校长许崇清、教授董每戡、钟敬文、洪深、尚仲衣、杨荣国、谭丕模、陈廷璠、鲁默生、邹谦、吴宗慈、朱谦之、黄昌毂、张掖等，还有尔后任中共中山大学委员会第一书记的冯乃超、中山大学校长李嘉人和教授陈寅恪等。

楼栖教授对他在中大读书时的老师十分尊重。其中令其最动容的是洪深教授。抗日战争爆发后，洪深离开中大，后赴武汉加入周恩来任国民政府军委会政治部副部长、郭沫若任该部厅长的第三厅第六处，主管戏剧音乐，全力以赴地投身党领导下的抗日宣传活动。1941年初，国民党反动派制造了震惊中外的"皖南事变",在"白色恐怖"气氛笼罩下,进步文人的处境变得险恶起来。当时在重庆的洪深备受病困缠绕,顿感"一切都无办法,政治、事业、家庭、经济,如此艰难,不如且归去"(见陈美英《洪深艺术创作年谱》),便举家自杀,以死来抗议黑暗与暴虐。幸亏被郭沫若发现,才得以抢救脱险。此举引起全国文艺界的极大轰动,纷相慰问。远在桂林的楼栖惊悉之余,即撰写了《记洪深》(载《广西日报》1941年3月7日),亲切地回忆起五年前洪先生到广州中山大学执教时的音容笑貌,学生们的好评敬慕,最后指出:"当年如此悠闲暇豫的教授,对人生饱经忧患的剧作家,谁又想到他竟会感到生平用血汗、用脑汁写的剧本还不够,自己在舞台上表演悲剧还不够,一定要用自己的生命、自己的血肉在人生舞台上表演最后最悲壮的一幕呢?倘若说一个人的自杀是最后痛苦的解脱,则这样的'解脱'反而是最痛苦的悲剧。一个人生的剧作家,何必将自己的人生如此悲剧化了留自己以毕生的遗憾呢?永远顽健下去吧,没有叫自己为痛苦而牺牲的理由。"表现了楼栖对师长敬惜之深情厚谊。

洪深在住院期间,谢绝了国民党政治部长张治中和朋友所赠的医药费,体现了其狷介生性。而此时,中大即来电慰问并聘其为该校文学系主任,月薪三百元,还汇款一千五百元,使之深受感动,决定三月前往履新。洪深康复上任后,更为奋发工作,热心投身抗战宣传活动。他是桂林最受欢迎的老朋友,早在1937年4月7日就率领中山大学文化考察团一行十人抵桂,受李宗仁、白崇禧高规格设宴招待,徐悲鸿应邀作陪,第五路军总政训处国防艺术社特献演《回春之曲》并请他讲演、辅导。

洪深复出后,桂林文艺界对他更为欢迎重视,经常邀请他进行讲座、辅导。田汉、杜宣还与其约好,每年寒暑假或闲暇,请其来桂导演至少两出话剧,从而为桂林抗战戏剧运动做出了巨大贡献。1942年除夕,在田汉和欧阳予倩的主持下,桂林文艺界还特地举行洪深五十寿辰祝寿会,由各位与会者即兴联句成祝寿诗,诗中还嵌入了一些洪深的剧作名称,别开生面,并由柳亚子即席挥毫写就寄给洪深,为抗战文坛之美谈。

此时,楼栖教授的太太郭茜菲也在桂林《力报》社任职。报社同样集结了不少进步文化名人,如总编辑冯英子,主笔邵荃麟、杨承芳、储安平,副刊《新垦地》《半月文艺》先后由聂绀弩、葛琴、彭燕郊、王西彦等人主编,编辑记者主要有胡希明、高旅、邵慎之、郭茜菲等。师母工作认真负责,敢于直面黑暗势力,抨击时弊,深得好评。当年该报采访部负责人胡希明回忆说:"郭茜菲到《力报》当记者时,刚从中山大学社会系毕业不久。她瘦瘦小小的个子，跑采访很勤快。一个女同志在当时那么复杂的环境下搞外勤工作，是很不容易的。"又举例说，当时物资异常匮乏，有些奸商囤积居奇，大发国难财，"郭茜菲抓了一条新闻，把一家米铺字号见诸报端，米铺老板寻上门来大吵大闹，说冤枉了他，情形比较紧张"，后来由胡希明出面据理力争，才平息风波。（胡希明：《风雨桂林城》，见《我的记者生涯》第176～177页，广东人民出版社，1992）师母还创作发表了一批力作，从略不赘。

1944年8月9日，湖南长沙、衡阳相继失守，桂林紧急疏散。楼栖夫妇与何香凝、梁漱溟、陈劭先、陈此生、欧阳予倩、刘思慕、金仲华、千家驹、高士其等先后撤往桂东昭平、八步。是年11月1日，《广西日报》（昭平版）创刊，楼栖教授继续在《广西日报》工作，坚持抗战宣传活动，以笔当枪，战斗不息，直到抗战胜利才返回广州。事实胜于雄辩，楼栖老师是桂林抗战文化运动中的一员干将，为祖国抗日救亡伟业殚精竭虑鼓与呼，功标青史。

楼栖教授对抗战文化运动贡献如此斐然卓著，对师长如此尊崇虔诚，对学生则关怀备至，尽心扶掖。本人便是其中一名受益者。1985年3月22日，当时我已从编辑部调去筹建、成立该院文学研究所，应邀到桂林参加"全国高等学校文艺理论研究会第四届年会暨中国文艺理论学会成立大会"。会上，我意外见到了与会的恩师楼栖、郭茜菲伉俪，欣喜若狂。一则能有机会与恩师促膝谈心，了解他这些年的生活状况并向他汇报我的工作情况；另则我刚好在完成国家"六五"重点课题《桂林抗战文学史》（该书出版后先后获国家、省、市多个奖项），恰好有些问题需当面请教他，机会实属难得！阔别多年，楼栖老师风采依旧，热情洋溢，对我所提诸题，不厌其烦，有条不紊地逐条作答，我也录音留念。对于恩师当年在桂林的抗战文化活动和文学创作，我加深了认识，更心生敬意。值得庆幸的是，此次不仅留下了与恩师夫妇珍贵的合影和录音带，还喜获恩师的墨宝（见下图）：

冷雨埋春早
悄然抵桂林
漓江游半日
竟惹病相侵

益群弟留念
楼栖
1985.3.26

> 冷雨但春早
> 情知抵桂林
> 漓江游未日
> 竟兼病相侵
> 益胖乎沿今
>
> 楼栖 1985.3.26

　　桂林地处桂北，虽说是阳春三月，但气温仍较低，尤其遇上绵绵阴雨，更是春寒料峭，容易感冒。楼栖老师到桂适逢此天气，致伤风感冒，清涕直流，但他仍耐心回答我的提问，且谈笑风生，毫无倦意。写完此打油诗之后，他竟边朗读边解释，憨态可掬，幽默风趣。我终于看到了恩师有别当年课堂上严肃认真的另一面。

　　自此之后，我与恩师楼栖教授的接触日趋紧密。翌年，我被调往深圳市委宣传部，离开前适逢广西社科院评审职称。鉴于我的商调函被院领导压下两年多不让走，花了九牛二虎之力才终于放行，因此这回我不能再等职称最后确认再走，以免夜长梦多节外生枝，只好由院职称办将我申报副高职称有关材料（包括本人学术成果、两位专家鉴定书和院评审委员会投票通过的结果证明），随后转到新单位重新评审确认。广东省社科系列高级职称评审委员会规定从外省转来的专家鉴定需再由广东省内一位专家评审确认。我刚回广东，人生地不熟，而楼栖教授对我进行的桂林抗战文化研究比较熟悉，由其鉴定确认最为对口合适，于是只好又求助于他。先生不厌其烦，以扶掖后进之精神，于1987年10月9日为我申评副研究员职称作了鉴定。

　　不久，我的副高职称获通过，我当即去信向恩师报喜并致谢。楼栖老师也立即复信。1988年3月29日来信如下：

益群同志：

　　信和附件已收到，你为了写书患病，现已康复，今后诸希珍重，要劳逸结合，我国中年知识分子，健康大都不好，值得注意。你提升副研究员，已获通过，有这么多学术著作，不会出问题的。《桂林文化城概况》中《广西日报》部分，我记得黎蒙接任社长后，主笔是金仲华，其妹金端苓任记者，编辑还有洪道，我和马国亮，胡明树没有编过副刊，副刊编辑是艾青、陈芦荻、韩北屏，当时姚苏凤还有一上海人，姓名我忘了。后来《广西日报》（昭平版）副刊编辑我记得是陈闲。记忆有误，仅供参考。

　　茜菲于去年十月间乘公共汽车回避自行车急刹，把她从后座弹起来，摔落在（地）板上，后脑受伤，加上脑动脉硬化，颈椎骨增生，经常头晕，有时不能起床，历时五个月，最近大有好转，可以起来走动，头也不那么晕了。

　　匆复不尽，顺祝春祺
　　又：代抄旧作，谢谢！

楼栖
三月二十九日

之后，我们常有书信来往，我从中获益良多。在我眼里，我与楼栖教授已由一般的师生关系，进而上升为良师益友。1995 年 6 月，楼栖老师寄赠新出版的《楼栖自选集》（花城出版社，1994）并附上字条写道："此书曾寄去通心岭 12 栋 105 室，被退回，'查无此人'，现再寄"（按：因搬新址）。新书刚出版即一再寄我，不厌其烦，足见先生对弟子之厚爱！

1996 年 4 月 2 日楼栖老师又来信：

益群同志：

　　读来信异常高兴。多年来你从事桂林抗战文化研究，收获丰盈，令人敬佩。大著倘已出版，望能寄我一册，以便拜读。

　　来信提到十多年前在桂林时的录音带，早已淡忘，无从回忆。你准备整理出来，结合当年拙作，写成文章，盛情可感，顺致谢忱。去年十月，你因公来穗，夜访旧寓扑空，我深为不安。我搬家多年，疏于问讯，使你乘兴而来，败兴而去，深以为歉！我家新址：中大蒲园区 621 –

102。我家电话：中大总机转1216。

  我今年84岁，去年12月病了一场，住院20余天。风烛残年，前途路短，这是自然规律。

  匆复不尽，顺颂春祺

楼 栖

4月2日

  接恩师情真意挚的来信自然高兴，但其病弱之躯和字里行间所流露出对人生苦短的嗟叹，却着实令我有些郁闷。殊不料这竟是恩师留给我的绝笔信！尊敬的楼栖教授突于1997年5月11日急病入院，因抢救无效，于5月23日早8时在广州不幸仙逝，享年85岁。噩耗传来，潸然泪下，不胜悲痛！因忙无法前往悼念，遂发唁电表哀悼与慰问。6月9日，收到其家属，夫人郭茜菲，儿子启苏、启光、启明，女儿纪平联名的《答谢信》。

  悲哉！恩师驾鹤西去已多年，眷念之情未了！

  每逢佳节倍思亲！值元宵佳节，敬请恩师在天之灵，接受弟子虔诚拜谢：叩谢恩师教导、提携之恩，没有您的教导指引，我不可能毕生坚持文学研究；没有您的关照，便没有我如今菲薄成就！

写于2013年5月22恩师忌日前夕，

改于2014年元宵节

卢叔度
(1915—1996)

汪汪如万顷之陂

——怀念卢叔度先生

吴承学[*]

1978年初，我从乡村小学代课老师变成1977级新生，来到中山大学中文系读书。"文革"刚结束，十年禁锢一朝打破，大学生们都有一种久旱逢雨、求知若渴的感觉。学校也尽量安排最好的老师给我们上课，老一辈学者如王季思、高华年、楼栖、潘允中、吴宏聪、陈则光、饶鸿竟等先生，较为年轻一辈的黄天骥、吴文辉、李新魁、陆一帆、张正吾、刘孟宇、曾扬华、金钦俊、刘烈茂、吴国钦等老师，都给我们上过课。古代文学课程分量最大，也最受期待，但排课比较晚，到了二年级第二学期，才安排先秦两汉文学史。功课表上授课老师写着"卢叔度"，看到这个陌生的名字，我隐隐有一种似曾相识的感觉。

时值1979年，1977级已上了两年课，见过许多名家，眼光和要求都变高了。而卢先生给我们上课时已经64岁，职称却还是讲师。那时上课没有PPT，先秦文学的文献又特别深奥，学生们全无基础，等卢老师登上讲台一开腔，更是傻了眼。他讲的是粤西口音的广州话，不少同学一句都听不懂，情急之下，就向校方强烈要求更换老师，引发一波小"舆情"。学校很重视，当时已70多岁的古代文学教研室主任王起先生特地到课堂听课。课间休息时，坐在前排的王起先生，起身走上讲台为卢先生擦黑板。擦完黑板，王先生郑重告诉我们，卢先生很有学问，只是因为20多年没有机会上课，普通话不熟练。王先生还说自己的温州口音也不好懂，大家用心听，慢慢就能听懂了。

从此以后，我们开始认真听卢先生讲课。不知道是他的普通话进步了，还是同学们的广州话进步了，没过多久就差不多能听懂先生的课了，而且越

---

[*] 吴承学：中山大学中国语言文学系教授。

听越品出其中妙处，开始佩服这位饱学硕儒。先生身材颇为壮硕，总是面带笑容，喜穿短袖淡蓝衬衫，头发稀疏，却梳得一丝不苟，显得很有风度。广州天气炎热，先生上课常常大汗淋漓，须不时掏出手帕擦汗。先生讲课条理清晰，旁征博引，所说的内容，所引的文献，绝大多数是同学们从来没有接触过的。他又善于贯通古今，引用古典而暗含今义。同学们有所领会，便发出愉悦的笑声。先生讲课也有"跑野马"的时候，比如讲到屈原放逐，乃有《离骚》，便讲起他下放农村劳动改造，赋诗以写景述怀，其中有两句写乡村生活："赶墟人散罗家渡，落日鸦归老虎亭。"罗家渡和老虎亭是当年中山大学"五七"干校附近地名。上完先秦两汉文学史，同学都喜欢上了卢先生。后来，他又为我们开了"《楚辞》研究""《天问》研究"两门选修课，是给我们开课最多的老师之一。

那个年代，大学里师生关系非常密切，同学经常到老师家里聊天请教。一天晚上，我们几位同学到卢先生家里坐。他家很逼仄，客厅也狭小，卢老师指着墙上一副对联"快雪时晴书特妙，祥风和气颂成声"，问我们是什么意思。我知道第一句是用王羲之"快雪时晴"帖的典故，就解释了一下。多年以后我才知道这是清代大书家吴荣光书写的对联，而第二句"祥风和气"是出于汉代王褒《圣主得贤臣颂》："恩从祥风翱，德与和气游。"当时经过"文化大革命"，人们对传统文化认知贫乏，我能说出"快雪时晴"出处，卢先生不仅表扬我，从此还对我特别关注，我和卢先生的关系就更加密切了。我经常去请教他，并选他为毕业论文的导师。本科毕业时，我的学位论文《〈诗经〉里的周民族史诗》被卢老师评定为优秀。

从大三开始，我就准备报考卢先生的先秦文学方向研究生，但毕业当年，中文系只有现代文学和古代文学两个专业招收四名研究生。古代文学就是黄海章、邱世友合招文学批评史方向研究生。卢先生没有招生，我很失望，他对我说，黄海章先生和邱世友先生学问人品都很好，鼓励我报考中国文学批评史。我听取了他的建议。

在读研究生期间，卢先生邀我参加《我佛山人文集》的校点工作。1988年花城出版社出版《我佛山人文集》八卷本，其中我参加了前四卷，卢先生还特地在书页写了我的名字，和他的大名并列。后来，他整理《绣像全图新注封神演义》，我又一次有幸随卢先生学习。我当时才20多岁，没有任何文献整理的经验，只做了一点微不足道的工作。这些成果本来是先生积累几十年的研究心得，先生却让我合作并署名，足见先生对年轻人的着意提携和鼓励。

当初，卢先生的名字令我似曾相识，后来才醒悟缘于以前乱翻书的模糊印象。在《世说新语》中，有一位叫黄叔度的名士，人品高尚，器度非凡，很受人崇敬。当时士人领袖郭泰到汝南，见袁阆，匆匆忙忙就结束访谈，但见了黄叔度，却整整聊了两个晚上。人家问为什么，郭泰说："叔度汪汪如万顷之陂，澄之不清，扰之不浊。其器深广，难测量也。"《世说新语》还记载了周乘一句话："我如果一段时间没有见黄叔度，庸俗贪婪的想法就又滋长起来了！"我终于把《世说新语》和高洁耿直、疏狂旷达的卢叔度先生联系起来了。

先生晚年曾请人刻了四方闲章，概括自己的一生："吾少也狂"，"中年坎坷"，"晚而无成"，"老来学《易》"。"坎坷"二字，的确是他的命运写照。先生祖籍广东新会，1915年7月出生于广东高州。1941年毕业于中山大学。他在大学是学法律的，兴趣却在文史之学。大学期间，先生受新思潮影响，积极参加民主运动。1949年至1951年，先生到香港，曾任香港南方学院院务委员、文艺系主任。他回忆在香港时，"常跟青年渔民出海捕鱼，乘风破浪，充满着浪漫激情，觉得很有诗意"。1949年之前，先生在从事古典文学教学和研究的同时，还从事文学创作，发表过《怒潮》（活报剧）、《丹娘曲》（诗剧）等。这大概就是先生所说的"吾少亦狂"吧。

1951年8月，卢先生由香港返内地，到广西大学中文系任教。1953年9月，随着全国的院系大调整，广西大学文教学院和理学院的中文、外文、史地、教育、数学、物理、化学等系教师和学生分别并入中山大学相应院系。卢先生便回到母校中山大学任教。数年之后，一场政治运动席卷而来，他和董每戡、叶启芳、詹安泰、吴重翰等先生不幸遭受错误处理。此后20年，又在历次运动中屡经磨难。这也是先生所言的"中年坎坷"了。"文革"结束，厄运才告终结：1978年组织上重新审查，对当年处理做出改正，1981年先生正式被平反，此时他已步入老年。所幸老树逢春，1980年先生晋升中山大学中文系副教授，1985年9月晋升教授，该年12月退休，那年他70岁。

历经坎坷数十年，先生骨子里不改魏晋风度和名士风流，还是那么达观、自信、诙谐，没有颓唐衰飒之气，根本看不出是一个被压抑、受委屈数十年的老人。先生喜交游，从他所存的文献看，他与著名学者容庚、商承祚、沈从文、启功、马采、刘逸生、李育中等皆有往来，和杨伯峻、朱季海先生亦通书信。他说，容庚先生比他大21岁，说得上"忘年交"。容庚先生曾在赠卢先生的《古木寒山》画卷上题写道："叔度性疏狂，不拘小节，不谐于俗，与余时相过从，商榷古今，庄谐杂出。"对先生性格概括精当。先生刻了不少印章，其中有"不俗即仙骨""多情乃佛心""石狮子""傲潜""半狂生"等，我觉得，这些印章也是先生性格的写照。

卢先生是一位很有文艺情调和生活情趣的人。他喜欢写诗，主要是七律与七绝。他在坎坷岁月中遗存的《无题诗草：七绝三十首》，记录了他在特殊年代之所感所思，悒郁迷濛，归趣难求。我以为这是能传世之作。先生喜欢吸烟，平时烟不离手。上课时不能抽，课间休息便到走廊抽上一根。先生喜欢喝茶，中文系几位比他年轻的潮汕籍老师吴国钦、黄光武、陈焕良等，都是他的茶友。先生尤其喜欢饮早茶，从先生数封遗札看，他时常和朋友相约，到广州百年老字号"惠如楼"享受"一盅两件"。先生也喜欢喝酒，在干校劳动时，亦曾大醉过。吴国钦教授曾有一联写卢先生："悲欢离合烟一盒，苦辣甜酸酒半樽。"颇为传神。先生喜欢聊天清谈，往往语惊四座，引发阵阵欢笑。作为晚辈，若能和他对话当然最好，但静静听他神聊，就已令人如坐春风。

卢先生热心助人，别有一种豪侠之气，至老不衰。据学而优书店创办人陈定方回忆，1990年，她从中大中文系研究生毕业，那一年找工作很困难，卢老师正好在花城出版社出版《我佛山人文集》，就热心推荐她到花城出版社古典文学编辑室工作，还亲自带她去见领导。见完领导他们坐公交车回学校，在终点站昌岗路下车已是傍晚时分。当时社会治安比较乱，拦路抢劫时有发生，陈定方本来走在人行道外侧，卢先生严肃对她说，你还是走里面，我走外面，遇到坏人，我可以一拳把他打倒！卢先生挥动右手向前一击的情景，让陈定方感动至今——当年自己才20多岁，快80岁的卢先生，却觉得自己有义务、有力量去保护一位女生。

卢先生招的研究生很少，我只认识张连顺。他毕业后留在中大中文系古代文学教研室，因为喜欢哲学和宗教，后来调到贵州大学哲学系当教授，研究佛学、因明之学，多次入藏学藏文，研究佛学，是贵州大学中国哲学史的学科带头人，在行内颇有影响。当年卢先生病重，张连顺特地从西藏赶回来看先生，又牵头筹资出版《卢叔度文集》，急公好义，颇有乃师之风。2018年5月，我到北京参加国家哲学社会科学基金项目评审，住在京西宾馆，和张连顺不期而遇，他也参加评审会议，我们一起回顾往事，回忆卢先生，皆不胜感慨，更心存感激。

卢先生曾写给张连顺的治学之语："以经考源，以史明事，以子探理，以小学释文，以目录征本。"这也是卢先生的治学体会。他曾说自己："早年专攻先秦文学，执教上庠，主讲《诗经》《楚辞》和先秦诸子散文等课程，并潜心研读《周易》，鲜为外人道。"可惜卢先生研究先秦文学留下来的文字很少，只有数篇诸子散文讲稿。卢先生最重要的影响，还在对近代作家吴趼人（我佛山人）的整理和研究上，他整理《我佛山人文集》八卷八册，约三百万字，而文集的前言，长达五万字。在那个时代，他的研究处于最前沿，是代表性的成果，至今也仍然是研究我佛山人难以回避的研究基础。

先生说自己"晚而无成"，这是一种自谦，也有几分自我调侃。卢先生生前专著不多，其成果主要就是对我佛山人的研究，但卢先生评教授时，《我佛山人文集》还没有出版。由于十年"文革"中止了高校职称评审，恢复评职称后竞争十分激烈，加上卢先生的职称是几十年遭受不公正待遇的遗留问题，难度可想而知。出人意外的是，当年卢先生申报教授，在全系教师会上述职，和其他申报者长篇大论不同，卢先生简洁直言："我在香港时已是教授，现在隔了几十年又来评教授，大家看看合不合格，如果不合格，也无所谓的。"寥寥数语，却赢得老师们热烈鼓掌。那时高校评职称，虽然也有条件和各种规定，也有激烈竞争，但同时也还有人情味。而且，那时对学问的认同也不同于现在。现在衡量学问有量化指标，具体而言，不外乎学历、论著、项目、头衔、获奖等。而我们的老师辈往往述而不作，其学问不仅是写文章、出书，还在于博览群书，尚友古人，辨章学术，考镜源流，能解决各种问题。先生曾说："我的爱好比较广泛，尝被谑称为'杂家'，因为'太杂'，故不能成大器。"（《叔度自述》）这当然有自谦成分，但"杂"也是事实。这种"杂"正是现在学者难以达到的广博学识。卢先生所发表和出版的论著、整理的文献，实在难以体现出他全部学识和风采。

1996年先生罹患严重喉疾住院，我们去看他，他声音沙哑，甚至失声，令人心痛。但卢先生还在努力说话，保持达观。8月，卢先生在中医院病榻上给邱世友先生手书一首《八十一抒怀》：

历劫平生志未残，且将诗兴寄湖山。
当年英发腾江易，壮岁伶俜行路难。
君子安贫无大过，达人知命有余欢。
夕阳红胜中天日，老却何为物外观。

诗中豁达之气扑面而来。两个月后，先生溘然仙逝。邱世友先生写了一首《买陂塘·悼卢公叔度》，词曰：

更能消、岭南霜气，秋心难展凝雾。纸钱泪湿篆烟袅，凄寂影堂如许。天也怒，只赢得、风流儒雅非人遇。伤心漫与。剩廿载幽怀，笔情墨绪，付与痴儿女。

平生事，总被细腰人妒。蕙兰零落无主。梦痕恰似高唐赋，好景还争清路。邻笛怨，问底事、深灯呼我成绝语。弥留最苦，待留取真容，冬青坟畔，吟我断肠句。

词中寄托遥深，低回呜咽，而悲情难抑。邱先生是詹安泰先生的学生，曾师从詹先生学诗词，詹先生也是卢先生20世纪50年代的难友。18年后，邱世友先生亦仙逝。自此之后，在我们的老师中，那批民国大学生，已经成为绝响。

卢先生离开我们26年了，我常常想起他的音容笑貌，总想尽量收集卢先生的历史材料，以尽学生之责，但相关的文献档案已无法看到。记得我们刚进大学时，卢先生仍困顿在资料室。资料室有一排书目检索抽屉，其中许多书目检索卡片，上面就有卢先生端庄有力的字迹。后来，中文系资料室合并到学校，那些遗存先生手泽的书目检索卡片也不知所踪了。

最近，我偶尔读到著名学者梁方仲先生的《梁方仲遗稿·案头日历记事》，他在1968年7月20日星期六这一天留下简短记录："与卢叔度、陈玉森等四人清扫东四宿舍门前至11：30。"我不禁浮想起这几位落难学者冒着酷暑，在学生宿舍门前扫地的情景。"东四宿舍"，恰好就是我们读大学时所住的楼舍。这宿舍现在已经拆除，重新建成一排高楼。我们读书时，经常到卢先生家里求教，他住的房子现在也拆除多年，重建了新的住宅楼。

世上许多历史记忆的载体，每天都在发生变化甚至消失。我们的记忆，也在渐渐消失。有些人，有些事，却是时光无法抹去的。譬如我的老师卢叔度先生。

达人知命有余欢
——卢叔度教授祭

龚伯洪[*]

2004年10月21日,是卢叔度教授逝世八周年的日子。8年来,我常忆起卢教授的音容笑貌,尤其难忘的是他在20世纪90年代初在致朋友的一封信上说:"吾少也狂,中年坎坷,又以孔夫子'述而不作'为训,故寡著作,然吾之《无题诗草》必传世之作。"

卢叔度先生(1915—1996),字尚志,号征雁,广东高州人,生于书香门第。民国21年(1932)到广州中山大学法学院读书。民国25年(1936)参加进步组织广州市艺术工作者协会,曾发表活报剧《怒潮》、诗剧《丹娘曲》等文艺作品。大学毕业后,他回故乡茂名师范学校任教。民国37年(1948),因参加进步活动,身陷囹圄。1949年初,到香港在高流湾渔民学校当教员。不久后,应香港进步文化界人士开办的南方学院之聘,任文艺系主任和院务委员。1951年回内地,先后在广西大学、中山大学任讲师、副教授、教授,主讲《诗经》《楚辞》和先秦诸子散文等课程。反右运动中,卢先生被错划,曾被贬去农场劳动。从此,他潜心研究我佛山人(吴趼人)著作及《周易》。"文革"时亦不免入另册,拨乱反正后才得以恢复名誉,任中山大学中文系教授和先秦文学研究生导师。

老一辈学者多知卢叔度先生博学,诗人刘逸生赞他是"活字典",卢先生自谦"因太杂而不能成大器"。古文字学家容庚在赠卢先生的《古木寒山横卷》上题道:"叔度性疏狂,不拘小节,不谐于俗,与余时相过从,商榷古今,庄谐杂出……"卢先生说这段话"道出我的个性"。他请人刻了四方闲章:"吾少也狂""中年坎坷""晚而无成""老来学易"。其中的"晚而无成"过谦了,起码在研究吴趼人上他是有相当成就的。

在近代文学史上,晚清有"四大谴责小说家",其中以吴趼人成就最高。从其作品中可见对晚清的政治、经济、外交及人生各方面的剖析。因此,我

---

[*] 龚伯洪:广州市人民政府文史研究馆馆员、广州诗社副社长。

国著名文学史家郑振铎、阿英生前都想编吴趼人文集，惜未实现。卢叔度先生被错划成"右派"后，潜心研究吴趼人，有其独到心得。1988年，他主编的《我佛山人文集》由广州花城出版社出版，凡8卷8册约300万字。卢先生撰写长达5万字的《前言》，全面评价吴趼人的生平及作品，精辟得当。该文集荣获1989年度广东省优秀图书一等奖。

卢先生精研易学虽不张扬，却名声在外，时有中外学者访他，讨论周易问题。1990年春，意大利学者威士高（Cisco Ciapnna）7次专访卢先生，谈论《周易》问题，后来综合概括成文，发表于意大利的杂志上。广东人民广播电台的记者采访卢先生后，把他的谈《易经》讲稿在电台播放，颇受好评。20世纪80年代末，广州几位中青年易学研究者编写《周易大辞典》，特聘卢先生作唯一审订人。他不但逐一细阅，提了数百条意见，还为该辞典撰写了序言。他认为研治《周易》首先要打破门户之见，象数、义理、训诂与考订并重，两派六宗合一炉而治之，对《周易》的义蕴才能获得真知灼见。

然而，最见卢叔度先生性情的还是他的诗，可惜未见报刊介绍。20世纪80年代末90年代初，卢先生常约我相叙，因他是广东诗词学会理事，时有谈诗，故我对其诗亦略知一二。1995年秋，他请我吃饭时，给我看他的《八十抒怀》。诗云："历劫平生岁月残，豪情逸兴渐阑珊。反思始觉寻根易，穷理方知问道难。偶听禽言浮妙想，闲看儿戏乐忘欢。而今境界全非昨，八十聊为物外观。"他说："我说的寻根，乃指寻求中华民族之优良传统、精深博大之美学意识、高尚之道德伦理观念与丰富多彩之文化遗产。从长远来看，倘不寻这些根，是不能立于世界之林的。"

当时，我想起中山大学中文刊授中心刊物上曾刊登卢教授的《祝中文刊授诸生自学成才》诗："一寸光明一寸金，寸金难买寸光阴。无恒安息聊天地，义也狂狷论古今。自学成才怀远志，勤思苦读抱雄心。囊萤映雪传佳话，刊授明灯路可寻。"我说此诗曾鼓励我自学，他哈哈大笑道："此诗稿酬奇高，其实也不足以传世。我在'文革'时写的《无题诗草》，才是必可传世的。"

他说的《无题诗草》，是30首七绝组诗，后来收入花城出版社1997年出版的《卢叔度集》中。这组诗含蓄地记载了"文化大革命"时期的不正常社会现象，以及老知识分子当时的复杂心态。诗虽含蓄，却不艰涩，不少佳句令人于黯然回忆中产生会心的苦笑，产生各种联想。诗能如此，当是佳什。

《无题诗草》第一首吟道："我爱吟诗亦爱茶/不穿袍子不穿袈/闲来卧读齐谐志/满眼妖狐鬼蜮蛇。"此反映了作者"欣赏"现实的"旁观者清"心态。"尝思隐姓随屠狗/拍髀忘形醉市廛/大块文章大块肉/文章如土肉千钱。"（其三）这令人想起"仗义每多屠狗辈"古诗句，联想当时一些文人为了生存而互相揭发的丑态，不禁喟然叹息。"僧尼日诵传灯录/妙契菩提百窍通/顶礼佛前参寂灭/可怜禅悟不相同。"（其五）这是当年全民读语录的深层反映，不禁为卢先生捏一把汗，"文革"时这应属要批臭的"大毒草"。"绿满东园水满塘/百花争艳弄红装/随风袅娜千般态/胜似秋荷赛六郎。"（其六）此诗含蓄鞭挞风派人物对江青争相献媚的丑态。"老树经霜未尽摧/且将箩畚共徘徊/斯文扫地寻常事/大雅扶轮实可哀。"（其七）"俗言惨过判游刑/十载伶俜泪涕零/梦里犹闻猩鼠号/依稀魂断斗牛亭。"（其十一）这二首是正直学者对文化人遭劫的抗议，也表现了不屈的骨气。"少年气盛喜横戈/斗狠风成怒阁罗/羊石桥头今战垒/空余弹洞映江波。"（其八）此诗令人忆起"文革"时广州两派武斗的可悲。"群山堆雪松心冷/泪竹无衣苦折枝/古道病梅愁岁暮/春寒风雨落花时。"此诗诗中有画，形象地描绘了当时神州文化界之"风景"，含蓄地申诉人才遭劫之惨状。

最有幽默感的是其十七："虞卿穷困著春秋/岂是穷时百事休/不作穷途哭阮籍/高山穷目望神州。"表面上每句皆有"穷"字，骨子里却显"志不穷"，反映了正直知识分子在逆境中不屈不挠的乐观情绪。"午夜惊弦月色微/蓬蓬客梦未忘机/云天可有图南路/自在高鸣自在飞。"（其廿一）"素月流空北斗明/斑雏何处柳风清/长河倒照征帆影/梦里蓬山乍暖晴。"（其廿九）此两首皆是乐观者在困难时刻看到光明、看到前途、提升勇气的反映。"落笔纵横气绝尘/诗心诗意见淳真/若从形象评诗品/不废江西社里人。"（其廿七）此可见诗人本色。写诗若虚伪，必不能经受历史考验。

《无题诗草》结尾一首写于"文革"结束后，反映了诗人"达人知命有余欢"的心态。诗云："清波荡漾两山间/绿野无尘山外山/山水多情应笑我/浪游胜似少年闲。"雨过天青，老学者青春已过，何妨看开一点呢。这是作者乐观的反映。"文革"后，熟悉卢老的朋友都知道他的健谈，其幽默谈吐常令满座春风。他自嘲号"吹翁"，却得旧雨新知们喜爱。

1996年8月，在病榻上他还写有《八十一抒怀》："历劫平生志未残/且将诗兴寄湖山/当年英发腾江易/壮岁伶俜行路难/君子安贫无大过/达人知命有余欢/夕阳红胜中天日/老却何为物外观。"可惜两个月后，卢教授魂归道山。

卢先生还有一辑《命题诗存》，他虽不以诗名世，但他的诗是不会被尘封的。

高华年
(1916—2011)

在高华年先生门下读书的那些事儿

林伦伦*

我是1978年夏天考上中山大学中文系的。1982年夏天，大学毕业前夕，顺利考上高华年教授的研究生，忝列先生门墙。先生是西南联大时代的研究生，与著名语言学家朱德熙教授、著名方言学家音韵学家李荣教授、古文字学家梁东汉教授等是同学，被评为三级教授，能考上他的研究生当然是很高兴的事，但当时我只是为了日后能在大学里当个老师，必须再读个硕士学位而已，也没有太兴奋。是在先生门下读书学习的三年里，才深深感受到了先生教书育人的严谨和博大。

一、读一本书要读懂它的理论框架

当时中文系的教授们招研究生，都是一届毕业了才新招第二届，每次招的学生也就一两名，高先生则坚持每届只招一名。所以，他的培养方法，就是一对一师傅带徒弟的方法。他给我上课的方法就是每周到他家（中山大学马岗顶的三层小楼，是前校长许崇清的故居）。一次，他先给我讲半个小时，然后开书单，每次大概一两本书、三四篇文章。下星期来了，我先讲读书体会，他再跟我讲此书的主要观点，是在什么语言学理论框架下写的，有什么精彩之处，还要再深入学习。头一个学期我没有摸到门径，读书体会总是讲书的主要内容，缺乏理论的知识做基础，读书方法没能做到提纲挈领。后来，在先生的点拨下，才慢慢好起来了。对国外语言学流派及其理论知识也有了兴趣，我也明白了先生主编的《语言学概论》的后面为什么要附录一个"国外语言学流派简介"的道理。这让我在读书学习、研究中受益终生。我至今读一本新书，总是要先看前言或者后记，再研究一下目录，看看此书的写作缘起和理论框架，以便更好地读懂它：这就是先生训练下来的读书方法。

---

* 林伦伦：中山大学中国语言文学系1978级系友，教授，曾任韩山师范学院校长。

二、读研期间不准发表论文

我们的每一门课程，不管是先生亲自上的，还是其他老师上的，都必须写课程论文，这样下来，每学期总要写几篇论文。每次交上去的论文，先生都批改得很详细：哪部分还得再读什么书或者文章，都写得清清楚楚，甚至连错别字也一个没漏地用红笔指正。一个学期下来，他给我定了两条不成文的"清规戒律"。第一，论文是不能有错别字的。道理很简单很朴素：你将来要做一个语言学教师或者语言工作者，消灭错别字就是你的职责。现在不训练，将来就不能形成良好的习惯。一个教语言学的老师，自己的文章里都出现错别字，那多丢人。从此以后，我交给老师的论文，自己都先校对几遍，直至消灭错别字为止。时到今日，喜欢"捉字虱"（抓错别字）的习惯，还一直保留着，甚至成了一种"职业病"，到哪看到错别字就扎眼，要把它抓出来。第二，读书期间的课程论文不能投稿，以后毕业后出去工作，再继续读书修改后再发表。当时也没有像今天这样要发表几篇论文以后才有毕业论文答辩的资格。所以，每次的课程论文，按老师的批评再读书修改后，我就藏在抽屉里，没有拿去投稿，连想都不敢想。后来毕业了，因为要备课教书，真的多读了一些书，再多做了一些实地的田野调查，以前的论文真的都必须修改才能拿出去投稿。老师教的这一招在今天看来很迂腐，但使我获益匪浅，少发表了一些垃圾论文，也养成了比较严谨的治学办法。先生教我的这一招，可能是西南联大时期的学风，我在任继愈先生的回忆录中也看到了类似的叙述："现在的研究生培养方法很成问题，我们读书的时候，不要求发表文章，也不要求上课，就是读书。导师根据学生情况开单子，学生看，过一段时间有一次谈话。"（《山河判断笔尖头》）不过说起来很惭愧，现在我自己带研究生，不得不帮助学生在答辩前发表一篇论文以取得答辩资格，没法把先生教我的方法传承下去。

三、教学一丝不苟，连分秒也要掐

先生治学严谨，在教学上也一丝不苟。他指导我给本科生上"语言学概论"的教学实习课，要求我先备好课，自己先对着墙讲三遍，然后一遍又一遍地改进教案并掐好时间。然后再讲给他和任课老师余伟文先生听，他们俩再给我指导一遍，我自己修改教案后再练习讲。他连小节都不放过，告诉我：

上课时一紧张，讲话的节奏就会加快，所以你必须把讲课内容准备充足，甚至多预备5分钟，还要留一个布置作业什么的小节目，作为应急之用。后来我上实习课的事实证明，老师的指导很对，我前后练习讲了5遍，以为时间掐得很准的课，居然提前8分钟就讲完了。我一看表，不禁全身飙汗。幸亏老师教了应急一招：布置作业。我喝了一口水，慢条斯理地布置了作业，才终于把时间给应付过去了。这样的四次课，我一辈子都记住了。到我自己独立上课的时候，我终于练习到能准确地把握时间，从来也不提前下课，也绝不拖堂的程度。还有一个个性化的要求：不准学生迟到，但可以允许学生旷课。我认为，学生迟到会打断老师讲课的情绪和节奏、影响同学们的注意力，使教学效果受到影响，而学生旷课则受损失的是他自己。

四、作为语言学者，英语一定要学好

我们1978级高考，英语是只作为参考科目来考的，没有计入总分。我也没有参加英语科的考试，入学后自然被分在英语B班（慢班），学的第一课是"Long live Chairman Mao"。考研的时候，也不知道是怎么复习的，就混了个66（分）大顺。英语的底子很差，我自己是知道的。但读研的第一学期，老师给我开的书单，就有美国结构主义语言学大师L. Bloomfield（L. 布伦菲尔德）的 *Language*（《语言论》），先生要求读英文版原著。我到图书馆把书借来一看，傻了眼了。26个字母都认识，由它们组合起来的专业术语单词却大部分不认识。先生原来是北京大学的研究生，后来到了西南联大，曾经师从李方桂、罗常培等著名语言学家，他自己受过很严格的训练，英文很好。但他不知道我的难处。我当时只有一种想法，既然是先生交代的作业，不完成不行，再难也得啃。于是，借来《英汉对照语言学词典》和《语言论》的中文翻译版，先查词典，一个一个单词看懂了，再一句一句猜，猜完一段再对着中文版看自己蒙对的有几成。我把每一个生词都做了卡片，每天背它十几二十个，前几章攻下来，后面的就好读多了，到后面几章，也就基本可以读懂了。从此以后，我深刻地领会了读书为什么叫"啃"，为什么要叫"攻读"。也因为"啃"这本书，我对英语的恐惧感也大大地减弱了。后来升副教授、教授都得考英语，我觉得都是小菜一碟。到了45岁以后还能通过英语考试，去澳大利亚悉尼大学进修，也都得益于先生对我的英语训练（虽然以前学的都是"哑巴英语"，留学后"哑巴"开了口）。每次看到有人批评全民学英语的做法，我也有同感：是过头了。但无论如何，我认为，作为语言学者，多懂一门外语肯定是有好处的，我至今也就是因为能粗懂英文，才能对出国参加学术会议等不发怵，真的是要感谢先生对我的加压训练。

五、转益多师，同窗为友

老师身材瘦小，但胸怀却是宽广的。他为人真诚，胸无芥蒂。除了他自己给我开的课，其他语言学老师开的课他都鼓励我去听，转益多师。所以，教方言学的黄家教教授、音韵学的李新魁教授、训诂学的赵仲邑教授、汉语史的潘允中教授的课我们都去听。我的硕士论文题目是粤西闽语《雷州方言研究》，跟方言学和音韵学联系比较紧密，所以，我几乎把黄家教、李新魁老师的课都听了，还经常上门请教，高先生都很支持。那时候的老师们对我们都很关心，去听谁的课老师们都很欢迎。也正因为如此，我们不同师门的同级同学们都成了同窗好友。晚上就寝前和晚饭后的散步时间，就是同学们讨论学习心得的时间。这些虽是不经意的讨论，但很热烈，很投入，有时候争得面红耳赤。大家每人一份的读书体会共同分享，就变成N份。所以，晚上就寝前和晚饭后的散步时间是我们的 happy hours（快乐时光），不少闪光的新见解就产生在这样的快乐时光里，不少不甚了了的问题也就在这快乐的时光里被讨论清楚了。我们至今仍然不但是同道，而且是很好的朋友。同学们的亲密无间，得益于老师们的开明和开放。

光阴似箭，日月如梭。弹指一挥间，读研的幸福时光一晃就过去快30年了，想想自己已经是年过半百有四，已是"二毛"之辈，但先生的教泽师恩，却从来也未曾忘却，反而有老而益清的感觉。

第27届教师节到来之际，谨以此断断续续的回忆祝高先生健康长寿！

"我只不过做了我应该做的事"
——怀念我的老师高华年

颜 冰[*]

高华年先生是我的导师，我国著名语言学大家。

1996年，中山大学中文系举办茶话会，为80岁的高华年教授贺寿。面对系领导的高度评价和赞誉，老师在他缓缓致出的答谢辞中，有一句话让我刻骨铭心：我只不过做了我应该做的事。老师谦逊豁达、虚怀若谷的胸襟，尽在此言中。

一

在我本科阶段，人类学系请高华年老师来给我们上过一门专业基础课。一个大牌知名教授，愿意到外系上本科生的课，这本身就是件很不容易的事。老师为我们讲课时，一如他的性格，平缓、从容、认真，逻辑性极强，思路很清晰，深入浅出，余味无穷，一派大师风范。从那时起，老师就成了我心目中崇拜的偶像。

26年前，大学本科毕业前夕，我萌发了报读老师的研究生的想法，心里却没一点底。那个时候的研究生很难考，何况是高华年先生这样的大学者的研究生，但我又不甘心轻易退却。1985年初，经人类学系推荐并在几位老师的鼓励下，我终于下决心报考了高老师的硕士研究生，专业方向是语言学、语音学和少数民族语言研究。我在连南瑶族自治县毕业实习结束回校后，参加全国统考，各科都考得还算顺手，自我感觉不错。但老师是名家，全国各地不知道有多少人报考他的研究生，所以当时没有想到竟能蒙老师青眼收入门下。

通过一番努力终于如愿以偿地成为著名语言学家的弟子，我内心十分得意自豪之余，也特别紧张忐忑，对老师充满了敬畏。那个时候的我正是风华正茂的年纪，心比天高其实又是茫然失措的，非常渴望学有所成可又连做学

---

[*] 颜冰：中山大学中国语言文学系1981级系友，广东省人才研究所副所长、研究员。

问的基本要领都还没有掌握。对于未来的学业，既满怀期待也担心基础不扎实，学不好，辜负老师的期望。和老师接触多了以后，感觉他对研究生的态度十分和蔼、宽厚，并没有端着名家的架子。针对我本科不是中文系的实际情况，老师特意安排我去补了好几门中文系本科生的基础课、专业课和选修课，跟1984级、1985级两个年级的本科生一起上课、考试。这一招，就帮我找回了不少自信。

从研究生一年级开始，老师就亲自给我们上课。老师的严格要求，给我留下了极其深刻的印象。老师通常以名家名著为教材，譬如研读语言学大师布隆费尔德的经典名著《语言论》，一开始就高起点高要求。他会在课堂上指定章节内容，然后提出几个问题让我们下一节课回答。这些问题在书上都不会有现成答案，必须要通读全书甚至另读参考书或者相关论文，有所思考才能回答，不可能蒙混过关。这种教学方式逼着我必须在很短的时间里有较大的阅读量而且进行总结，也逼着我必须养成一个很好的习惯，就是能快速读书并抓住重点。上课的时候虽然很紧张，但是课程结束后会感觉收获很大。同时，老师分析问题的思路也给我留下了深刻印象，即只是简单地知道某个观点是什么还不够，还要考究提出这个观点的依据是什么，思考为什么这么提，能不能那么提。经过这种深刻的思辨过程的训练，我原来简单的思维定式得到了纠正，真正是受益匪浅。

那时，我和刘若云是在老师家里上专业课的。课余偶尔也会有几句闲聊，记得最清楚的一次，是老师教授弹舌音的发音方法。他含一口水仰着脖子做示范。然后说，我们做语音研究的，应该可以用国际音标标注出世界上任何声音，譬如风刮动树叶，雨落在瓦片上，等等，接着又示范给我们听。后来有报道称，弟子们很佩服他，说"先生能将任何语言中的一个发音准确地用国际音标标注，并能完美地再发出这个音"。以老师的天赋和后天的勤奋，他是具备了这身硬功夫的。

二

1987年上半年，研究生二年级的下学期，教学实习的时候，我被安排在人类学系给1983级本科生讲"语言学概论"的其中一节。老师对此很重视，说，做教师的，就是要能把课讲好，否则会误人子弟。问我："你打算怎么个讲法呀？"仔细听我说了，又要我写出教案给他看。老师看后，未置可否。我以为这样就行了吧，没想到，我讲第一次课的时候，老师提前到达课堂，还坐在前面第一排！课间休息时，他走到学生中间，问他们："听得懂吗？"还翻阅浏览学生的课堂笔记。两个课时上完，我在讲台边立正恭送老师离开，老师缓缓走过我身边时略略停了一下，说："很好，很清楚。"跟他老人家学了三年，苦读了三年书，就受过这一次表扬。尽管老师对我讲课表示认可，我毕业时老师也没把我留在他担任主任的汉语培训中心工作，他对我说：你的普通话不标准。

看来，老师没把"普通话不标准"的学生留下工作，也是担心在教授外国留学生汉语普通话的汉语培训中心，当教师的一旦普通话不标准，就很有可能会误人子弟。而洋人的子弟，照样是误不得的。

毕业20多年，我现在所从事的工作与原来所学专业风马牛不相及，有时想起会有些许遗憾。但命运之舟并不完全由自己所掌控，能立于斯安于斯，把应该做的事情做好，也就算对得起老师的教诲了吧。

三

1987年9月，准备进入写作硕士毕业论文的阶段了，我向老师请教论文的内容。老师问：有一个没有被研究过的语言，你敢去做调查研究吗？很快，我来到粤西封开县对标话集团的语言进行调查研究。标话集团当时人口数以万众，聚居于封开县北部山区一隅，交通闭塞，经济落后。民众自称"标"人，非汉族的自我意识极强，用于交流的标话有自己的体系，与周边人们所操粤方言和少数民族语言均不能交流。虽说新中国成立30多年以来中国大陆进行过大规模的民族识别，标话集团聚居区仍然是一块真正意义上的"孤岛"。那个年代，民族识别的主要依据是斯大林理论，即共同居住地域、共同服饰和经济生活习惯、共同语言、共同的心理意识四个原则。从标话集团的情况来看，论证他们的语言是否为汉语方言抑或少数民族语言，对该集团的族属判断非常关键。封开县政府对我此行目的很重视也很支持，主管副县长出面接待，安排了县委干部、"标"人褥锡仙同志作为发音合作人，并全力协助、协调田野调查的相关事宜。因此，对标话集团的语言调查自始至终进展得都很顺利。

我在封开县一般调研10天半个月便告一个段落，回到广州在学校整理素材和查阅参考资料，主要还是向老师汇报调研进展情况和聆听老师指教。我讲述时，老师总是很仔细地听，饶有兴致地提问。对常用字词的发音，再三要我念给他听，他又重复念出来，反复确认，以观察我记音是否熟练精准。

第一次独当一面搞调研，难免会遇到不少搞不明白的问题，在我的印象中，凡是我讨教的语言学、语音学领域的问题，无论是理论上的还是实践上的，老师似乎无所不知、无所不晓，而且直指问题关键，往往一语中的。他的三言两语，往往就能使我恍然大悟，茅塞顿开。我总能经老师指点迷津后获得灵感或启发，或经由引导摆脱困顿，走出迷宫。通过和我交谈，老师也知道我还需要补充哪方面的理论知识，于是会指定诸如《广州方言研究》《壮语语法研究》《瑶语语法研究》等书籍要我阅读，教我将标话与壮语、瑶语和广州方言等各种语言分别进行仔细比对的方法，分析语法现象、语音对应规律和构词方式，再对标话的语属作出最后结论。

有次从封开回到学校，老师对我说："下次到封开时，你跟县里有关部门商量一下，看能不能请相关同志来一趟广州，我要当面表示一下感谢。"返回封开一说，县领导非常高兴，在我回广州的时候派了两位干部和发音合作人专程前来中大拜会老师。老师此举，封开县领导觉得很受尊重，也是对我在当地开展田野调查的极大支持，可谓用心良苦。

平常，老师上的每门专业课都要写课程论文，可老师从不在我的论文上直接批改，只是约谈当面评说，指出有问题的地方，比如表述不严谨、论据不充分或者观点有待商榷，等等，然后由我自己改，改到老师觉得满意了才作罢。同样，对我的硕士论文，老师照例不直接在上面批改，审读却极为严格，可谓逐句逐字逐标点地审。当面作论文指导的时候，老师态度很认真，注意力高度集中，连表情都是很严肃的，板着脸，一丝不苟地诘问，从非常细小的问题上让我认识到论文在哪些方面还存在欠缺，并提出修改意见。

那天上午，老师终于告诉我说："嗯，可以了。"我如遇大赦，满心觉得轻松，准备下午去打印装订论文了。中午突然接到老师的电话，说论文先别打印，你赶快过来一下，还有"不对"的地方，还要改。我心里一紧，急忙跑到老师家里，做好了挨训的思想准备，见面才知只是有个地方用词还要再推敲。还像平时一样，老师要我自己动脑筋改，一直到当场听我说出了他比较满意的修改意见，老师这才点头又"嗯"了一声。可想而知，对原来认为已经"可以了"的论文，老师再一次进行了极为认真的审阅。对学术高度负责的学风，严谨治学的态度，可见一斑。我明白，老师是在以身教的方式要自己的学生懂得：无论在学术上达到了什么样的程度，对学问都必须怀有敬畏之心，必须具备献身科学研究的精神。

一个人一生能真正做成几件事情其实并不容易，能在前人没有涉足过的领域进行开创性的学术研究工作，意义非凡且更不容易。因为，这样的机会往往就可遇而不可求。我特别感谢恩师高华年先生，是他把调研"标"话这样的宝贵机会给了我。作为一个刚踏进门槛的语言学工作者，通过撰写有一定挑战的硕士论文，个人的科研能力得到了意想不到的锻炼和成长，我的学习生涯也因为做了一件应该做的、值得骄傲的事而更富有意义。

老师决定对"标"话开展研究，无疑为语言学的应用实践开辟了新的领域，同时也为人类学、社会学等学科提供了一个新的研究平台。后来，广东省民委、一些高校的语言学、民族学、人类学和社会学等专业的专家学者纷纷前往封开县，展开了广泛的调研工作。我和陈运飘也在2001年率研究生前往封开，在当地政府大力支持下对标话集团的社会经济文化及其变迁进行了田野人类学的调研，并发表了一批学术论文。

四

老师性情随和，却不善辞令，就是人们通常说的"话不多"。我们做弟子的，习惯了他对我们学术上严格要求，平常不苟言笑的风格。有事可以随时去家里找，长话短说，三言两语，说完就走，一般没有时间和老师聊大天，也不敢跟他开玩笑。一直到毕业出来工作了，偶尔去看看他，才有了专门和老师闲扯家常的机会。

这天，庄益群先生和我去看他，老师时已年逾80，精神却仍健旺，气色也不错，聊到兴致上，趁着气氛很轻松，我和老师开玩笑，问："庄老师是我的班主任，本科毕业论文指导老师，那是我的师傅了；但是庄老师也是您的徒弟；而您是我的授业恩师，我又是您的徒弟；那我到底是您的徒子呢还是您的徒孙呀？"老师一愣，皱着眉头想了片刻，突然呵呵大笑，摆着手说："那真是乱七八糟，一塌糊涂一塌糊涂！"这是我见到老师最为开心的一次大笑。或许，那次玩笑也是老师平生唯一没有解出答案的一个课题吧。

我离开学校到社会上闯荡经年，见过一些人和事，也经历了一点风风雨雨，老师头顶那一圈偶像的神秘光环早已不复存在，沉淀在我内心深处的是对老师更为深厚的敬重和爱戴。作为他老人家一个不成器的弟子，我敬佩的远不只是他渊博厚重的学科知识，更是他那宝贵的钻研精神，以及独特的人格魅力。

五

老师一生，著述等身，而活到老学到老钻研到老的精神，在他的有生之年持续旺盛，格外令人感佩。2004年，老师主编的《广东省志·方言志》出版，时已88岁高龄。一天，我和戴由武师弟去看他，他送我们各一本，并说以后再不出书了。听到这话，联想到老师耄耋之年还有成果传世，而自己甫届不惑，偶有些许小成便有点孤芳自赏得意扬扬，真是感动和惭愧交织，对自己的故步自封和浅薄感到无地自容，不知道说点什么才好。

去年夏天，庄益群先生和我去看望老师，见他已经龙钟老态，精神也不甚好。他说："老了，身体不好，活得好辛苦好辛苦，真不愿第二天早上还能醒过来，活到80多岁那个时候走了就最好了。"听他这样说，明白老师已经看透了生死，自是十分坦然从容，我却感觉揪心的痛楚，同时也知道，在自然规律面前，任何人都无可奈何。

今年8月，得知老师住进医院ICU后，庄益群先生和我赶往探视，却被医生挡驾，无论怎么陈述理由都不准靠近。我知道，老师已经和病魔抗争了一段时间了。虽然医生已经宣告了老师病危，我仍希冀奇迹出现，祈祷老师会战胜病魔，尽管他已经是96岁高龄的老人。我们在病房外徘徊等候数小时不忍离去，心里都明白，这次见不到老师，怕是再也见不到了。回想起在老师身边读书求学的三年时间里，以及后来20多年中偶尔的探望，我们师生之间的那些交流很多都是无形的，无法用一些极具可读性的故事情节来描述，这是在不可描述的过程中逐渐形成的一种深深的情感。此时，我想到此生可能再没有机会见到老师，也没有机会再聆听老师的教诲，无边的遗憾和悲伤便如山崩海啸一般席卷而来……9月18日，老师生命中的最后一丝光焰燃尽了。老师的逝世，使国家失去了一位杰出的语言学家，我们失去了一位慈祥的师长。25日，临行的这一天，400多名各界人士、亲人、学生、晚辈去向他告别，为他送行，但老师却再也不会回来，这足以使人感受到一种莫名的创痛。那一刻，我却突然觉得，恩师只是到一个谁也不知道的很远很远的地方去旅行了，不过归期遥遥而已，他是永远地活着的……

夜已深沉，秋虫鸣叫声中，静下心来追忆恩师的音容笑貌，重温追随老师求学的日子，仿佛又一次端坐老师膝下，聆听谆谆教诲，令人感慨良多。老师一生献身音韵口耳之学和教书育才，道德文章，享誉华夏，不愧一代师表；而其低调内敛，不求闻达，将自己在语言学事业上的煌煌贡献，只当作"应该做的事"，正可谓高山仰止，景行行止。他这种老一代知识分子执着学问、淡泊名利的风采，堪称万世楷模，永远鞭策、激励、启迪着一代又一代后辈学人。

老师，我们永远怀念您……

2011年11月于广州

高华年
——但存方寸地，留与子孙耕

伍　华*

2011年中秋后数日，我的岳父高华年先生走完了他96岁的人生历程，到天国与他的恩师罗常培先生相聚去了。罗常培是现代中国语言学的奠基人之一，与赵元任、李方桂齐名，从学弟子著名者如丁声树、周祖谟、马学良、邢公畹、王均、周法高、李荣等，都曾是语言学界执牛耳的人物，计其生辰，或早之或晚之，均先于我岳父而辞世。岳父仙逝，早年的罗门弟子便悉数作古，这不能不说是中国语言学界的一大损失。

这一天是9月18日，与80年前的"九一八"事变正好是同一日，国难家丧发生在同一日，是巧合，但或者也可以说是冥冥之中有某种定数，说起来岳父正式投身社会就是在抗战时期的西南联大任教。

我于1978年入读中山大学中文系，初入学时听高年级学长介绍本系的著名教授，便对岳父的为人和学术成就肃然起敬。西南联大背景，20世纪50年代初年仅30余岁就是正教授，这在"文革"后的大学生眼中无疑是重量级的人物。

记得第一次听他的课，是在本科二年级的语言学概论课上，这门课当时是由余伟文先生主讲，岳父讲的那堂课是余先生请他来"压阵"的。后来能完整听他上课是在硕士研究生阶段。我攻读的专业是汉语史，不算是他的入室弟子，但是岳父开设的语音学课程是我的必修课。他学识的渊博、学术的精湛和授学的善导自不必多说，师出名门得罗（常培）李（方桂）两泰斗亲传者国内能有几人？而最令我此生受用不尽的是他对待治学与授业的态度。我上他的课时已经与他的女儿确立了恋爱关系，也就是他的准女婿了，但是岳父对我却没有丝毫的偏袒，跟其他的学生一视同仁，甚至对我的要求更加严格，我写的文章给他看，好就说好，不好就直说不好，一篇文章往往要修改多次才获认可。

---

* 伍华：中山大学中国语言文学系1978级系友。

在严格要求后辈的同时，他对年轻学生也关爱有加，我虽然从来没有亲耳听到过他对我的表扬——他历来不轻易褒扬家中晚辈，连他视为掌上明珠、聪明能干的女儿和学业优异的儿子他也从不当面表扬，但是却经常听到他夸赞曹宗祺、陈延河、林伦伦等受业弟子学问做得好，容不得别人对他的学生挑剔。这一点跟他的老师罗常培先生十分相像，当年罗先生就是这样关护他的。罗先生的好友冰心曾经开玩笑说："我知道怎样来招莘田（罗常培字莘田）生气。他是最'护犊'的，只要你说他的学生们的不好，他就会和你争论不休……"

和他相处近 30 年，由于研究方向不同，我没能继承他的衣钵，但是这不妨碍我对他学术成就的了解。他为人正直诚恳，淡泊清雅，不争名利，退休后很少参加社会活动，也不跟人谈及自己的治学成就。但是，历史是不会忘记这位为中国少数民族语言研究作出过杰出贡献的老人的，寻索关于西南联大或战时边疆人文研究的历史记述，岳父高华年先生的名字经常被提及。起初我还有点纳闷，西南联大始末 8 年，有 2000 多名毕业学生，为什么他的名字出现率会这么高？后来查阅《国立西南联合大学校史》，在记述西南联大学者从 1942 年至 1944 年获当时国家"教育部"嘉奖的名单中，"高华年"赫然在目。联大三年的获奖名单及论著如下：

1942 年：冯友兰《新理学》，华罗庚《堆垒素数论》，金岳霖《论道》，许宝禄《数理统计论文集》。

1943 年：周培源《湍流论》，吴大猷《多元分子振动光谱与结构》，钟开莱《概率论与数论》，孙云铸《中国古生代地层之划分》，李谟炽《公路研究》，王力（了一）《中国语法理论》，张印堂《滇缅铁路沿线经济地理》，冯景兰《川滇铜矿纪要》，费孝通《禄村农田》。

1944 年：陈寅恪《唐代政治史述论稿》，汤用彤《汉魏两晋南北朝佛教史》，闻一多《楚辞校补》，王竹溪《热学问题之研究》，张青莲《重水之研究》，赵九章《大气天气之涡旋运动》，郑天挺《发羌之地望与对音》，高华年《昆明核桃箐村土语研究》，张清常《中国上古音乐史论丛》，阴法鲁《先汉乐律初探》等。

在这份名单中，多是响当当的学界泰斗，陈寅恪、冯友兰、金岳霖、周培源、汤用彤、闻一多等等，在当时就是赫赫有名的大家，能与他们一同获奖者，无疑不是等闲之辈，即凭《昆明核桃箐村土语研究》，就足以奠定岳父在中国少数民族语言学界的地位。其时年方二十多岁，自北大文科研究所毕业一年辄获殊荣，这在俊才辈出的联大毕业生中也是不多见的。然而，像这么一件在常人看来很不平凡的事情，他竟然五六十年都不向人提及，不仅中山大学中文系的同事们鲜知此事，就连我的岳母和妻子也不知道，数月前是我查到资料告诉她们，她们才得知这段尘封的历史。这就是那一代中国学者的情操：不图名利，只为科学！

  岳父虽走了一年了，但在我们心中，他的谆谆教导言犹在耳，他的音容笑貌宛在目前。岳父的一生就是纯粹的学者，除了他的著作和藏书，没有更多的身外之物留给子孙。但是，他把一身正气和高尚的品质留给了后代。古训云："但存方寸地，留与子孙耕。"意思是说留给子孙的钱财不宜多，重要的是把好的思想品德留给子孙去继承发扬。岳父正是按着这条古训去做的。作为他的后辈亲属，没有别的选择，发扬他的人格光辉才是对他最好的纪念！

陈则光
(1917—1992)

康乐园里的"拓荒牛"
——记中山大学中文系陈则光教授

赵 斌*

在人那里，我们不能把记忆说成是一个事件的简单再现，说成是以往印象的微弱映象或摹本。它与其说只是在重复，不如说是往事的新生。仅仅收集零碎材料是不够的，我们必须重新地回忆亦即重新组合它们，必须把它们加以组织和综合，并将它们汇总到思想的一个焦点之中……

[德] 恩斯特·卡西尔《人论》——题记

一、洞庭湖畔走来的名教授

"洞庭两望楚江分，水尽南天不见云"，今人似乎很难有李太白磅礴的诗意情怀，也很难有范仲淹"先天下之忧而忧，后天下之乐而乐"的政治抱负和博大胸襟。然"迁客骚人，多会于此"，莫不神往于烟波浩渺的洞庭湖。洞庭湖确实是个令人魂牵梦绕的地方，中大中文系已故教授陈则光先生就出生于此。

陈则光先生1917年出生于湖南省洞庭湖西畔（南县）的一个佃农家庭。在陈先生童年时代，南县还是穷乡僻壤，交通不便，风气闭塞，教育不发达，加之家境贫寒，陈先生只断断续续读过不到3年的小学和私塾。但他酷爱读书，又无书可读，有时候偷偷地把哥哥所藏的旧小说拿出来读。起先看不懂，看多了，凭着聪慧的天赋，也能够领悟出不少道理来。1934年10月，一位在外工作的亲戚把他带到长沙，这给陈先生带来一个不小的转机，他考上了濂溪初级中学，读了一个学期，后来转入岳云中学，他非常珍惜来之不易的学习机会，读书很刻苦。仅仅一年，因家贫无法供给学膳费，他又一次面临辍学的危机。没有退路了，困境激发他更大的勇气，经过一个假期的恶补苦读，他越级考入了免费的湖南省立长沙高级中学师范科。这件事令他兴奋了

---

* 赵斌：中山大学中国语言文学系2017届博士，衡阳师范学院文学院副教授。

好几天！但不久抗日战争全面爆发，学校几经搬迁。期间，他被派往南县民训总队（后改抗日自卫团）任训练员，基于爱国热情，写过一些歌颂抗日的诗歌发表。复学后，陈先生于 1939 年 7 月在湖南省立临时中学师范部毕业，接着他参加高校统考，考上了中山大学师范学院。

由于战事吃紧，当时的中山大学已经搬迁到云南境内，学习和生活条件极其简陋，校内派系斗争也此起彼伏，学潮不断，陈先生感觉无法安心学习了。1940 年 5 月，他和几个有志向的年轻人经过一番商议，离开了学校，直奔重庆这个似乎可以实现他们理想的地方，他们转入了重庆中央大学师范学院国文系学习。当时的中央大学真是藏龙卧虎，大师云集，顾颉刚、朱东润、老舍、曹禺、吴组缃等学者名家亲自授课，郭沫若、章士钊、朱自清等大师也经常莅临学校做讲演，扩大了他的学术视野。在学习期间，陈先生基于爱国热情，写过一些诗歌、小说和杂文发表。尤其让他感到自豪的是，他的短篇小说《刘杂货》获得 1941 年全国文艺界抗敌协会征文第二名，这似乎让他找到了一生追求的方向。他的诗歌集《潇湘雁影集》也在《中央大学校刊》上发表。大学毕业后，陈先生被聘为湖南大学中文系讲师，也一度兼任湖南省立音乐专科学校副教授，讲授中国文学史。

1951 年经杨树达教授引荐，陈先生调入中山大学中文系，重续了他与中大的缘分。在中山大学中文系，陈先生历任讲师、副教授、教授，也担任研究生导师，长期从事中国现代文学史、中国近代文学、鲁迅研究、文艺习作等课程的教学工作。结合教学，他编写了《中国现代文学简史》、《中国文学史》近代部分、《鲁迅的思想和作品》、《鲁迅小说研究》等书稿，发表有关文学理论、中国近现代文学研究、鲁迅研究的论文 200 多篇；此外还以朗秋、郎曲、鲜明、陈虹等笔名，发表过许多散文、杂文、诗歌和短评。其中《论典型的社会性》和《再论典型的社会性》，在 1962 年曾引起学术界、文艺界热烈的争论。姚文元挥舞棍子，给陈先生扣上超阶级的"代表"，扣上了"否定人物的阶级性"和"矛头是指向无产阶级英雄人物的"的罪名，在"文革"中，陈先生遭受到不少迫害。粉碎"四人帮"之后，陈先生为学术界的拨乱反正，做了大量工作。他连续在《文学评论》上发表《论历史讽喻剧〈赛金花〉》《一曲感人肺腑的哀歌——读巴金的中篇小说〈寒夜〉》，给《赛金花》和《寒夜》这两部有争议的作品以公正的评价，产生了良好的影响。他的《鲁迅先生在广州》，亦受到学术界的重视。1987 年其专著《中国近代文学史》杀青，结束了中国近代文学研究无史的状态，填补了中国文学史研究的一个空白。自中国现代文学研究学会、鲁迅研究学会成立以来，陈则光先生多次担任这两个学会的理事和名誉理事。除此，他还任过《中国近代文学大系》编委、中国作家协会会员、广东鲁迅研究学会副会长。他一生甘于淡泊，致力于教学和著述，扶植后学，为中国现代文学、鲁迅研究和中国近代文学等学科的发展，做出了很大的贡献，对后进学者产生了积极影响：中大黄修己教授对陈先生的中国现代文学研究有一定涉猎；中大程文超教授对他的中国近代文学研究也有不少借鉴；作为陈先生的学生，中大邓国伟教授继承了他的鲁迅方向的研究。

二、学科创建的"拓荒牛"

新中国成立后，各行各业建设都出现欣欣向荣的景象，但高校学科建设有些滞后，好多课程都还没有开设。陈则光先生是1951年到中山大学中文系的，那时候中国现代文学等课程还处于草创阶段。陈先生是中国现代文学史等课程的名副其实的开拓者。早在新中国成立前，陈先生就已经在湖南大学等高校教授国文和中国文学史等课程。那是一个一穷二白的年代，没有教材，没有教案，一切都从零开始，所遇到的困难是难以想象的。到了中大，现状也是如此，陈先生只能靠自我钻研，偶尔和一些同行交流一下，就是在这样的摸索过程中，中国现代文学史和鲁迅研究等课程逐步形成了一定的规模，也具有了基本的学科构架。

但好景不长，"文化大革命"开始了，众多刚刚收集整理出来的各类文献资料均毁于一旦，高校教学秩序混乱一片，教学基本处于停滞瘫痪状态。直到1972年，各大学才陆续慢慢恢复上课。但即使恢复了教学秩序，百废待兴的局面也让老师们一筹莫展。陈则光先生在《我和冯雪峰同志通信的一点说明》这篇文章中写道："我们中大几个搞现代文学的人，对这门课程的开设，讲义的编写，以及课程的讲授，遇到了许多难题，不得解决。即使讲鲁迅的作品，牵涉的问题也不少，不知怎样下结论才好。"

面对如此困境，陈先生对学科建设有自己的思考，也有自己的创见。他对中山大学现代文学的学科建设思路是非常明晰的。首先，从课程内容选择看，把鲁迅研究这个课程作为首选是有远见的。其次，从学科建构的策略上看，有着从"引进外资"到"自主研发"的战略选择。向外校学习，把别人的经验拿来为我所用，就是"引进外资"。诚然，"全国一盘棋"，境况差不多，收效甚微，但陈先生似乎有两手准备。在"取经"的路上，"顺路访问有关作家和学者，以期回校后对进行教学有所启发和帮助"。他可能预见到了全国学科建设的瓶颈困境，没有多少经验可以借鉴，所以一路上尽量收集可以共享的资源，来为"自主研发"服务。

陈先生做了这么一回"取经人"，对他的影响是很大的，后来他长期进行鲁迅研究似乎也是明证。并且，陈先生对学科建设是非常热情的，特别是对鲁迅研究这门课程。这一点可以从两个方面看出来。第一，在进行鲁迅研究的时候，围绕鲁迅作品的注释等问题，陈先生和冯雪峰、李何林、王瑶等学者都有着书信来往，相互答疑问难。第二，谁都知道"取经"并不是一个好差事，而陈先生主动请缨，就已经可以看出他对学科建设的热心程度了。尤其可贵的是，他不辞辛苦，毫不抱怨。据他的同事黄光武回忆，他当时是跟随陈先生一起取经的。取经之余，陈先生还带他游历秦淮河、乌衣巷等名胜古迹，下饭馆子。陈先生还怕他不好意思，对黄光武说："别客气！我收入比你丰厚，不要放在心上。"为了学科建设，他觉得一切都是快乐的，因为他太爱他的教育事业了。

在学科建设方面，陈先生还开拓了中国近代文学这门课程，此意义非同寻常，中国近代文学课程的设置为中国近代文学的研究提供了一个很好的平台，对学界长期忽视中国近代文学研究起到了纠偏作用，也似乎对后来的中国近代文学研究热起到了推波助澜的作用。而更重要的是，在课程开发的过程中，陈先生不仅注重理论探讨，更注重教学实践。他的学生陈平原在一篇文章中写道："先生为人为学均极为认真，平时不苟言笑，学生们背后称他'陈老夫子'。每次上课，拿着厚厚一本讲稿，几乎照着念，很少有即兴的发挥。同学们尽管钦佩他备课认真治学严谨，可还是不大习惯这种沉闷的讲课方式。只是在若干年后，当初手舞足蹈因而大受欢迎的课程烟消云散，而先生认真扎实的讲授反而凸现时，大家这才承认'照念讲稿'也是别具一格。"陈先生是不拘一格的，因为他非常注重教学实践。为了教好鲁迅研究这门课，陈先生经常带他的研究生到鲁迅博物馆进行实地教学，收到了很好的教学效果。1950届学生苏寰中回忆说，陈先生在讲授"文艺创作"这门课程时，不光阐明有关创作理论，更注重培养学生的写作实践，为了达到这一教学目的，他组织学生到学校附近的石牌坊村访贫问苦，开座谈会，让学生体验生活，以便能够写出好的作品来。

三、文学研究的"填补者"

陈则光先生在学科创建中做出了很大贡献，文学研究也很突出。因为他对自己是有所定位的，首先他是一位教授，然后才是学者。所以陈先生的学术研究很大程度是为学科建构服务的。

学界都知道陈先生是中国现代文学史家和鲁迅研究专家。似乎他自己更喜欢鲁迅研究，他也经常以鲁迅自比。除了编写《鲁迅的思想和作品》《鲁迅小说研究》等书稿，还写了不少鲁迅研究的论文，其中，论文《鲁迅先生在广州》影响不小。遗憾的是，他有不少论文没有整理出来发表，这是一笔很重要的文化遗产。陈先生一生做学问和其做人一样朴实，不喜欢张扬，只愿意做一头康乐园里默默耕耘的"老黄牛"。有一件事，可能人们知之甚少。1974年，人民文学出版社鲁迅编辑室委托中山大学注释《而已集》，这本集子有些篇目很抽象，特别是《小杂感》和《拟豫言》两篇，虽然篇幅不长，却不易理解。当时又是一个文化荒芜的时代，文献资料极其稀缺，给注释工作带来前所未有之困难。陈先生写信向冯雪峰求教，恰逢冯雪峰生病了，没有得到什么有价值的文献。陈先生也求教于李何林和北大王瑶两位鲁迅研究的专家。李何林在3月24日回复信件中对《小杂感》和《拟豫言》做出了非常详细的解答，王瑶也做了简略的回复，但都不敢轻易下结论。李何林在信中写道："《拟预言》（原信就是用'预'，而没有用'豫'）是1928年1月发表，预言1929年将发生的事，又是'模拟'的，不能人人事事都有所实指，不过是讽刺一种现象，不一定有针对性——即使有，我也不知道。注释要指出他的讽刺意义……"李何林有些也拿不准，就又推荐了有文献资料的两个学者——唐弢和章石承，并且把他们的联系地址告诉了陈先生。陈先生有没有寄信给唐弢和章石承两人，不得而知。但根据陈先生做学问的秉性可以推断他大概联系他们了，或者联系了其中的一位，因为陈先生非常注重知识的积累，期待厚积薄发的学术呈现。他深深知道学术研究有其自身的演变规律，必须脚踏实地，必须长期坐冷板凳，必须长期甘于寂寞地艰辛付出。甚至在最艰难的时代也必须焚膏继晷，兀兀穷年。据陈先生家人说，陈先生在"文革"时期挨批斗，肋骨被打断两根，但丝毫没有阻止他钻研学术的步伐，他对读书做学问还是信心满满的。

学界对陈先生的认识可能存在一定误区，对其中国近代文学史的研究评价不够。其实，陈先生在中国近代文学研究方面功绩斐然。陈平原说："陈先生心目中的名山事业却是其《中国近代文学史》。"这种判断是对的。陈先生的鲁迅研究确有引人注目的成就，但显然没有《中国近代文学史》（上册）的意义重大。《中国近代文学史》（上册）是中国文学史的重要一环，有了它，中国文学史才具有完整性。陈先生也在小自传中称"专著《中国近代文学史》（上册）填补了中国文学史的一个空白"。此言不虚，陈先生作为中国文学史的"填补者"是名副其实的。

  陈先生是从研究中国近代文学起家的，中国近代文学史这个研究课题在陈先生内心潜藏多年又被重新发掘出来，可见其治学的严谨。但这也往往会留下遗憾。"千古文章未尽才"，完成《中国近代文学史》（上册）之后不久，陈先生就病倒了，病痛尚可忍受，几十年未尽的中国近代文学史课题时刻纠缠着他，一直伴随着他余下的岁月，深深地折磨着他，那种撕心裂肺的感觉，别人是无法体悟的。病床上的陈先生每一次见到同事、学生，眼泪都直往下淌，经常会长叹一声："可惜我的书没能写完。"只要病情稍微好转，他都会思考他的课题，他最想谈的也是他的《中国近代文学史》这一话题。1992年初，陈先生病情好转了不少，春节期间，亲友、学生去拜访他时，他谈得最多的还是这部书，由于身体好些了，他也似乎看到了希望的曙光。但命运弄人，陈先生的"名山事业"再也无法继续了，这是一个老人最后的遗憾。

  据陈平原在一篇文章中回忆，其实，陈先生心里还是挺担忧他的课题的，只不过不愿草率从事。尤其，1985年横遭车祸后，陈先生元气大伤，更时时有写不完此书的担忧。即便如此，先生还是不愿"开快车"、搞速成。就在遭车祸前几天，陈先生给陈平原去过一封信，在信中陈先生谈了他的研究计划，说他对近代文学在1957年摸了一下，以后就没继续了，可谓浅尝辄止，最近又重操旧业，因年龄的关系，面对着书山学海，时感精力的不够，未免兴叹。但当学生们劝陈先生用一些时间先把书稿整理出版，以后再慢慢修订时，陈先生执意不答应，非全部推倒重来不可，说这样做学问踏实，能够心安理得。

  没有完成《中国近代文学史》似乎不太圆满，虽然有点缺憾，但陈先生这种锲而不舍的诚笃的学术精神却难能可贵。

  诚然，做学问必须有诚笃的精神，但做学问也必须有学术眼光。陈先生是很有学术眼光的。他在《中国近代文学大系》学术研讨会上说："中国近代文学的特色，首先在于文学观念的改变，在探索一条从载道、言志解放出来的新路。跟着就是文学价值观念的改变，许多作家都强调经世致用，不论洋务派、改良派或革命派，都想利用文学，特别是小说和戏剧为自己所倡导的政治服务，功利主义的倾向非常突出。这些作品，便是这一历史时期的主流，通过选录，自然表现了它的特色。"这些观点在当时是很有前瞻性的。中山大学中文系董上德教授也回忆说，陈先生是很有学术眼光的，早在1981

年文艺界刚刚解冻之时，陈先生就说钱钟书的《围城》是一部优秀的长篇小说，后来"《围城》热"似乎印证了陈先生的预言。另外，作为学术研究的开创者、前辈，给后来的研究者带来影响是必然的。他的一个学生说，陈先生曾经对他说："学术研究，贵在科学和发现，因循守旧和墨守成规是没有出路的。"这一句话让他受益终生。他至今还牢牢记着陈先生的话，说这是他做学问的根基。

四、学生心中的"撑腰人"

在学生心中，陈则光先生是一位学识渊博、治学严谨、著述颇丰的学者，更是一位有着无私奉献精神的良师。一位学生说："陈老师有着磊落豁达的人格魅力，我们打心底里尊敬他。"师恩难忘，陈先生为学生付出，大家看在眼中，感动在心里。在四十多年的执教生涯中，陈先生给一届届学子讲授文学史和鲁迅研究等课程，丰富了他们的学识，也教会了他们许多做人的道理。陈先生培养了不少研究生，在指导每一个研究生时，他都会说："做学问要沉得住气，不要计较个人得失，只要坚持不懈，自然会有所成就的。"这就是言传身教吧，因为陈先生平时就是这样去做的。

在学生心目中，陈先生教学极其认真，一丝不苟。曾有一个学生说，陈老师每次上课都事先写好厚厚的一叠备课笔记，理论、史实、资料、学术动向等内容都尽可能详细、翔实，以免遗漏，讲课的内容也力求精确，遇到偶然不清楚的问题，他会对学生说，这个问题等课下查证之后再讨论。课下他有时候会为一个小问题查很多资料。这种笃实的学术品格给学生留下深刻的印象，也影响了一代代的学子们。陈先生对研究生的培养更是呕心沥血，竭尽全力。一次，一位1979级研究生，不知道什么原因，迟迟不交毕业论文。答辩时间迫在眉睫，陈先生有些坐不住了，多次催促他赶快交来。别的老师劝他："干吗为一个学生置气啊？得不偿失。"陈先生听了不但不领情，甚至有些生气，他说："能不着急吗？毕不了业，会影响学生一辈子的！甚至毁了这个学生。"论文终于交来了，陈先生不顾65岁的高龄，也不顾患有高血压、冠心病，几乎挑灯熬了一个通宵，才把论文审阅完，让学生如期答辩，顺利毕业。家里人看在眼里，疼在心里，有话说不出。她们知道说什么都没有用的，他的整个心思都在学生身上。另外，陈先生在指导硕士论文写作时，也很注重写作的实效性。他首先要求学生们互改论文达三四遍，直到彼此满意为止，最后交到他手里，他做整体上的把关。陈先生几乎对每一位研究生的论文都做详尽批改，一篇三四万字的论文，陈先生的批改批语就达近万字。这让学生们很感动，也让学生们明白：陈先生就是他们的主心骨，跟着陈先生学习，他们有底气。陈平原回忆说："我刚上研究生那阵子，略有狂态。第一篇交上去的读书报告专论五四白话文运动，洋洋洒洒写了一万多字；报告发下来时把我吓了一跳，先生的批注密密麻麻，和我文章的字数不相上下。有商榷论点的，有校对史料的，也有改正标点符号和错别字的。不在乎观点异同，单是这种治学态度就把我慑服了。"

陈先生的治学精神让学生们慑服，他的"护犊情结"更让学生们感动。在陈先生心里，学生就像他的孩子一样，当学生有困难时，他会像鲁迅一样做他们的"撑腰人"。1986级有一位女研究生在外办事没有按时返校，又没有充分的特别原因，有关领导很是生气，拟取消其研究生资格，那个女生当时就哭了。她不是陈先生带的研究生，他本可以不管，但他还是对领导说："毕竟是个女孩子，万一受不了刺激想不开就不好了，给她一次机会吧？下不为例！"他转过头也好好教育了那个女生一番，那个女生很感激，也承认自己错了，并保证以后一定不会发生类似错误。

陈先生治学风格平实，他经常对学生说："做学问一定要有实事求是的精神，可以有锐气，但绝不能有哗众取宠之心。"陈先生对学生非常了解，因为他也年轻过。作为年轻人，开始不免逞才使气，所以很有"敲打"的必要，"敲打"几次后也就老实多了。但陈先生绝不想把学生教成书呆子，关键是"度"的把握。陈平原回忆说："刚师从先生时，每次听完我的研究报告，先生总不忘叮嘱'论述时要注意分寸'。我刚上研究生那阵子，略有狂态。1983年初，我在《中山大学研究生学刊》上发表了《论西方异化文学》一文。在随后而来的'清除精神污染'运动中，有人到处告状，指责此文为宣传'精神污染'，大有置之死地而后快的意思。是先生挺身而出，主动承担责任，向校方表示此文经他审阅，没有政治性错误。事件平息后，先生又屡屡告诫我'讲话要有分寸'。我自然明白，这时所说的'分寸'，指的是别老闯红灯。"陈先生对此事颇为自得，可能他自己感觉这是鲁迅研究的最高境界吧！陈先生平生以鲁迅为榜样，关键时刻能像鲁迅一样为学生撑一把腰，他感觉非常自豪。

五、康乐园里的"慈父"

康乐园有着悠久的历史文化底蕴,也有着自由的学术氛围。孟子说,"得天下英才而育之",这不就是中大的真实写照吗?这是高校教育的大境界。在康乐园里,园丁们既要"树木",又要"树人","观乎人文以化成天下",这是功德无量的事,也是大学应有之义。陈先生的事业也是功德无量的,他是一名成功的学者,也是受同学们爱戴的老师。在别人眼里看似枯燥的教学研究工作,在他看来是一件快乐的事情,因为他把学生都当成自己的孩子,每次看见自己的学生能有很好的将来,很好的成就,他就感到无比的欣慰。

陈先生喜欢康乐园的生活,在不同时段他的感受是不同的。早上,吃罢饭,走在康乐园里,行色匆匆,他知道那一双双渴求知识的眼睛在等着他的到来;傍晚,下了课,走在康乐园里,步履悠悠,他知道那一道道校园风景线在等着他来欣赏。"朝而往,暮而归,四时之景不同,而乐亦无穷也。"所以陈先生也有他"乐其乐"的地方。陈先生的快乐是有教学之乐和生活之乐之别的。简单地说,课上,他是"严师";课下,他又是"慈父"。

陈先生关心每一个学生的成长就像关心自己的孩子一样。学生吴锡河说:"陈先生的宽厚仁慈在全校教师中也是特别出名的。"就因为陈先生像父亲一样平易近人,学生们都愿意围在他身边,既探讨学问,又谈论人生。更有趣的是,因为陈先生的心胸宽广、宽厚仁慈,学生们都喜欢叫他"则老"或"陈则老",陈先生也乐于接受。

陈平原说:"课堂上不苟言笑的先生,在家里却显得十分随和。接触多了,甚至发现表面迂执的先生,其实也不乏文人趣味。"陈先生有着传统文人品格。他深深懂得"师父"的含义,在他心中,他是学生的老师,也是学生的"父亲"。学生们也知道"一日为师,终生为父"的道理,非常尊敬他。

在生活中,陈先生一直有一个遗憾,就是小女儿陈晓群没有上大学。恢复高考时,陈晓群正在农村当知青。那时候通讯不发达,他唯一能够做的就是一封封地写信给女儿,鼓励女儿多读书多复习,积极参加高考,但还是没有能够如愿以偿。陈晓群说:"没有考上大学也是我的一个心结,后来才明白父亲的良苦用心,可惜迟了。当初,农村条件特别艰苦。劳累一天了,全身酸痛。晚上,在煤油灯下,书没有看两眼就睡着了……这当然不是主要原因,'文革'给我留下的惨痛至今也无法拭去,这是永远的心结……"

其实，陈先生也是一样，"文革"是他永远的痛，也许他的两根肋骨不太疼痛了，但女儿的痛让他更痛。他对小女儿一直是有补偿心态的。陈先生在家经常做饭，尽量让女儿生活舒服一些，每次出差都会想着给女儿买点东西。据一个同事回忆，有一次出差，陈先生闲暇之余，想给小女儿买件毛衣带回去，他跑了很多服装店，同行的人等急了，都回去了。最后，终于给女儿挑到了一件满意的衣服，好像完成了一件大事似的，不苟言笑的他幸福地笑了。

时间是最公平的，它会淘洗掉一切苦痛，因为生活还要继续。作为陈先生的亲人，陈氏姐妹眼前会情不自禁浮现父亲的面影，回忆起父女快乐生活的画面……她们知道，父亲爱她们，父亲希望她们幸福，所以最好的纪念方式是生活幸福。小女儿陈晓群现在生活很充实，除了日常事情，她经常到老年大学读书，是圆自己的大学梦，也是弥补父亲的缺憾，更是对父亲最好的纪念。大女儿陈小明在国外教学继承父志，虽然已经到了退休年龄，但仍然接受返聘，继续教书育人，因为她知道这是对父亲最好的纪念。

陈则光先生一介书生，两袖清风，未能留给女儿们金银财宝。两姐妹学历虽有高低，但在本职工作上都踏实努力，认真负责；在为人方面，她们也努力遵循父亲正直善良的做人宗旨。这些大概都是陈先生这位慈父传给女儿们最宝贵的财富吧！

此声真合静中听
——怀念陈则光先生

陈平原[*]

一

学界一般只知道陈则光先生（1917—1992）是现代文学史家和鲁迅研究专家；可陈先生心目中的名山事业却是其《中国近代文学史》。之所以产生这种错觉，一方面是陈先生在前两个领域确有引人注目的成就，另一方面则是其《中国近代文学史》没能真正完成。"千古文章未尽才"，这是悼念文章的套语；可用在陈先生身上却十分合适，尤其是指其没能完成思考、纠缠几十载的这一研究课题。

去年（1991）1月，我路过广州，到医院探望陈先生。呼唤了好几声，他才睁开眼睛，一见是我，眼泪直往下淌。临别时，只听他长叹一声："可惜我的书没能写完。"5月份我从香港回来，陈先生已经回到中大家中静养。尽管说话不大方便，陈先生还是希望谈谈他的《中国近代文学史》。那时我安慰他等病好了再考虑这些问题，他说躺在床上干着急，想的都是这部书。今年（1992）年初，先生病情好转，春节期间师友学生过访，据说谈的还是这部书。谁知才过两天，先生就一病不起。这部凝聚先生一辈子心血的《中国近代文学史》也就永远只有上册了。

1987年春夏之际，陈先生寄赠他所撰写的《中国近代文学史》上册（中山大学出版社，1987）给我，并表示感谢我的"再三催促"。从1982年春我正式师从陈先生，到今年春天陈先生不幸仙逝，这十年间我们师生讨论最多的就是这部书稿。对书稿的写作，我没能插上一句嘴，也没能帮上一点忙，只是不断地"催"——希望先生不要过分矜持，让书稿早日杀青。大概先生

---

[*] 陈平原：中山大学中国语言文学系1978级系友，北京大学中文系教授。

悬得过高，加上我离开广州后催促不力，书稿还是没有最后完成。

20世纪80年代初，近代文学研究刚刚复苏。一个偶然的机会，我发现了先生写于20世纪50年代的近代文学论文，而且学术质量相当高，这才知道先生不只研究鲁迅。先生称，他是研究近代文学起家的，而且至今还存有整份当年的讲稿。于是，我们师兄弟不时劝说先生赶快"转向"，重理近代文学。每当这个时候，先生总笑眯眯地说"不急不急"。其实先生心里还是有点急的，只不过不愿草率从事。尤其是1985年初遭车祸后，先生元气大伤，更时时有写不完此书的担忧。即便如此，先生还是不愿开快车、搞速成。就在遭车祸的前几天，先生给我来过一信，谈他的研究计划：

> 我对近代文学在1957年摸了一下，以后就没搞了，可谓浅尝辄止，最近又重操旧业，因年龄的关系，面对着书山学海，时感精力的不够，未免兴叹。然而这些东西，还是深深地吸引着我的。

此后，先生便全力以赴地投入《中国近代文学史》的写作。

当初我们劝先生用两年时间，先把书稿整理出版，以后再慢慢修订；先生执意不肯，非全部推倒重来不可，说是要不心里不踏实。听到先生去世的消息，我第一感觉是，先生病危时一定为此书没能写完而撕心裂肺。作为一种研究策略，我们的建议或许不无道理；可作为治学态度，我还是欣赏先生的认真和持重。我到北京求学后，先生不止一次来信，谈及近代文学研究，称："这是一项极艰巨的工作，因为艰巨，得出来的成果，道人所未道，才有意义有价值。"正因为理解其"艰巨性"，先生治学时才如临深渊、如履薄冰，不敢放言空论。当初年轻气盛，不大能理解先生治学的苦心，反而埋怨先生过分谨慎；如今想来，惭愧不已。

二

先生治学，一贯以"平实"取胜。从没有惊世骇俗的高论，可有理可据，立论大都站得住脚。已出版的《中国近代文学史》上册，颇能体现先生这一治学特点。"绪论"一章是根据先生20世纪50年代末的《中国近代文学的社会基础及其特征》一文改写的，还是强调社会—文化—文学三者的互动,但具体的论述更为详实可信。先生不以理论思辨见长,大的框架没有多少突破,具体的论述则新意迭现。对桐城派的中兴,以及对弹词在晚清文坛的意义,先生都有自己独特的见解。尤其是关于19世纪下半叶小说的研究,更见先生的功力。大的研究思路仍是沿袭鲁迅的《中国小说史略》,用狭邪小说、侠义小说和谴责小说来把握小说界革命前的中国文坛。可描述每一种小说类型的演进时,先生都特别注意文学思潮与具体作品的历史联系。而突出西湖散人之《万花楼》开始体现"侠义小说与公案小说合流的倾向",或者将蒙古族作家尹湛纳希的《一层楼》和满族作家文康的《儿女英雄传》,作为近代少数民族作家"对《红楼梦》反响的两种趋向",更是"道人所未道"。

先生对具体作家作品的解读相当精细,对文学与政治的关系比较关注,对通俗文化有很高的热情,这些都是他们那一代文学史家的共同特性;只不过先生治学严谨认真,不时能突破现有理论框架的限制。先生学有根底,却并非一味守旧,颇能欣赏与之不同的学术思路。1990年8月,北京大学召开"20世纪中国小说史国际学术讨论会",先生在提交给会议的论文中,既高度评价了我撰写的《20世纪中国小说史》第一卷,又坚持他注重社会思潮和整体把握作家作品的一贯主张,对此书有所批评。会后师生在未名湖畔漫步,先生一本正经地说,每代人都有自己的路,我提意见只是表明我的态度,并没有要求你照改。你还是继续走你的路,不过讲话注意点分寸就是了。

先生治学风格平实,除了因其"有实事求是之意,无哗众取宠之心",更得益于其对"分寸感"的把握。刚师从先生时,每次听完我的研究报告,先生总不忘叮嘱"论述时要注意分寸"。刚开始我不免逞才使气,被"敲打"几次后也就老实多了;慢慢体会到治学中掌握"分寸感"的必要和艰难。我在中大师从吴宏聪、陈则光两位先生,在北大师从王瑶先生,除了具体知识外,最重要的收获莫过于对学问的敬畏之心以及对分寸感的掌握。只是直到今天,落笔为文,仍嫌火气太大锋芒太露,无法真正做到平正通达。

三

先生是湖南人,但不吃辣椒,或许是久居岭南的缘故,反而显得温和、宽厚。在中山大学师从先生攻读硕士学位的那两年半时间里,有几件事我印象特别深,自认很能体现先生的为人为学。

我刚上研究生那阵子,略有狂态。第一篇交上去的读书报告专论五四白话文运动,洋洋洒洒写了一万多字;报告发下来时把我吓了一跳,先生的批注密密麻麻,和我文章的字数不相上下。有商榷论点的,有校对史料的,也有改正标点符号和错别字的。不在乎观点异同,单是这种治学态度就把我慑服了。读书之事,如鱼饮水,冷暖自知,自觉平生治学不太敢偷懒,这与我前后师从的几位先生,不管学术成就高低,但都以严谨著称有关。

1983年初,我在《中山大学研究生学刊》上发表了《论西方异化文学》一文。在随后而来的"清除精神污染"运动中,有人到处告状,指责此文为宣传"精神污染",大有置之死地而后快的意思。是先生挺身而出,主动承担责任,向校方表示此文经他审阅,没有政治性错误。事件平息后,先生屡屡告诫"讲话要有分寸"。我自然明白,这时所说的"分寸",指的是别老"闯红灯"。

先生对此事颇为自得,平生以鲁迅为榜样,关键时刻能为学生撑一把腰,还有比这更值得骄傲的吗?我至今仍清楚记得,当他向我介绍整个事件经过以及他自己的表现时,顺带提及鲁迅先生对待青年的态度。鲁迅先生的人格魅力,使得许多研究者也都习惯于像他那样肩住黑暗的闸门,放年轻一代到光明的地方去。这也是在中国,鲁迅研究界虽也鱼龙混杂,但总的来说骨头较硬,更讲人格和气节的原因。

当我第一次向先生表示,希望到北京大学继续求学时,先生明显不悦。本来计划让我毕业后留在中大任教,可我却想跑出"康乐村"。这大概有点让他伤心。好在他和我的另一位导师吴宏聪先生都很推崇王瑶先生,相约让我提前毕业,并联合推荐我北上报考王瑶先生的博士研究生。说是考上放行,考不上不准改换门庭。我临上北京就学的前一天,先生在家里设便宴为我送行,酒后吐真言,说是"其实我年轻时也很想上北京"。我也觉得以先生的性格志趣,更适合在北方生活,只是不好意思问当初为何没能成行。此后好几次见面,先生总不忘感叹:"你当初决意北上求学是对的。"至于为什么是对的,先生从不解释。在南方众多学者中,先生治学风格和趣味更接近于"京派",不知道是不是因为这个原因,促使他发此感叹?

先生为人为学均极为认真,平时不苟言笑,学生们背后称他"陈老夫子"。每次上课,拿着厚厚一本讲稿,几乎照着念,很少有即兴的发挥。同学们尽管钦佩他备课认真治学严谨，可还是不大习惯这种沉闷的讲课方式。只是在若干年后，当初手舞足蹈因而大受欢迎的课程烟消云散，而先生认真扎实的讲授反而凸现时，大家这才承认"照念讲稿"也是别具一格。

课堂上不苟言笑的先生，在家里却显得十分随和。接触多了，甚至发现表面迂执的先生，其实也不乏文人趣味。我北上念书后，先生曾录旧作寄赠：

月沉柳岸隐吹笙，何处朱楼酒未醒。
莫道绿窗人寂寞，此声真合静中听。

不知诗后有无"本事"，也不想为此强作解人。只是隐约觉得先生晚年重录少作，有相当深沉的感慨。

1992 年 7 月 5 日于京西蔚秀园

吴宏聪
(1918—2011)

记忆树上的杂花
——缅怀吴宏聪先生

金钦俊*

兰凋香在，桂折气存，有些人有些事是永远缀在你记忆树上永不凋谢的花朵。于我而言，有十分亮丽的几朵为宏聪师专属，现在忆写出来，作为对宏聪师的周年祭。

1997年7月的一天，我去看望宏聪师。他正在客厅看报，桌上摆着三四份报纸。那天刚好是卢沟桥事变60周年，报上多有这方面的报道，我们的交谈也就从这儿开始。

宏聪师谈兴极浓，自平、津失守带给国人的如泰山压顶的亡国危机，谈到淞沪战争十九路军的广东籍士兵操着粤语"国骂"拼死冲向敌阵的壮烈场面；从西南联大住的茅草盖顶（好一点的用铁皮）的土坯房，谈到日军飞机狂轰滥炸，死者残肢挂上树梢的惨状；从第二次世界大战后西德阿登纳几任领导为希特勒的战争罪行向世人下跪的真诚请罪，谈到日本领导人从未向中国和当年被侵略国家人民正式请罪的顽固可恶。在将近三个钟头的长谈中，我真切感觉到宏聪师那颗鲜红热烈的中国心。

尤其让我难忘的是，他头一回向我忆述他在抗日战争初期的爱国行为：1938年2月，面对战火一路向南狂燃、国将不国的严重情势，正在汕头一中读高中的宏聪师和周围同学都坐不住了。于是，他们几经商量、筹备，几十个人组织起了抗日宣传队，奔赴揭阳、普宁一带深入民众去鼓动抗日，历时一个多月。

他们从县城到乡镇，靠的是步行，睡的是地铺，吃的是粗粮，脚板起血泡了，喉咙喊哑了，但国难当头，谁也不喊一声苦。他们一路上从会堂到街头田边去演讲、搞文艺演出、开恳谈会、张贴抗日标语、举行救国募捐等活动。演讲员列举日本侵略者的种种暴行，动情处哽咽不能语，令在场听众痛心落泪，一起振臂高呼抗日口号。

---

* 金钦俊：中山大学中国语言文学系教授。

宏聪师参演过当年演遍大江南北，令无数国人落泪、奋起的街头剧《放下你的鞭子》。他自称当年的表演达到了忘情的地步。他们还带领群众一起高唱《铁蹄下的歌女》和《松花江上》等怀乡爱国歌曲，激发民众同仇敌忾、誓死抗日的情绪。在街头剧演出过程中甚至有民众自发加入到表演中来，表现出高昂的爱国热情。他们还将募捐到的一些钱物汇总后送去前线慰劳卫国护疆的战士。

那天，宏聪师用"热血沸腾"四个字来形容他们当年的爱国之情。在听宏聪师讲述这些往事时，我心里不禁跳出了"爱国者"三个鲜亮的大字，我对他的敬重又增加了几分。是的，宏聪师终其一生是一位坚贞的爱国者，这种情怀何等感人！

1976年4月，宏聪师和我一起赴济南参加国家出版局召开的鲁迅著作注释工作会议，赴会的有鲁迅研究界的领军人物李何林、唐弢、曹靖华等知名人士，可说是中华人民共和国成立以来鲁迅研究界的第一次大聚会，盛况空前。

此前一年，我们中山大学因发现并发布了鲁迅1927年在中山大学任教时写的重要文章《庆祝沪宁克复的那一边》而备受各界关注，《人民日报》等各大报刊都先后刊载，故我们到会时李何林、陈漱瑜等代表纷纷向我们表示祝贺，认为此文对研究鲁迅生平特别是思想发展状况意义深巨。对此宏聪师十分谦逊，一再表示文章不是他首先发现的，不能受此厚意。尽管如此，赞扬之声仍不时传来，宏聪师又一次表示，说这篇重要佚文静卧在中大书库近50年才被我们发现，说明我们在史料搜集方面多有疏漏，应该自省才对。

宏聪师的谦逊我是十分了解的，但这番表态仍有点出乎我的意料，须知为了注释好国家出版局指定的《而已集》，我们注释小组同人在宏聪师带领下在数月时间里先后访问了唐弢、黄秋耘、欧阳山等跟《而已集》相关的各方面人士，弄清了一些史实，并花了一个半月左右的时间仔细查阅了1927年的报纸期刊十多种，派人到北京、四川等地查阅有关资料，正是在这大量的资料搜索过程中，一些过去长期搁置未被发现的有价值材料被挖掘出来，《庆祝沪宁克复的那一边》便是在这一过程中被寻获的，宏聪师对这个团队的指挥之功实不可没。再说，该佚文发现过程中的考证、校勘、发布、宣传等，宏聪师是做了大量工作的，有何过失该"自省"呢？

当然，这只是我的私见，宏聪师并不如此看问题，他从来淡泊自守，在荣誉面前从不自满，更不自骄，而是冷静以对，在成绩面前找不足，以利再战。宏聪师这种谦逊和律己以严的态度，我认为值得我们后辈永远学习。

会议期间，大会组织代表们游览济南名胜——趵突泉、大明湖和千佛山，宏聪师与王士菁、戈宝权二先生和我同行。在趵突泉，宏聪师兴致勃勃谈到了李清照当年居于泉旁，曾对泉梳妆的趣事，并对她的《漱玉词》赞不绝口，说济南一地有72泉之多，人称"泉城"，泉水如银花玉蕊，晶莹温润，正合"漱玉"之意，足见"人杰"还需"地灵"，地缘与作家创作之间的联系值得我们研究文学的人注意。这番意见颇得戈宝权、王士菁二先生同感，对我尤有启发。

在大明湖，宏聪师油然想起老舍先生曾将济南作为第二故乡，并在当地写下题为《大明湖》的长篇小说，可惜后来书稿遭了火劫。宏聪师由眼前景想起旧时事，对作家生活和创作的艰辛有颇多感慨。不久我们来到湖中小岛上的"历下亭"，亭名为乾隆皇帝书写，亭大门两侧有清代书法名家何绍基书的楹联"海右此亭古，济南名士多"。我当时有点纳闷：齐鲁固系孔孟之乡，历来文风炽盛，但济南人自称该地"名士多"是不是有点自夸的意味？宏聪师知道我的想法后便告诉我这副楹联并非济南人自撰，而是杜甫的诗句。我返回广州后查找了一下，果然是唐天宝四年（745）杜甫在济南与北海太守李邕相会时留下的《陪李北海宴历下亭》中的诗句。宏聪师的指点令我茅塞顿开，至今仍然时有忆起。至于济南"名士"，几位先生特别推崇后起（宋代）的李清照和辛弃疾，对李词的清丽典雅、辛词的慷慨悲壮同表赞赏。

游完大明湖后我们便上岸，登上了传说帝舜曾耕稼于此的千佛山。此地多有镌石佛像，山径曲折，自半山亭北望，可见卧牛山、鹊山、匡山等九座山峰列阵，山峦间云烟缭绕，蔚为奇景，戈宝权先生遂记起李贺"遥望齐州九点烟"的诗句，并以"齐州九点"景色赋诗一首，与王、吴二先生切磋。可惜当时我未备纸笔，不能记录下来，颇以为憾。

一次济南山水游，尽显几位前辈深厚的学养，我对此十分感佩。戈宝权先生是位蜚声国内外的作家、翻译家和外交家，我心仪已久，在读中学时便手抄了他翻译的《普希金文集》（记得好像是抗日战争胜利后20世纪40年代后期由上海时代出版社出版）中的《致大海》《假如生活欺骗了你》等名诗并多次翻看和朗诵，这次得以与他同游，实是一大幸事。

1986年间，因应正在全国蓬勃兴起的高等教育自学考试，当时的国家教委组织多学科的专家组成了"全国高等教育自学考试指导委员会"，宏聪师被聘为中文专业的委员并出任全国教材《中国现（当）代文学史》的主编之一（当时设双主编和三个副主编），蒙宏聪师推荐，我被聘为该教材的副主编之一，与知名学者钱谷融（任主审）、范伯群、汤逸中、吴周文、陈思和等一起商订大纲、分头编写和几次审稿定稿。我在中国现代文学的研究方面并未深入，成果也不多，宏聪师的提名实是对我的鼓励，希望我有所长进，以增强中大中文系在现代文学学科方面的实力，虽然我至今仍未做到，但对他提携的厚意我没齿不忘。

因为参编成员多在沪、苏二地（分属华东师大、复旦大学、苏州大学、扬州大学、南京大学，广东仅二人），故我们组编会议大都在该两地举行，我随宏聪师先后到过千岛湖、宜兴、扬州、上海、苏州等地，虽往返奔波辛劳，但宏聪师始终精神奕奕、毫无倦意。我想这除了与他在年轻时练就的健康体魄有关，也充分体现了他的敬业精神。敬业者从不言苦，并甘之若饴，宏聪师即是一例。他德高望重，每次会议都由他主持，他的平易近人与学术民主的作风使大家相处十分融洽，编写任务得以顺利完成，先后出版了《中国现代文学史》《中国现代文学作品选读》《中国当代文学作品选读》三种全国教材，印数累计百万册以上，至今仍在使用。中文专业委员会负责人、出版方和参与审稿的徐中玉先生等对此交口称赞，认为宏聪师贡献良多。

数次随宏聪师出席编校会议，可记之事甚多，我印象最深的是他待人以诚、以礼这一点。我们几次到上海都住在华东师大招待所（中文专业委员会设在该校），宏聪师总在头天晚上便到校外的二村89号寓所拜访当年同在昆明西南联大上学的老朋友钱谷融先生及其夫人。老友相聚，无话不谈，当年钱先生因"文学是人学"一说而遭全国批判的往事，如今已变成了他们谈笑的话题，钱先生爽朗的笑声至今仍响在我耳边。我不禁想起，荒谬可以借强权而盛行一时，但终将可笑落败，信然。随后，宏聪师又会抽时间到三角地复旦大学校区那边看望老朋友贾植芳先生和其夫人，看到他们之间亲密无间的交谈，真是令人心生羡慕。

宏聪师每次拜访贾、钱二先生必备精美礼品馈赠，而两位先生也常以家人同乐式的家宴招待我们。贾老曾因胡风冤案受难多年，但他铮铮铁骨不改，贾师母对他也不离不弃，情深如初，宏聪师和我对他俩十分敬重。

贾老性情豪爽，有山西汉子气概，又善饮，席间与宏聪师对饮时，多次用浓重山西口音说"人生难得几回醉"。宏聪师酒量有限，但为主人美意也就欣然对饮。一次，刚从贾府告辞出来上了车，便小呕起来，只得折返贾老家歇息些时。宏聪师后来对此并无愧意，并风趣地学着贾老口音说"人生难得几回醉"，说能与贾老同饮而醉一回，也是人生一件幸事。从这件小事，亦可见这两位前辈的重情重义，这也令我肃然起敬。

宏聪师在上海时不仅拜访了钱谷融、贾植芳、王元化诸名家，共叙友情，即便对普通工作人员也礼数周到，热情相待。编纂会议期间，华东师大中文系派出办公室人员袁根娣和小孔两位负责会务，宏聪师每次有事与他们联系，必用祈请的语气说出，令他们感受到一种莫大的尊重。

我们第二次到华东师大住宿，宏聪师便提出晚上空闲时上门去拜访袁、孔二位。我怕宏聪师过于劳累，也有点觉得不太必要，便推说下次再去吧，但宏聪师执意要去，于是便起行。他们住的是简陋的筒子楼，地方逼仄，也没多少布置，但宏聪师一到便和他们拉起了家常，俨如故友重逢，室内一片欢声笑语，主宾皆觉畅意。及后袁、孔二位对我说他们前前后后接待过许许多多专家、学者，但前来家访的吴先生是第一人，他们怎么也想不到吴先生这样的知名学者会亲临他们的"寒舍"拜访。细节见精神，这件小事再一次表现出宏聪师待人恳挚的一贯风格。他的民主精神和平等观念实在感人。

1999年6月间，我和宏聪师赴上海修订教材结束后，宏聪师考虑到年事已高，今后再访杭州西湖的机会不多了，便提议回程顺道到杭州游览一回，我欣然同意了。

到杭州后我们在湖滨路附近住下，次日即去游西湖。我们从民间神话中白娘子和许仙相会的断桥进入白堤，游览了平湖秋月、西泠印社，然后由曲院风荷附近拐进苏堤。苏堤长达2.8公里，是白堤的两倍多，宏聪师以轻健的脚步一路过桥寻幽，取景留影，兴致极高。

其时气候宜人，两旁烟柳笼纱，绿树交柯，生意欣欣，中途我们就石小憩，聊起当年（1089）苏东坡任杭州通判（一州的副长官）时主持浚深西湖的事情来。那时的西湖不少是淤泥壅塞、葑草芜蔓之地，苏东坡为造福一方百姓，遂"募民围湖"，利用湖泥和葑草筑成了长堤，后人为彰显他的功绩遂称之为"苏堤"，"苏堤春晓"也成为西湖十景之首。

宏聪师说漫步在苏堤上像是听到了历史的回音，令人对苏东坡又添几分敬意。他顿了一顿又说为民造福本是为官者的天职，但史上能真正做到的为数并不多，苏东坡募民围湖筑堤既兴修了水利，又益增了西湖的美景，实在功在千秋，今天我们也享受到了，这可说显示了苏东坡的"官德"。

我深深体会到宏聪师为官者须"为民造福"以及要有"官德"的观点并非一时兴来之谈，而是他一贯的主张。宏聪师执教数十载，弟子中多有从政者，宏聪师每与他们接谈，总以此勖勉他们。宏聪师的一身正气和厚重的人文精神于此可见一斑。

20世纪50年代在中大念书时，系里讲授中国现代文学的教师仅有宏聪师和陈则光老师二位，1959年我和同级同学黄渭扬毕业留校，跟随这两位导师从事中国现代文学的教学和研究,时称"二老二少"。后来黄渭扬老师不幸英年早逝,离50岁生日还差一点,陈则光老师也相继离世,于是"二老二少"折了一半。宏聪师对此颇感伤怀,我去造访时他多次提起这事,勉励我们健在者(后来现代文学课程增补了不少新生力量)要加倍努力工作,完成他们未竟的事业。

在宏聪师的关切下,我暗暗告诫自己:不管阴晴顺逆,都要走好自己的人生路,作为对师尊的一种回报。事实上,我的人生路并不平坦,能够一次次安然走来,都离不开宏聪师的鼓励和督促,他对后辈的厚爱我将永世不忘。

作为弟子,我和宏聪师来往较多。出于敬重,去看望他时总会捎点礼物上门,过年与贺寿时会稍为隆重一点,平时也就是捎点平常之物如茗茶、咖啡之类。宏聪师1935—1938年在汕头一中读高中,对潮汕食物深有好感,常忆起当地的蚝烙、糕粿、牛肉丸、芋泥和咸面(一种手打的半干咸面条),我每逢返汕探亲或办事,也就顺便捎点过来送他尝尝,他总是十分客气地道谢,显得十分高兴。但时常令我过意不去的是他的"回礼",每回在客厅叙谈过程中,他中间会起身回里屋捡集礼品并包装好,在我起身告别时取出送上。我不敢领受,他便以"恭敬不如从命"相劝,我深知宏聪师待客之热情,他要送你东西你再怎么坚辞都是失效的,于是每次都只能"乖乖就范"。回想起来,宏聪师回的礼物重于我的居多,我生平头一回尝到的名品,如比利时朱古力、中国台湾冻顶乌龙茶等都是他所赠送的。我常想,弟子馈师以礼物世间常有,但师以厚礼回赠弟子的并不多见,我有这样爱我的师长该是多么荣幸!

说完"回礼"便来说说宏聪师的"回访",对拜访过宏聪师的人,不管长幼尊卑,他都会尽量回访,连我这样的弟子也不例外。宏聪师过完米寿(八十八岁寿辰)以后腿脚多不方便,出门需有人搀扶。有一回,他打电话到我家,说过一会儿过来坐坐。我一听慌了,马上说:"吴老师您别忙,我马上上你家去!"他含笑说道:"那用不着,我快到你家了。"原来宏聪师怕我不让,故意"秘而不宣",让他外甥女扶着,从东北区住所走了近半个小时来到我家。我住的是没有电梯的旧楼,又是第五层,他便艰难地一级级拾级而上,喘着气进入我家。在我家坐谈了一个钟头左右,他又登上六楼去看望比我还年轻的陈培湛老师。若有人问:这一年吴老师多大年纪?那我要高声回答他们:他已年逾90!

宏聪师仙逝后,我脑海中常出现这样一幕:艳阳高照,碧草如茵,校道绿树交柯,状如拱门,在这清幽的绿世界里,一位慈祥的老人,在一位女士搀扶下,快意而又步履蹒跚地自惺亭那边缓缓地向西行进,去看望他的弟子们。可惜我没有画画的才能,将它绘制出来,然后朗声告诉所有人:看!这就是我的恩师!

前人说"知恩图报",宏聪师呀,如今我已无法回报您的恩德了。我只愿您永远带着灿烂的笑容、优雅的风度,活在我们几千弟子的脑海里!

吴宏聪与西南联大的故事

——吴宏聪先生的《向母校告别》及相关照片

陈平原*

在《过去的大学》(《新民晚报》2000 年 7 月 16 日)中,我曾提到"先后问学的几位导师出身西南联大",当时想到的,主要是中山大学的吴宏聪先生和北京大学的王瑶先生、季镇淮先生。吴先生 1938 年考进西南联大中国文学系,1942 年毕业后留校任教,直到 1946 年西南联大结束办学,随王力先生转往广州的中山大学。王先生 1934 年考入清华大学中国文学系,"七七事变"后辗转各地,1942 年 9 月在西南大学正式复学;第二年考入研究院,师从朱自清先生专攻中古文学,1946 年西南联大结束前夕完成毕业论文《魏晋文学思想与文人生活》。季先生 1937 年就读于长沙临时大学,后转入西南联大中文系,1941 年考入研究院,师从闻一多先生,1944 年修业期满,考试及格。王、季两位先生都是先任清华教职,1952 年院系调整时方才调入北大。作为我硕士研究生和博士研究生阶段的导师,吴、王二位先生对我的治学乃至人生道路有很深的影响,这点几乎不必论证;季先生则不一样,我并没有真正跟随他念过书,可他是我妻子夏晓虹的导师,故也常有拜谒请教的机会。

说这些,并非故意摆谱,炫耀自己"师出名门",而是想解答一个疑问:作为"文革"后最早进入大学的一代,我们是如何接续传统的。不必讳言,尽管"大治之年气象新"(1977 年高考广东省的作文考题),师生们意气风发,但学术环境其实很不理想。思想文化上的"拨乱反正",需要一个很长的时间;重建看得见摸得着、能让学生们心服口服并一意皈依的学术传统,谈何容易!这个时候,老教授们的言传身教,起了决定性的作用。青年学生们欣赏并认同七八十岁的老教授,而对四五十岁的中年学者颇有微词,当初以为是古已有之的"远交近攻",日后逐渐看清楚,这种带有普遍性的"老少结盟",很可能不是基于功利的考虑,而是学术传统的重新选择。在学者

---

* 陈平原:中山大学中国语言文学系 1978 级系友,北京大学中文系教授。

人格以及研究思路上，跳过二十世纪五六十年代，而接上三四十年代，这一以"复古"为"革新"的潮流，从具体命题到历史人物，再到学术传统，最后落实为教育制度。这就不难理解为何九十年代中期以后，谈论"老大学"成为一种兼及雅俗的"时尚"。

起码在人文研究领域，经由晚清至五四的破旧立新、熔铸中外，已经初步形成了一种生机勃勃的现代学术。二十世纪三四十年代的中国，虽然战乱频繁，但这种学术传统及植根其间的大学制度，仍在艰难的环境下继续成长。身历其中，耳濡目染，日后虽有诸多令人很不愉快的"思想改造"，但终未彻底泯灭年轻时刻骨铭心的记忆。一旦"解冻"，年轻时的记忆复活，其言谈举止，竟让青年学生惊叹不已。这时候的老教授，不仅仅是校园里的流动风景，而且肩负着承传学术传统的重任。

1997年11月，在中山大学为吴先生准备的从教五十五周年纪念会上，我做了题为"为人师者"的发言（发言稿刊于《美文》1999年3期），其中提到我念研究生时发生的一件小事：吴先生明确表示不同意我某篇文章的观点，但仍将其推荐给《中山大学研究生学刊》发表。接下来是这么一段：

> 吴先生的这种胸襟，除了个人气质，还得益于毕业西南联大的学术背景。我之所以敢如此断言，是因为我到北大师从王瑶先生，偶然说起此事，王先生脱口而出："那是很自然的，没什么好说。当年朱自清、闻一多指导我们，也都这么做。谁能保证自己永远不错？要学生绕着自己转，导师、学生都没出息。"我很高兴，在我蹒跚学步的时候，能得到如此宽厚的待遇；更难能可贵的是，借助吴先生、王先生，我得以理解西南联大乃至老北大的学术精神。

吴先生读了这段文字，大为感慨，于1999年9月10日给我写了一封长信，还附上一帧精心保存的照片。信中有两处涉及西南联大的史事，值得大段引录：

> 我四年级做毕业论文的题目是《曹禺戏剧研究》，当时曹禺的剧作虽然很轰动，但把曹禺作为学术研究的对象恐怕不多，"话剧"与"学术"那时在一些人心目中似乎还不太"沾边"，但系主任罗常培（他是著名音韵学家）批准了我的选题，导师是杨振声先生和沈从文先生。但我把论文提纲送给杨、沈两位导师审阅时，杨先生不同意我一些观点，

而沈先生却认为论文提纲尚有可取之处，作者对曹禺的几本剧作的确下了一些功夫。我觉得导师意见不同，我夹在中间，很难下笔，提请改换论文题目。但杨、沈两位老师都认为没有必要，论文写出一点新意，持之有故，言之有理就行，你完全可以按照你的思路写下去，自成一家之言。杨、沈两先生还说，导师是指导你写论文，不能我们讲一句你写一句。最后我在导师的指导下写了几万字的论文，虽然有的问题没有按照杨先生的意见去写，但杨先生不以为忤，循循善诱，使我受益不浅，毕生难忘。最令人感动的，杨先生还跟闻一多先生一起推荐我留系工作，教先修班国文。

信中附上的照片，是我以前跟你说，我手头有一张1946年北大、清华、南开三校复员北迁，西南联大宣布结束时，中文系师生的合照，颇有历史价值，如果北大校史陈列室需要的话，可以奉送。去年联大校友会征稿，我也写了一篇回忆文章，题为《向母校告别》，并附上照片，希望图文并发。但编辑发了文章，没有刊登照片（全书均未刊照片），未免可惜。文章可有可无，照片却是历史的见证，十分难得。但事已如此，只有等到联大100周年纪念的时候，再有李平原、王平原或×平原的学者出来撰写《老照片的故事》续编了。现将《向母校告别》复印一份一并寄上，让你"感受"一下（不是"触摸"）当年我们分手时的情景。毕竟我们在艰苦的岁月中共同度过了八年，真有点依依不舍啊，大家心里都有点沉甸甸的，绝不像杜甫说的"漫卷诗书喜欲狂"。

信中打趣的话，指向我的两册小书《老北大的故事》（江苏文艺出版社，1998）和《触摸历史——五四人物与现代中国》（广州出版社，1999）。吴先生知道我对现代中国大学的历史感兴趣，希望我"乘胜追击"，"啃下"西南联大。

诞生并成长于抗战烽火中的西南联大，只存在了短短九年（1937年8月—1946年7月），前后在校学生不过八千人，可在中国教育史、思想史乃至政治史上所发挥的作用，后人无论如何估计都不会过高。触摸并阐释西南联大的历史、人物、学术传统与精神风貌，确实极有价值。但以我业余选手的身段，其实很难膺此重任。好在《笳吹弦诵情弥切——国立西南联合大学五十周年纪念文集》（中国文史出版社，1988）、《国立西南联合大学校史——1937至1946年的北大、清华、南开》（北京大学出版社，1996）和《国立西南联合大学史料》（云南教育出版社，1998）等精彩的回忆录、史著以及资料集，为读者之进入作为"历史"或"话题"的西南联大，提供了绝大的方便。

虽然读过不少有关西南联大的史料，但吴先生鲜活的回忆，还是很让我感动。现征得吴先生的同意，在西南联大结束办学五十六周年前夕，将《向母校告别》一文以及这幅珍贵照片，奉献给喜欢西南联大的朋友，以纪念这所将永远活在中国人记忆中的真正意义上的"大学"。

国立西南联合大学中国文学系全体师生合影（1946年）

黄家教
(1921—1998)

登临恨不高千仞
——记潮籍著名语言学家黄家教教授

林伦伦*

不久前我到母校中山大学拜访老师们，黄家教先生刚从校医院住院出来，精力稍有好转，便忙着整理他的语言论集。我请他老人家多保重身体，他却笑笑说："也该是回头看一看的时候了！值得留下来的东西不多，也就是这么一个集子了。"言语间不无抱憾之意。

是的，凡是志气高远的人都有终生奋斗、"老骥伏枥，壮心不已"的共同点。黄先生之业师、中国著名语言学家王力教授可谓著作等身，名驰中外了，但老年时亦犹感"登临恨不高千仞"。黄先生曾以《愧对良师》为题写了一篇纪念王力先生九十寿辰的文章，因而我深深地理解黄先生的那两句不无感叹的话。今天应《韩山师范学院学报》之约，写一篇介绍黄先生的文章，也就用王力先生的这句诗来作标题。我想，黄先生应该是同意的。

黄家教先生，澄海澄城人，生于 1921 年 8 月，1947 年毕业于中山大学文学院，是著名语言学家王力先生手创的语言学系的第一届毕业生，师承于王力、岑麒祥、方光焘、杨树达、商承祚、严学宭等著名学者。黄先生的父亲是著名学者黄际遇教授。黄际遇教授生前曾任中山大学数学天文系教授、系主任，并在文学院开讲"说文研究"和"骈文研究"课程。可谓天文数学、语言文史无不精通。黄先生幼承庭训，故也有其父博学多才之风。在中山大学任教四十多年来，开过"汉语方言学""汉语语音史""语言学概论"和"现代汉语"等课程。不论开什么课，都以资料丰富、风格生动、妙语连珠而赢得学生们的深深佩服。

---

* 林伦伦：中山大学中国语言文学系 1978 级系友，教授，曾任韩山师范学院校长。

二

回顾黄先生走过的学术道路,他的学术成就主要集中在三个方面:

1. 汉语方言和少数民族语言研究

20 世纪 50 年代,黄先生开始发表学术成果。50 年代末期,他应邀到兰州大学讲学,在《兰州大学学报》上发表了《海南临高的"苏东坡话"》(1957.1) 和《潮州方音概述》(1958.1)。这两篇文章都是第一次对其研究对象进行描写研究的成果,尤其是潮汕方言那一篇,他独具慧眼地以当时尚未发展成熟的汕头话音为记录、描写的标准音,并与其他的潮汕方言点作了比较研究。联系到几年前他写的《潮汕方言的代表语问题》,主张随着经济、文化、政治中心的转移,潮汕方言的代表语应该由潮州府城话转为汕头市话,越发感到先生预见的高明。

当然,先生在汉语方言研究上的最大成就,还在于对广州话的研究。他的两篇论文《广州话无介音说》和《从"等"来看广州方言入声消失的迹象》在汉语方言学界产生了强烈影响,奠定了他在汉语方言学界的地位。

《从"等"来看广州方言入声消失的迹象》一文指出广州方言不仅没有"入派三声",反而有三个入声调类,但这是入声弱化现象而不是强化现象,"中入"的出现是入声消失的信号。二是指出广州方言入声调的分化不是以声母的清浊为条件,而是以韵母的洪细为条件。三是广州方言不但非入声韵母和入声韵母有舒促之分,入声韵母"中入"和阴入也有舒促之分,即中入调韵母的主要元音较长,阴入调较短,尽管两者都有塞音韵尾。《广州话无介音说》一文通过对广州音系的详细调查、整理、研究,从音位系统性的角度出发,提出现代广州市话没有像普通话里的 [i]、[u]、[y] 那样的介音(韵头),而有一套圆唇舌根元音声母 [kw]、[k'w]。由于这种现象在汉语方言中几乎是绝无仅有的,因而颇具特殊性。这种说法一开始便引起了很热烈的争论,影响很大。关于汉语方言研究的成果,重要的还有《有关汉语方言分区的一些问题》《广东四种方言字典的编写》《韶关方言新派老派的主要差别》《广州方言的特殊语序现象》《粤方言地区中的一个闽方言岛——中山隆都话》和《从历史音韵来考察汉语方言语音的差异》等。

值得一提的是,黄先生除了研究汉语方言,还对少数民族语言作了研究。早在 1958 年,他就发表了《海南保亭黎语音位系统》一文。1963 年,又发表了《潮安畲语概述》一文。后者至今仍然是关于研究粤东畲语的重要文章,多次被介绍、引用,在少数民族语言研究上占有一席之地。

2. 对汉语方言调查经验的总结

20世纪60年代,先生开始对汉语方言调查的方法进行经验性的总结,由于先生亲自做过大量的方言调查、研究工作,因而文章都立论正确,方法可行,材料丰富,既具有理论指导意义,又具有实践应用价值,如《关于汉语方言词汇调查研究的问题》《谈汉语方言的语音调查》《谈汉语方言语法材料的收集和整理》等。后来,先生与詹伯慧诸先生合作,把这些文章扩写成一部44万字的巨著《汉语方言及方言调查》,该著作被国家教委指定为高校文科教材,被初学者奉为圭臬。

3. 社会语言学和语用学方面的研究

社会语言学和语用学研究在我国起步较晚,但黄先生却是较早在这两方面进行探索的开荒牛。"文化大革命"刚刚结束不久,他便发表了《聋哑儿童的语言训练》一文,提出了聋哑儿童语言训练的原则和措施,如发音训练的程序,词语教学、语法教学和识字教学的原则等,还研究了聋哑儿童学习语言与发展思维的关系,提出通过语言训练来发展聋哑儿童的思维能力的主张。

1981年,他又发表了《广东人学习英语语音的难点辨析》一文,通过对广东三大方言音系与英语语音的对比研究,指出广东人学习英语语音的难点,并分析了产生困难的原因,提出了克服困难的办法,对广东人学习英语具有理论指导意义。

地名研究也是黄先生下了功夫的一个方面。早在1980年,他就发表了《广东地名词的规范问题》。后来,又陆续发表了《例释地名的考证》和《地名的研究和应用》等文章,提出地名应该规范化,规范化应该有一定的标准,并对地名的考释提出了指导性的范例,指出地名研究对文化研究的作用等。由于先生是著名的语言学家,因而从语言学角度来研究地名,多有发现和发明,在地名学中独树一帜,受到地名学界的一致好评。

在语言与文学、语言与逻辑方面,黄先生也做过很有针对性的研究,发表过《在"与"字上做文章》《说写》《说〈说写〉》《论方言话剧与推广普通话——兼论方言话剧的语言规范问题》和《语言与文学》等论文,多有创见。如《论方言话剧与推广普通话》一文认为,不能因为方言话剧是用方言来演出的,就可无限制地追求土僻;也不应因为方言剧也负有促进汉语规范化的责任,就把普通话的东西硬搬进方言剧里来。文章还论述了不同剧情和不同人物的语言规范原则等问题。

黄先生在进行方言描写研究时，其实也非常注意语言与社会的关系，无论是他的那些有关方言调查研究的指导性文章，还是那些具体的研究文章，他都特别关注这个方面，例如他的《潮汕方言的代表语问题》《"厚茶"小议》以及《韶关方言新派老派的主要差异》等。尤其是后者，详细分析了韶关本城话青年人与老年人口音严重分歧的对应关系，研究各自的口音特点的历史渊源，指出青年人与老年人口音分歧如此严重是韶关本城话趋向消亡的征兆。

三

黄先生不但学问做得好，在教书育人方面也堪称良师。

首先，黄先生课讲得棒。笔者有幸聆听过黄先生的教诲，至今仍对其讲课的精彩场面记忆犹新。黄先生讲课，往往以理论为纲，注重用丰富生动的材料来说明问题。上课时他口若悬河，妙语连珠，佳例迭出，使学生在轻松的气氛中接受了知识。黄先生讲课，绝不"满堂灌"，他常常在学生哈哈大笑之时，突然提出一两个启发性的问题来，让学生思考讨论、发表见解，然后他再作小结，画龙点睛，使学生的思维不只停留在笑话上，而是把它与语言理论挂上钩，让学生于不知不觉之间学到深奥、枯燥的语言学知识。听黄先生讲课，决无拘束厌烦之感，我们往往是在余兴未尽时不得不下课的。

其次，黄先生不但在课堂上教书，在教室外也始终把教育学生、提携后进作为义务。现为湖南湘潭大学中文系教授的李永明先生在反右运动时期正在黄先生指导下撰写《潮州方言》一书，被视为"白专"分子。但黄先生认为学生做学问无罪，一如既往地给予其指导。时至今日，一谈及此事，大家无不为黄先生的高尚品格所深深折服。后来，李先生要出版专著《衡阳方言》（1986）和《临武方言》（1988），都请黄先生再予审阅指教，黄先生慨然应允，并为其作序。

黄先生是著名语言学家，因而后进者求其指教、写序的很多，黄先生从不摆名教授架子，总是认真审稿，提出修改意见，写出短小精悍的序言来，以鼓励后进。笔者1989年出版《潮汕人学习普通话手册》时，便承先生不吝赐序，使小册子增光不少。粗略地统计一下，先生近几年为后进所写的序言不下十篇。由此可见先生热情奖掖后进的拳拳之心。

黄先生身为知名教授，在国内外享有较高声誉。他从教40多年，桃李遍天下，学生成为名人的也有不少。但先生生活俭朴，平易近人，有仁者、长者之风。无论是成名成家的学生，还是我们这些无论从年龄还是师承讲都是孙子辈的学生到先生家拜候请教，先生一律热情接待，有问必答。他的朗朗笑声往往感染了在座的每一位学生，驱走了我们的拘束感。而在学术问题上，他鼓励学生提出跟他不同的意见。他主张不囿师说，总是引导学生积极争论。认为只有这样才有可能"青出于蓝而胜于蓝"。

  最后还要提到的是，黄先生对家乡的教育文化事业十分关心。他应邀担任汕头市语言学会、潮汕方言研究会的顾问，多次莅汕讲学，为潮汕地区的文化教育事业献策献计、尽心尽力。

龙婉芸

(1923—)

百岁资料员龙婉芸：
她是中山大学中文系师生心中的丰碑

黄天骥*

在教育系统中，教职员工，都是学校这大家庭重要的组成部分。教师对学生的教育培养，固然起着重要的作用，尤其是在高等院校，教授、名师的指导，也是必不可少的。但是，在大学，学生要取得进步，更重要的还是靠自觉地、刻苦地、创造性地学习。在二十世纪九十年代以前，电脑还未通行。大学生要到图书馆或资料室借阅图书，搜集资料。因此，图书馆员和资料员，必须具有高度的责任心和业务水平。他们默默地工作，为各个学科师生的学习和教学科研，做出贡献。

今年（2022），是中山大学中文系资料员龙婉芸先生的一百岁寿辰。她的子女编印了《百岁百福》图册以示庆祝，图册中展现了龙先生在不同时期的一百帧照片。仔细观看这些照片时，龙先生在工作各个时期的身影，也陆续地涌上了我的心头。

我是在1952年考进中大中文系学习的，在康乐园，我看见过许多名师大家，但从读大一开始，接触最多的，反而是龙先生。细看"百福图"，那时，她应是在第三排第四行那幅的模样吧！转眼间，龙先生已步入百岁老人的行列了。

我进入中大以来，常到中文系资料室借书和学习。在资料室里，龙先生是工作时间最长，也是最忙碌的人。购买图书，借还图书，搜集资料，剪贴装订报刊，订阅各种杂志，报销各种费用，往往由龙先生"一脚踢"（粤语，"包办"的意思）。每天，在资料室里，上班最早的是她，下班最迟的也是她，只见她每天勤勤恳恳，等到学生教师全都离开后，才谨慎地关好窗户，锁上资料室的门。

在二十世纪五十年代初，我每次到资料室看书，就会看到一位娟秀瘦小的资料员，脚步轻快，态度和蔼。如果我要借阅什么图书，却不知道它被放

---

* 黄天骥：中山大学中国语言文学系教授。

到了哪一个书架,便向她请教。她麻利得很,一下子就在几万册的图书中,替我把需要的书找了出来。同学们都很佩服她,她就是龙婉芸,大家都称她为龙老师。我知道她是广州人,便用广州人尊称对方的称谓,喊她为龙先生(龙siung)。这一喊,一直喊了七十年。

我在大学毕业留校工作后,和龙先生接触的机会就更多了。在我的心目中,她就是我的老师我的老大姐。后来又知道,原来,在新中国成立初期,她便毕业于中山大学语言系,是纯粹的语言学科方面的学术人才。而且,在语言学专业方面,水平很高。语言学教研室好些老师在私下说:据知,王力教授曾经认为,龙先生在大学攻读时的业务水平,一点都不比她的先生黄家教老师逊色。当我听到了教师们对龙先生的评价,便向系总支书记建议:"语言组教师不多,功课繁重,而语言学科是中文系的半边天。大家都认为,该把龙婉芸调到语言组任教,最为合适。"谁知书记竟把我叱责一通,说我多管闲事,不知高低,又说人事问题轮不到我这小辈置喙。我受到批评,满肚子不愉快,但只好讪讪地走开。后来才知道,这位总支书记,其实也是想把龙先生调任到教师编制的,但语言组内,却有人强烈反对,因而无法推进。对此,我想龙先生也未尝不有所了解的吧!但令我钦佩的是,她的工作情绪,丝毫不受影响,她只管全心全意做好本职工作,把整个图书资料室管理得有条不紊。

在龙老师退休以前,随着办公地点和课室的更换,中文系资料室搬了又搬,资料室工作人员,走了一位又一位,只有龙先生一个人坚持到退休的年纪。凡是刮风下雨的晚上,龙先生担心资料室的门窗没有关好,总会摸黑冒雨回到系里查看;凡是要购买大批量图书,她便以瘦小的身躯,扛着、抱着、用单车推着,大汗淋漓地把重重的书籍带回资料室。最让人感动的是,在二十世纪,她主动和广州的新华书店建立了联系,当出版社有新书出版,而这书对某老师或某些学生适用的,她便主动通知有关读者,或代读者购买。1979级的刘中国同学如今还记得:"同学康乐园时光,资料室龙婉芸老师,推荐过巴乌斯托夫斯基的《金蔷薇》,我即从她手里买了一本,从此一发不可收地迷上了巴乌斯托夫斯基。"后来,刘中国在毕业后取得了很好的成果。同样,多少年来,许多教师或备课,或写论文和专著,在寻找资料时,无不得到龙先生的帮助,可以说,许多研究成果,里面有着龙先生的劳绩。中文系师生都晓得:在中文系工作的几十年中,她一直把资料室看作自己的家。"润物细无声",她的工作似乎很平凡,却为全系师生的成长,做出了卓越的贡献。

我在二十世纪五十年代初,已很熟悉龙先生,对她十分钦佩。因为,她一面要照顾四个从两岁至十一岁未成年的孩子,而且在物质供应非常困难的时期,负担了极其繁重的家务,这才让她的丈夫黄家教教授有可能全心全意地进行教学和科研工作,取得了卓越的成绩,成为著名的语言学家。另一面,她又全心全意投入中文系图书资料室的工作,配合着师生的教学科研,从各方面做出不为人知的努力。

　　更令人钦佩的是,她对系里的教师十分关怀。在经济困难时期,学校的农场,有时会给教工分配一些食物,如小鱼、蔬果之类。在物质奇缺的年代,教工们分派得到这些东西,便如获至宝,像过节一样高兴。有一回,方孝岳教授也分到了一份小鱼。但方老先生远在校外,龙先生便替他领取了应得的一份,先把小鱼清洗处理干净,并用自家凭票购买仅有的一点食油,把小鱼煎好。跟着,连晚饭也顾上不吃,尽快坐公交车,把煎好的"宝贝",从康乐园送到文明路方老先生的家中。这敬重老人、先人后己的无私举动,让大家感动不已。要知道,那时夜里坐公交车往返市区,很不方便,何况她家里还有几个孩子嗷嗷待哺。但是,为帮助方老先生,她什么也顾不上了。

　　我还记得,在"三年经济困难"时期,粮食供应紧张。1961年的某一天,黄家教老师约我们几位喜爱打乒乓球的青年老师晚上到他家里,用收音机收听26届世乒赛中国队对日本队争夺冠军的广播。当我们听到徐寅生连续以十二大板,战胜日本的"秘密武器"星野展弥,获得世界冠军时,拍掌大叫,兴高采烈。比赛有了结果,大家正想离开。谁知黄老师叫我们留下,然后,龙先生捧出了她的"秘密武器",那是一大盘玉米、红薯、花生等热气腾腾的食品,放在桌上,慷慨饷客。这些东西,是他们一家利用课余时间,为应付粮食供应紧张,在屋前屋后种了出来,以备不时之需的。现在,龙先生把当时"备战备荒为人民"的物资,拿来招待我们,作为夜宵,是知道我们几个年轻教师粮票不足,顿顿半饥半饱。面对香喷喷的玉米、红薯,我们喜出望外,其诱惑力一点不逊于听到徐寅生的连击十二大板。后来,离开了龙先生的家,大家忽然发觉,怎么当晚完全不见他们家里的几个小朋友?仔细一想,肯定是龙先生夫妇事先作了安排,免得孩子们争着和叔叔分享,只让我们饥肠辘辘的叔叔吃个痛快。而龙先生夫妇把后辈视为亲人的情谊,让我们感念至今。

　　1969年,我们一起到粤北天堂山的"五七"干校,参加劳动锻炼,工作十分艰苦,挑挑抬抬,把衣服都磨损了。龙先生竟把当时被认为属于自家贵重私有财产"胜家牌"缝衣车,抬上高山,供大家使用。她还不顾疲劳,在劳动之余，经常替"五七战士"缝补衣服。许多人的衣服，被担挑磨损，被树枝刮破，都请龙先生想方设法，硬是把破烂衣服修补妥帖。当大家在傍晚享受片刻闲暇，坐下聊天时，听到龙先生的缝衣车轧轧地响个不停，就知道她正为"五七战士"们辛勤加班工作。

在1969年12月，"干校连长"指派龙先生、罗锡诗和我，负责制作元旦游行的"献礼作品"。我们领到任务，绞尽脑汁，爬山越岭，弄来了近两米见方的木板，进行装饰。龙先生机智地找来了类似险峻山峰的干枯树皮，钉在木板上；并且粘上立体的小茅棚、小人像等。我们还在木板后面安装上小电泡，弄来干电池，通电后让这件"作品"闪闪发亮。制成后，"中大五七干校"的"战士"，抬着这玩意参加坪石元旦大游行，竟大受欢迎，县委高度表扬我们的创意，还专门将其留下放在展览馆展出。这一次和龙先生的合作，让我认识到她具有很高的才华。如果让她从事教学工作，必然也绰绰有余。

几十年过去，在中文系现存的教师中，我算是最早认识龙先生的吧！在创办《刊授指导》时期，我请已经退休的龙先生重新参加工作，并请她负责抄录学员名册，制成卡片。当年学员人数众多，工作难度极大，龙先生又率领一批人员，很好地完成了任务，推进了大学普及教育的开展。

几十年过去，龙先生为中大中文系的发展，做出了很大的贡献。中山先生嘱咐我们："要立志做大事，不要（立志）做大官。"按我的理解，由于每人处境不同，机遇不同，不可能每人都能做出轰轰烈烈、惊天动地的大事。但是，只要在不同的工作岗位中，踏踏实实地工作，为群众谋利益，受群众欢迎，这就是做了大事，做了实实在在的大事。龙先生在工作期间，默默地为教育事业耕耘，时间最长，做得最好，被评为中山大学三八红旗手。我们的资料室，在她退休前，没有主任，她也没有名位，但人人都知道，她就是资料室的负责人。我在中大学习和工作，整整七十年，从来没听到有人对龙先生的工作有任何意见，无论是学生，还是教师，都记得龙先生，说到她时，无一不表示赞扬和敬仰。这就是比什么都要贵重的口碑！是在中文系师生心中建立的丰碑！

谨在龙婉芸先生百岁大寿的时候，向她致以诚挚的祝福！也在教师节来临之际，向在平凡岗位努力的从事教育的员工，致以敬意。

邱世友
(1925—2014)

"念中文的,就要像梅花一样高洁"
——追忆邱世友师

吴承学*

我读大学时,最喜欢的科目是先秦文学。究其原因,是喜欢任课老师卢叔度先生。他是刚从系资料室解放出来的老"右派",性豪爽,喜品藻,任诞简傲,恍若《世说新语》中人。我的毕业论文是由他指导的,那时一门心思就想考卢先生的研究生。可是,1982年,中大中文系只有中国文学批评史和现当代文学两个专业招研究生。卢先生建议我报考批评史,他介绍说,导师黄海章、邱世友先生学问、人品都好,邱先生也是他的好友。那一年,"文革"结束后第一批入学的1977级学生刚好毕业了,报考的人很多,招生名额又极少,中大中文系只招四名。我的本科同学陈平原兄考上吴宏聪、陈则光先生的硕士,我和孙立则有幸成为黄海章、邱世友先生的开门弟子。黄海章先生当年已85岁,这是第一次也是最后一次招生。邱先生58岁,按当时的说法,仍属"中年"教师。

邱先生长得端方厚实,慈眉善目,一脸佛相,却不善言辞,迟缓的语言追不上跳跃的思维,往往造成表达上的断裂和空白,甚至有点小结巴。孔子曾说:"刚毅木讷近仁。"我读到此语时,往往就联想到先生。先生专题课内容主要是《文心雕龙》与词学,内容便是他已撰写或准备撰写的文章。刚一接触,内容颇感艰深难解,久而久之,我们逐渐习惯以课前预习、课后补习的方式,去弥补先生在讲课中的空白,竟大有所得。

1984年,我们硕士毕业,孙立兄留在中文系,我被分到古文献所,都在先生身边工作,被人戏称为邱公的"哼哈二将",这大概也是先生感到得意的。这一年,他刚好60岁。惭愧的是,我们没能帮先生做什么事,只是继续在他的指导下读书。每次见面,仍是谈学术为主。先生间或回忆自己的生活,

---

* 吴承学:中山大学中国语言文学系教授。

谈到中文系诸位前辈如容庚、商承祚、詹安泰、方孝岳、董每戡、冼玉清、王季思等先生的掌故，这些话题比较轻松。但也有沉重之时，比如谈到他的老师詹安泰先生在1958年以后的生活遭遇，先生就悲从中来，不能自禁。

当年，我在古文献所主要的工作是整理"车王府曲本"，但我的学术兴趣不在俗文学而在传统诗文与诗文批评研究。那时，中山大学的文学批评史专业还不能招博士生，而复旦大学则是海内外首屈一指的批评史研究中心，我想报考王运熙先生的博士，邱先生甚为支持。他比王先生大一岁，两人也是好友。邱先生《文心雕龙探原》一书，就是王先生作的序。1987年，我随王先生读博士。1990年毕业，分配回中大中文系工作。次年，邱先生67岁，办理了退休手续。

先生退休后，我和孙立招收中国文学批评史专业的研究生，仍请先生为学生讲授专题研究课程，继续传承其学术。先生很支持，也很乐意，能传授学术，对他是件快意的事。何志军同学曾写过《忆邱师授课》一文，提到当年先生为他们讲授词学课的情景：

> 邱师与学生隔桌相对而坐，课中常逸兴飞扬，曼声吟哦词作，以印证词论。时当盛夏，邱师额上汗湿白发，清晰可见。我至今还依稀记得邱师抑扬顿挫、夹带方音的普通话："词要清空，不要质实。清空则古雅峭拔，质实则凝涩晦昧"。"长疑即见桃花面，甚近来、翻致无书。书纵远，如何梦也都无？""南楼不恨吹横笛，恨晓风、千里关山！"词学精微，浅学者确不易听懂，某次一位大龄夜猫学生竟在邱师眼皮底下伏桌酣睡，邱师亦不以为忤。

写得颇为真实传神。2005年中山大学成立文学社团"粤雅诗社"，我们延请先生任指导教师，他也欣然俯允。

1993年夏天，我们"哼哈二将"陪先生同往内蒙古师范大学主办的中国古代文学理论国际学术会议。从北京到内蒙古，途中的云冈石窟与北岳恒山自然成为我们的考察对象。那时科研经费和交通都非常紧张，飞机票买不起，火车票又一票难求。我们的路线是乘火车从广州到北京，然后再转内蒙古。为了节省时间和经费，我们到京后即连夜转乘去大同的慢车。因临时上车，没有座位票，三人硬是挤上火车，火车过道挤满了旅客。那时的火车没有空调,时当盛夏,燠热难当,我和孙立干脆钻到座位底下躺下,腾出位置,让先生在过道坐下来。先生那时年届七十,身体尚显强壮,第二天一早到了大同,我们马上就去游览了云冈石窟和北岳恒山。一路上先生兴致很高,毫无疲态。回想起师生三人当晚在火车上的窘迫情境和游览名胜的快乐,历历如在眼前,又恍若梦中。

2006年暑假期间,先生因心脑血管病两度入院,装心脏起搏器,虽无生命危险,但语言能力已大损。年底,相伴57年的师母病逝,经此变故,先生体质日趋衰弱,多次中风,且患糖尿病,常住医院。2013年起,他虽然保持生命体征,但一直处于植物人状态。我们仍按时去医院看望他,原本谈笑风生的先生,卧在病榻上毫无知觉,令人无助而伤心。有一次,我和孙立、张海鸥、彭玉平诸君到医院探望,海鸥兄大声呼喊着邱老师,他一直紧闭的眼睛突然流出泪水。我们希望有奇迹发生,此后先生却再无反应。2014年6月7日,昏睡了近两年的先生安然辞世。

我一直以为先生身体很好,直到2006年先生两次中风,体质明显下降,我意识到应该为纪念先生做点准备工作,便着手编制《邱世友先生年表》。我在学校档案馆找到先生历年的个人总结及相关材料,据此编制先生年表,并送他审定。2007年先生出版《水明楼续集》,便将此年表作为附录。

在编写先生年表过程中,我梳理了先生的生活与学术历程,因而对先生有了一个更为系统的了解,也引发了一些思考。

先生1925年出生于粤北连县,父亲早故,先生为遗腹子,母亲独力抚养。少时多病,然有志于学。18岁时,母亲病故,家庭生活雪上加霜。1944年考入中山大学师范学院国文系,1948年毕业,任文学院教师。此后,先生在中山大学学习工作了70年。

中山大学古代诗文研究有两个重要传统:一个是中国文学批评传统,传承者从陈钟凡、方孝岳、黄海章诸先生到邱世友先生;另一个是词学传统,传承者从陈洵、詹安泰、黄海章诸先生到邱世友先生。先生在文学批评史与词学领域都渊源有自,传承和光大了中大的优秀传统。他在词学、《文心雕龙》方面的成就享誉海内外。他在《文学评论》《文学遗产》等重要刊物上发表了多篇重要论文,主要著作有:《水明楼小集》《词论史论稿》《文心雕龙探原》《水明楼续集》《邱世友词学论集》等,这些成果受到学界的高度评价与尊重。先生在治学上形成了独特的风格,这种风格就是他所喜欢的况周颐词学中"拙、重、大"三个字。拙，就是古朴深挚，不巧，不滑，不浮，不浅。先生研究每一理论，总是从最原始的词义与材料出发，实事求是，无浮夸，不取巧。重，是厚重，先生非常有理论上的创造性，眼界开阔，立意深沉，笔力厚重，气象雄浑。大，是格局大，邱先生治学不但精于国学，对于西方文学理论也颇为关注。他研究问题，总是以小见大，把问题放到古今中外的背景上，从中挖掘出独特的理论意义。

学术界对邱先生已有许多评价，如澳门大学邓国光教授称他为"岭南大儒"："不论人品、器度与学养，都足以表率一代，为学者的典范。"我觉得，先生在词学尤其是清代与近代词学方面成就最高。他亲承詹安泰先生词学，于声律音韵之学别有心会，特别强调词学之体乃声学，对于朱彝尊与浙派，张惠言、周济与常州词派以及谭献、冯煦、况周颐、谢章铤、刘熙载、王国维词论的研究，创获甚多。在词学本体尤其声律方面，有一些研究是具开创性的，并且成为经典之论。先生擅长古诗文创作，其词师承詹安泰先生，达到了很高的境界，是继朱彊村等（第一代），王国维等（第二代），夏承焘、施蛰存等（第三代）之后，被海外学者尊为二十世纪词人"第四代词学家"的代表性人物之一。先生去世时，《词学》杂志的挽联是："纵谈浙西、常州，识见高远，领衔四代；出入梦窗、白石，气厚韵长，自是一流。"兼论其词作与词学成就，可谓的评。

先生在旧中国完成大学教育，在新中国参加工作。这是一个重大转型的时期，学者必须在政治和学术上不断调整以适应时代要求。先生刚留校时，可能因为年轻，出身贫寒，政治上比较可靠，曾兼任系主任王季思先生的助手，处理日常事务，还曾任中山大学教工会的副小组长。但他不谙人情世故，书生意气，性格耿直，不太合适于行政工作。受当时政治风气影响，先生发表过《揭露胡适在中国古典文学研究中的比较主义观点》等批判文章，可见他在学术研究上，曾努力追求与时代同步。1957年反右运动中，先生的师辈詹安泰、董每戡、叶启芳和好友卢叔度等被打成右派，先生亦"滑到"右派边缘，险遭厄运。此后，他在学术研究上沉寂多年。

他也曾努力学习苏联的文艺学理论，1954年至1955年，先生被派到北京大学师从苏联文艺理论家毕达可夫与中文系主任杨晦先生学习文学理论。同班有蒋孔阳、胡国瑞、张文勋、蔡厚示、王文生、王士博、郝御风等，后皆为我国著名学者。以前学术界有"毕达可夫派"之说，但我从先生的著述中，似乎看不到其受苏联理论的影响。

1956年初夏，方孝岳先生把《古代文学批评史》手稿送给邱先生，此手稿是方先生30年代在出版的《中国文学批评》一书基础上修改补充而成的。方先生希望他继续研究下去，但次年先生即奉还手稿，此后手稿下落不明，成为一件憾事。我一直不明白先生为何奉还方先生的手稿。也许他觉得手稿很珍贵，他不应该一人占有，阅读后即奉还？或者，他当时的兴趣点是在文艺学理论方面？1958年他为学生讲授的课程就是"文艺学引论"。

先生在那一代学人中是少数非常重视理论素养的学者。1983年，我们读硕士时，邱先生亲自为我们开专业外语课，记得其中有一篇是艾略特（T. S. Eliot）的《传统与个人才能》（*Tradition and the Individual Talent*）的原文版。他一直很强调学习和借鉴西方的文学理论。在他们这代研究古代文学与文论的学者中，他的思想比较开放，眼界比较开阔。他的论文如《"温柔敦厚"辨》（1983年）研究一个儒学命题的审美内涵，清晰地梳理了理论的发展线索，而且逻辑严密，有理论新意与深度，体现出学术研究上的"重拙大"境界。

1958年之后，先生在学术上显得"沉默寡言"。直到1980年，他在《文学评论》上发表《张惠言论词的比兴寄托》，才在学术上焕发光彩，广为学界所关注。1981年先生评上副教授时，已经57岁了。这一年，他又在《文学遗产》《哲学研究》《古代文学理论研究丛刊》等重要学术期刊上同时发表论文，几十年的学术积聚一时喷发。先生最"风光"的时候是1983年，他在广州主持全国第三届中国古代文论年会，任筹委会和大会秘书长。会议在广州当时最好的珠岛宾馆举办，开得非常成功，一直非常低调的先生成为学术界瞩目的"中心"。在会上，他全票当选为中国古代文论学会的常务理事。此时，他已经59岁了。

在编制先生年谱时，有一个地方令我触动和伤感。1954年先生30岁时就是讲师了，但是到了1981年57岁始晋升为副教授！先生青少年时逢战乱，1949年以后经历各种无休止的政治运动、思想改造与经常性的下乡劳动，被耽搁的时间太多。直到"文革"结束，方进入学术兴盛期，但很快又到了退休年龄。邱先生从1979年开始，在教学岗位上安安静静做学问，到退休，只有十多年时间。1981年，他开始撰写《词论史论稿》，此书原为出版社约稿，至1985年完稿，由于当时出版经费普遍匮缺，到2002年方有幸列入中国古典文学研究丛书,由人民文学出版社出版。当时他78岁,已退休多年了。先生从讲师到副教授,用了近三十年时间,出版一本专著,又用了二十多年时间。时光流逝,人生几何,岂不可叹!

我在回忆先生时,所想到的不仅是先生,而是他们那一代学人的坎坷际遇。我们这一代常常感慨被"文革"耽误了十年,其实,我们对老师辈所遭受的痛苦、不公与委屈,又有多少同情之理解呢?每一念此,不禁悲从中来。

先生人品高洁,可谓人淡如菊,古风犹存。他的为人可用"正""厚""淡"三个字来概括。他正直,堂堂正正,卓然独立,不跟风、不随俗,不趋炎附势。他宽容厚道,对人感情真诚深挚,温、良、恭、俭、让。他不善言辞,然有"君子讷于言而敏于行"的古风。他淡泊明志,生活简朴,甘于寂寞,知足常乐,兴趣集中在钻研学术、著书立说、教书育人上。除此之外,别无所求。他一生读书不倦,就是住院期间,仍手不释卷,乐在其中。

先生这一代学者中,仍有为数不多的人保持书生纯粹气质。他们单纯天真,毫无城府,有着不合时宜的清高甚至迂阔。他们注重的是精神生活的充实,对物质世界并不了解,也不关心。到了我们这代人,像先生这样纯粹书生气质者,近乎"濒危物种"矣。"自郐以下,无讥焉。"记得二十世纪八九十年代,物价上升,年轻教师的工资入不敷出,教师职业颇受社会轻视。受此影响,有些教师不安心工作,甚至放弃自己的职业。对此,先生很痛心,他撰写了一篇文章,借用了《二十四诗品》的一句话:"神存富贵,始轻黄金。"他说,知识分子应该在精神上有一种富贵感与尊荣感,才能轻视那世俗的物质欲与权势欲,适应和抵御恶劣的境遇,创造出更多更美的精神财富,享受超越时空的尊贵与光荣。这些话当时听上去颇迂阔,但确是先生真诚的想法,也是他自己的写照。他生活简朴,对物质的要求很低。孙立兄曾回忆有一次教研室开会,同事们议及物价飞涨,钱不够用,先生感到惊讶,说:"东西不贵呀,我在菜市场买的衣服,一件才20元,穿到现在也没有破!"数十年间,我常到先生家,他家中陈设基本没有变化,唯一变化的是每隔一段时间客厅会换挂不同的对联,记得有陈澧、康有为、梁启超等人撰写的。广州夏天炎热,家里没空调是很难受的事。先生平常摇葵扇消暑,后来才用上电风扇。我们去喝茶,先生便专门打开风扇,风吹得桌面上的纸张沙沙飞扬。2007年学生们为其房间增置空调,他很高兴,对不少人说过这事。他得意的大概是弟子们的尊师心意吧。

中大中文系的师生，对先生的道德学问未必都了解，但先生的一句名言却广为流传。这要感谢一位署名"沈胜衣"的校友，他在一篇怀念先生的文章中写到，20世纪80年代末，一次在系办公楼举行毕业前用人单位招聘见面会，为了求职，不少人刻意妆饰、曲意逢迎，甚至出现不正常竞争，"在'求售''推销'过程中，人性面目一时立现"。先生当时刚好在场：

> 就在这一片集市般的喧闹中，忽见邱先生面带不悦排众而出，应该是受了那些"黑幕"的刺激，他全没了讲坛上时常绽现的佛祖般憨厚的笑容，边走边愤愤地说："商业交易我们应该绝缘，念中文的，就要像梅花一样高洁！"我正好要走，就跟在他后面。他在那道狭窄、陈旧的铁楼梯走下了一半，似乎意犹未尽，立在转角处抬起头，认真地用略带口吃和地方口音的普通话扬声补充说："起码也要像菊花！"

情急之下，先生脱口而出的这句话，恐怕就是他给人印象最深的名言了。文中所写的背景早已远去，并为人所淡忘，但先生所说的，"念中文的，就要像梅花一样高洁——起码也要像菊花"，数十年来口口相传，一直感动和激励着中文系许多师生。

这是镌刻在弟子心中的先生遗训。

邱师漫记

孙 立[*]

敬爱的老师邱世友先生于2014年6月7日上午10时永远地离开了我们，享年90。日前校报邀稿，告知拟组一期稿件纪念先生，我作为他的第一批研究生，责无旁贷。近日因各种毕业答辩事项及杂务，交稿时间急迫，未及写一篇全新的稿件，今将2006年刊载于《水明楼续集》中的一篇旧稿予以补充修订，间中参酌张弘所撰邱先生生平资料，以作纪念。

邱世友先生1925年3月生于连县（今连州）一个农民家庭，遗腹子，家贫，由母亲带大。自幼由任职教师的舅父发蒙，习《三字经》。11岁入西溪小学，15岁考取省立连州中学。一年后广东省文理学院因战乱迁至连县，其附中部设在家乡东陂，因能节省学费，故转学至该院附中，并跳级读高一。高三时母亲又病逝，举债安葬了母亲后，再无能力继续读书，便在一所小学教书以还债并维持生计。1944年，先生考入中山大学师范学院国文系，选读师范，皆因其一切生活所需如衣、食、住等皆由政府承担。这对于幼年失怙、青年丧母、家无立锥之地的先生来说，是最好的选择。抗日战争胜利后中山大学由粤北迁回广州，邱先生随詹安泰教授习诗，并与黄海章、商承祚、钟敬文诸教授及师兄黄家教先生经常在晚饭后到詹先生家里品茗谈诗。1948年邱先生本科毕业，依当时规定到中山县立中学任高中文史教员一年，复于次年10月考入中山大学历史语言文学研究所读研究生，师从黄海章教授（1982年，邱先生与黄海章先生联合招收研究生，余与吴承学教授二人忝列门墙，三代师生缘，于今少有）研习文学批评史。黄海章教授精于《文心雕龙》研究，又喜欢"过海"至北京路、文德路书店购书，邱先生便时常陪黄老师前往，据说中大图书馆现有的《文心雕龙》线装本便由黄、邱二人在文德路购得。1950年，邱先生留校做助教，1953年，升任讲师。1954年4月至1955年7月，在北京大学参加毕达可夫文艺学研究生班，班上有蒋孔阳、胡国瑞、王文生、张文勋等先生。回校后负责"文艺学引论"课程教学，并发表多篇

---

[*] 孙立：中山大学中国语言文学系教授。

学术论文。"文革"期间,邱先生与中大许多老师一样,先后到英德、从化等地"学习改造"。1975年到1979年,受邀赴京参加《辞源》修订工作。由北京返校后,正值改革开放初起,受时代变革鼓舞,邱先生终于可以在54岁的年龄焕发学术青春,相继在《文学评论》《文学遗产》《哲学研究》等一流刊物上发表数篇词学及《文心雕龙》研究论文,影响甚大。此后职称评定重新开始,邱先生于1981年晋升为副教授,1986年,晋升教授。此后的数年间,邱先生在词学和《文心雕龙》领域发表多篇功力深厚的学术论文,在学界影响深远,受到同行敬重。

他先后担任中国古代文学理论学会的常务理事、中国《文心雕龙》研究会的常务理事,被著名词学家施议对先生尊为继朱孝臧、王国维、夏承焘、施蛰存之后的"第四代词学家";他的《文心雕龙》研究也获学者高度评价,复旦大学王运熙先生认为邱先生"于《文心》一书用力颇深""在探究各种专题时,使读者感到具有穷原竟委、辨析仔细、左右逢源、新意叠出的特点,显示出他深厚的学养和认真治学的精神"。并称邱先生"读书广博,兼及经、史、子、集四部,国学根底深厚,通晓中国历代的文学理论批评,于诗学、词学颇为熟悉"。

先生已经远逝,近日翻读他的著作、论文,感佩之外,也想起跟老师相处的点点滴滴。

第一次见邱先生,是1982年2月初的一个下午,我刚到中大读硕士不久,承学兄用自行车载着我,由东区到西区邱老师的住所。这是一套新的三居室房子,就当时的住房条件而言,还是相当不错的。一套旧式的酸枝圆桌,周围摆放着一圈酸枝圆凳,桌面和凳面都镶嵌着云石,古朴而雅致。邱老师已准备好茶,笑着迎接我们。当时的他,诚如后来一位叫沈胜衣的学生所说,有着"佛祖般憨厚的笑容"。这让我想起曾见过的一张旧照片,是20世纪50年代末与中文系老师一起下乡劳动时在田间的合影,照片中还有古代文学教研室的黄天骥老师和苏寰中老师。邱老师穿一件白背心,戴一副黑框眼镜,瘦高瘦高的,一只手还叉着腰,很壮硕的样子,神情间略有些孤傲。比起那张合影里的他,当时的他已"丰腴"了很多,也温和了许多。席间邱老师询问了我们一些生活和学习的情况,与我们聊了一会儿闲天,喝了茶,没吃东西。

说没吃东西,是因为后来我在邱师家里吃了好多次饭。由于家在外地,逢到重要节日,邱老师常把我叫到家里,师母亲自下厨,弄出一桌好菜,每到这种场合,邱老师兴致就很高,他喜欢喝点小酒,白酒、啤酒、红酒,都能喝一点，喝到高兴的地方，笑呵呵的，微醺的脸，泛出红色的光，说话的声音也大起来。1986年元月我的家人调来广州，一家人又到邱老师家里吃饭，当时孩子刚刚一岁多点，正处于咿呀学语的阶段，对着一桌人，大喊"我要喝啤酒"，结果一桌人笑翻。每次跟邱老师忆及此事，他总是开怀大笑。

邱老师是一个很单纯的人，有时单纯到天真，甚至是有点"迂"。20世纪八九十年代脑体倒挂，社会上流传着"搞原子弹的不如卖茶叶蛋的"，年轻老师的工资也入不敷出。一次教研室开会，同事们议及物价飞涨，钱不够用，邱老师说，不会呀，东西不贵呀！我在"榕树头"（原中大校内的菜市场）买的衬衣，一件20块，穿到现在也没破。大家纷纷笑他"迂"，一则因为中大的老师，几乎很少有人在"榕树头"买衣服的；二来也是时过境迁，物价已今非昔比。但这些，邱老师是不知道的。他的"迂"，还表现在教子的方面。据说他在"文革"下放期间，念小学的女儿失学跟他一起在"干校"。有一次算一道算术题，女儿怎么都算不对，邱先生非常生气，大声斥责她："这都算不出来？你说，你这是什么问题？"女儿答道："思想问题。"邱先生继续追问："思想问题是什么问题？"答曰："原则问题。""原则问题又是什么问题？"答曰："立场问题。"……这一老一少的问答，惹得在场的老师大笑。这则轶闻，其实很真实地表现出了老师的"书生气"，一种书生的"迂"。抚今追昔，这样单纯的读书人真的是越来越少了。有一次邱老师在屋里念书，屋外突然下起了大雨，楼上的中文系同事喊他快收屋外晾晒的衣服，半天没见反应，走到窗前，听得邱师正在吟诵"芭蕉叶大栀子肥"，是用旧式的吟诵方法，合着节拍，抑扬顿挫，全然不觉窗外已是雨声一片。

邱师治学，特重"小学"，常以黄侃为例，谓通小学始能治学，通先秦始能通后代。所以他无论写文章，还是讲课，总是沿流以溯源，从"释名"开始，考释字词，因声求义。起初不懂，总以为钻之过深，虽口不敢言，心未能是。后来读书渐多，开始明白老师做学问的方法。比如他研究《文心雕龙》"哀吊"之体，从"哀"的音训开始探究，引段玉裁《六书音均表》，知"哀"与"依"为同音字，又从"衣借作依，可知衣是语根"，说明"哀"字的字源。再据《韵镜》，论述"哀为一等，依三等，高低相形，洪细相反"，恰可"表现一种哀痛不禁之情"。从"哀"的音训与"依"的等韵比较中，说明哀、依不仅古音相同，哀、依古义本亦相近，故刘勰说"哀者，依也"。这一番梳理，从源头上解释了"哀吊"之体所具有的音韵学基础，是邱先生"因声求义"在《文心雕龙》研究中的具体实践。再如清代词论家张惠言论词有"缘情造端,兴于微言"的著名论断,邱先生从张惠言善以"释经的诂训方法来释词"入手,通过引征李奇、颜师古对《汉书·艺文志》"昔者仲尼殁而微言绝"中"微言"所作的解释,即"隐微不显之言""精微要眇之言",说明了张惠言以深隐、要眇论词的理论来源。邱先生能熟练地运用这些诂训、声训的方法,对于他在《文心雕龙》研究和词学研究方面能取得常人所不能取得的成绩,起到了非常重要的作用。

詹安泰先生是中山大学有名的词学专家,邱老师几次忆及跟詹先生学词的事情。他说从詹先生处深得音韵、声律于词的重要,认为词学乃声学。他近年在词律方面写过几篇重要文章,其中尤以《柳永词的声律美》一篇更见功力。我以为这是邱老师近年来发表的最具价值的词学论文,邱师亦颔首以为然。他曾论述过柳永善用去声字,以去声发调的特点,这种看法深得当代词学者认同。此外,他还进一步指出"柳永不仅善用平仄四声,还善调宫商,即音韵学家所说的唇、舌、牙、齿、喉五音",并详释柳永《醉蓬莱》词中太、液、波、翻诸字的选用,说明"翻"不能改为"澄"的声律学根据。这些看法,均为时人所少论。王运熙先生曾指出邱先生"重视音韵训诂之学,谙悉诗词声律",从邱先生的词学研究看,颇为知音之论。

邱师还常以黄侃先生"五十岁前不著书"的话告诫我们,"一年写一篇,数年集成一集"。每念及此,不禁汗颜。邱先生的著作多为论文结集,他没有写过专著,出版社所印行的书籍,多为论文集。这体现了邱先生做学问的特点,就是一个专题一个专题地研究,一个问题一个问题地钻研,这样集中地研究一个看似小的问题,却能解决大问题。多年追随先生,研读先生的论文,觉得他的学术特点以"深""细"二字为要,其中又以字词的训释为基础,然后广征博引,进行阐发,这使其研究具备扎实的文字音韵基础和多重文献互证的特征。又邱先生20世纪50年代参加北大毕达可夫班,理论素养深厚,对研究的问题,耽思旁讯,钻之极深,他有关《文心雕龙》和词学的多篇论文,转折层深,洞烛幽微,在众多研究中往往能独树一帜,也有赖于他的理论素养。

记得海章师在世时,邱老师常去其位于西北区"模范村"那座小红楼的家里闲坐。海章师擅诗,于词也颇精通,在对词家的喜好上,二人却各有异同。邱老师喜梦窗词,以其有寄托,所做词也多以梦窗词为准的,海章师则不尽以为然。海章师是邱老师的老师,对邱师的喜好和意见,虽不能尽同,但不以为忤,二人抵掌笑谈,相见甚欢,至今我仍能清楚地想起海章师那浓重的客家口音和朗朗的笑声。海章师在给邱老师的《词论史论稿》作序时写道:"我之所见,与邱君颇有异同。虽时有商略,然彼此不能相强。"每次看到这句话,就会想起海章师,想起海章师那间狭窄、一面墙摆满线装书的书房,和那些个温如春风的时光。

邱老师喜欢谈中文系的老先生,他与詹安泰先生、黄海章先生、卢叔度先生交往尤多,说起他们昔日的来往,一杯茶,一页纸,谈诗论文,雅人深致,令人神往。我想,邱老师屡屡提及这些旧事,一定是在怀念那种淡远、从容不迫、融洽和睦的旧式文人生活。而在今天,这样的日子似乎是一去不复返了。

1993年夏季,邱老师、承学和我一起去内蒙古开会,因临时买票没有座位,三人坐在火车地板上连夜从北京赶往大同,现在想想,时近70的邱老师是多么地健壮!他81岁那年,心脏装了起搏器,精力及体力大不如前。又过了十年,他走了,每念及此,不禁神伤。

我不谙声律,但邱先生去世后,仍勉力撰挽联一副,献于邱师灵前,既是作业,也资怀念:

精义理,擅倚声,口拙心敏,直是词苑雕龙手;
教生徒,启愚钝,雨润风微,堪称杏坛人中师。

2014年6月20日

起码也要像菊花

沈胜衣 *

知道邱世友先生的《词论史稿》出版了,连忙从嘉兴秀州书局邮购买了一本。

邱先生是中山大学中文系教授,但我只上过他的大课,并非严格意义上的门下弟子。而且二十世纪八十年代的青年风气,崇尚自我个性,以不尊正统为荣,故老师中虽也有些名家学者,我却并未珍惜机缘去亲近,与邱先生也就从无私人交往,请益问学——勉强算得上的只是一次,听他讲课,觉得是个专注学问,有学识的传统型老先生,心下喜欢,下课后就过去请教几句;他也很高兴,我们在从教学楼到系办公室的小路上边走边谈;记得我问的有纳兰词,更记得穿过阳光清亮的大草坪,周围满是休息嬉戏的学子,那样一个校园青春岁月的好画面。

对邱先生也没有什么了解,只是后来从其他渠道零零星星知道。他除了词学、文论外,还研究过《文心雕龙》,其《刘勰论文学的般若绝境》《刘勰论〈神思〉——一个心物同一的形象思维过程》在"龙学"众多论文中占有一定地位,前者"分析了佛学对刘勰的影响,取得了一些新进展",后者更被论者在感叹"龙学"萎缩时举作前贤难及的一个例子,赞誉为"论《神思》篇有关想象和形象思维方面的文章近年也有不少,然所论大多未超出邱世友文章已讨论过的范围"(李平《二十世纪中国学术史研究综述·二十世纪中国〈文心雕龙〉研究鸟瞰》);另外,在一九九九年母校举行的"纪念陈寅恪教授国际学术研讨会"上,他提交过《试论陈寅恪教授的诗词思想》的论文;他还是《词源》的主要修订者之一。

说实话,邱先生的研究课题并不合我的趣味。大学旧物中保留着一份邱先生"中国文学批评史"的听课笔记,但并不是我当时听得印象深,记得详细。恰恰相反,自由散漫的我没有怎么上过课,到临考试,才借了友人的笔记复印一套连夜温习。美好的大学生涯结束不久,伊人也随之而去,我把那

---

* 沈胜衣:中山大学中国语言文学系1986级系友,当代作家。

叠复印件作为中大听课笔记的唯一"代表"留存着,这纪念物的更大成因,只是在于记录的笔迹和笔迹背后记录的情景。

说了那么多,好像都是应可不买他的书的理由。事实亦然,对这本《词论史论稿》,我是很难在稀少的闲暇与闲情中挤出时间,提起兴趣,去静心细读的。买此书,只是一份怀念与致敬,作为他那端正方刚的灵魂的一个纪念,供奉在书架上时相晤对,所谓"以书存人"也。因为,邱先生曾有一番对于修身立德的精彩训示,我有幸成为唯一的领受者。

那是毕业前,在系办小楼举行用人单位招聘见面会。我托赖事先已有了着落,但恰巧去办一件事,上得楼来,却见那场面甚令人不快:走廊过道挤满了同学,等着办公室里的单位和老师传唤,大都面色惶然、心神不安;那些原本清纯朴素、不施铅华的女孩子,专门拙劣地化妆打扮一番,花枝招展,尤为让人看着心痛;更不堪的,是听闻一些"黑幕消息",某些原来貌似友善者或本应相亲者,在"求售""推销"过程中人性面目一时立现……就在这一片集市般的喧闹中,忽见邱先生面带不悦排众而出,应该是受了那些"黑幕"的刺激,他全没了讲坛上时常绽现的佛祖般憨厚的笑容,边走边愤愤地说:"商业交易我们应该绝缘,念中文的,就要像梅花一样高洁!"我正好要走,就跟在他后面。他在那道狭窄、陈旧的铁楼梯走下了一半,似乎意犹未尽,立在转角处抬起头,认真地用略带口吃和地方口音的普通话扬声补充说:"起码也要像菊花!"

我站在阴暗的楼梯口,从上而下迎着他四方眼镜片后的炯炯目光,一时像走进了《世说新语》,直面刚正的古人。那时候,人人都还在自顾"搏杀",至少他的后半句妙语警句,应该只有我一个人听到了。这是我最后一次聆听他的教导,也是大学四年从师长那里得到的最闪光最掷地有声的教诲。夫子口吻,赤子之心。然而我只能默然相对,答不上腔——我想到了达明一派沉痛的《四季交易会》,但也想到了《静静的顿河》里的话:"在这混乱和堕落的年代,兄弟们,不要审判你们的兄弟。"是的,很多人对不起"念中文的"这个清誉,但我心里更多的是凄凉而不是愤怒,对同学们同情而不忍深责(我自己当时也不过是因为幸运,才成为这"交易会"的局外人)。只是,那一刻邱先生的神态和"迂话",我也永记在心,十多年都不曾忘却。"起码也要像菊花",虽无法时时事事做到,但至少可以在内心保持那样一份情怀,一个标尺,或曰一条底线吧。

就凭那句话,他成为我最怀念的师长。这事多年来在笔记中、致友朋信中不止一次道及,念念不忘。可是自惭形陋,毕业后总不敢去冒昧探访,当面表达敬意。这想起来颇是遗憾，因为不久前，听说他已过世了。

《词论史论稿》出版于今年一月，不知他生前看到了没有。此书论述宋、明、清十五家著名词人或词论家，黄海章《序》中说："其所发抒，与当代词论家颇有同异"；"不作浮光掠影之谈，不阿附时流之论。所见虽不能无偏，亦可谓能卓然自树者矣"。按诸我对邱先生的印象，所言当不虚，亦很高兴脱俗不群是邱先生为人、治学一以贯之的个性。

黄序评述，不涉此书之外，未能借此对邱先生有更多了解；而除此外全书没有任何其他前言后语介绍。黄先生也是同校的中文系教授学者，此序未署写作时日，但据悉他已于一九八九年去世，然则可以推算，邱先生的书稿是早在我聆听"梅花菊花"之论前已写好了的，拖延至今方得出版。但总算一番心血能留诸后世，责任编辑与责任校对管士光，以及人民文学出版社，是做了一件功德好事了。它被收入"中国古典文学研究"丛书，社方说：在经济大潮对学术研究的冲击中，他们将"逆水行舟"视为不可推卸的责任，编辑出版此丛书；不强调策划，不刻意编排，不成系统又自成体系，作者不分老中青，不问知名度，著作不计长短——这都是很合我心。尤为可喜的，是装帧典雅优美而又暗合作者气质；封面是淡紫蓝色背景的粉绿团花图案（明代缠枝莲花纹），书名页没那么清艳养眼，却有分教，原来是宋代《满江红·雪共梅花》铭文镜，设计者宋红无意间恰好传达了邱先生的梅花情怀——社方罕有地在封底内折对采用案图作了注明，细节上如此用心、细致，也才使我得了"其相宜焉"的欣喜。

在网上搜索邱先生的资料，所得不多，却见有他作的一首《蝶恋花·怀照禧》。转引为这小文的结束，借以聊表我的怀人之意——这样做不知是否合适，我是把这"蝶恋花"联想为：早已离开校园身在红尘的我，就像告别梦谷之蝶，起码还怀恋着他的菊花——

梦谷深深藏不住，野水荒湾，任汝飘然去。多少狂风兼骤雨，微茫尚见英雄树。

树上繁花红欲吐。拾得余妍，解道忠魄苦。明月有情还似诉，倚窗低护暗香度。

二〇〇二年七月

廖蕴玉
(1925—2013)

忆廖蕴玉老师

吴冠玉*

在我业余学习书法的过程中,有两位恩师是不能不提的,一位是东北著名书法家沈延毅,另一位是南方著名书法家廖蕴玉。

怀念沈延毅恩师的文章,我已写过,这里就不必重复,今天要说的是廖蕴玉老师。廖老师退休前在中山大学任教,在当代书坛,可以说,他的书法自立门户,雄视一代,不落古人窠臼,不愧为书法大家。尽管十几年来,我与他没有联系,可有几件事对我来说是非常重要的。二十多年前,海南还没有建省,当时我在定安县政府办公室工作。有一次在友人吴羽家,县政府机关一位名叫王雄的干部,在中山大学干部进修班学习,放寒假回来就拿了一幅装裱好的楷体书法条幅展现给我们看。王雄介绍说:"我在中山大学认识了廖蕴玉老师,便请他写了这幅字。"廖老师是中大古文字学家、金石篆刻家、书法家商承祚教授的门生,在广东名气很大。

说到廖蕴玉老师,我当然知道不少。他 1923 年生,广东省五华县桥江镇人。民国时警校毕业,新中国成立后在中山大学古文室任教。曾担任中国书法家协会会员、广东书法家协会理事、广东省文史研究馆馆员。廖老师自幼酷爱书法,在伯父、前清老秀才、著名书法家廖泰亲授下,打下了坚实基础,十几岁即为乡邻书写楹联匾额。20 世纪 60 年代在广州文史夜学院攻书法篆刻专业。从此,廖老师自习书法,勤学不辍。楷书宗欧、颜,上溯钟、王兼采北碑,其点画严谨,结体灵动,既有颜真卿端凝庄重、雍容静穆之风,又具欧阳询轩昂端庄、内聚外张之特色。行书宗王并广吸众家之美,刚柔兼备,开张健拔,端谨飘扬。廖老师的书法作品多次参加省市和全国展览并在日本展出。书迹已传遍世界各地,先后被黄帝陵博物馆、刘少奇纪念馆、张澜纪念馆等博物馆收藏。广州古今名人《廖仲恺碑》《邓世昌像座》《冼星海碑》等碑文书写多出其手。此外,《书法》《书法研究》等刊物均发表其书作和书论,其他报刊所发表的其书作、诗词、牌匾等则不胜枚举。著有《简化汉字

---

* 吴冠玉:海南省书法家。

结构五十法》《大字结构八十四法》《简繁对照表少年楷书字范》《小楷晚晴楼吟草》《楷书书写门径》《古诗三十七首描红范本》等。其中《楷书书写门径》被翻译为日文出版，影响颇大。

王雄比我年长几岁，为人十分热心，知道我喜欢书法，就叫我写一幅字，寒假结束后带给廖老师指点。不久，王雄从中山大学来信说：廖老师看了你的习作后，给予很高的评价。廖老师说：一个三十来岁的年轻人，在楷书方面有这样扎实的功底，在广东全省同龄人中寥寥无几。同时，廖老师指出，不足之处是临帖杂了些，还是应继续临"欧体"，不要急于换帖。于是我立即按照廖老师的教导，像达·芬奇画蛋一样，从不同角度继续临习欧阳询的楷体字帖。

1989年5月，海南刚建省不久，我在定安县科委副主任岗位上被调到省政府办公厅工作。工作之余，花了两个月时间写了《吴冠玉小楷荀子〈劝学〉》初稿，拿给当时海南有名的一位书法家处求教。这位书法家看了我的书稿，不以为然。当时我心里很不服气。1990年初，省政府办公厅派我到广东省政府办公厅、深圳市政府办公厅、珠海市政府办公室等地考察。趁着出差广州的机会，我到中山大学拜访廖老师。想不到他非常热情，看了我的习作后给予较高评价。当知道我想出版此书时，廖老师欣然为书稿题写书名。当时我激动的心情真是无法形容。

回到海口后，我先打听本省的出版社，有内幕消息说，海南本省有名的书法家想出书，都被拒绝了。有一天，住在我隔壁的摄影家文明经知道这事后，跟我说：海南出版社美术编辑蔡于良，我认识，我带你去找他。我心里想，蔡于良是本地有名的画家，擅长中国画。书法不是他的本行，行吗？想不到蔡于良大概浏览了书稿，看到廖蕴玉老师题写的书名后，就说：可以出版。后来文明经跟我说：蔡于良在广州读过书，毕业于广东省工艺美术学校国画专业，他知道廖蕴玉的大名。

1991年9月，我的第一本字帖《吴冠玉小楷荀子〈劝学〉》顺利出版。1992年春节前，我在海南师专（现海南师范大学）中文系读书时的黎国器老师从广州回海南过春节，他当时在中山大学出版社任副编审。我拜访黎老师时，他建议我将其他书稿在广东出版，这样影响更大。于是我将刚完成的《吴冠玉钢笔行书字帖》书稿由黎老师交给廖老师审，廖老师除了题写书名外，还作了序。由于廖老师对我的支持和鼓励，仅几年时间我就先后在三环出版社（海南出版社）、中山大学出版社、广东高等教育出版社出版了四本毛笔和钢笔楷行字帖。这几本书的出版，在海南书法界产生了良好影响。

在成绩面前,廖老师来信既祝贺勉励,又郑重提醒:"以此为起点,益加精进,以期有成。"

我觉得廖老师像当代书坛的沈尹默、沈延毅、启功等书法大家一样,一辈子在书法领域里甘于寂寞,孜孜以求。有些朋友经常建议我,要花时间通过各种渠道宣传包装,我婉言拒绝了。我想:书法是一门艺术,学习书法与做其他学问一样必须力戒浮躁,需要几十年如一日默默无闻地耕耘,来不得半点虚假。古往今来有多少有志于书法之士,花了毕生精力为之努力,都不一定取得很高成就。靠炒作只是骗外行人,最终也是骗自己。这一点我也是从廖老师身上学到的。

深切怀念廖蕴玉先生

汤永华*

　　昨夜惊悉91岁高龄的廖蕴玉先生于癸巳冬至那天仙逝！如果不是通讯原因未能及时得知消息，我是一定要参加告别仪式的，因为他是我令尊敬的著名书法家。

　　当代楷书名家有何人？屈指可数必有廖蕴玉。楷书，尤其是唐楷，法度森严，入帖很难，出帖更难。不少书家在楷体面前望而却步，很多立志学楷书的也半途而废，转学他体。哪怕号称以楷书为业的书法家，也有不少人至今仍然徘徊在边缘，未能进入楷书内核而无奈另辟途径。但是廖老却在楷书领域耕耘了一辈子，是一个继承传统风格而又致力于求新的实力派书法家。他半个多世纪坚定不移研究楷书艺术，主攻唐楷，融通欧颜，兼采魏碑，并蓄钟王，探游楷书堂奥，入"能深造求其通"，出有新貌求其变。众所皆知，楷书的规范笔法是"逆入回收""中锋行笔"，它确立了楷书笔画书写的最基本的方法，解决了如何起笔、行笔、收笔的问题，正所谓"三过其笔，方为法书"。这个基本笔法，在唐代形成经验性规矩，宋代加以理论性总结，到清代以后几乎不可逾越，特别是"逆入回收"被强调到不适当的程度，甚至死板到起笔必谈"欲右先左、欲下先上"，收笔必讲"无往不收、无垂不缩"，不仅运笔过分繁琐，而且容易扼杀个性。廖老在长期的书法实践中，既维护法度，又求变创新，一改古人"逆入回收"的教条化，下笔"直落顺收"，点画严谨有度，运笔自然流畅；同时在向背、揖让、穿插等方面自立结体风格，内聚外张，舒展安翔。从而形成了具有鲜明特色的"廖楷"面目，在中国楷书领域可谓雄视一代。我们看到的廖老的作品，不论是榜书大字，还是蝇头小楷，无不雍容端庄，浑雄遒劲，挺拔俊美，清润宽博，在全国范围正楷书家中出其右者无几。1979年全国第一次书法评比，廖老的楷书名列前茅。他的行草由楷派生，博采众长，自成一体，清爽隽秀，同样了得。

　　值得一提的是，廖老老年作品甚丰，八十岁以后仍然心神若定执笔不抖，小

---

　　* 汤永华：广东省书法家。

楷作字精准有力。

廖蕴玉先生系广东五华县客家人，生前就职于中山大学古文字研究室，专门从事书法艺术的创作与教学，是中国书协早期会员。他平生不仅反对那种无视法度，焚琴煮鹤，借口"创新"糟蹋书法艺术的现象，而且厌恶那些投机钻营，哗众取宠，沽名钓誉，亵渎书法艺术的行为。作为书法家，他生性实诚，淡泊名利，不搞包装，不做广告，主张靠作品说话，靠实力取胜，始终坚守艺术本色。"桃李不言，下自成蹊"，艺术作品的广泛持久的流传，是对艺术家最好的肯定和回报。虽然廖老从不自吹自擂，在热闹场面上也看不到多少关于廖老的宣传，但他的书法作品得到社会各界的好评和索求，他的楷书创意受到不少专业人士的关注，他的艺术声誉不胫而走，扬名海内外。廖老名录《中国当代书法家辞典》（第一集）、《中国文艺家辞典第一辑》，作品入选《中国古今书法展》《全国首届书法展选集》，黄河碑林、李白碑林、崖山碑林等多处均有他的作品勒石，《廖仲恺碑》《邓世昌像座》《冼星海碑》等许多碑文的书写均出其手。特别是客家地区，楼台庙堂，他的笔迹处处可见。他出版了《大字结构八十四法》《简化汉字五十注》《青少年楷书字范》《常用字形分布法》《晚晴楼吟草小楷》《行书论书绝》等著作20多种。其中《楷书书写门径》在早年就以多种版本印行，销量200多万册，反响非凡，为传播书法文化，尤其是传承楷书艺术做出了贡献。

廖蕴玉先生为人厚道，待人热情，诚朴谦和，温文尔雅。我与廖老相识于20世纪70年代，虽然拜访他的次数并不频繁，但四十多年过去，也算论交不浅。"文革"期间书法处于低潮，但真正的书法爱好者始终情有独钟。每次相见，一谈到书法，廖老就兴致很高，常常是边写边说。他从不盛气凌人，没有高谈阔论，也无故弄玄虚，但说起书法源流总是娓娓道来，谈到书艺技法更是掷地有声。偶尔还会叫你书上两笔，然后指点一二。我没有当过他的学生，但他可以说是我实际上的书法老师之一，我从他的作品中吸取了不少艺术营养。以前他几次问我有没有兴趣加入书协，但那时候我在军队工作很忙，没有时间和精力参加社会活动。后来参展申请入会请他写介绍意见，他欣然命笔，不加思索，写道："汤君……多亲炙容商二老，对各种书体均有涉猎，爱好广泛，行草更斐然可观……"他知道我主要是研习金文的，为什么只提到行草呢？当时不好意思问他，后来想起他常说的一句话："说一千，道一万，写出字来看一看。"似有所解。原来，我以前在廖老面前只写过行草，大概老先生是讲究"耳听为虚，眼见为实"啊！他对人说话很随和，但对艺术就没那么随便了，也许是没有看过我的金文书法作品不作凭空评价吧。所以，一次应邀参加"廖蕴玉师生书法作品展"，我还是从廖老的印象考虑，以一幅不大成功的草书补了展厅之壁。后来我参加了廖老90岁生日的师生聚会，没想到这次竟然成了我与廖老的最后一见。

20世纪80年代，廖老曾送给我一副对联："雅量涵高远，清言见古今。"这可以说是他艺术情趣与追求的一个写照。如今廖蕴玉先生走了，但他的为人和书艺永远留在我心中。愿他的翰墨高挂天庭，愿他的德艺永传人间！

2014年1月20日草于广州

傅雨贤
(1932—2020)

善待学生
——怀念吾师傅雨贤先生

周小兵*

2020年2月21日，吾师傅雨贤先生驾鹤西去。悲痛之余，先生的音容笑貌不断闪现；他的精神财富，仍在润染着他的学生。

先生1953年考入中山大学语言学系。次年该系整体并入北大中文系，成立语言学专业。1957年先生毕业后分配回中大任教，从事语言研究。

真实描写语言，探求科学规律，是先生一生的追求。先生曾提出"同级/异级转换""单式/多式转换"等模型，丰富句式变换理论和研究手段，深化了多种句式（尤其歧义句）的研究。他主持了国家社科项目《现代汉语介词研究》，提出介词研究系统方法，深入探讨"把"字句等介词句式，切实推进了该领域研究。他还多层面考察语言应用，探索经济大潮下的广东和回归后的香港的语言生活，拓展语言规划与服务研究疆域；考察粤港语言，提出语言教学在地化，推动全球华文研究。先生还参与创办了深港语言研究所，20年间共参与组织10届双语双方言研讨会，搭建改革开放后全球汉语研究的绝佳平台，汇集海内外精英和研究成果，促进了本体和应用研究。此外，先生还细致描写、研究连平方言，发现了很多有价值的语言现象，弥补了粤中片客家方言研究的不足，为客家方言内部比较、跨方言比较研究提供了宝贵资料，这些资料具有重要的文献价值。

先生致力于做知识的传播者。先生一直从事现代汉语课教学，作为主要撰写人合编出版了《现代汉语》；担任中文系现代汉语学科负责人，设计实施了学科发展规划；为研究生开设了现代汉语语法学、语法理论、汉语语法学史、现代汉语词汇学等课程。40多年来，先生始终把学生的需求放在首位，精心上好每一节课，力求科学性、前沿性、实用性和趣味性并重。先生的学生远远超出校园，20世纪80至90年代，先生承担中文刊授的现代汉语、现代汉语语法学课程教学，担任《刊授指导》编辑，为几十万刊授学员

---

* 周小兵：中山大学中国语言文学系教授。

的学习呕心沥血。

先生早年考入中大，是慕王力先生之名，到北大后聆听了很多著名语言学家的课程。因此，先生希望学生都能聆听大师教诲。办中文刊授时先生邀请了很多语言学家撰文授课，尤其特邀王力先生在中山纪念堂讲现代汉语语音。那一次课，纪念堂连走廊、乐池都坐满了，草坪上还坐着许多学生听扩音。

先生鼓励研究生听外语系课程；联系北大教授让研究生去进修，聆听教授、名师的讲座和课程；请校外专家审阅学位论文提纲。先生不但教知识，还带着我们一起做研究，推荐学生参加各种研讨会，给学生推荐论文，为我们介绍语言学前辈同行，使我们在研究中少走弯路。

先生鼓励我们用批判眼光发现问题，用国内外理论和方法分析解决问题。我实习给本科生上现代汉语课，先生说："教材供参考而不要照搬，上课要有自己的思考，让学生学到你的东西。"我讲复杂定语，研读了几部著作教材和十几篇论文，发现问题并研究出新结论。在先生指导下，我硕士期间撰写并先后发表十多篇论文。先生的精心培育，奠定了我语言研究的基础。

1980年中大恢复留学生教育，先生负责首届学生的教学管理。组建队伍，定教学计划，找教材、教室、教学设施，尽心尽力。当时学汉语的留学生仅6人，而2008年已超过1000人。

"善待学生，爱人如己"是先生教书育人的准则。我毕业后在中大任教，教过100多个国家的上千名学生，到过10多个国家培训上百个汉语教师，曾任国际汉语学院院长、国际汉语教材研发与培训基地主任。但先生的教诲我始终记于心、见于行，希望真正成为让学生爱戴的好老师！

2020年2月28日于康乐园

先生千古！

易新农

(1932—)

暮色苍茫一劲松

——记中山大学中文系易新农教授

刘第红*

2020年10月2日,国庆黄金周的第二天,我去中山大学看望中文系龄齿最高、已过米寿的易新农教授。睽违二十几载,虽近在咫尺,竟缘悭一面。一恨时光倥偬,从不肯停下匆匆的脚步;二恨工作如麻,缠得我透不过气来;三恨自己不才,无颜拜见恩师。我下定决心,要利用国庆假期去做一次探访。一联系,机缘是凑巧的。易老师大病初愈,刚好从医院回到家中,而随后,他将启程去美国定居。上天都不愿见到我和他错失见面的机会。

上个世纪90年代,我在中山大学学习时,易老师是"外国文学史"的授课老师。记忆中最深的,是他讲巴尔扎克的《人间喜剧》,形形色色的小说人物,跌宕起伏的情节,融汇人间百态,他信手拈来,娓娓道来,如数家珍,得心应手,挥洒自如。台上一分钟,台下十年功。《人间喜剧》包含九十余部作品,易老师一部不落,全部看完。对于课堂上引用的原文,他一段一段、反反复复地背,滚瓜烂熟,成竹在胸。因此,同学们都说他是"电脑式博闻强记"。

最令我感动的,是外国文学史考试那天,他不是监考老师,却一直站在考场外,默默地等待。我答题答了多久,他在外面就等了多久。考完后,同学们鱼贯而出,他在人群中搜索我的身影,迎着我径直走来,眼里满满的殷切的目光。通过考试,大抵是没有问题的,我对自己有信心,他对我亦有信心。在这一点上,师生达成了默契。所以,他没有过问我考试的情形,只是说:"走走走,吃饭去!"他带我到桃李园餐厅,请我搓了一顿。每每回想至此,我就情不自禁,激动得热泪盈眶。我是一个在社会上摸爬滚打过的人,承受过无数次的冷漠,却难以承受一次温暖。

1979年前后,教育部委托中山大学举办全国高等院校戏曲培训班,由王季思先生主持。当时仅有讲师职称、主攻外国文学的易新农也被邀请到了培

---

* 刘第红:中山大学中国语言文学系系友,国家二级作家。

训班现场。参加培训班的学员来自全国各大学,其中不乏名牌大学。易老师在中山大学的同班同学宋绵友任教于南开大学,亦是其中一位学员,"委屈"地成了同学的"学生"。易老师发挥他的学术专长,首先介绍以亚里士多德《诗学》为代表的西方悲喜剧理论。他侃侃而谈:"比如亚里士多德说,'悲剧是对于一个严肃的、完整的、有一定长度的行动的模仿……借以引起怜悯与恐惧,来使这种情感得到陶冶(净化)……'"接着,他结合理论,分析《普罗米修斯》《安提戈涅》《美狄亚》等作品。当时是副教授的黄天骥,在培训班上开设了关汉卿戏曲专题讲座。他们的讲课得到了学员们的"纯手工点赞",尤其是通过研讨古希腊悲喜剧,拓宽了中国古典戏曲教学与研究的视野。主持者王季思先生本人亦有收获,他后来主编成为他学术代表作的《中国十大古典悲剧集》《中国十大古典喜剧集》最初的念头正是在此次培训班上萌芽的。西方戏剧分悲剧、喜剧,中国古代戏曲也分悲剧、喜剧。"这个可以有!"王季思先生原来并没有悲剧、喜剧概念,是易老师的思路启发了他。要知道,王季思先生在全国文学史界赫赫有名,他与游国恩等人主编的《中国文学史》成为全国高校文科通用教材。

  我也是易老师这一思路的受惠者。撰写毕业论文时,易老师是我的指导老师。因为我对儿童文学感兴趣,便将安徒生童话作为选题对象。为此,我专门买了安徒生童话全集。易老师指导我读丹麦文学史、读有关安徒生的传记,查找关于安徒生童话的论文。最后,我选定的论文题目为"论安徒生童话的美学价值"。这个选题在当时还是有一定新意的。在论述安徒生童话的美学特征时,我提出了"悲剧美"与"喜剧美"的概念。如果说《海的女儿》是悲剧美的代表,那么《皇帝的新装》则是喜剧美的代表。既然古代戏曲可以借鉴古希腊的悲剧、喜剧的理论,那为什么现代童话不可以借鉴呢?我的写作思路,易老师是认可的。当然,这只是论文中的两点,远非论文的全部。论文完成后,交给中文系另外一位老师评审,结果却只得了个"良"。在合格线上,分"优"与"良"两个等级。易老师似乎有点闷闷不乐,为此"耿耿于怀"。我反过来"安慰"他:"反正在合格线上,结果都一样。老师给我的论文评为'良',其实是在鼓励我,说明我还有进步的空间。"从这件事上,可以看出他对我寄予的"优秀"的厚望。

  相对于外国文学,比较文学是一门新兴学科,迅速发展成了当代文学研究的显学。易老师毫不犹豫、毅然决然地挑起了中山大学比较文学的教学重担。于他而言,这也是一个全新的领域,需要他重新学习,不断钻研。为了提高教学质量,为了把教学与科研结合起来,践行以研促教,他一头钻进比较文学的科研工作中。比较文学研究，需要研究者博古通今、学贯中西，需要研究者具有广博的知识、开阔的视野以及开放的思维。关于"影响研究"，他和陈平原合写了《〈玩偶之家〉在中国的回响》，独立撰写了《易卜生和中国现代文学》；关于"平行研究"，他撰写了《〈战争与和平〉与〈三国演义〉史诗风格比较》《中西历史小说比较研究》；关于"主题学研究"，他撰写了《西方叙事文学中追寻主题及其文化内涵》；关于"原型研究"，他撰写了《从"英雄历险"原型母题看〈罗摩衍那〉》。实话实说，这些论题，如果作者没有"两把刷子"，是招架不住的，是论不出子丑寅卯来的。

易老师的比较文学课堂，不仅知识丰富，内容充实，更有思维火花的闪烁、智慧大门的开启。他善于运用启发式教学，培养学生宏观的视角、"比较"的思维。听他的课，学生受益匪浅，受用无穷。中文系1987级学生王红雨赞曰："易老师的最大特点是不灌肚肠，而吊胃口，帮助学生开启智慧大门。"中文系1988级学生陈俊文感慨："这简直是上了一堂生动形象的人生教育课，它对我的影响将是深远的。"子曰："不愤不启，不悱不发，举一隅不以三隅反，则不复也。"这是典型的启发式教学思想。可以说，孔子是启发式教学的"祖师爷"。对于教师而言，启发式教学应该成为他们的法宝。

敲开易老师的家门，易老师竟认不出我了！岁月啊，是一把怎样的雕刻刀，在我的脸上刻下了太多的沧桑！而易老师虽然也遭受了疾病的折磨，却像一株苍老遒劲的青松。尽管我的面容已然变得"陌生"，但是交谈仍然是亲切的。

易老师退休之后，把主要精力投入"三传"的写作中。"三传"是指三部传记，分别是《叶启芳传》《容庚传》《近代藏书家王礼培》。虽然传主有别，但精神传承却一以贯之。

《叶启芳传》传主，从教堂孤儿走到中山大学知名教授。传记把叶启芳的一生放在波涛汹涌的历史洪流中考察，让读者在重温20世纪中国史过程中感受老一代知识分子的风骨。该传记记述的不仅是一个人，更是一部中国知识分子的精神传承史。

《容庚传》传主，颇具传奇色彩。他带着古文字书《金文编》初稿拜见著名学者罗振玉，罗振玉视其为奇才，推荐他以中学学历直接入读北京大学研究所国学门研究生。随后，《金文编》出版，震动四方，享誉海内外，赢得"古文字的'新华字典'"的美誉。他在青铜器研究方面的集大成之作《商周彝器通考》则被考古学家视为"圣经"。在中山大学，他是堪与陈寅恪比肩的大师级学者。容庚先生既是易老师的老师，又是易老师的同事。易老师主攻的外国文学专业与容庚先生主攻的古文字专业，两者不太沾边，井水不犯河水，但同在中文系，容庚先生渊博的学识、严谨的治学态度、独立自由的学术精神、敢言无畏的风骨、刚正不阿的品性，深深地感染了易老师。写作《容庚传》，除了向老一辈学者致敬、弘扬优良的学术传统，易老师还有更深的考量。他说："借此写容庚传的机会，让我们反思中国式的思维或中国文化的缺失，应是不无裨益的。《容庚传》所记载，都出自已有文献资料，特别是容庚个人档案。为容庚作传，亦是希望借容庚一生的记述，为中国现代文化史留下一些鲜活的史料，当代读者或后人可从中窥见中国历史长河中的一鳞半爪。"

说着说着，易老师捧出了《近代藏书家王礼培》。他不知道我要来，家里所有书籍已毫无保留地捐给了中山大学图书馆，书柜里空空如也。这书，也许是他家里唯一的一本书。如果我早点来看易老师，大概能得到一堆赠书。不过，我想，对于书来说，图书馆是最好的归宿，就好比一个四处流浪的人回到了温暖的家。易老师非常谦逊，称我为"学弟"，在书的扉页上写下"学弟雅正"。

《近代藏书家王礼培》传主，是易老师的外祖父。为外祖父立传，是他的夙愿。王礼培出身名门，叔祖王鑫是湘军创始人之一。他是清光绪十九年（1893）举人，曾参与"公车上书"，是清末民初湖南数一数二的藏书家。他爱书如命，藏书汗牛充栋，宋元珍本、明清刻本、稿本抄本琳琅满目，典籍盈架。他藏书的一部分被另一湖南人购得，藏于上海江湾寓所，1931年惨遭兵燹，令人扼腕长叹。另一些藏书则流落到了五湖四海。2010年，国家图书馆举办古籍特展，北京大学图书馆"大熊猫级"藏品——宋版珍品《淮海集》引领风骚，它正是王礼培的旧藏。当那一天，易老师在美国国会图书馆发现台湾"中央"图书馆和傅斯年图书馆所出版的善本古籍题跋辑录，其中有王礼培藏书题跋影印真迹时，他心中的喜悦啊，比美国东西两边太平洋和大西洋加起来还要大。自此，他看到的每一朵浪花，都有了诗词歌赋的韵味，他踏响的脚步，全部是平平仄仄。美国国会图书馆给他提供了优良的条件，一天复印50页资料，全部免费，即便隔一个星期再去，桌子上摆放的东西也原封不动。易老师的饮食受梁漱溟影响，七小时内不进食。别人进图书馆分上半场和下半场，以午餐为界，他一进去就是全场。在美国国会图书馆，他为写作该书积累了大量宝贵的资料。

王礼培诗艺著作《小招隐馆谈艺录》、诗集《小招隐馆后甲子诗编》涉及历代诗文，内容丰厚精深。王季思先生曾对易老师说："你把这两本书都读通读进去了,你的中国古典文学也就通了。"写作该书的过程,也是他重新出发的过程。过去,他大部分时间和精力都用在外国文学专业上,而在晚年,他悄悄地实现了华丽转身,转向中国古典文学。

五四运动时期,中国传统文学一度受到冲击,王礼培等传统文人乃至新文化运动的旗手胡适等学者,仍在竭力维护中国文学的优良传统。王礼培之所以孜孜于藏书事业,正是出于维护、保存几千年来中国优秀传统文学、传统文化的目的。他在《谈艺录·论历代文派》中说:"处今日文运百六阳九之会,吾甚惧乎文献之无征也,又甚惜乎壮盛之精力亦耗于斯也。延其将丧,及其未坠,穷源究委,开悟来者,其后死者之责乎!"拳拳苦心,跃然纸上。易老师为王礼培立传,除了告慰他外祖父的在天之灵,除了秉持对传统文学的尊重与敬畏,又何尝不是在延续中华民族的文脉呢?

没想到,易老师还给我出了一个字谜。"左边是天,右边也是天,拿去中间两根擎天柱,是地不是天。"他的父亲英年早逝,母亲带着他们兄弟姐妹住在外祖父家。这是一个充满浓郁书香的大家庭,生活中洋溢着传统文化的气息。该字谜正是他外祖父让他猜的,谜底为"非"。"非"字左右都是三横,可看作乾卦"☰",乾为天;"拿掉中间两根擎天柱",即去掉"非"字的两竖,可看作坤卦"☷",坤为地。没有《易经》的八卦知识,是猜不出这字谜的。

西方文学起源于以希腊和希伯来为核心的"两希文学",融汇人文思想、人道主义以及现代心理学、存在主义哲学等潮流,迤逦而来,奔流不息,汹涌澎湃,波谲云诡,气象万千;中国文学起源于"诗骚",融丰富的神话传说和民间"说话"传统,注入"史传传统",汇入以儒释道为中心的思想洪流,还有现代启蒙思想、革命文化的加持,一路奔腾,勇往直前,浩浩荡荡,气势磅礴,波澜壮阔,云蒸霞蔚。最终,西方文学与中国文学汇合在世界文学的泱泱大海……无论是西方文学还是中国文学,都离不开各自传统与历史文化的强大支撑。西方文学如果离开了古希腊罗马神话、荷马史诗,离开了基督教,那是不可想象的,正如中国文学如果离开了古代神话、离开了儒释道不可想象一样。对于中华民族源远流长的文脉,我们焉能不赓续呢?鲁迅有言:越是民族的,越是世界的。

易老师以他的学术阅历启示我,一个人的阅读视野要广,不仅要向外看,向西方学习,更要向内看,向传统学习。

告别易老师,诗圣的两句诗倏地蹦上舌尖:"青松寒不落,碧海阔逾澄。"

曾宪通
(1935—)

经法先生白描
——为曾经法师八秩嵩寿而作

陈伟武*

青春黾勉学容商，壮岁壮游随选堂。
八十功深闲着笔，偶扶老伴到银行。

旧时看戏，小丑出场，总会念几句上场诗。文章开头，我先献上最近刚为曾师经法先生写的一首顺口溜。

曾师经法先生七十岁前的学术成就——《康乐集》已有专文述其梗概，七十岁后的成果，将另作补述。今年是曾师八十大寿，武也无文，追随恩师三十年，不可无文为师颂寿。这篇小文略记同曾师相关的逸闻琐事，最多只能算是闲杂文字。

曾师的乳名叫雄镇。1992年，我随曾师游南澳岛。至郑成功抗清遗址雄镇关，我打趣说："老师，现在来到您这一关了。"曾师学名叫"宪通"，是进学堂时起的，前一字为曾氏的辈序，后一字才是通名。曾师读小学时，有一位南洋老板回乡，听说小学里有个学生与自己同名同姓，便气冲冲地到学校来，想让这个学生改名。一进校门，就看到这个同名同姓的人参加县城"较艺"获奖的大镜屏，礼堂上还贴着同名同姓的作文作为示范。老华侨仿佛觉得自己也脸上有光，便气消而退，再也不提干预之事了。

曾师的名字还不止一次被人误写和误读。上世纪八十年代，曾师到香港中文大学与选堂饶宗颐先生合作研究楚地出土文献，出有专书，每年都有版税通过中国银行汇回内地。有一次，寄到中大中文系的领款通知书写的收款人是"曾灵通"，曾师悟到这"曾灵通"不是别人，应是自己，便拿着证件，带上《新华字典》到银行一查，工作人员拿出香港出版部门汇款传真件，传真件上果如曾师所料，是个不太清晰的繁体"宪"字，银行的职员误为"灵"字，通知单又转写成简体的"灵"字。后来我就此事告诉学生说，学

---

* 陈伟武：中山大学中国语言文学系教授。

好文字学，对领汇款也会有所帮助。

最近中西书局出版曾师编纂的《容庚杂著集》，物流公司先打电话到曾师家，问道："曹先生在家吗？"曾师回答："打错了！"就把电话挂断。回头一想，莫非是送书的？便又把电话打回去问："你刚才说的曹先生叫什么名？"对方说："叫曹宽通，是送书来的。"曾师忙说："在家在家，赶紧送来！"原来物流公司发送样书的清单上不太清楚，送书者把"曾宪通"误写为"曹宽通"，连姓都改了。曾师的雅号"经法"，则是选堂饶先生惠赐墨宝时起的，号与名意义相关，至为允恰，也许还因为马王堆帛书中就有《经法》篇，饶先生自然而然就联想到了。

传染病登革热不是好事，眼下还在亚洲地区肆虐。可三十多年前李星桥（新魁）先生一家外出旅游，委托曾师代看房子，曾师因代看房子而得了登革热。但在看房子期间，曾师却写了一篇《三体石经古文与〈说文〉古文合证》的长文，后来广为学界引为典据。这篇论文可算是登革热的"副产品"了。

曾师性情温和，不着急。1992年8月，广州国学社在李星桥先生带领下赴揭阳举行"语言与文化研讨会"，会后到南澳岛旅游，住县城后宅金叶山庄，那天下午面包车在宾馆门口准备出发，正等待着曾师从楼上下来，赵诚先生说："即使房子着火了，宪通也会从容不迫地说，没事，墙还没烧热哩。"小书《简帛兵学文献探论》原是曾师指导下撰写的博士论文，在出版社有着落之后，我向曾师乞序，曾师再三推辞，后来还是帮我写了，几乎用了三年时间，同我写博士论文的时间差不多。可在商老锡永先生眼里，曾师的性子并不慢。有一次，曾师向商老求字，商老说："你急什么？"似有嗔怪催命之嫌。

曾师为人低调，更不喜作秀。1998年我到台北开会，台湾大学周凤五先生对我说过："你的老师曾先生呀，总是不声不响就把事情办好了。"

曾师于1981—1983年应饶选堂先生之邀，赴香港中文大学合作研究楚地出土文献。据陈雄根先生说，曾先生很细心，晚饭后散步，从寓所到中国文化研究所要走多少步都数过，走多少级台阶也数过。

在二十世纪五十年代，曾师读大学时，学校高音喇叭经常提醒学生上课要穿拖鞋。原来，当时经济困难，很多学生没鞋穿，上课时常打赤脚。斗转星移，今天若有学生穿着拖鞋到课室，肯定被视为不文明的行为。曾师在本科阶段学的是语言学专门化的方向，曾与老同学李星桥先生一道回家乡开展推广普通话的工作。后来曾师讲的趣事常与"推普"有关，例如，刚进大学时，许多潮汕来的同学都不会说普通话，有一次，曾师的同班同学住院，曾师就同一位潮汕来的同学到医院探病，该同学一进病房，就大声说："某某某，我们知道你人不好，特地来探你。"住院的同学面有愠色，反诘道："我人不好，为什么你还来看我？"曾师忙解释说："潮汕话生病讳称为'人孬'，直译就是'人不好'，这是不懂普通话引起的误会。"这时，生病的同学才转怒为笑了。住院的同学发烧近40度，探病者惊叫起来："我的父亲，你都高烧了。""我父"是潮汕话的常用感叹词，此处亦为直译。

师母沈老师与曾师都是潮州人，曾师介绍说，有意无意之间，沈老师对潮州人讲普通话，乐于"推普"，对北方人讲广州话，展示了粤语作为强势方言的特点，对广州人讲潮汕话，对母语保留了一份眷恋。曾师介绍说，她总是有意无意之间随着讲话对象的不同而自动转换，十分自然。

师母在广州市第四十二中学教书，一直到九十年代中期，工资都比曾师高。曾师年轻时擅烹饪，后来行政和学术活动太忙，一般是不下厨做菜的，师母很辛苦，下课后都得买菜、炒菜、做饭。有时晚饭后我去拜访曾师，这时师母常会在客厅看电视或读报，我问："师母，老师呢？"师母就会朗声答道："在后边洗碗。"可见曾师在做家务方面也是我们的楷模。近年我学着多做点家务，拖地拖得地板脱了皮，对写毛笔字也稍有促进。

2002年春天，我随曾师到汕头大学出版社校对《曾宪通学术文集》，费时一个星期。然后曾师夫妇要回潮安彩塘镇省亲，曾师祖居骊塘乡，已无直系亲属在乡下。师母老家在邻村华美，还有许多亲戚。我提出想去参观曾师故居，师母坚决反对，深恐有损曾师光辉形象。在我坚持下，曾师网开一面，师母才勉强同意。师母的堂弟开摩托载着曾师，我自己借一辆摩托跟着去看曾师的老屋。

房子位于一个小四合院的东南角，房门锁着，据说是由曾师的远亲租给民工住。瓦房早已破败不堪，只有屋前的一棵皂角树依然绿叶婆娑，生机勃勃。曾师徘徊良久，恋恋不舍地离开老屋。走到小巷口，刚好有一位八十来岁的老人认出了曾师，叫着曾师的乳名，曾师同这位老人聊了一阵，塞给老人两百块钱就匆匆坐上摩托走了。路过村口一个古榕掩映的小亭时，师母的堂弟特地停车让我们参观一番。曾师说，这个古亭就叫"急公好义亭"，清代光绪年间，这里有一位前辈四处奔走，募捐钱款赴河南赈灾，光绪皇帝特地赐匾"急公好义"以示嘉奖。师母的堂弟讲述道，当年曾师同师母就是坐在这座古亭下谈恋爱，附近的小孩便好奇地探头探脑来窥视他们。

师母毕业于华南师范学院政治教育系，先学政治，后教政治，对保姆的政治要求可能会高些。老师家的保姆，换过许多次，曾师戏称家里成了家政培训中心，中心主任当然是师母。某日，曾师和师母都不在家里，四川籍保姆小彭拿着湿毛巾为客厅一幅启功先生的墨宝挂轴扫尘，竟把一些笔画都擦掉了。后来曾师就请人将这幅字转裱成镜片挂起来。

容老住西南区 75 号二楼时，曾师毗邻而居，"门当户对"。曾公子立纯常常跑到容老家里要漂亮的洋烟盒玩，有时趁着容老与曾师聊天不注意，趴在窗台上把容老香烟盒里的香烟一根根往楼下扔，只要那个精美的香烟盒，这就把楼下清洁工阿婆乐坏了，阿婆可是抽烟的。

1991 年夏天，曾师和李星桥先生应邀到厦门大学主持音韵学硕士生论文答辩会。厦大学生到宾馆相访时说："我们的论文，还请两位先生拜读。"李先生赶紧回答："我们一定拜读，一定拜读。"答辩会后，曾、李两位先生连袂游武夷山，李先生向来购物热情高涨，此次买了十斤岩茶。游九曲溪时，船夫迟迟不肯开船，问其故，说是李先生体重超重，须多给些小费，李先生给了二十元，竹筏就马上解缆起程。在山上小憩时，有相士见李先生气度不凡，纠缠着要为李先生看相，李先生问："你看出我是干什么的？"相士说："一看就知道你是个大老板。"李先生答："不对，我是杀猪的。"说罢与曾师大笑而行。

我很想让人们了解到老师可钦、可敬、可亲、可爱的精神，可谓精诚可鉴，无奈人笨笔拙，虽不至于给恩师抹黑，却难以描摹出老师的高大形象于万一，如能为老师的祝寿专号撒点欢乐的"添加剂"，这篇名为"白描"的小文也就不算白描了。

甲午（2014）冬至写讫

李新魁
(1935—1997)

人品风范堪缅怀

——追忆李新魁先生

麦 耘[*]

1997年9月13日晨5时50分,中山大学教授李星桥(新魁)先生在广州逝世。消息一出,学界震悼。由中国社会科学院语言研究所和中国语言学会联署的唁电说:"李新魁教授是国内外有影响的著名语言学家,他一生治学勤奋,广博精深,在语言学的诸多领域均有很高造诣。他教书育人,桃李芬芳;刻苦著述,成果卓著;宽厚待人,广结同道;人品风范,足堪缅怀。"

星桥先生于1935年10月出生在广东省澄海县县城的一个书香之家。他从六岁开始在同乡著名学者黄际遇先生的家塾里读书,读的是四书五经等,又阅读了家中收藏的大量古书以及一些当时的新式文学书籍。十二岁时,他进入正规小学念五年级;1950年毕业后,考入澄海县第一中学。念初中三年级时,他开始写诗,主要是白话诗,受到语文老师的激赏,遂一发而不可收,完全迷了进去。在高中期间,他负责编辑学校的黑板报《澄中日报》,经常在上面发表诗作,因而得了"诗人"的绰号。后来先生在大学里教书,他的中学同学还都以为他是搞文学创作或者文学研究的。

1955年9月,先生考上了中山大学中文系。入学之初,他也曾幻想当个文学家。然而旺盛的求知欲使他很快对语言学产生了兴趣,对用刚刚学到的语言学知识分析自己的家乡话潮汕方言感到新奇和兴奋,于是就投入了像原来对文学一样巨大的热情。读大学二年级时,他写出了专著《潮州话研究》,当时还有一家出版社准备出版,这对他是个极大的鼓舞,成了他人生道路的转折点。可惜的是,此书后来因故未能出版。1957年,为配合推广普通话的工作,与人合作写了《潮州人学习普通话手册》,并于1959年出版。同时又在《中国语文》等杂志上发表了好几篇研究潮州话的论文。1958年暑假,先生与同班同学、后来成为著名古文字学家的曾宪通一起,自告奋勇为广东省教育厅做"推普"工作,跑到粤东好几个县里办普通话训练班,情绪非常高昂。

---

[*] 麦耘:中山大学中国语言文学系1978级系友,中国社会科学院语言学所研究员。

先生学习音韵学，最初是为了辅助方言研究。1957年从方孝岳学习语音史，于是其主要兴趣转向音韵学。方孝岳是对先生的治学道路影响最大的一位老师。方孝岳于1957年6月间在先生的一篇习作上批道："这样的学习基础和钻研精神，又能发现问题，读书得间，在音韵史方面将来必能有所贡献。"在当时，先生是方孝岳最为钟爱的学生；方孝岳的鼓励，以及他严谨的治学风范，对先生后来在学术上的发展有着深远的影响。先生毕业离开中山大学后，仍常利用假日到方孝岳家中请教。后来，方孝岳在"文革"中含冤去世。多年以后，先生还时时用怀念的口吻谈起他的这位老师，并曾专门写过几篇文章介绍方孝岳的生平、治学方法和研究业绩。

先生念大学的那些年头，特别是后半段，中国处于特定的政治环境中，要专心学习不是一件容易的事。但先生抱着抓紧学习机会的念头，见缝插针地利用时间。在这期间，他养成了博览群书的习惯，整架整架地阅读系资料室的藏书。二十多年以后为他获得很高声誉的《韵镜校证》一书的主要内容，就是他在1959年初至1960年间写出来的。

1959年夏，先生大学毕业，被分配到广东师范学院中文系任教，讲授"现代汉语"。1960年，广东省教育厅决定制定广东境内几种方言的拼音方案，其中潮州话拼音方案由先生负责起草。差不多同一时间，他参与撰写《广东方言概要》，负责潮汕方言部分，并负责全书的统稿工作。可惜此书后来未能出版，经过"文革"，书稿已不知下落了。1962年，先生被调到暨南大学，仍教"现代汉语"。1964年9月至次年2月，到天津南开大学从邢公畹进修"汉语语音史"。在听课之余，他几乎把京、津两地的大学和地方图书馆尽数跑遍，阅读了大量音韵学书籍，准备写一本《韵学论著总目提要》。此书虽然终未写成，不过当时收集的资料，在十多年后他撰写《汉语等韵学》，以及与学生合写《韵学古籍述要》时，却派上了大用场。在这期间，他接触到西夏文的资料，开始在完全没有人指导的情况下研习西夏文。

从大学毕业到1965年这段期间，先生发表了一些音韵学、方言学以及有关民族语言的论文和普及性（包括"推普"）的文章，其中较为重要的是参与撰写关于《中原音韵》性质论争的论文。1964年间，写成《古音概说》的初稿。

1965年，先生跟许多大学教师一样，被派下乡参加"四清"运动。接着是"文化大革命"，人心动乱。但在初期的恐慌过去之后，先生又悄悄地继续做自己的学问。"文革"后他所出版、发表的专著和文章，不少就是在这个时期研究成果的基础上写成的。1968年底，他和大家一道被指令到农村干部学校劳动。1970年，暨南大学被取消（"文革"后恢复），他被调到华南师范学院（现在的华南师范大学），仍在干校，至1971年回校参加所谓"教育改革"。1973年底，调到母校中山大学，改教"古代汉语"。从1975年开始开设"汉语语音史"课程，并编写了讲义，这成了后来撰写《汉语语音史》的基础。

"文革"以后，先生著述甚丰，至目前为止，已出版著作（含论文集和工具书）二十三种（1958年出版的一种未计入）。

1979年，《普通话、潮汕方言常用字典》、《新编潮汕方言十八音》、《古汉语基础知识》（合作）、《古音概说》（此书于1985年和1988年出版了两种台湾版，1990年在韩国出了韩文版，书名作《中国声韵学概论》）；1982年，《韵镜校证》；1983年，《〈中原音韵〉音系研究》《汉语等韵学》《汉语文言语法》三种；1986年，《汉语音韵学》；1987年，《古代汉语自学读本》；1988年，《香港方言与普通话》、《广州人学讲普通话》（合作）二种；1989年，《类别词汇释》；1990年，《成语典故彩图辞典》（合作）；1991年，《中古音》《实用诗词曲格律辞典》二种；1992年，《潮汕方言词考释》（合作）；1993年，《李新魁自选集》、《韵学古籍述要》（合作）二种；1994年，《李新魁语言学论集》《广东的方言》二种；1995年，《广州方言研究》（合作）、《广州话音档》（合作）。另外还有未面世的《普通话语音史》、《汉语语音史》、《李新魁音韵学论集》、《潮汕方言词典》（合作）、《香港人学习普通话词汇》（合作）、《广州市志·方言卷》（主编）等数种。

按照先生自定的严格标准，他所发表的学术论文约有八十篇，另有语文知识普及性文章、评介文章、序跋、学术会议总结报告等二百三十余篇。这样的成就，自然赢得了海内外学术界的瞩目。特别值得一提的是，他的自选集是在全国范围内选编的《著名中年语言学家自选集》丛书十本中的一本。

先生担任过多种学术团体的领导职务。1979年，中国民族语言学会成立，他当选为理事（连任三届）。1980年，他发起成立中国音韵学研究会，并当选为理事、副会长（连任五届理事；连任两届副会长，至研究会取消副会长一职为止）。1981年，他全国高校文字改革学会成立，他当选为理事。1984年，他当选为中国语言学会理事（连任四届）；1991年，更当选为常务理事（连任两届）。1986年，广东中国语言学会成立，他任副会长兼学术委员会主任（连任三届）。1988年，有鉴于传统"小学"需要多学科交叉、联系、综合起来研究才能有新的突破，他又发起成立广州国学研究社，任社长。

先生1959年开始当助教，至1979年才升为讲师。1981年升为副教授，

1985年升为教授，1994年获博士生导师资格。1983年应邀到香港中文大学、1990年到日本大东文化大学、1992年到台湾中山大学、辅仁大学等校讲学，为促进内地与香港、台湾，以及中日之间的学术交流作出了贡献。

先生在语言学上的研究领域相当广，包括音韵学、方言学、文字学、古代汉语语法和词汇、少数民族的语言和古文字等。

汉语音韵学（汉语语音史）是先生的主要研究方向。在等韵学方面，他对"等"的起源提出了独特的看法，针对向来的"等"专为韵母分类而设的观点，认为它最初是对声类的分类，后来才扩展为对整个音节的分类，而中古韵图的分等仍是声韵并重；对历来认为难解的等韵门法作出了明晰的阐释；详细地研究了一些重要的韵图；对众说纷纭的"内外转"问题发表了自己的见解；《汉语等韵学》一书资料非常丰富，介绍了许多未为学界所熟悉的韵图，填补了重要的空白。在近代音方面，他不同意《中原音韵》表现元代大都音、入声已消失的观点，认为此书表现的是以洛阳音为主体的河南音，是元代汉语共同语音的代表，并认为这个音系仍存在入声；主张近代时期的知、照组声母读为舌尖后音，且能与［i］音相拼；对近代汉语语音史作了较全面的梳理，并提出了一些重要观点；他的《〈中原音韵〉音系研究》是《中原音韵》研究最为重要的文献之一。在上古音方面，他论证晓、匣母上古源自见、溪、群母；为上古声母拟订硬音、软音、圆唇化音和卷舌化音，而认为上古无介音；提出上古音系中有收［-ʔ］尾的一类韵母，即"次入韵"；分上古韵部为三十六个，主张一部中可以包含二至三个略有不同的主要元音；把上古声调分为甲（相当于中古的平声和入声）、乙（中古上声）、丙（中古去声）三类。在中古音方面，认为《广韵》包含古音和方音成分，主张以《广韵》为主要资料，参照宋代其他语料来拟订中古音；对中古音研究中最为复杂繁难的"重纽"问题作了多角度的探讨，提出重纽两类和普通三等韵在较早期可配为一个个"大韵"，并认为重纽B类的声母带圆唇化；论证《切韵》中牀、禅两母无对立；对《广韵》音系作出了不同于前人的拟构，在拟构中特别重视圆唇元音的作用，如以元音圆唇与否来区分"真假合口"，即开合分韵如"魂""痕"中的合口魂韵主要元音为圆唇；认为轻唇化的条件之一是真合口，即主要元音为圆唇。他还写了一些谈音韵学应用的文章。先生研究韵学的一大特点是：对各个分支学科、对汉语语音史的每一时期都进行了深入的研究，而收相辅相成之效，从而更能从总体把握语音史和语音发展规律。

先生在方言学方面的研究重点是潮汕方言，编有好几种工具书，发表了不少讨论潮汕话语音、词汇、语法的论文，在潮汕话本字考释方面也下了不少功夫。他也研究粤方言，写了一些论文，并于1987至1988年间主持广州市地方志方言卷的编撰工作，领导调查了以前未受方言学界注意的广州市郊的语言状况。他非常重视对方言形成和发展的历史作研究。在推广普通话方面，先生也做了大量的工作。

先生对古代汉语语法有详尽的描写，且有不少新颖独到的见解，如"词类活用"问题。在古汉语词汇方面：他专门研究了"类别词"，作了全面的搜集和分析。文字方面，他分析了"互体字"，对"转注"提出了自己的见解，也考释了一些单字。他所编的《古代汉语自学读本》既不乏新见，又能照顾学习者的水平，编排也相当合理，深受读者欢迎。

在少数民族语言方面，先生研究潮安地区的畲话和古代党项族的语言西夏语（唐古特语）及西夏文字。

我曾写过《李新魁先生及其学术成就》一文，是在与先生进行专访式的详谈后写成的，初稿也经他审阅、修改，可以说相当于他本人的自述。现在把其中评述他学术特点的段落转引在下面，作为对他治学方法的一个总结：

李先生做学问注意三条原则：

第一，精专和广博相结合，认为既要立足于专门的研究，又要有较广的知识面，后者为前者服务。李先生的主要研究学科是音韵学，但他对语言学的其他领域也非常重视。例如他认为搞音韵的人也应搞方言，这会对音韵学的研究有极大裨益，这一点他除自己身体力行外，还常嘱咐他的学生分一些精力研究方言。他的视野还越出语言学之外，对文学、历史、经学等各方面的材料都加以留意。他平时喜欢浏览各种图书，从中摄取有用的知识。例如他提出宋元时代的共同语语音是以当时的中原之音为标准音的观点，其中许多有力的证据就是在通读《词话丛编》时发现的。音韵学内部也有分支，李先生研究的重点是等韵学和近代音，而对中古音和上古音也着力不少。他认为若把自己局限于一点，研究就很难深入。

第二，对材料的分析和理论上的探讨相结合。学者们做学问，各有不同的风格，有的人倾向于重视材料的收集和排比，有的人更强调理论对研究工作的指导作用。李先生主张先广泛搜集材料，特别是要善于发现新材料，就材料本身加以分析，而不为成说所拘；如果材料与流行的理论冲突，就决不让材料迁就理论。如他写《汉语等韵学》之初，对一般所说"等"的概念并未产生怀疑，后来发现许多材料与这种说法不相吻合，经反复思考，便提出自己的新见解。他还常对学生说，对那些跟自己的观点、理论有龃龉的材料，不要讳言（他诙谐地称为"反贪污"），而应正视。这不但体现了他磊落的学风，也可见他对材料的重视。他又认为，材料若不是最终统以理论，就不免流于细碎、烦琐，底层研究的价值就得不到提升。对音韵学的研究，他特别强调要有"史"的眼光，在作断代的、局部的研究时，要总想着汉语史是一个连续的整体，这样才能把自己的研究提高到能够把握语音发展大势的高度。他常说，他的老师方孝岳先生最讲究"大势"；把握了大势，才不会被材料所淹没。新的见解往往一方面建立在新的材料的基础上，另一方面建立在新的理论和方法的基础上，两者不能偏废。他常告诫学生，不要写那种只会堆砌材料，而提不出自己看法的文章，更不要写那种只拿到一点材料就迫不及待地用一些理论来大加发挥的文章。

第三，细水长流的积累和集中的专题研究相结合。有一些研究专题往往需要在一段较短的时间里集中力量攻关，但有的专题就非要有较长期的积累不可。常有这种情况：零星的材料经过日积月累，到一定时候就变得很可观，形成一个基础，再在这个基础上集中时间和精力，有目的地找材料、作研究，就能出成果。李先生为写《汉语等韵学》，利用各种机会，把国内重要的图书馆几乎都跑遍了，一点一点地收集资料；《韵学古籍述要》中的材料，有半数以上是靠长期积累而来的。李先生有随时随地做卡片的习惯，像《类别词汇释》和《潮汕方言词考释》中的材料，几乎全是来自一大堆随手写就的卡片。（《古籍整理研究学刊》1993年第6期，第43页）

先生不仅学问做得好，课也讲得好。他初到中大中文系时，被安排教外系（历史系、哲学系）的课，因教学效果好，后来转教本系的课程。听过他课的学生，都会记得他讲的课既深蕴知识，又清晰而有条理，且从无半句废话，几乎记录下来就是一篇好文章。20世纪80年代，音韵学研究会举办过多次研究班，先生在这些班上开过多种课程。他的课不仅为学员打开了一道道通向语言研究的门扇，他在讲坛上的丰采，至今也让很多学员难以忘怀。

先生生性热情随和，同时又正直耿介，虽然他"得罪"过人，但他也正因此而跟学界大多数同人保持良好的关系。除了同辈人，语言学界的一些长者也乐于把他视为忘年之友，而他与年轻人也总是相处融洽，从没有名家的架子。他的学生们,以及许多没做过他学生的后一辈语言学者,都曾感受到他那令人如沐春风的关怀和教诲。他在学业上对学生订出的标准是严格的,但从不要求学生追随自己的学术观点,相反,他总是鼓励学生要敢于提出与老师不同的看法,热切地希望学生能走出独创的道路。他不仅以学识,也以这种大家风度,赢得了受业者的敬重。

1993年下半年,先生发现患膀胱癌。1994年初做手术,手术恢复良好。病后初愈,他不顾劝阻,又全力投入工作。他给本科生上课、招研究生、撰写论文、出席各种学术会议,还张罗组织编写《广东方言大字典》。1996年下半年,旧病复发,肾脏受损,他仍坚持做完与学生合作的《潮汕方言词典》的扫尾工作。1997年2月,他精神稍好,就到汕头去参加学术会议。会后,他最后一次畅游了他一生热爱的故乡。回穗后,病情开始恶化,于4月间和6月间两度入院。而在两次住院之间的半个月里,他竟强支病体,用十天时间写完了《普通话语音史》的结尾部分。在最后的日子里,他仍念念不忘系里语言学科的建设和学生的博士论文选题等,多次向前来探望的同事和学生谈起。他真真正正把一生献给了学术。

我的两位恩师：李新魁与高华年

林伦伦*

1978年10月，我考进中山大学中文系，1982年6月本科毕业，学士学位论文是《澄海话形容词的两种特殊形态》，指导老师是李新魁老师；同时考上了高华年教授的硕士研究生，研究方向是"普通语音学"，硕士学位论文是《雷州话研究》。我很荣幸，这辈子碰上了两位好老师，终生受益。

一、李新魁老师生平与学术成就简介

李新魁老师1935年10月出生于汕头市澄海县一书香之家；1943年入私塾读书（著名学者黄际遇、黄家教先生家塾），学过四书五经，还阅读过大量古籍和新文学作品，从小酷爱文学；1948年进思成小学（正规小学）读五年级（高小），1950年考进澄海县第一中学，是学校著名的学生诗人（初三开始发表习作），学校黑板报主编。李老师著有《星桥诗草》（稿）一册。

1955年高中毕业后，他考进中山大学中文系。初入大学之门，他本拟攻读文学专业，但当时正逢全国推普和进行方言调查、编写"学话"手册的高潮。在上陈必恒教授的现代汉语课时，他萌生对方言学的兴趣。同年，师从中文系著名学者方孝岳教授学习汉语音韵学、语音史，甚得方先生器重，方先生曾在其习作上批道："这样的学习基础和钻研精神，又能发现问题，读书得间，在音韵史方面将来必能有所贡献。"

1959年，出版《潮州人学习普通话手册》，并开始发表方言学方面的论文。同年，受省教育行政部门委派，与同学曾宪通一起到粤东数县进行方言调查并举办普通话学习班。

1959年8月，毕业分配到广东师范学院中文系（广州师范学院前身）任教，并开始撰写《韵镜校证》；1960年，开始为省教育行政部门起草《潮州话拼音方案》，并开始撰写《普通话语音史》；1962年8月调入暨南大学中文

---

* 林伦伦：中山大学中国语言文学系1978级系友，教授，曾任韩山师范学院校长。

系；1964年9月至次年2月，于天津南开大学师从著名语言学家邢公畹教授进修汉语语音史，收集京津地区图书馆馆藏汉语音韵学书籍，为日后撰写《韵学古籍述要》做足了前期文献资料的积累准备，并开始撰写《古代汉语语音知识》；在此期间，开始接触西夏文，并自学研习解读、翻译。1965年7月，被安排到高要县参加"四清运动"；1968年底又被下放到三水县"五七"干校劳动。1969年11月从"干校"调回暨南大学。1970年8月，暨南大学被取消，他被调回华南师范学院，仍被遣往该院设于韶关的干校劳动，至1972年始回校参加"教改"。

1973年底被调入中山大学中文系教"古代汉语"（此前一直教"现代汉语"），完成《普通话、潮汕方言常用字典》初稿；1975年，参编《古代汉语》教材，1976年定稿。1978年9月又被调往暨南大学中文系，但仍在中大中文系兼课，《古音概说》定稿。1979年12月，回中大中文系任讲师，《普通话、潮汕方言常用字典》、《新编潮汕方言十八音》、《古汉语基础知识》（合作）、《古音概说》同时出版，时年44岁。

1981年任副教授；1982年，《韵镜校证》出版，并开始招收研究生，开门弟子是麦耘教授（原中山大学中文系教授、博导，现中国社科院方言研究所《方言》杂志主编，全国汉语方言学会学术委员会主任）；1983年，《〈中原音韵〉音系研究》《汉语等韵学》《汉语文言语法》出版。1985年晋升为教授；1986年，《汉语音韵学》出版；1987年，《古代汉语》（自学读本）出版；1988年，《广州人学讲普通话》（与麦耘、林伦伦合作）出版；1989年，《类别词汇释》出版；1990年，《成语典故彩图词典》出版；1991年《中古音》《实用诗词格律辞典》出版；1992年，《潮汕方言词考释》（与林伦伦合作）出版，荣获国务院特殊贡献专家津贴；1993年，《李新魁自选集》、《韵学古籍述要》（与麦耘合作）出版。

1994年，获博导资格，《广东的方言》《李新魁语言学论集》出版；1995年，《广州方言研究》（与黄家教等合作）出版；1996年，《广州话音档》（合作）出版，开始招收首届博士生（两名韩国学生）；1997年，《李新魁音韵学论集》出版。

1997年9月13日，因病不幸英年早逝，终年62岁。

二、高华年老师的生平与学术成就简介

高华年老师是福建省南平市人，生于1916年11月。中学是在当地的教

会学校读的，打下了厚实的英语基础；1940年毕业于北师大。1941年考进北京大学文科研究所语学部，师从罗常培、李方桂教授。1943年毕业于北京大学文科研究所语学部并获硕士学位，得到罗常培先生的器重而被其亲自推荐到南开大学文学院边疆人文研究室。罗常培先生在推荐书中言其硕士论文"关于借字之分析及语法之结构均为前此中外学者所未道及"，评价颇高。罗常培、李方桂与赵元任先生当时合称傅斯年任所长的历史语言研究所（简称"史语所"）语言学部"三巨头"，能得到他们的认可和推荐诚为难得，由此也可见老师硕士论文资料的丰富翔实和分析研究水平之高。

1943—1946年，任西南联合大学中文系讲师。期间，硕士论文中被罗常培先生点赞过的两部分——《黑彝语中汉语借词研究》和《黑彝语法》分别在南开大学文学院边疆人文研究室语言人类学专刊第二种（1943）和第三种（1944）上发表。当时条件艰苦，杂志是用钢板刻印出版的。唯其艰难，更显难能可贵！

在西南联大期间，高老师有两件"大事"后来被他故意"遗忘"，他的家人和我们这些嫡系的学生，都不知道（是他逝世之后，家人翻查历史资料才发现的），凸显他为人低调的高贵品质。

1944年，他的论文《昆明核桃箐村土语研究》获得国民政府教育部嘉奖。当时获奖的人，还包括文科的冯友兰、金岳霖、王力、费孝通、陈寅恪、汤用彤、闻一多、阴法鲁、张清常等，理工科的华罗庚、周培源、吴大猷、赵九章等。对于闻一多遇害，原西南联大33位教授联名致电南京政府教育部长朱家骅，要求当局缉凶严惩，联名教授中就有高华年老师。

1946—1950年，高老师任南开大学中文系讲师、副教授。

1948年南开大学陈序经副校长调任岭南大学校长，高老师于1950年南下任岭南大学研究员。

1952年起，高老师担任中山大学语言学系教授，时年37岁，是中大最年轻的正教授。

1954年中山大学语言学系并入北京大学，王力、岑麒祥等教授北上。高老师与容庚、商承祚、陈必恒等留守中大，语言学系被取消，诸位先生改任中文系教授。高老师任少数民族语言调查研究教研室主任和语言学教研室主任，负责全系的语言学教学和科研工作，还兼任中山大学学术委员会委员。

据其子高植生《深切怀念我的慈父高华年》一文说："父亲本也想去北京大学，因为他是北大的校友，导师罗常培以及很多朋友都在北京。但那时正在和母亲热恋，加上考虑到广东更适合做少数民族和方言研究。"

1958年，《彝语语法研究》由科学出版社出版，成为彝语研究的经典著作。

1980年，其方言学力作《广州方言研究》由商务印书馆（香港）出版，1984年再版。

1983年，中文系教材《语言学概论》（与师母植符兰合作）出版，1984年、1987年再版，发行量过10万册。

1985年起创办汉语培训中心，并任中心主任。

1986年，《普通语音学》（与植符兰合作）出版。

1986年先后兼任广东省中国语言学会会长、顾问，广东省语文学会副会长，中国民族语言学会常务理事、终身顾问，中国语言学会理事，中国对外汉语教学学会顾问等。享受国务院特殊津贴。

1990年，《少数民族语言调查研究教程》（与宋长栋等合作）出版；1992年，《汉藏系语言概要》出版。两书均成为少数民族调查研究的经典教材和田野调查指南式的著作。

2011年9月18日，因病在广州逝世，享年96岁。

其终生论文及未发表之遗稿（手稿）由植符兰师母编辑成《高华年文集》，于2013年出版；汉藏语研究论文由中文系编辑成《高华年汉藏语论稿》，于2018年出版。

三、李新魁老师的治学成就与特点

李新魁老师的学术成就，主要体现在三大方面：方言学、音韵学、等韵学。在其他方面也有所涉及，如文字学（包括少数民族文字）、文献学等。

方言学是他读大学就涉及的学科，成果发表也比较早。在方言学界影响较大的成果有两大类：一类是描写方言学的著作，如《广东的方言》和《广州方言研究》（与黄家教等合作）。这类著作出版之后，就成为这些方言点的名著、后学的必读书。另一类是他关于方言史研究的论文，如《汉语共同语的形成和发展》（1987）、《汉语各方言的关系和特点》（1991）、《论广州方言形成的历史过程》（1983）、《广东闽方言形成的历史过程》（1987）、《吴语的形成和发展》（1987）。在学术成就上，这类论文是顶尖的学术论文，每一篇都成为某一方言形成历史过程研究的圭臬之作。原因是李新魁老师对汉语音韵学有深入的研究，对方言中存在的种种语音现象，与古音的某一历史层次的语音有何关系，他都清清楚楚。因为他在历史的比较研究上，下了不少功夫。这些成果有《数百年来粤方言韵母系统的发展》（1990）、《粤音与古音》（1996）、《一百年前的广州音》（1987）、《潮语证古（声母部分)》《潮语证古（韵母部分)》（1994）、《二百年前的潮州音》（1993）等。对于一般读者，他的《普通话、潮汕方言常用字典》影响最大，发行量有50万册之多。

当然，他的学术成就高峰，还是汉语音韵学。影响最大的著作当是他的《古音概说》，不少大学开设汉语音韵学课程，都以其为教材或者教材以外的必读著作。因为这本薄薄的小册子条理清晰、深入浅出，把一门被学界称为冷门"绝学"的学问，写得既有专业学术水准又通俗易懂，非大家所不能也。而《汉语音韵学》和《汉语等韵学》，则是音韵学专业研究生和学者的教科书式读物。李新魁老师的不少音韵学论文，基本上都成为同行广泛认同的"一家之言"，因为他所揭示的汉语语音的演化（演变和发展）规律，都是与发展事实相符的，至少也是比较接近事实的。像成名作《上古音"晓匣"归"见溪群"说》（1963），前人多谈论"晓"母归"见溪"而少谈"匣"母，李老师则从方言共时事实、形声偏旁的互读，还有其他文献资料的佐证，说明了"匣"母归"群"的规律。这条语音演化规律，以后就成了定律。类似的论文，如《重纽研究》（1984）、《论〈广韵〉音系中的三等韵》（1988）、《上古音"之"部及其发展》（1991）、《论〈切韵〉系中"床禅"的分合》（1991）等，都具学术远见。

李新魁老师关于《中原音韵》的性质及其音系特点的研究，也在学界成为一个派别，并曾经引起音韵学界的论争。这些论文有《论〈中原音韵〉的性质及其代表音系》（1962）、《关于〈中原音韵〉音系的基础和"入派三声"》（1963）、《再论〈中原音韵〉的"入派三声"》（1991）等。那时候，他大学毕业也就五六年，但他对《中原音韵》已经有了比较深入的研究，并有了与前人不同的看法。他认为《中原音韵》代表的应该是旧都洛阳的音系，而不是新都——元大都的音系。因为那时候元大都刚刚建立，虽然是新政治中心，但语言、文化中心尚未转移。而关于元曲中"入派三声"的押韵现象，他认为不能看作入声在当时已经消失。因为长江沿岸的不少地方，直到现代还存在着入声（及其变体），元曲中"入派三声"，当是作曲者为了"广押韵"而形成的现象。

中国音韵学会会长严学宭教授评价其论文："贯通古今，论证详密，构拟古读，自具特色，自成一家之言，国内尚属罕见。他能……尊重客观事实，发掘新资料，运用新方法，创立新观点……在我国汉语音韵学界中，众所共知，誉称南国一人。"（《对李新魁同志主要论文和专著的评审意见》，1980）南开大学著名语言学家刘叔新教授在《勤快耕耘的风范》中表示："新魁兄写的书，都是卓有新见，自树风格的。"

在古代汉语的教学和研究上，李老师的成果主要是教材与辞典。他与人合作著有《古代汉语》《古汉语基础知识》《汉语文言语法》和《类别词汇释》《实用诗词曲格律辞典》等。

在西夏文和等韵学两门"绝学"方面，李老师也有重要建树。

四、高华年老师的治学成就与特点

高华年老师的治学成就，主要集中在少数民族语言研究、汉语方言研究和语言学理论研究三大方面。

高老师1941年考进北京大学文科研究所语学部攻读硕士研究生，导师是当时语言学界"三巨头"之中的两位：罗常培和李方桂先生。当年高老师随北京大学去了西南联大，就跟随罗常培先生他们做云南的少数民族语言调查。他调查的是彝族语言，以此写成了硕士学位论文，并在1943年和1944年分别发表了《黑彝语中汉语借词研究》和《黑彝语法》（南开大学文学院边疆人文研究室语言人类学专刊第二种、第三种）。

除彝语之外，他还研究过纳苏语、侾黎语、哈尼语、青苗语等少数民族语言。1958年，《彝语语法研究》由社会科学出版社出版，成为彝语研究的经典著作。改革开放之后，先后出版的《少数民族语言调查研究教程》（1990）、《汉藏系语言概要》（1992），均成为少数民族调查研究的经典教材和田野调查指南式的著作。2020年，中大中文系主编出版了《高华年汉藏语论稿》。

高老师学术成就的第二个方面是汉语方言研究。他的第一本方言学著作《广州方言研究》1980年在香港出版。这本书在广州话语法研究方面，描写准确，分析科学。后来他发表了《粤方言研究的几个理论问题》一文，讨论了粤语的长短元音a的性质和标记方法，成为粤语音系描写的一家之说。对于粤语的代表点，他在改革开放之后率先提出香港话应该与广州话相提并论，作为双代表点，这也是实事求是的学术观点，得到了绝大部分同行的赞同。

在语言学理论研究方面，他主要通过教材编写来体现他的理论体系。他主编的教材主要有《语言学概论》和《普通语音学》。在《语言学概论》中，他附录了"现代语言学流派讲座"，使学生能够及时了解西方语言学的理论。而在《普通语音学》中,他使用例子以汉语普通话—方言—少数民族语言—英语—其他语言为序,更有利于中国学生的学习。

五、两位老师的教学和治学方法对我的影响

(一) 热爱专业,做成终生事业,做出重要贡献

李新魁老师虽然入学时是做着文学青年的梦想来到中大中文系的,但他一旦选择了语言学,就无怨无悔地爱上了它。在政治运动频繁的年代里,在强体力劳动的间隙里,他坚持读书、研究。"文化大革命"一结束,他的学术成果像雨后春笋,破土而出。1979年就开始出版专著,80年代以后,学术成果更是"井喷"而出。我不禁想起他在1952年写的一首热情迎接新社会的诗——《迎春曲》(发表于黑板报《澄中日报》):

寒风已缩,疑是迎春嫌太迟;
如其来矣,我将迎之以美以诗;
昨夜微闻春声至,今早方知春之伴我在四时!

高华年老师在西南联大(1943—1946)的艰苦环境下,坚持做彝语调查研究,不但高质量地完成了学位论文,而且在战时条件下还坚持发表论文(文章是刻钢板油印的)。在全国院系调整基本尘埃落定后不久,他便出版了《彝语语法研究》(1958);改革开放伊始,就出版了《广州方言研究》(1980);接着出版了《语言学概论》(1983)、《普通语音学》(1986)和《少数民族语言调查研究教程》(1990)等。

(二) 严谨治学,一丝不苟,博而能精

李新魁老师读书极多,经史子集经典多数读过,卡片成箱,但使用时必找原书校对,不容出差错。我在他指导下做《潮汕方言词考释》一书,他就是这样要求我的。

高华年老师听声辨音,一字不能差。中山大学中文系傅雨贤教授在《一代师表流芳千古》一文中说:"高先生的辨音、审音、记音的能力很强,其精细、准确程度无不令我佩服得五体投地。高先生之所以有这么精确的辨音能力,除了个人的天赋之外还由于曾受语言学大师罗常培、李方桂的严格训

练,后又经历了几十年调查研究的实践历练……高先生能发、能辨、能记人类发出的任何声音,可以说这是一种'绝活',当年就获罗常培先生的高度评价。"

我们学生提交课程论文,高老师的要求之一是先消灭错别字乃至改正使用不当的标点符号(傅雨贤等老师的回忆文章均提到)。他还交代我读硕期间不要急着发表论文,可以等毕业后再读些书,再作些补充调查,然后再修改、投稿。

(三) 方法不同,各自精彩

1. 指导学生方法不同

李老师的指导方法是"在干中学"。我从大四开始帮他抄《类别词汇释》书稿,到读研时一边做《潮汕方言词考释》,一边读书。他的好友、中大中文系吴国钦教授在《新魁学兄,安息吧》一文中说:"对于学术上崭露头角的学生,新魁兄热情扶持,或通过联手著述加以栽培。如原中山大学中文系硕士、现任汕头大学文学院院长、青年学者林伦伦的成长,就是他热情扶掖后学的典型例子。"

高老师则是直接指导读书:每周给个书单,并作一次读书笔记汇报。他鼓励我多听其他老师的课,转益多师。但是关于发音、听音、辨音、审音和记音的训练,在第一学期则是每周一次,先学国际音标,后学记录汉语普通话及方言,再后记录少数民族语言语音。他的大弟子暨南大学詹伯慧教授《怀念华年师》一文中载:"在讲到一些罕见的语音时,每每要求我们反复模仿练习,务使我们能够真正掌握。"詹伯慧教授曾是中大语言学系的学生,那个时候高老师就这样训练他们,到我这里也"一以贯之"。

2. 读书方向要求不同

李老师是国学派,教古代汉语和音韵学,要求通读古代经典文献,如四书五经、廿四史,甚至《世说新语》、敦煌变文、唐宋小说和明清笔记、小品等。

高老师是西学派,要求读布伦菲尔德《语言论》(袁家骅等译,1980)和乔姆斯基《句法结构》(邢公畹等译,1979)等西方语言学理论著作。当然也要我精读师爷罗常培先生的《普通语音学纲要》《语言与文化》和《厦门音系》等大作。

高老师读的是教会中学,英语极好,所以也要求我学好英语。他认为:"学习语言学当然要懂得一两种外语……作为一个语言学家,语言懂得愈多愈好。"(《高华年文集·自传》)我入学是不用考英语的，英语基础差。但老师的教导，给了我学习英语的勇气。我背诵古诗文与英语单词并重，真的是"双轮驱动"了。麦耘同学取笑说，我的名字得写成"轮轮"，号"自行车"。后来我45岁了还能通过英语考试，获得出国留学进修的机会，全凭老师严格教导所赐。

3. 教学指导方式不同

李老师上课时口若悬河、热烈奔放，激情四射，一堂课往往一气呵成。他板书随意性强，字体大。在汕头市上中大中文系自学考试"古代汉语"课，他讲课，我板书。（据中大中文系陈伟武教授《今年中秋月全食》一文中载，王力先生莅穗讲学，李老师也曾为其板书。）曾宪通老师《难以忘却的记忆》也云："新魁讲课的特点是生动活泼，深入浅出，充分调动学员学习的积极性，把课堂搞得非常活跃。"吴国钦老师《新魁学兄，安息吧》一文说："他在课堂上虽然旁征博引，却能深入浅出，娓娓道来，十分动听。学生辈每次历数中山大学讲课极好的教师名字时，常首推李新魁老师。"

高老师则要求精准严谨，逻辑性强。我上中大中文系的"语言学概论"实习课，他和余伟文老师会先听两遍，从课程内容和时间分配到板书设计，都认真指导。还教给我一招应急：留作业以防备课程提前讲完还没下课（这一招对新教师真的很管用）。我上课时他和余伟文老师坐在后面听，下课后就指出我的不足之处，至今还有学生记得我讲课时太认真的样子（庄益群在《业绩长流，师德永驻》中也有相同的回忆）。

两位恩师在我的心中就是两座高峰。我此生不断在老师攀登过的山路上，踏着老师的足迹奋力追赶，虽然至今还是未能达到老师的高度，但沿途领略到的老师留下的足迹、精神及其精彩故事，已使我此生获益匪浅，永世难忘。

黄天骥
(1935—)

漫说黄天骥老师的自信与底气

康保成[*]

有这么一个故事：一位名不见经传的民间棋手和一位名满天下的高手对弈。最初，这位民间棋手并不知道对手就是大名鼎鼎的棋王，连弈三盘，盘盘皆赢。到知道对方的大名之后，再弈三局，接连败北，再也赢不了对方了。

显然，这位民间棋手是被对方的名气吓倒了。但我想，归根结蒂，他还是缺乏了一点自信和底气。这和秦舞阳在嬴政宫廷瑟瑟发抖的故事如出一辙。燕国勇士秦舞阳十二岁就敢于杀人，人们都不敢面对面地看他。但他作为荆轲的副手，却被秦始皇的威严吓得面如土色，秦始皇因而生疑，荆轲刺秦王的大业也因此功败垂成。按说，秦舞阳并不是没有实力，只是遇到了比他更强的对手，丧失了自信而已。

在高手林立的学术界，自然是强中更有强中手，山外有山人外有人，能够保持足够的自信和底气并不容易，而黄天骥老师就是这样的人。

中大校友陈平原说："研究戏剧的黄天骥老师，'舞台感'很好，且有'人来疯'的一面，越是大场子，他的表演就越出色。"（陈平原《南国学人的志趣与情怀——读黄天骥教授近著四种》，《羊城晚报》2015年11月29日，第A11版。以下陈平原文均引自此文）2004年，中山大学校庆八十周年纪念大会在广州中山纪念堂举行，4729个席位座无虚席。更加"威严"的是，主席台上的省市领导、各方要员，一个个正襟危坐，注视着演讲台。天骥师作为教师代表发言，不带片纸，他操着带有浓重广州方言味道的普通话，谈笑自若，妙语连珠，赢得了全场最热烈的掌声——没有之一。这个场面，印证了陈平原对天骥师的描绘。

那么，黄天骥老师的自信与底气从何而来？要回答这个问题，我们得先从学术之外谈起。

---

[*] 康保成：中山大学中国语言文学系教授。

二

1984年秋，也就是我和薛瑞兆师兄入校后的第二个学期，中山大学迎来了校庆六十周年。一天，我和瑞兆兄骑车路过东区体育场，听到围墙内传出一阵雄壮的军乐声。我俩好奇，遂停下车想看个究竟。不料，我们看到的竟然是天骥师右手高举指挥棒，左手做着手势，正在精神抖擞地指挥着一支庞大的军乐团的英姿。后来才知道，天骥师本来是要到中央音乐学院学音乐的，只是由于某个家长的反对才上了中大中文系。但他对音乐的热爱却始终不减。20世纪60年代初期，他曾为中大师生集体创作的《虎门颂》作曲，并亲自担任指挥。改革开放乃至到了七十岁以后，他还经常指挥大合唱。其风采、其水平，俨然是一个专业的指挥家。

在学术圈内外，天骥师坚持游泳的故事为许多人所津津乐道，但中大之外亲眼见过他游泳的人就很少了，我是其中的一个。说来惭愧，本人当过五年海军，自诩游得还可以。但一看到他的泳姿，就再也羞言当过海军了。他最擅长的是蛙泳，姿势矫健、漂亮，腿一蹬就能把人甩出老远。有一年，他参加广东业余游泳大赛，得了老年组银奖。要知道，所谓"业余大赛"，其实参加者多是年轻时的专业游泳队员呐！天骥师谦虚地说他不擅长自由泳，但看到他展开双臂，在浪中搏击前行的样子，我们就只有在一旁羡慕的份儿。"凝眉奋臂挽狂澜，划转潮头越险滩；禹门三尺桃花浪，几人沉坠几人还？"（黄天骥《秋泳曲》）对于黄天骥老师来说，游泳已经不仅仅是一种体育锻炼方式，而是他生活中不可或缺的组成部分。如今，年过八旬的黄天骥老师，依然常常活跃在泳池中。他用游泳排遣出心中的郁闷，强健了自己的身心，加深了对社会、对人生的认识。泳池中的黄天骥老师，显得格外潇洒、年轻。

三

诗词歌赋和散文创作是天骥师学术研究之外又一个亮点。正如平原兄所言："漫步中大校园，凡新立的碑记，大都出自黄老师之手。"这些碑文堂记，立场的"不卑不亢"，"骈散结合的较浅近的文言文"风格，乃至最终达到"雅俗共赏"的效果，"这都不是容易做到的"。在这里，我愿意谈一点自己的切身感受。

2007年7月下旬，我应邀陪天骥师到山西北部考察，在海峡两岸享有盛名的戏曲研究大家曾永义先生也参加了这次考察。在忻州的阎锡山旧居，有一座"五姑娘"的雕像独居一室。这位"五姑娘"是阎锡山的堂妹阎慧卿，传说她钟情于阎锡山而终生未嫁，可阎锡山却把她抛在老家自己去了台湾。这个故事使得原本就孤身一人的雕像显得更加冷落、凄美。曾永义先生口占一首《咏五姑娘》诗，表达对"五姑娘"的哀悯与同情，天骥师应声唱和，后出转精。在五台山，同样是曾先生首倡，天骥师唱和。一路上，两位先生出口成章，才思敏捷，让我们这些随行的后学大饱眼福，大开眼界。现在想来，这场景可不是每个人都能遇到的，值得在心底里永久收藏。

旧体诗词如何贴近当代生活？这是诗词学界久议未决的问题。我们的两位老师——王季思和黄天骥，以自己的创作实践回答了这个问题。相比而言，天骥师的社会实践更多，兴趣和特长更广泛，因而他的作品题材也更广泛，对社会对人生的思索以及他丰富的想象力和艺术才华，也更多地体现在作品中。不妨先胪列一些天骥师创作的旧体诗篇目：《花市行》《足球吟》《围棋咏》《虎门吟》《花城灯月吟》《迎春扫屋吟》《回归吟》《买桔行》（以上为歌行体），《秦始皇兵马俑》《清平路即事》《看时装展销会》《中大中文系学生售旗募捐》《白云山远眺》《访泰国见闻》《邓世昌百年祭》《随季思师游武汉东湖》《悼耀邦同志》《看足球世界杯有感》（以上为律诗绝句）。他还有不少词作，限于篇幅，不一一罗列了。

1989年4月，曾任中共中央总书记的胡耀邦与世长辞。天骥师为其作《悼耀邦同志》绝句六首，其一为："京华四月景凄迷，杜宇西山带血啼。创业艰难公竟去，斯人生死系安危！"想起季思师在《沁园春·悼念胡耀邦同志》词中说："一代英豪，千秋功罪，谁为分明？""为国兴才，鞠躬尽瘁，长使诗人泪满倾。"天骥师和季思师的心是相通的。

在旧体诗词中，天骥师最擅长歌行体。据他说，歌行体既有格律要求，又有较多自由发挥的空间，所以很喜欢这种体裁。写足球，他把球员比喻成雄狮、饿虎、燕子、鲤鱼，球员们的长传、冲顶、倒钩、射门等动作全都跃然纸上，栩栩如生。例如其中的四句为："霹雳轰顶不须忧，雄狮震鬣猛摇头；珠球洒落三山外，仰天长啸乱云收。"写龙舟竞渡，他又把河道与世道相联系，把屈原的悲剧与文人的期待自然地纳入诗中："前波翻浪后波推，处处瞿塘滟滪堆；河道应知如世路，暗礁激水遏船回。""宴罢登楼各赋诗，投诗入水问蛟螭；一自楚臣沉沙底，几多赤子盼明时！"

天骥师的代表作当属七言歌行《围棋咏》。中国围棋源远流长，以围棋为题的诗赋数不胜数。仅从东汉到南朝，就有"五赋三论"，即东汉马融和西晋蔡洪、曹摅及梁武帝萧衍、南朝诗人沈约的五篇《围棋赋》，东汉班固的《弈旨》、三国魏朝应玚的《弈势》，南朝梁代沈约的《棋品序》，都是名作，要超越他们实在不容易。天骥师的《围棋咏》成功突破了前人的藩篱，显示出他过人的才华和豪放不羁的风格。全诗如下：

秋风猎猎银鹰举，国手东征跨海去；
回望齐州九点烟，扶桑只隔一帘雨。
雨滴波生白玉堂，汉家豪客振棋纲；
千金宇内求骐骥，五色云间下凤凰。
拂衣直上攻擂处，呖乱鸟声啼不住；
一决雄雌壮士心，莺鸣求友情常驻。
横戈驻马阵云高，雨卷龙腥出海涛；
北线穷阴围荆莽，南边巨浸接深壕。
棋枰对坐千山静，敛气凝眸看日影；
兜鍪不动战旗斜，霹雳收勒听军令。
须臾子落起风雷，顿觉眉间剑气吹；
布下"小星"光闪灼，犄角连环不可摧。
迎敌分兵开虎口，坚城滚石大如斗；
直插"天元""宇宙流"，应手从容饮杯酒。
酒酣顺势发奇兵，魏豺怒跳入空营；
振臂一呼惊草木，敲棋犹作乱金鸣。
中腹大空尖、顶、靠，栈道明修瞒敌哨；
"小飞"斜出渡陈仓，微睨金鳌抛锦罩。
锦罩腾挪动九天，六军翻似油锅煎；
露重鼓寒声尽死，戟锁重关马不前。
满座但闻风索索，赤日炎炎霜雪落；
气结生吞血欲凝，惟有哀兵夜吹角。
楚歌四面月将残，紫塞荒凉暮色寒；
大局行看江海泻，谁人只手挽狂澜？
咬牙搔首沉吟久，拍案急抛"胜负手"；
拼掷头颅决死生，五岳乍崩天乱抖。
雕弓晓射踏霜蹄，沙场骨白血肥泥；
短兵搏杀"收官子"，孤棋"打劫"系安危。

胜负安危休细数，渐散尘烟收战鼓；
斗酣转觉友情浓，投袂推枰齐起舞。
纹枰三尺入玄机，黑白分明接翠微；
覆雨翻云千载事，落花流水一招棋。
一着只差势尽倒，当时曾把黄龙捣；
古今中外几多人，功败垂成没芳草。
京华恰见聂旋风，凯歌高唱入云中；
漫把棋形连世势，拈花微笑论英雄。
手谈斗智兼斗力，国运蹉跎棋运戚；
元戎卓识与天齐，助我雄飞张羽翼。
卧薪尝胆几春秋，报国心丹耀斗牛；
锻碾矛戈期一战，岂能徒白少年头。
心底无私思路广，虎穴龙潭由我闯；
囊棋仗剑走天涯，铲平沧海千层浪。
闻君此语倍精神，昌棋爱国竟难分；
烂柯仙叟跨龙去，尚留豪气满乾坤。
满乾坤，说聂君，"杀伤电脑"慑心魂；
迎风独立三边静，秋山黄叶落纷纷。

一首《围棋咏》，像极了唐代的边塞诗。从大将出征到胜利归来，从运筹帷幄到短兵相接。有明修栈道暗度陈仓，有四面楚歌、直捣黄龙。每四句一转韵，每韵都有独立的事项，环环相扣，首尾呼应。诗中天骥师对围棋的典故、术语也都信手拈来，运用自如。一曲读完，余音袅袅。难怪著名书法家、中大1978级校友许鸿基，在庆祝他们毕业三十周年时，工工整整地用毛笔把这篇《围棋咏》用大字抄写出来，放置在中大中文堂最显眼的地方，以表达他们这一届同学对这篇作品的热爱和对天骥师的崇拜。

四

我没在中大读过本科，无缘享用如平原兄所说的听天骥师讲《春江花月夜》"听得如痴如醉"的精神大餐，但却多次听过他的讲座和论文报告，有时候还"附骥尾"，和他同台讲座。2014年4月，天骥师在国际学术会议上做主旨演讲，题目是"元杂剧《单刀会》中的祭祀因素"。半个小时，不用

PPT，不带片纸。会后叶长海先生告诉我说，这场报告，不用改动，记录下来就是一篇学术含量很高的论文。

有一次，我有幸和他一起在北方的一所大学为本科生做讲座，天骥师讲的是"岭南文化的特征"。照样是不用PPT，不带片纸。他从广州的五羊雕像谈到广东人对中原文化的认同与向往，再进入主题，畅谈岭南文化的豁达开放、兼容并蓄。侃侃而谈，从容不迫。一个小时下来，场上掌声雷动。

师弟李恒义告诉我：一次会议，天骥师当众做报告，照着稿子念，抑扬顿挫，铿锵有力，没有半点语病。恒义纳闷了，黄老师是最讨厌照本宣科的，怎么读起稿子来了？他悄悄凑到跟前一看，天呐，黄老师手上拿的是一张没写字的白纸！事后，恒义揣摩，不写稿子，或许会被会议主办方误解为不重视，所以才拿一张白纸"作秀"吧？恒义猜的是不是对，我没找天骥师求证过。总之，天骥师的学问是在他肚子里，而我们的学问是写在纸上。而且，天骥师的学问已经融会贯通，所以才能信口拈来，举一反三，左右逢源。

天骥师常说，他是"带着诗词的眼光去研究戏曲，又带着戏曲的眼光去研究诗词"。这一点，我们学不了，只能心向往之。哪怕就是在戏曲领域里，我们最多只是做点案头功夫，而天骥师兼得王季思、董每戡两先生真传，是案头场上两擅其美的戏剧理论家。平原兄说：在中大的戏曲学团队中，"能传承王季思先生学问的，不仅黄老师一人；而因个人才情及志趣，接续董每戡先生这条线的，大概只有黄天骥"。这话没有说错。

平心而论，天骥师看戏不多，但每看则必有精到的点评。华东某京剧院的一部新编历史剧，被公认为是新经典，好评如潮。但天骥师看后指出，这个戏在舞台调度上还有不少有待提高的空间。记得那天讨论这个戏，天骥师娓娓道来，鞭辟入里；同学们大为叹服，拍案叫绝。有位学兄说："这堂课，应该让该剧的编导来听听。"还有一次，北方某梆子剧种来广州演出新编五大南戏中的一个剧目，天骥师一眼就看出，这出戏过多地使用了话剧的手法和布景，不利于演员充分运用戏曲的表演技巧。

很可惜也很惭愧，虽然明明知道研究戏曲必须懂得舞台艺术，但天骥师对舞台艺术的深厚的理论修养和独到的审美眼光，吾辈迄今还没有学到。

五

天骥师常说，在学术研究方面，他是"以戏曲为主，兼学别样"。

在戏曲方面，他提出的元代南北两个戏剧圈的主张，已经写入文学史，获得广泛认同。他的《元剧的"杂"及其审美特征》《"旦""末"与外来文化》等论文,都是小中见大的典范之作。其特点是:从对某一具体事项的考辨入手,联系到时代风尚或中外文化交流大局。他对关汉卿生平的考证,对王实甫《西厢记》、汤显祖、李笠翁、"南洪北孔"的个案研究,也都能在前人研究的基础上另辟蹊径,令人耳目一新。更为可贵的是,天骥师作为中文系出身的典型的"学院派"学者,还主动介入宗教、民俗与戏曲的关系研究和戏剧形态研究,写出了《论参军戏与傩——兼谈中国戏曲形态发展的主脉》《从"引戏"到"冲末"——戏曲文物、文献参证之一得》《〈牡丹亭〉的创作和民俗素材提炼》《论丑和副净——兼谈南戏形态发展的一条轨迹》等论文。他做学问的不拘一格、与时俱进可见一斑。

众所周知,天骥师不是学究型的学者,而是才子型的学者。在王季思老师主编《全元戏曲》之后,天骥师担纲主编《全明戏曲》,而后者的篇幅是前者的五六倍以上!为了减轻天骥师审稿的负担,我们本来采取的是分卷主编负责制。但天骥师作为总主编,不仅对每部交上来的作品都细细审看,一一纠初校、二校的错误,而且连许多本该分卷主编承担的二次审稿工作也"截"过去。所以,他手头的稿子,有许多是未经分卷主编二校的,其工作量可想而知。天骥师说:"你们几位(指我和宋俊华师弟等)工作忙(指教育部基地工作),审稿的工作就由我代劳了。"

戏曲之外,他对吴伟业、朱彝尊、陈维崧、纳兰性德的研究最引人注目。尤其是对后者的研究。1982年,他的论文《纳兰性德和他的词》在《社会科学战线》发表,是最早研究纳兰词的重要论文。翌年,其同名专著在广东人民出版社出版。书中对纳兰性德生平的考证,对纳兰词的鉴赏和对纳兰词风格的归纳,迄今仍为不刊之论。从出版社某编辑处获悉,这部30多年前出版的专著迄今无人超越,即将再版。

在中国戏曲史方向的研究生课堂上,天骥师强调中国文化的根在先秦,带领大家精读老、庄、孔、孟,《礼记》《周易》等典籍。而同学们最喜欢听的,则是在众人发言之后,被他自己称之为"胡思乱想""胡说八道"的一家之言。可惜的是他在这些场合的"信口开河"绝大多数都没有记录、整理出来,只有一部皇皇50万言的《周易辨原》,留下了当年课堂讨论的雪泥鸿爪。一位研究戏曲的学者竟然一不留神成了《周易》研究专家,您道是奇也不奇?

六

1984年春节过后的一天，我和薛瑞兆兄作为中山大学中文系招收的第一届博士生，来到位于中山大学马岗顶的王季思先生家。先生请我们在宽敞的客厅坐下后，随即拿起电话，说："我把天骥叫过来，他和我一起带你们。"当时天骥师还不是博士生导师，但从我们入校报到的那一天起，我和薛瑞兆师兄实际上就是在季思师、天骥师的共同指导下完成学业和博士学位论文的。

32年过去了，当时的情景历历在目。32年来，我有幸留在两位老师的身边，边工作，边继续学习。1996年季思师仙逝以后，天骥师便成为中山大学中国古代文学、古代戏曲研究团队的领军人物和灵魂。他的为人为学，一言一行，一举一动，深刻影响着我们这一代乃至目前在读的研究生们。

我们进入中大的时候，季思师已进入暮年，78岁；天骥师年富力强，49岁，不久就被任命为系主任，又几乎同时被国务院学科评议组批准为博士生导师，再后来接替季思师担任第二届国务院学科评议组成员。天骥师常常谦虚地对我和瑞兆兄说：我们其实是师兄弟。但我们两人清醒地认识到，学术上的师承关系不像血缘关系那样纹丝不乱，我们和天骥师都是季思师的学生，同时我们二人又是两位老师共同的弟子。

在天骥师担任系主任的日子里，中大中文系里除王季思老师之外，还有好几位德高望重的老教授，如商承祚、黄海章、楼栖、卢叔度、陈则光、吴宏聪等先生。作为系主任的天骥师，对待所有的老教授一视同仁，同样敬重，绝不厚此薄彼，即使是对待自己的恩师季思师，也没有半点特殊。我们从天骥师所写的回忆容庚、冼玉清、黄海章、吴宏聪、董每戡等前辈的文章里，可以深切地感受到这一点。

20世纪80年代后期，天骥师的职务调整为研究生院常务副院长。不久，一件意想不到的事情发生了。天骥师对季思师的感情，在特殊的年代里得到了升华。

1990年夏季的一天上午，我到党办领取"调离教学岗位"通知书。党办离季思师家很近，就顺便去看望老师，并想向他汇报此事。没想到刚踏进门，家中的保姆就慌慌张张地告诉我："赶快找人把阿姨送医院。"原来，师母姜海燕患了急病。我打电话找来董上德师弟，用担架把师母送上救护车，没想到师母这一去就再也没有回来。她患的是登革热，上午送进医院，傍晚就与世长辞了。

师母岁数比季思师小十多岁,而且素来身体很好。长期以来,季思师的生活起居都是师母一手操持的。她的突然离世,对季思师不啻晴天霹雳。一个85岁的老人,能不能经得住突如其来的打击?在天骥师的周密安排和亲自参与下,季思师安然渡过了这一关。

天骥师安排,先把季思师送往医院,住进病房,告诉他是例行体检。然后每天向他报告师母姜海燕的"病情",有时"严重",有时"缓和"。待季思师有了心理准备,再向他报告实情。在报告时,医生就在隔壁,预备好抢救器材和药物,以防不测。由于有了充分的铺垫,季思师的情绪很快便稳定下来。天骥师安排老人家继续在医院休养一个多月,后来被家住深圳的女儿接去小住。在季思师住院期间,所有的师兄弟齐上阵,有的陪床,有的煲汤送汤。天骥师还专门请来季思师的温州老乡、中大图书馆原馆长连珍先生到病房来,和季思师聊天,劝慰和开导季思师。

季思师从深圳女儿家回广州的住所之后,其日常生活遇到了困难,尤其是洗澡问题。广州的湿热天气一天不洗澡都难以熬过,而师母去世后无人能帮助老人家洗澡。天骥师不仅安排师兄弟们轮流给季思师洗澡,而且他还和苏寰中老师身先士卒,身体力行,亲自为季思师洗澡。

羊年的春节很快来临了,每逢佳节倍思亲,季思师的情绪会不会起波动?天骥师一直挂在心上。他在后来的一篇文章中回忆:"我惦挂着老人家,他和女儿静静地守岁,心情不知怎样?年初一大清早,带了些糕点,便赶往他的寓所。"当看到季思师家门贴着一副老人家亲拟的红彤彤的春联的时候,"我不禁眼眶一热,心头上的那块石头,也落下了"。

1993年4月,在天骥师的主持和操办下,"王季思教授从教七十周年庆祝大会"在中山大学隆重举行。广州市政协主席杨资元、中山大学校长曾汉民到会讲话,国内许多著名学者和中大中文系师生250余人参加了大会。会后,《文学遗产》编辑部和中山大学古文献研究所、古代戏曲研究室,联合举办了"王季思学术思想研讨会"。天骥师亲自撰写的《余霞尚满天——记王季思教授》,先发表在《人物》杂志1992年第1期,后收入1993年12月出版的《王季思从教七十周年纪念文集》。

从一个人怎样对待父母和老师,就大体可以看出他的人品。天骥师父母早已去世,他像对待父母一样对待身处困境的季思师,在学术圈内外有口皆碑。然而,天骥师经常说,我们尊敬老师,但绝不搞门户之见和师道尊严。这一点,天骥师与季思师一脉相承。

在我们的戏曲研究团队,虽有年龄、辈分之不同,但在学术上是完全平等的。天骥师考证有两个关汉卿,季思师不以为然。季思师否定"王作关续"说,认为元初的王实甫是《西厢记》的唯一作者,天骥师则认为艺术上如此成熟的《西厢记》不可能完成于元代。考入中大之前,我针对天骥师关于洪昇《长生殿自序》中的一句话的理解写过一篇商榷文章,发表在《光明日报·文学遗产》。入校后很长时间我才知道,就是这篇文章,成为我被录取的原因之一。

七

黄天骥老师是自信的、有底气的。但正如平原兄所说,黄老师的谦虚与低调,也是真诚的,发自内心的。《文艺研究》的访谈文章,我是最早的知情者。当时该刊刚刚发表了李学勤先生的访谈文章,天骥师听说该刊要对他进行访谈时的第一个反应是:我可比李先生差远了。在整个采访过程中,天骥师一再叮嘱采访者,千万要实事求是,不要拔高。

一次,同学们在一起谈论起某著作,天骥师坦然承认:"这种穷尽一切材料的功底深厚的学术著作,我没有。"平时,天骥师常挂在嘴边的学者,有傅璇琮、章培恒、罗宗强、袁行霈、李修生、袁世硕、宁宗一、吴新雷、齐森华、曾永义、叶长海以及中大的蔡鸿生、姜伯勤等先生。他告诫我们师兄弟:"我的学问不如他们,你们要多读他们的书,转益多师。"我至今还记得,20多年前,他把姜伯勤老师请到自己家中为我们上课的情景。姜老师谈起做学问的酸甜苦辣,禁不住大放悲声,深深触动了我们这些初出茅庐的莘莘学子。

校友黄竹三先生虽仅比天骥师小三岁,但对天骥师执弟子礼甚恭。黄竹三七十寿辰,天骥师欣然道贺,亲临会场。袁行霈先生主编的《中国文学史》"宋元卷",天骥师署名第二主编,第一主编莫砺锋兄是"文革"后的研究生,是天骥师的晚辈。但天骥师从未有过半点抱怨,而总是说宋在先元在后,这样署名理所当然。近十几年来,中大中文系吴承学兄成果卓著,声名鹊起。天骥师主动推举吴承学取代自己,担任广东省古代文学学会会长和中大中文学科一级学科带头人。

即使在中大戏曲研究团队,天骥师也经常说"仕忠的戏曲文献研究、版本研究比我强多了""保成的傩戏研究和戏剧形态研究比我强多了"之类的话。其他诸如:欧阳光思考问题之缜密、校对文献之细致,董上德上课之旁征博引、生动有趣,刘晓明、宋俊华之成熟老练,黎国韬、王馗之厚积薄发,戚世隽之内秀聪慧，钟东之淡泊名利以及在书法上的精进，倪彩霞博士论文之新颖，陈志勇独立完成《全明戏曲》辑佚，等等，几乎每个师兄弟的优点、长处他都看在眼中。至于博士下海、廉洁能干的薛瑞兆，找工作时反替竞争对手说好话的欧阳江琳，就更是天骥师教育每一届新同学的好教材。

20世纪90年代初，我因故情绪低沉，一度想调离中大。天骥师为此作《赠保成学弟》五律一首加以劝勉，情意款款，读来如沐春风。我请书家用正楷抄、裱后，将其一直挂在客厅墙壁正中，当作座右铭。如今，牙牙学语的小外孙常常伸出他那稚嫩的小手指向这首诗，我则一遍又一遍、不厌其烦地念给他听。小家伙哪里知道，我其实是在字里行间反复咀嚼黄天骥老师的志趣与情怀，自信和底气，宽容与低调，品味32年来那一桩桩充满师生情谊的温馨如昨的往事。

九天骐骥岭南啸

——记承上启下的中大戏曲学名师黄天骥先生

谢柏梁*

中山大学是华南地区最好的综合性大学,中文系曾经是全国最好的同类系科之一。中华人民共和国成立之后,古汉语大家王力先生调往北京大学,民间文学的开拓者钟敬文先生调任北京师范大学,中大中文系最强的学科,就只有容庚先生和商承祚教授领军、曾宪通教授等继任的古文字学,还有王起先生与董每戡先生领军、黄天骥教授等继任的戏曲学。

如果把中大第一代学科领军人物称之为开山之祖、把第二代称为学派之宗的话,那么黄天骥教授就是中大戏曲学承上启下的名师。当然,估计这一称谓得不到黄教授自己的认同,因为他还是喜欢学生称他为老师,他认为这一称呼最为亲切也最为平易。由此,学生们私下会称之为黄老师,或者干脆称之为"黄天老师",兼有"皇天后土"的尊敬与亲和兼具的调侃意味。

余生也晚,入学也迟,直到1986年才到中大中文系,跟随王起、黄天骥二位导师攻读博士学位。忝列王门、黄门徒子徒孙之列的在下,不由得幸运感、幸福感和惶恐感并生。

幸运感是因为考进中大的王牌专业,实属不易。王起先生是中文系老主任,黄天骥老师是现任中文系主任。能否考进去,挤进康乐园中的桃李门墙中去,当然由二位老师仲裁决定。初试的时候,我的戏曲史专业还不错,但是文艺学考试的分数并不好。这当然令我很郁闷,我是从文艺学传统极其丰厚的华东师范大学过来的硕士生,按道理文艺学理论是我的擅长,却如何得分不高呢?

郁闷尽管郁闷,名落孙山事所必然。就在山穷水尽之时,柳暗花明的转机却出现了,黄老师与王先生商量的结果,是给我一个单独复试的机会,让我再做一张考卷。这次的考卷,是关于李渔的《香草亭传奇序》文的解析。"或寄情草木,或托兴昆虫,无口而使之言,无知识情欲而使之悲欢离合,

---

* 谢柏梁:中山大学中国语言文学系1989届博士,中国戏曲学院教授。

总以极文情之变，而使我胸中磊块唾出殆尽而后已。"看到此题，我不禁哑然失笑。这篇文章尽管对一般人言较为生疏，但是我曾经在京沪图书馆做过近三年的古代戏曲序跋的收集抄写工作，所以做这道题目也还是游刃有余。

在我硕士毕业之时，武汉华中师范大学的人事处处长在华东师大招待所等我，他希望我去华中师大任教。中国戏曲学院戏文系的奎生主任也在沪等我，他希望接我北上京华。就在这一或返乡或北上的当口，中山大学的博士录取通知书寄来了。好在华中师大和中国戏曲学院的领导都很理解我，他们都支持我到中大深造。进了中大之后，才知道王先生、黄老师对我的专业答卷还算满意，但是因为我文艺学答卷的得分并不理想，故此大费踌躇；为了无遗珠之憾，黄老师按照规定做了一个加试，加试的结果又算满意，这才让我幸运感与幸福感并生，一下子成为中大"王牌"专业和知名教授的入室弟子。

称心满意地进入风景如画的中大之后，接下来便是与之并生的惶恐感。黄天骥老师很善于接续中大的传统，在无形之中让我们意识到学生自身的责任。他亦庄亦谐地给我们谈 1917 年在北大开设词曲课的开山老祖吴梅先生，也给我们谈王先生曾经遭受过的苦难与治学特色，偶尔也说几段张生跳墙、"王（起）生跳船"的逸闻趣事，还多次提及董每戡先生、詹安泰先生的治学态度及其人生起伏，也盛赞容庚先生的人格精神。我在不经意之间与大师们精神交汇，兴奋不已；同时也清楚地认识到：在这样的学科背景下与大师们的光照之下，学问做得好一点理所应当，做得不好只能是自己的无能。

惶恐感还源于黄老师的过人才华，给我们以心向往之而不能至、可望而不可即的遥远距离感。他可以 16 岁考上中大；他可以在助教之时，与本科生的年岁彼此相当；他可以在担任中文系主任后繁忙的事务之余，频繁在《文学遗产》等杂志上发文章，哪怕是关于诗词、关于梵文的论文，他都能义理与文章兼具，写出可以传世的好论文。我也曾跟着黄老师，去现场感受他给本科生上课的风采，那种自信与从容，那种幽默与逗趣，那种把知识与智慧融汇到明白晓畅的演讲过程中的大师风范，令我如沐春风但又压力倍增。他要求本科生作文、古文和英文俱佳，笔头、口头和心头兼善，哪怕是作为博士生，要做得好又谈何容易！

在经历了幸运感、幸福感和恐惧感的次第过渡之后，我开始在美丽的中山大学发愤著文。在黄老师的启发之下，我自己当时定的指标是每个月写一篇论文，一年争取发表 6 篇左右的论文。夜以继日，坚持不懈，于是就有了获得中山大学研究生优秀学术成果奖的资格，于是就引来了黄老师的关心、爱护和一些建议。

黄老师对学生的关心爱护是落在实处的。在中大读书时，我已经是拖家带口之人，于是就从古色古香的东三文虎堂三层，搬迁到了女生宿舍广寒宫前、东湖边上的东16宿舍。这间宿舍自带卫生间，当然方便许多。但是当黄老师知道我写作已经进入疯魔状态，小孩子有时候吵闹，会影响写作时，他又将中大南门花园内的二层小别墅中的一间房屋提供给我，让我在那里借住和写作。在芭蕉叶、凤尾竹的婆娑起舞中，在南国丽日蓝天的优美环境下，在"山中大学"的世外桃源的氛围中，彼时我的科研速度之快，论文写作之勤，可以说创造了人生经历中难忘的华章。

我的论文写作与发表之勤，令黄老师一则以喜，一则以忧，他几次对我说才华横溢、写作勤奋是好事，但是写论文还要注意材料的收集与论证的准确，这样的论文才能够留得下去。我的博士论文选题是《中国悲剧史纲》，黄老师始终认为这个题目太大，一本书与一篇博士论文，不能够等量齐观，也难得深入下去。

余生也狂，因为仗着老师对我的娇宠，便与老师无话不说。一次我提到国内著名大学的一位学者，看起来著作不多，为什么天下知名？是否因为平台好所以就名气大？黄老师这次可没有放过我，他正色说道：你应该看到那位先生的考据功夫下得多细致，你应该想想人家遭受过多少人生的无妄之灾，你看看人家的学生们都从材料出发，其系列年谱论文写得多扎实！后来，黄老师还介绍我与那位学者联系，让我进一步领会其学问人格之正气与大气。

离开中大康乐园、离开王先生和黄老师的羽翼照应，一晃已经27年了。少年子弟江湖老，当年康乐园中的小年轻，如今很快就要进入60老人的序列了。仗着中大博士的名气，承着老师的福荫，我在北京南京、中国外国，跑过不少高校，做了将近20年近乎职业化的三个省级特聘教授，也长期担任过不同高校中文系和戏文系的主任，在戏曲领域内，或多或少也有了一定层面的影响。可是我清醒地知道，如果说自己有一丁点成绩，都是因为中大戏曲学之华丽大家族的恩赐；如果自己做得不好，那就是没有将老师们做人治学的精神学到家，还是急功近利，学养不足所致。

记得康保成师兄曾经对我说，他曾经与黄老师在东京的书店，不经意间看到我的专著，序言中也提到过中山大学求学的经历。黄老师就感叹地说：看来小谢还是没有忘记母校。

是啊，从中大出发，游子走得再遥远，但是母校之爱、师生之情，又怎能一日或忘呢？

黄老师的身体好，大家都知道。可是好身体也一定要有好的锻炼和调理。

回顾前尘，尽管我写过、编过近百种书，可是迄今为止我的视力极佳、身体甚好、睡眠特香，其中有一个重要原因就是几十年如一日地坚持锻炼身体。在康乐园中，黄老师给我们树立了最好的榜样，他游泳与散步之勤，极大地保障了他工作的有效性，也为他做学问、事教学提供了最好的身体保障。老师的言传身教，极大地影响到我持之以恒的身体锻炼。

十三年来，我先后在上海交通大学和中国戏曲学院担任中文系或戏文系的主任。我常常充满希望地对同学们说：你们谁能够在乒乓球桌上打输我，我就请你们吃饭。言犹在耳，这么多年来除了上海交大时期的博士生，尚且与我在球桌上互有输赢，本科生和硕士生始终尚无打破纪录者，我始终没有机会因为输球请他们吃饭。在纪念老师教学生涯的时候，写此趣事博老师一粲，也以此感恩于老师哪怕在体育锻炼方面对我产生的深远影响。

前年，我所兼职的中国戏剧文学学会要给黄天骥师颁发教学与科研终身成就奖。当我请示他时，老师一再表示得奖并无多大必要。当我说这是对一批终生献身于教学科研的戏曲学者的共同表彰时，他才勉强同意此举，但是又叮嘱我说，不要只是评选中大的老师，要做到客观公正，外校、外地的学者也一定要给予应有的奖项，这样的奖对于今后在教学第一线默默奉献的人，也许还有一些激励和鼓舞的作用。

在高等教育出版社重新修订袁行霈版《中国文学史》的时候，放眼一看，该书的戏曲部分多出自中大学人，这说明学术界对于中大人治戏曲学的整体认同，我想这应该是老师觉得最高兴的事。当出版社与编委们商量诸多事宜之后，黄老师又恳切地建议该社多给参加编写文学史的中青年学者出书，为学者们提供更好的平台。这样的建议，出以公心，造福后辈，赢得了大家的共鸣和支持。

黄老师不愿意大家为他祝寿，但却愿意参与学生们为他筹办的从教60周年的纪念活动。我想这其中是有深意的，这一活动还是在鞭策我们这些在高校执教的学生们，我们的教学生涯还长，还是不可以有片刻的懈怠。只有树立起终生执教的信念，我们的每一堂课才会上得精彩一些，百年树人的目标和信念才会更加久远一些。

老师自有老师的深意，可是我作为学生之一却黯然神伤。比方我个人的高校教学生涯，满打满算都不会达到四十年。这就是师生之间的巨大差距，所以还是对不可超越的老师心存敬畏，永远保留作为学生的幸运感、幸福感和惶恐感，还有高山仰止而不能至的崇拜感啊！

2016 年 3 月 26 日，写于中国戏曲学院

人师难得

——恩师黄天骥先生略记

钟 东[*]

一

恩师黄天骥先生在我心中留下颇为深刻印象的，是他的为人。

与恩师结为师生，应当是在1993年了，当时我一心考博。那时候对于学术的兴趣，是在唐宋。我带了几篇习作小文给黄老师看，当时他对我的评价是没有太好的才气。但是，他还是在众多的考生中，录取了我，这是我一生一世的福报。

当时，老师还说了一句话，让我心中一直暖洋洋的："你研究的韩愈，我就不熟悉。有空我向你请教啊。"我听了不禁一愣，令我景仰已久的导师，学问精通博大，居然这样谦虚，这样鼓励学生，这长者的风范，我永远记住了。我记得，当时他还鼓励我说："有人早慧，有人大器晚成。"

我读博期间，在广州另一间大学的年轻老师沈君，出了一本古代文学的论文集，托我带给认识的一些师长。过了好些天，沈君告诉我，送出去的那些书，只有黄老师给他写了亲笔回信。其实，当时黄老师任中山大学研究生院的领导，工作十分忙碌，可是他决不忘记给一位年轻的学者回复亲笔书信，这也让我学习到了老师的为人。

二

恩师在我人生中留下深刻印象的，有他的尊师重道。

在随恩师攻读中国古典文学之初，他便经常谈及王季思（1906—1996）先生的种种故事，比如说王先生讲过"聪明人要下笨功夫"，比如王先生如

---

[*] 钟东：中山大学中国语言文学系副教授。

何研究《西厢记》等。他又经常谈及戏曲研究的团队在中山大学是怎样建立起来的,也时时谈到王季思先生的开创之功。他对王季思先生的缅怀,写在文章《余霞尚满天》中。

除了王季思先生之外,讲起戏曲表演的学习,黄老师一定会谈起董每戡(1907—1980)先生。他说董先生精于戏曲表演艺术,恩师做学生的时候,因为有一次在课前模仿董先生上课,被董先生留下来,说他模仿得很像,可以学习表演。恩师自此便向董先生学习了舞台表演的艺术。

恩师对众多中大师长的缅怀,往往形诸文字,这些文章较为集中地放在了《中大往事》这本书中,很多他的师长辈,都在这本书中留下了形象、生动、逼真的肖像。这些对师长的记述,放在一定的历史时期中,表现出极为丰富的历史内涵,甚至有些是令人心酸的怪异,但是,有一个中心,就是恩师对他的师长辈的敬重,以及他对道业与文明的敬重。

想起一件有趣的事情,在我读博期间,我一直觉得恩师充满神秘感,认为他就是老师的老师,是第一伟大而有名的。直到有一次,我才明白,恩师的成功,也是离不开师长的栽培的。那一次,恩师让我带十本书送到住在起义路的孔老师家去。孔老师是恩师黄天骥中学时代的老师。我见到孔老师,没有想到是一位耄耋老人,他用广州话问了关于恩师的许多情况,记得最为深刻的是:"阿骥近来点样(怎样)啊?"那一声"阿骥"的称呼,让我更加尊重我的恩师黄天骥,也让我更加懂得恩师做老师的内涵了。

恩师特别注意扶植、鼓励后学,让后学的特长发挥出来。比如近几年他出版的图书中,每一本都请自己中文系的年轻人作序。黎国韬老师为《方圆集》作序,魏朝勇老师为《诗词曲十讲》作序,戚世隽老师为《情解西厢》作序。而书法方面,恩师也借他的书,为本系的老师团队提供展示机会,陈斯鹏、田炜与我等数子,都应邀为恩师的著作配上书法图片,因为我们几个是业余书法爱好者,我们的书法作品,成为恩师书中的插图。恩师的用意很明确,就是中文系后继有人,有一个整体的团队。而其意义,或者更为广大,我感觉到与王季思先生"长留春眼看春星"的意味一样,深长而久远。这其中,充满着恩师对于道业永存的期待。

三

恩师在我人生中留下深刻印象的,还有他的"趣"。

恩师雅人深致,是有真趣、妙趣与深趣之人。读师文字、陪师侍座、听师讲课，都能明显感受到恩师对一切都充满着好奇心，总能发现生活与学问的种种趣味，并且用文学艺术的形式表现出来。

游泳，是恩师平生最爱，几十年来，每天清晨，不分春秋冬夏，他都会去泳池。很多年前，就听他说过游泳的种种趣事，后来他写了《游泳记趣》一文，收录在《中大往事》之中。这篇文章把他几十年如一日的玩水之趣，表现得活灵活现。试想，在生活中如果对游泳没有真兴趣真体验的人，怎么能写出这样的文字来呢？其中有一个细节，可见端的，这便是他在文中写到"游泳之趣，还在呛水"，恩师写道："有人说，呛水很难受，怎么反说有趣？其实，难受和有趣的差别，只在一转念之间。只要心里不觉难受，那么，即使是难受的事，也会转化为有趣。这道理，和川、湘朋友在饭菜中加辣子是一样的。"（《中大往事》增订本，第150页）恩师便是这样，生活中也是一转念之间，把很多别人看起来麻烦的事情，都转化为兴趣。

恩师对于人生，每有禅趣。恩师知我平日关注广东佛门文献，而与方外往来有年，有时候也会同我谈起他对佛教、禅理的见解与体悟。在我听来，他是有正知正见者，不是寻常学问家的理解。他的文章结集题名，本来就透露出他很早便领会了禅趣、悟得禅味。比如他的《冷暖集》，显然取义于宋释道原《景德传灯录·袁州蒙山道明禅师》："某甲虽在黄梅随众，实未省自己面目。今蒙指授入处，如人饮水，冷暖自知。"《冷暖集》之趣味，亦在这禅意之中的。恩师的其他诸集《深浅集》《俯仰集》《方圆集》之书名，释解之义虽在多途，但又何尝不是消除了二元对立，不碍两边，唯在中间的空观中道之见解呢？

在生活中，恩师给人以达观自在的印象，但这不只是在外的表象，实际上他是能搞掂（搞定）自己内心的人。他的人生多少风波、抉择，这使他对于祸福得失，早已超越在塞翁失马之上，而悟得佛禅之空观中道了。

黄伟宗
(1935—2024)

消失的"魔法"
——纪念黄伟宗老师

颜湘茹*

1994年4月,我第一次见到了黄伟宗老师。那是在当时中文系的研究生入学面试考场里,候场不久,门口就出现了一位小个子、面色白净的老者,他手持考卷走进来,微笑着说:"准备好了吗,我们开始面试吧。"

面试后,那年9月我就幸运地成为了黄老师招收的1994级4名硕士生之一,听说因为当年报考现当代文学方向的学生太多,黄老师的硕士生名额就从2扩为4。入学后,黄老师还告诉我们说,这一年是他最后一次带硕士,所以我们4个是他的关门弟子。于是扩招加上关门弟子的头衔,让刚入学的我有一种幸运翻倍的窃喜,直到第一次写作任务来临。

大概因为黄老师在重回母校任教之前,历任《羊城晚报》副刊编辑、广东省作家协会评论委员会委员兼《作品》编辑等职,所以他对学生的写作能力有一定要求。当某报请黄老师点评一部作品时,他就把这当成入学后第一篇作业交给了我和同门师姐,让我们二人各写一篇,然后交报社择优录用。当然,那次的择优结果是,我那嫩拙犹如高中生低分习作的文艺初评被师姐的作业"秒"成了"渣"。

那天下午我痛苦地从东门步行穿过校园到了蒲园区黄老师家,只想看看师姐成功入选的文章,以便让自己"渣"个明明白白。听完我的来意,黄老师马上把两份稿纸拿出来,让我细读。在客厅明亮的灯光下,我沉默地看完了入选作品和自己的落选稿件,明白了差距所在,而黄老师全程没有一言责备。他让我知道,原来三人行必有我师,可以很生动具象。

再后来,在导师开设的必修课上,他开宗明义提出所有人必须通读丹纳的《艺术哲学》。当时我们是不是全都老实读完了,我不知道,但我一直记得书里那句话"精神文明的产物和动植物界的产物一样,只能用各自的环境来解释"。

---

* 颜湘茹:中山大学中国语言文学系副教授。

后来《艺术哲学》就一直立在我的书架上，再后来它的旁边陆续出现了《文艺辩证学》《珠江文化论》《浮生文旅》《黄伟宗文存（上中下）》《"一带一路"广东要览》《黄伟宗集》《黄伟宗文存——珠江文痕（2009—2016）》……

我知道黄老师的文学与学术研究始终高产，可我没想到，这高产来得也如此具象。更令后辈如我惭愧的是，很多大部头都是黄老师在退休后，甚至是在他一耳不聪一目不太明的情况下，逐一完成的。

1992年黄老师被聘为广东省人民政府参事，2000年，广东省珠江文化研究会正式成立，黄老师担任首任会长，之后又担任了广东省海上丝绸之路研究开发项目组组长。他的考察足迹踏遍了东江、北江、西江等珠江分支的哪些旧址或古道，我并不清楚，但我清楚的是，他从来生动风趣，敢想、敢做、敢提，所以才有了旗帜鲜明的"珠江文化"正名定位与引导。

在我的印象里，他始终在我读书时温和地默默指导，是我工作后看到的勤勉笔耕的具体榜样。每年春节去他家拜年时，他总是穿着合体大方的唐装，风度翩翩。他的朗声欢笑与乐观也令人记忆犹新。每次告别时他像变魔法一般拎出一个袋子，而袋子里一定有他最新出版的著作。

魔法持续到2023年10月，黄老师病重入院，我赶去医院看望，临别时他坚持要从病床上下来，站着跟我一起手捧鲜花留影，并坚持让儿子和护工搀扶他缓缓挪步到走廊上的病区大门口目送我离开。电梯门关上的刹那，我回头看他，他就像1994年我初次见到的那样，站立而且微笑着。

2024年1月21日凌晨，黄老师辞世。这次春节去给师母拜年时，再没人像变魔法般拎出装着最新著作的袋子了，因为他去了另一个世界走他的"另一程"。

而2024年3月的广州跟往年其实也没有不同，只是当我清晨穿过校园，经过黄老师家楼下时，一抬头，才发现那里矗立着一棵高高的大叶榕。晨光熹微，春天的大叶榕叶片金黄，只是晨雾里还有黄叶树，三楼那间屋子里却再没有我熟悉的白发老人和他的魔法了。

黄修己
(1935—)

走近黄修己先生

吴定宇*

我与黄修己先生虽然年龄相差9岁,但交往27年来,我一直把他当作老师一样尊敬,朋友一样友好相处。转瞬间他八十诞辰已至,我情不自禁地想将几件印象深刻的事记下来,以示祝贺。

一、执意拿下不干实事的"副主编"——学人的风骨与温度

我与黄先生真正相识,还是在1987年秋天的一个傍晚。当时,应先师吴宏聪教授(曾任中文系主任22年,时任现代文学研究室主任)之请,黄修己教授从北大调到我们研究室,支援和加强现代文学学科的建设工作,那天已到校报到并且在宿舍安顿下来了。因为早就多次拜读他的论文和专著,所以我听说后赶忙跑到宿舍,拜望心仪已久的黄先生。那时他的家属还没有搬来,客厅里凌乱地放着没有开包的行李,我们随便找了个地方坐下就聊起来,一直谈到深夜。

黄先生是闻名遐迩的学者,最使我感佩的就是他对学术的热爱、敬畏和孜孜不倦的探索精神,以及对学人风骨的坚定守望。

20世纪90年代中期,我参与了由他主编的《20世纪中国文学史》和《百年中华文学史话》的编写工作,对他的严谨的治学精神和一丝不苟的负责态度,有切身的体会。参与这两本书编写工作的,既有在学林声望很高的资深专家,亦有他的学生一辈的青年学人,还有他的老同学、老朋友、老同事。他为这两本书的质量严格把关,无论是谁,凡写出来的东西不合要求或者平庸,他都不讲情面,退回去重写。有的作者被退回去多次,反复修改,直到满意为止。其中一位作者是某高校正职领导,曾提出希望名义上挂一个副主编。但他并没有起到副主编的作用,甚至连自己所负责写的部分也延迟交稿。黄先生不肯通融,毅然取消了他副主编的名义,在出版时把他名列普

---

* 吴定宇:中山大学中国语言文学系教授。

通作者之列。在 2004 年新版本中，他又撤下这位校领导所写的部分，换上别的专家所写的内容。黄先生以行动维护了学术的尊严，在他身上凝聚着一股正气，我看见了一个学人不媚权阿世的铮铮风骨。

他对于那些真正潜心搞学问的学者则十分尊重和关心，默默地给予他们支持和帮助。我们有位同事，长期以来从事中国现代文学史料学的研究，其收集、整理、辨析、考订史料的功夫，在当时国内可排上前三名。我曾听过他一学期的课，收获颇大。但由于他成天埋头书斋，不大喜欢与人交往，好像有些被边缘化。黄先生就住在这位同事对面的那栋楼，曾不止一次感慨地对我说，据他观察，经常见这位同事的灯在深夜中熄得最晚。记得有一次开会，黄先生还仗义执言，认为那位同事的"怪脾气"并不是缺点，而是其特点。

后来有人把这话转告给这位同事，他特地跑来问我：黄先生真是这么说的吗？我回答：是的。他听后感动不已，好像遇到了一位知音那么高兴。后来，这位同事不幸英年早逝，黄先生还专门为他写了一篇悼念文章，发表在《羊城晚报》上。

二、课前与学生一起朗诵《雷雨》——老师的严格与体贴

中国的学人往往兼有两重身份：教师和学者。我认为黄先生首先是一位很受学生欢迎的良师，其次才是成果丰硕的学者。他把教书育人当作人生的一大乐事，一辈子深耕在北大、中大校园。

黄先生到中大所招收的第一个研究生，是位羌族青年。这位研究生敦厚、朴实、学习特别刻苦。就像当年朱自清给自己唯一的研究生王瑶上课那么认真一样，黄先生给他上课一点也不马虎，还针对他的特点，专门制订了培养方案。黄先生要求这位少数民族学生学好普通话，每次上课前用半小时师生二人分角色一起朗诵《雷雨》。时日一长，这位研究生阅读量颇大，练笔的次数也比别的研究生多，因而进步很快。而他所撰写的毕业论文，被黄先生退回去修改了六七遍，最终他才交出了一篇质量很高的硕士论文。我参加这位研究生的毕业答辩时，给论文评了一个"优"。他将这篇下功夫写就的论文《论巴蜀文化与李劼人小说》，提交到 1991 年所举行的"李劼人诞辰一百年纪念会及学术讨论会"。据会议主持者之一、四川大学王锦厚教授告诉我，这是他们所收到的论文中最优秀的一篇。

这位研究生毕业后回到桑梓，在实际工作中锻炼成长。汶川地震时，他

是政府的新闻发言人,面对蜂拥而来采访的中外新闻记者和各种复杂的新闻事务,他操着一口流利的普通话(黄先生所下的功夫派上用场了),运用在学校练就的本事,应付裕如,没出一点差错。

2013年春节,他专门带着家小重返离别了20多年的康乐园,向恩师表示了深深的谢意和敬意,其情其景,十分感人。

三、按《鲁迅日记》上街搜美食
——美食家的风趣与"接地气"

然而黄先生绝对不是只知做学问的古板老师。他热爱生命,善于生活,是学林中有名的美食家。他刚调来的时候,只身一人,但每天都到菜市场买骨头回来煲汤,并说:"我营养是够的。"

那时现代文学研究室的同人打算凑钱给他接风,但到哪家食店去,却各说各选的好,商量几次都定不下来。有一天黄先生对大家说:"今晚我请大家吃饭。"大家跟着他乘船到珠江对岸一家不很显眼的餐馆坐下,汤和菜果然味道好极了。有人问他怎样发现这家餐饮行业中的"新大陆"时,他像小孩子那样很得意地笑了笑,然后娓娓道来。原来黄先生先按《鲁迅日记》中所记载的这位大文豪常去的几家餐馆品尝,然后自己自由自在地穿街走巷,寻觅广州最有代表性的美味小吃,最后找到了这家既美味又实惠的餐馆。

致学存乎心，补拙莫如勤
——黄修己老师对我的教导和鼓励

商金林*

黄修己老师 1935 年出生于福建福州，1955 年考入北京大学中文系，1960 年毕业后留校任教。我 1972 年到北大中文系文学专业读书，1975 年毕业留校，有幸认识黄老师。1976 年冬，系里成立现代文学教研室，我成了现代文学教研室的"小字辈"，名义上是给黄老师当助教，其实是由黄老师做我的指导老师，督导我进修。黄老师要我下决心搞现代文学，并提出五点要求：一是有坚定的世界观和方法论，守道坚行，在任何情况下都不受外界干扰；二是要有"下地狱"的精神沉下心来读书研究，既要经得住"猛火熬"，也要经得住"慢火炖"；三是要有古代文学、文艺理论、外国文学作基础。现代文学当然有与古代文学的渊源，然而更直接给以影响的是外国文学，尤其是西欧文学和俄罗斯文学，有了古代文学和外国文学这两根拐棍，才能站稳脚跟；四是要有比较，要摆脱前人和名家学说的束缚，思想要开阔，不要做井底之蛙；五是要有一个好身体，身体好才能拼搏，这是最大的本钱。

除此之外，黄老师说得最多的是做学问要有真切的艺术感受力，要有气魄，敢于超越，大胆讲出自己独到的见解，并帮助我拟定必读书目。在谈到以谁为楷模时，黄老师对个别追随权势沉浮的风派人物深恶痛绝，说他们不做学问，全凭政治，"踩踏时唯恐踩踏得不狠，吹捧时唯恐吹捧得不高"，希望我把专业和学问放在第一位，做一个称职的教员。并再三叮嘱说学习是持久战，要想在学业上有成就那是一辈子的事。他举出几位四十岁左右就出了名的学者，后续无力，权威成了"明日黄花"，要我从中汲取教训，确立较高的目标和追求，自强不息，永不懈怠。

黄老师的这些教导，正是他的从教经验和科研心得。他自己就是这么做的。秉持这种世界观和方法论，黄老师在学术上取得了巨大成就，其治学特色可以归纳为四点：一是打通现当代研究，赵树理研究就是打通现当代的范

---

* 商金林：北京大学中文系教授。

例；二是由"专"到"博"，由研究赵树理起家，扩展到整部文学史；三是走史论相结合的道路，他的《中国现代文学简史》和《现代文学发展史》，都是论从史出的成功之作；四是从"史料"里找"文献"，从"文献"里找"史料"，《新文学史编纂史》被誉为是"专精"与"博通"的交融。黄先生灵敏睿智，极想有为，是现代文学研究领域"第二代学者"中的佼佼者，走的是一条创业的路，《赵树理评传》《现代文学发展史》《新文学史编纂史》都极具"学术上的冲击力"。更难能可贵的是黄老师是教授中的通才，"研""讲"俱佳，声情并茂。论著有雄辩的特点，口才也是超一流。课堂上的黄老师激情洋溢，幽默风趣，常常语出惊人，听众没有不夸赞的，说他像个演说家。

我在系里讲的第一堂课是"小说的艺术构思"，时为1976年11月29日，当时讲了什么已经记不清了，只记得备课时向黄老师请教过。讲过"小说的艺术构思"没多久，黄老师到我家商议下学期的教学计划，要我在他讲授的现代文学课上也讲一个专题——20世纪30年代的文艺。

这个专题分两次讲。春节后我开始备课，黄老师多次登门指导，告诉我说读历史要注意年月日。又说不怕不懂不会，就怕不思不学。"学问"二字的含义就是"学"和"问"。"问"能看出一个人的思考、思维、逻辑、方法和风格，很多人怕露怯不敢"问"，希望我不要难为情，知之为知之，不知为不知，遇到疑难问题可以随时去问他，不过自己的路还得自己走。

这之后，黄老师讲文学史课总会安排我在他的课上讲一两回，希望我通过锻炼，在实践中多感悟，积累经验，尽早独当一面。见我有畏难情绪，黄老师开导说："一堂课50分钟，只要有5分钟是你自己的，就可以了。"随后讲到他的阅读体会。他说读一篇文章，能记住一两句话就很不错。《人民日报》发表了那么多社论等文章，他能记住题目的只有"县委书记的榜样——焦裕禄""为了61个阶级兄弟""小车不倒只管推，一直推到共产主义"。黄老师用这些切身的体会激励我打起精神，确立自信。"一堂课50分钟，要有5分钟是你自己的"，这"自己的"，指的是原创性的，是自己的创造和突破，这个要求是很高的！可在40多年前这确实成了我走上讲台的源动力。我敢于走上讲台，在很大程度上就是靠了黄老师这番话的鼓励。

黄老师的志向十分高远，对我的期望也格外殷切，这在我的日记中时有记载。1977年5月5日记："上午讲课。"5月6日记："黄老师留条：'坚定信心把课讲好。'"那时我住在校内19楼，黄老师住在校外承泽园。按说黄老师亲临课堂听过我的课，有什么意见课间、课后就都跟我说过了，第二天又特地赶来，一定是他又想起来什么，觉得非叮嘱不可，只因那时不像现在这样有电话有手机可以随时联系，让他扑了空。可这张纸条让我特别感动。

值得回忆的事情还有很多。20世纪七八十年代，集体学习多，各种观点可以畅所欲言。组织生活多，"批评和自我批评"成了常态。听到有关我的批评，黄老师总会及时告诉我，要是批评得对，会提出整改的建议；要是受了委屈，也会开导我"风物长宜放眼量"，谆谆教导只能用耳提面命来形容。生活上的关怀，也是无微不至。大约是1984年，黄老师家买了彩电，就常常约我到他家看电视。那时彩电还是个稀罕物，我到他家看过好几次，觉得那是一种享受。看电视的间歇也谈读书和进修，因为有师母以及公子水清和女公子水婴在场，气氛十分轻松，但记忆是深刻的。有一次谈起鲁迅先生的《读书杂谈》，黄老师特别推崇这两小段：

听说英国的培那特萧（Bernard Shaw），有过这样意思的话：世间最不行的是读书者。因为他只能看别人的思想艺术，不用自己。这也就是勖本华尔（Schopenhauer）之所谓脑子里给别人跑马。较好的是思索者。因为能用自己的生活力了，但还不免是空想，所以更好的是观察者，他用自己的眼去读世间这一部活书。

总之，我的意思是很简单的：我们自动的读书，即嗜好的读书，请教别人是大抵无用，只好先行泛览，然后决择而入于自己所须的较专的一门或几门；但专读书也有弊病，所以必须和实社会接触，使所读的书活起来。（《鲁迅全集》第3卷，人民文学出版社2005年，第462、463页）

"脑子里"不要"给别人跑马"，"请教别人是大抵无用"，"使所读的书活起来"，黄老师用鲁迅的话教导我要有独立精神和奋斗精神，并一再强调"一堂课50分钟，要有5分钟是你自己的"。我深知远未能达到黄老师的这一要求，但黄老师的话我一直铭记在心里，常念常新。

1987年黄老师调离北大，千里迢迢到中山大学执教。系里的老师都感到很诧异，直到今天还在说黄老师真不该走。一些年轻的朋友知道黄老师要调离北大，都要我劝黄老师留下来，我哪里劝得了呢！黄老师看似随和潇洒，其实是很强韧的，他认定的事情一定会坚持到底。见黄老师留不住了，朋友们都为我惋惜，说黄老师这一走，少了一位提携我的老师。让我感到很欣慰的是，黄老师到中大后对我的指导从未间断过。北大仍然是黄老师的"精神家园"，黄老师仍然把我视为他的助教苦心栽培。见面少了，精神上却更亲近了。黄老师对学问怀着热爱，曾任中国现代文学研究会副会长，被评为"广东省优秀社会科学家"。尽管教学和科研都到了炉火纯青的境界，但他仍然不断地拓宽研究领域，攻坚挫锐，精进不懈，同时也热切地盼望我在教学和科研这两个环节都能有进步。

2023年10月28日，中国现代文学研究会授予黄老师"中国现代文学学术贡献荣誉奖"，并与中山大学中国语言文学系联合召开"黄修己先生学术研究暨中国现代文学学科建设研讨会"，主办单位安排我在会上作主题发言，我把黄老师对我的教导和鼓励归结为两句话"致学存乎心，补拙莫如勤"，与朋友们共勉。

"敬畏"与"无畏"

吴 敏[*]

陈希越洋来电,要求我写一篇关于黄老师的"千字文",而且"一周以内交稿,不能拖延"。我恰好这些天从早到晚几乎整日在外面行走或者在忙碌其他事情,来不及梳理和沉淀自己的感情,但再仓促和粗疏,我也应该用朴素的文字表达自己对老师的敬意。

我 1986 年 9 月进入黄老师门下读硕士,后来又继续师从于他,是跟从黄老师时间最长的学生之一。我的学业、职业、婚姻、家庭等多个方面,包括我的孩子、父母等,都得到过黄老师各种形式的帮助。关于老师,不用打草稿,我就可以说出许多话来,譬如老师的"学术至上""北大情结""青春心态""生活哲学"等。但是,跟从老师的时间太长,很多想法反而混沌成一团,似乎得用很多篇幅才能说出个大概的样子;正如说及自己最亲近的家人或者朋友,一丁点儿语词怎么能讲得比较清楚呢?或者我可以简单地说说自己的总体感觉。

跟从黄老师将近 30 年,我对老师始终有一种敬畏感。

读硕士的第一个学期,我和阎振宇师兄每周去黄老师家里上课。时间一般约在下午三点。我和师兄在三点钟以前一定赶到黄老师家门口,看到手表上的指针到了"3",我们就敲门。黄老师给我们讲现代文学专题,基本上是他讲,我们听;讲完之后,他便缄默了,跷起一条腿轻轻摇着,并不跟我们过多地闲聊,我和师兄就起身告退。我对现代文学的研究性的知识积累和认识,就是在那样沉静、平和的气氛中一点点地成型。我的作业题目"试论创造社作家作品的感伤情绪"也是黄老师给的,我也因此熟读了郁达夫等人的作品。在沉静与缄默中,我对老师产生了敬畏感,觉得老师是一座仰视的高山,一片远观的海洋。

黄老师很少厉言批评我们,我几乎没有见过他怒目金刚、高腔高调的时候,他永远都是一字一顿,心平气和。遇到他不赞成或者否定的事情,他就

---

[*] 吴敏:中山大学中国语言文学系 2002 届博士,华南师范大学文学院教授。

摆摆手,挥之即去。他清楚地看到我们与他所希望达到的水平之间的距离,他会皱眉头,但并不加以重词。他叫我们认真读书,讲了一件事情。他说,某人想调到北大任教,有几位老师来面试;面试时涉及《诗经》里的名言,此人说自己没看过,老师便笑起来:"哈哈哈,连这个都没有看过!"这个"哈哈哈"的声音几十年来常常回荡在我的脑海里。每当在教学或者写作上我想敷衍时,那个"哈哈哈"就跑出来鞭打我。虽然我只是一个小人物,只是在一所普通学校任教,但那个"哈哈哈"背后的价值观应该是我追求的目标。黄老师让我建立起对知识和学问的敬畏感,把"学然后知不足"里的"不足"时刻放在心头。

跟黄老师读书,虽然不太会受到他言辞激烈的批评,但要得到他的表扬,可真不容易。"还可以""还不错",在黄老师,已经就是难得的表扬。我跟黄老师的时间很长,但得到的表扬还真不多。有时候也会苦恼,苦恼自己到底应该怎样定位。"不才弟子"四个字,或许就专为我这样的人而制造。但我会记得老师说起的"爱而知其丑,憎而知其善",我想自己就是那个可以被老师"憎而知其善"的人。老师有"恨铁不成钢"的"憎",但他终究是包容的,他一定能看到弟子"物有其用"、一直向上的"善"。这样想来,我对自己的"不才"就坦荡了许多,我就敢于在老师面前大胆地抬起头,大声地说自己的话。

老师"憎而知其善"的观念使我在敬畏老师的同时,也有一种无畏感。

我们读硕士时,有400元的活动经费。我当时很想用这笔钱跟刘松江一起出去旅游,于是想去领结婚证。当时读硕士研究生领结婚证,系里要求导师签字同意。我就写了一份申请书去找黄老师。黄老师显然不认可我这么冲动的做法。他摆动着我写的申请书,字字清晰地说:"还只有23岁,又不是32岁,为什么那么急着结婚呢?"但他并没有让我过多地解释,很快地为我签了字。现在回想起来,我那个时候的脑子怎么那么糊涂啊,基本意识不到所谓"婚姻"的含义。那时确实是被热情冲昏了头脑。不过,我们用那400元人民币走了很多地方,去了曲阜、泰山、蚌埠、黄山、杭州、上海、广州、海口、三亚等地,拍了很多照片。如果黄老师当时专制一点,不同意,或者他从老师的角度对我大大地教育一番,或者他爽快地为我签字,我能留下怎样的印象呢?我很明白,自己之所以对老师有无畏之感,是直觉到老师骨子里的自由、平等、包容意识。他给学生自由选择的权利,不把老师的意志强加于学生,他包容学生的幼稚和不成熟,但他同时把价值观、是非观传达给学生,并不因为所谓的自由平等口号而随意处事。

我对黄老师之所以敢于"无畏",还有一个原因是喜欢师母陈立芳老师。我在感情和理智上更愿意亲近的是陈老师。陈老师懂得凡人的喜怒哀乐,作为凡人的我,在她面前可以很放松,因此,去黄老师家里,我就不必过于谨慎自己的言辞。陈老师对每个学生都很亲切。我最不能忘记的是20世纪80年代在黄老师家里吃的手撕鸡和红烧鱼。那撕得细细的、有一点红辣椒末和绿色小葱、堆在盘子里像一座小山似的手撕鸡肉,那酱红色的、大块的、摆得整整齐齐的红烧鱼,在那个生活还比较简陋的时期,是何等奢侈的享受啊!这美味佳肴就出自陈老师之手。后来自己当然吃过了不少的鸡鸭鱼肉和山珍海味,但都不及印象中的黄老师家里的饭菜那么有滋有味。

黄老师和陈老师是他们那个年代的文化人中非常幸福的一类,我欣赏和羡慕这样的幸福。作为学生,老师永远是自己生命中的灯塔和坐标。祝愿两位老师健康长寿!

2014年8月10日匆草于美国西雅图

金钦俊
(1935—)

"人生紧要处"的引路人
——记金钦俊老师和我的"1977"

苏 炜*

老一辈中国作家柳青,曾说过这样一段广为流传的话:"人生的道路虽然漫长,但紧要处常常只有几步,特别是当人年轻的时候。没有一个人的道路是笔直的,没有岔道的。有些岔道口,你走错一步,可以影响人生的一个时期,也可以影响人的一生。"我以往很少提起,柳青和他的《创业史》,其实可以算是我文学道路上的引领。他的那本耗费了毕生精力书写的厚笃笃的大著《创业史》,当时被我下乡的知青同伴撕去了封皮,用一颗大铆钉钉在宿舍门楣上,用作大伙儿出入上茅坑时可以随手撕下来擦屁股用的手纸,后来被我用一摞经过清理的杂志替换下来。《创业史》,从此成为一个十五岁的少年人孕育自己的"作家梦"的温床和沃土——在烈日灼烤的地头边捧读《创业史》,在乡间昏暗的油灯下抄录《创业史》,成为我青嫩的人生记忆中最深切也最恒久的一道刻痕。这段"文学手纸"的故事,因为被我带的一位耶鲁高材生写成一个非虚构英文短篇,刊载在2014年秋天《纽约时报》的周末版上,一时好像变得广为人知(遇见过好些耶鲁同事的询问)。然而,那个在人生的"紧要处"重重推了我一把、搀了我一把的人——也就是俗话说的"命里贵人"吧,我却似乎至今从未形诸笔墨。他,就是我今天这篇追忆小文里要提到的,我的母校中山大学的荣退教授——金钦俊老师。

记忆的画面,还是要回到那个忧患重重、风云变色的年代。从1968到1978,整整十个年头——我的从十五岁到二十五岁,最稚嫩也最珍贵的青春岁月,都是在海南岛的大山大野间度过的。父兄系狱的"杀关管子弟"(比当时什么"黑七类""可以教育好的子女"的名头更吓人),全连队年龄、个头最小的知青"细崽",孤独沉默往还、可以一个星期不发一粒声的哑巴"强巴"(电影《农奴》中的假哑巴角色),酷暑中一天要弓着腰挑一百多担

---

* 苏炜:中山大学中国语言文学系1977级系友,耶鲁大学东亚语言文学系高级讲师。

水浇地的橡胶苗圃工,还有,晨昏牧放 86 头黄牛的深山放牛娃……这都是当年贴在我身上的名头标签,也是可以把人压垮压折的无名重负。柳青的《创业史》及悄悄伴随的文学梦、作家梦,成为我在艰困严酷时光的唯一救赎。在我的本家先辈苏东坡曾经被贬之地海南儋州"儋耳山"下(当地叫"纱帽岭",我猜此名与苏东坡和"春梦婆"那个"翰林乌纱,昔日富贵,一场春梦耳!"的故事相关),一盏灯,几本书,一支笔,陪伴我度过了多少个山风嘶啸的漫漫长夜;也最终,因为坚持读书和写作,手中的笔,成了改变自己命运的真实利器。从 1970 年开始,我在大会战工地写的那些表扬稿陆续登上《南方日报》和《兵团战士报》,此后,我先后担任了兵团的师、团报道组员;我的第一篇文学习作——散文《修筑长城的人们》整版刊发在 1974 年夏秋的《南方日报》之后,我又先后被借调到《南方日报》写作组、省出版社少儿组,以及省创作室(即后来的省作协)与珠影厂剧本写作组等,参与过当时广东众多"奉命文学"的写作,有各类小说、散文之类的文字,陆续在当时的《人民日报》《南方日报》《广东文艺》等全国与省市报刊发表。也因为如此,我错过了很多知青当年翘首而盼的招工、招生机会,被爱才的海南农垦局及当地领导一再"扣住不放",所谓"肥水不流别人田"。

  我是 1977 年深秋,在海南三江围海造田工地某个海天迷茫的夜晚,从工地广播里听到恢复全国高考的消息的。当时,知青下乡运动进入第九个年头,各种"运动"弊端已然充分呈现,成为"文革"苦海里的一艘行将沉没的破船。当年一起下乡的知青同伴,无论新知旧雨,能"脱离苦海"的,都通过各种手段陆陆续续离开这艘"沉船"了。身在海口的我,送走了一拨又一拨"脱难"的老友,我知道这次高考,是我浮沉在"苦海"里能抓住的最后一根稻草。这次围海造田大会战的总指挥,正是当年那位笑眯眯强留我的副书记。因为恢复高考被视为当时"抓纲治国"的战略部署,我申请参与 1977 年高考,得到了副书记的首肯;便在每天一身泥一身水的围海工地奔波里,开始了我的高考复习,并在正式考试前一个月,被批准离开工地回到海口,准备应对这迈过攸关人生大坎儿的关键一役。

  可是,一个十五岁只读过初中一年级半学期就被"文革"中断、随即"上山下乡"的娃崽儿,尽管曾经在乡间的灯油下熬坏了眼睛,熏黑了书页,但如今翻着那些仿若天书、重若千斤的数学、物理、英语的书页,我除了抓耳挠腮地长吁短叹,就只剩下打瞌睡的份儿。到了海口考场(记得是设在府城当时海南师院的课室),文、史、哲、地理的考题还好说(后来听说我的相关考分也还不错），一到数学考题我就只能抓瞎，匆匆做了初中数学方程式的那一道题（还不知是否做对了），便讪讪然交卷了。两个月后，"文革"后第一次高考录取通知放榜，我的"名落孙山"，自己虽多少有些心理准备的，却仍带着一千个不甘一万个沮丧的——一个又一个，一次又一次，我再N次地把知青同伴送离海口，送上大学旅程。孤身照影，我知道自己或许此生此世，都无以离开海南，脱离这个"知青"身份了。

记得1978年春节刚过，我亲自把考上北京大学的把臂好友黄子平送回广州，送上了北上的列车。我们俩因同在海南开始写作生涯而结为莫逆，在这次"千军万马挤独木桥"的1977年高考中，相约一起报考北大、中大。他个性内向，又历来背"右派子弟"的家庭包袱，竟把高考的"最后志愿"报给"海南通什师范"这样的山旮旯儿"学院"。我当时大表不解："大家都巴巴地盼着离开海南，你为什么还要选这么一个鸟不下蛋的'最后志愿'呀？"这位日后成为知名学者和批评家的"平哥儿"当时竟如此告我：我就是个"我要读书"的现代"高玉宝"（这是我们这一代人熟悉的一位"革命传奇人物"，《半夜鸡叫》和《我要读书》都是他写过的名篇），我知道自己出身不好，只要能赶上高等教育的末班车，脱离这个"知青"身份，再不济，也可以有个"海南通什师范"垫垫底呀！有着"老高一"文理双优底子的"平哥儿"，最后惊喜万分地被北京大学中文系所录取，在当时简直是令大伙儿敲锣打鼓狂欢达旦的大事！在广州，我陪着他，和一众小哥儿们不知说过多少次甜里带酸的"壮别话"，吃过多少回一醉方休的"壮行酒"。汽笛轰鸣，列车嘶啸。送走"平哥儿"和一大拨考上各路大学的知青"神仙"，又只身踏上十年间渡海无数次的"红卫"号海轮，摇摇晃晃、晕晕沉沉地回到海南岛。——"两间余一卒，荷戟独彷徨。"当时孤身一人、四顾茫茫涌上心头的那种悲凉感，我日后一再用这个譬喻来形容：我，大概是"知青上山下乡"这艘"沉船"的"船长"。一定得等船上的旅客都获救了，离船了，才能随船沉没，或者最后孤身离去。我当时给刚到北京大学报到的黄子平寄去一首送别小诗，题为《埋下头来，走！》——这，是我十五岁那年，陪着被剪去半边头发的小姐姐游街示众后写下的一首叫作《把你的头，低得低低》的小诗之后，又一次在诗中的"低头"；——然而却也是，在触摸到自己内心里那点孤愤与"孤奋"之后，又一次向命运老人的"昂头"！我知道自己又来到人生的一道新隘口，我只能重新孤身上路，披风沐雨，千山独行。接到黄子平从北京寄来的同韵和诗——"我又在长安街上走"，我心绪万端，摊开了从广州带回来的一大摞当时陆续新出的中外名著，甚至拟好了一部新长篇小说的提纲，准备开始闭关读书写作，打发海岛那些前路前景渺茫无尽的漫漫长夜。

都说，命运在向你关闭一道门的时候，会悄悄打开一扇窗。——我却对此，浑然不知。

那是海岛上一个烈日朗照、天空一碧如洗的初夏午后。出其不意地，我的顶头上司——农垦局宣传处处长，忽然带着党委办公室的一位干事，急匆匆跑到宿舍来找我，令我大惊失色。

处长满脸严肃地说，"组织上一直都在关注你多年来申请入党的要求，一年前派你到三江围海工地锻炼，就是组织上对你的培养和考验。只要你今天答应我这个要求"，接着处长指了指身边的×干事说，"——明天，党委办公室就会正式讨论你入党的问题"。

——虽然，因为多少年背着沉重的"出身包袱"，申请入党，既是我梦寐以求的自救手段却又是一个遥不可及的梦想，但此时我却很好奇："×处长，你要我答应的，究竟是什么要求？"

处长说："组织上的态度很明确，只要你放弃上大学的想法，马上就可以吸收你入党。"

我更纳闷了："这次高考我的数学考砸了，没有过录取分数线，已经上不了大学呀！"

处长抿抿嘴笑了，只好亮出底牌："中山大学派出两位教授，专程从广州飞过来，现在就在隔壁的办公室等着你，准备对你再进行一次面试。如果你答应组织的要求，你就不需要去见他们。"

"什么？！"我震惊得跳了起来，脱口而出："不不不！我要上大学！上大学！我我我，我要马上去见他们！！……"

本文的主人翁，此时才真正出场了。

站在我面前的，是两位吟吟笑着的陌生中年人（说"中年人"是我当时的感觉，其实金老师担此劳碌奔波的"特招"重任，恰在于他属于当时中文系的"少壮派"）。代表中山大学中文系的是金钦俊老师，那时候他顶多四十出头，身材修长，黑发朗目，架着一副黑框眼镜，眼里带着盈盈笑意，有一种谈吐不凡、风神俊逸的翩翩风度。另一位，则是大学招生办负责行政工作的老师。

我万万没想到，在"文革"后第一批大学生——史称"1977级"已经开学整整三个月之后,我迄今大半辈子人生中最要紧、最关键的命运转机,就这样在倏忽之间出现了!

原来,事情的起因,需要追溯到我回广州送黄子平进京上大学的春节假期,我曾到当时的《广东文艺》(即后来的《作品》)编辑部送一篇稿子。我走后,编辑部的工作人员议论纷纷:听说苏某人这回报考了中山大学中文系,因为数学分数太低,没有被录取,太可惜了,等等。言者无意而听者有心。当时在场的、历来像母亲一样善待每一位青年作者的好编辑郭茜菲老师听在耳里,回到家就向她的先生——中大中文系的资深教授、著名文艺批评家楼栖言及。楼教授听罢大为惊讶,要求妻子把苏某人历年来在《广东文艺》刊发的文字找出来,他要审读一遍,然后提交到系里讨论(这些内情,是郭茜菲老师日后告知我的)。最后,决定是否对苏某"破格录取",需要日夜兼程赴海南、湛江完成两个面试使命的责任(另一位系里考虑需要重新面试的考生,是湛江的知青诗人马红卫——马莉),就落到了当时中文系的"青年才俊"——金钦俊老师身上。

此时的金老师看出我略带紧张,便用几个"什么时候下的乡""广州家住哪里"之类的日常寒暄话宽慰着我,随即便进入正题。

金老师直接说明来意:代表中大中文系对我进行面试,考虑是否给予"破格录取"。他先从读书聊起,问我最近在读什么书?我记得我当时刚刚读完"灰皮书"——苏联小说《多雪的冬天》,正在读《叶尔绍夫兄弟》,于是就从苏联小说,谈到我以前偏爱过的屠格涅夫小说和散文,还读过巴尔扎克与罗曼·罗兰;中国小说里我们聊到了柳青、赵树理、周立波和李准、马烽等乡土作家,我特别谈到柳青《创业史》对我的影响。我还记得,当时的气氛根本不像是在面试,完全像是两个老少读书人的促膝交谈,彼此交换着读书心得。因为我聊到的中国作家都是写农村题材的作家,金老师便告诉我:现代中国小说的最高成就,都表现在农村题材的写作上。聊到诗歌,我谈到因为知道郭沫若的《女神》受的是美国诗人惠特曼《草叶集》的影响,于是也曾找过《草叶集》等外国的翻译诗歌来读。金老师便说:他年青时对诗歌的热爱,也很受《草叶集》的影响……之所以在整整三四十年过后还记得这些谈话细节,是因为日后在中大中文系的专业课上,陈则光老师教中国现代文学史课时讲过:"乡土文学"是"五四新文学"的最高成就;还讲到郭沫若的《女神》与《草叶集》的关系,当时我心中一亮,马上就联想到金老师当初在海口"面试"我时的谈话。"面试"的气氛于是变得很轻松。金老师不时在点头、微笑，我也渐渐完全放松下来了。现在想来，金老师或许当时马上就了解到，我在下乡十年中，确实一直在自己找书来读，没有完全荒废光阴吧。

谈话末了，金老师向陪同前来的招生办老师点点头，这位老师马上从随身的书包里掏出了一份打印好留着空白的公文信函。两位老师当场补签好相关日期，填写上我的名字，金老师便微微笑着正式递给我，说出了那句从此改变我人生走向的话："苏炜同学，祝贺你，你被中山大学中文系正式录取了！"他紧紧握着我的手，仔细叮嘱道：请你留心上面的报到时间，并尽快办好转户口、档案等相关手续。

我记得，当时我强忍着的弥天惊喜和心脏狂跳，和两位隔海而来的中大恩师紧紧握手，临行，握了又握。

"漫卷诗书喜欲狂"，"青春作伴好还乡"！1978年5月4日早晨（这个日子我永远记得），在1977级大学生入学整整三个月后，我怀揣那封金钦俊老师亲手递予我的中山大学录取通知书，踏上下乡十年后的归家旅程，登上了那艘承载着我十五岁到二十五岁无数汗泪歌哭、甘苦哀乐的"红卫轮"。我至今清晰记得，诗圣杜甫《闻官军收河南河北》的这两个句子，当时是怎么样顽固执着地在我脑海、心中跳跃、吟唱，直至萦满霞彩绚丽的整个海天。我清晰地想起十年前——凄风惨雨的1968年的那次下乡登船，在夜海茫茫的公海上，我守着两大木箱抄家后捡拾留存的父亲的藏书，默默在日记本上写下的那句话："不要绝望。"还记得当时录下的"名人名言"："为什么大海的涛声永远浩荡澎湃，因为它懂得自强不息。"正是这样的大海涛声，支撑我走过了漫漫长夜。此时，我在猎猎的海风中，又一次感受到时代风云的全新撞击，"不负时代，不负使命"，我在心里留下了对自己的默默叮咛。

我当时并不知道，"文革"中下冤狱被关进死牢五年、刚刚"解放"不久的老父亲，此时正顶着满头白发，亲自站在广州河南（现海珠区）洲头咀码头，翘首迎候他的自小离家出远门、成年后曾经见面不相识的最小的儿子归来。但我分明看到，自己已然走出了"人生紧要处"的最关键一步，而扶持我迈出这一步的，正是代表着一双时代巨手的非凡力量的金钦俊老师的慧眼和决断；我的虽不长却遭逢过种种坎坷、不幸的人生，竟然如此万一地万幸，在微乎其微的机缘下赶上了高等教育的末班车，而引领我登上这辆时代末班车的，正是由郭茜菲、楼栖，包括决定对我破格录取的中文系吴宏聪、王起老师等这样的"命里贵人"所遣派来的过海天使——金钦俊老师！

"代表着一双时代巨手的非凡力量",金老师,确是当之无愧啊!日后我听说,金钦俊老师,其实是广东1977年恢复高考艰难而仓促的整体运作中的一位重头角色。1977年高考广东考区的作文考题——"大治之年气象新",金老师,正是出题人。自此,我不但把金老师视为恩师,也视为忘年知友(1977级同学因为社会历练深广,我们在校时和离校后,一直和许多任课老师保持着亦师亦友的关系),遇到课业上以及日常个人的问题,都会大胆坦诚地向金老师请教。我清晰记得:入学中大后,因为担任中文系学生文学杂志《红豆》的主编,我曾多次登门向金老师求教求助;在《红豆》因为发表了"大胆"文字而受到各方压力时,金老师曾向我明确转达过当时系主任吴宏聪老师和王起等老师对我的大力支持。我和同为"破格录取生"的马莉多年来都一直觉得,金老师和我们俩是灵犀相通的。我还记得,当我和马莉在中文系的课业和课外活动中表现优异时(比如我的两门专业课——中国现代文学课和当代文学课的期终考,曾都获得了破纪录的满分100分;又比如当马莉在校期间不断在《作品》《人民文学》和《诗刊》上发表诗歌),金老师每次见到我们俩,所表现出来的那种特别亲切和欣喜安慰之情,是如何深深地熨暖我们的心。所以毕业这些年来,我和马莉一直和金老师保持着亲切紧密的个人联系(前不久中大中文系1977级同学高考四十周年聚会,主办者联系不上刚刚病愈杜门谢客的金老师,吴承学兄马上"知根知底"地找到我,很快就和金老师接上了头。这,也算是我为这次自己因故无缘出席的历史性聚会所作的小小贡献吧)。

"不负时代,不负使命",确实也成了马莉和我——这两位中大1977级的"特招生",这些年来沉潜掘进、执着前行、自强不息的最大动力。1977年恢复高考,不但改变了一代人的命运,更彻底改变了一个国家从教育到文化的整体风貌,也成为我和马莉个人身上最深刻也最幸运的一道生命留痕。此生此世,不管我们身在哪里,也不管我们是在人生低谷还是在事功高处,我们将永远铭记着人生山荫道上那一双双知人知遇的慧眼,永远感念那一双双借助于时代之力推助着我们的大手暖手——中山大学中文系的各位贤厚师长,特别是——引领我们、搀助我们前行的金钦俊老师。

2017/12/28 晨,于康州衮雪庐

许桂燊
(1936—2024)

深情怀念敬爱的许桂燊老师

潘新潮*

2024年5月18日传来一个噩耗：中山大学中国语言文学系退休教师许桂燊教授，因病于2024年5月16日在广州去世，享年88岁。

中文系1984级同学微信群立即一片肃穆，同学们纷纷拜祭，表示沉痛哀悼和深切缅怀。有的还向许老师家属发去了吊唁慰问。

作为许老师的"入门弟子"，我更是深感悲痛，接连失眠，一遍又一遍回想与许老师交往四十年的故事……

中山大学中国语言文学系建于1924年，曾有鲁迅、郭沫若、钟敬文、王力等人，为中文学科奠定深厚基础。1984—1988年，我就读该系之时，中大中文系大师健在，名师闪耀，商承祚、王起等老一代名师都还在带研究生，黄天骥、刘孟宇等中年名师活跃在教研一线，陈大海等青年教师崭露头角；改革开放，创办中文刊授中心，实行本科生每年百篇作文制度；活力无限，精彩绽放。在这样人才荟萃、阵容鼎盛之时，许老师作为中文系写作教研室的一名讲师，主讲应用写作、新闻写作和报告文学写作等课程，似乎并无出彩之处。

记得大一那年初见许老师，他正四十多岁，个子高大，身材匀称，前额秃亮，上门牙微凸，普通话相对较准，脸上常挂着亲切的笑容。

他出生于1936年9月，籍贯广东罗定，少年时随其父亲到广州生活。1958年9月至1963年8月，就读于中山大学中文系。1963年10月至1978年8月，先后任包头师范、包头四中、广州二中、广州十中教师，广州市政府文教办、越秀区政府文教办干部，期间于1971年9月加入中国共产党。1978年9月起到中山大学中文系任教，1997年退休。之后，受聘担任中山大学新华学院中文系教师。曾任广东写作学会副会长、广东省作协会员。

细看他的经历，可以发现一个非凡之处：作为名牌大学毕业生，他先后在广州的市、区两级政府部门从政，且已加入了中共党组织，前程理应不错，

---

* 潘新潮：中山大学中国语言文学系1984级系友，现任东莞市人大常委会党组副书记。

却改行从教，终生不渝。自上世纪 80 年代，第二代领导核心邓小平先生提出干部队伍革命化、年轻化、知识化、专业化的组织路线之后，大批的科技教育文化卫生领域人才转入政界，干得风生水起，很少有人从政界转入教育界。对于许老师弃政从教，我们虽然不能想当然断定他是在坚定贯彻孙中山先生在中大演讲时要求的"学生要立志做大事，不可立志做大官"精神，但至少可以肯定，他是一个具有陈寅恪大师所谓"独立之思想自由之人格"、追求满足兴趣爱好、不随波逐流的人。

许老师给我们讲写作课，虽然也是自信满脸，声情并茂，但是相对于激情澎湃、且讲且演的"猛人教授"刘孟宇，他的讲课显得中规中矩，但是也有几次出人意外，让同学们刮目相看。

且说某次许老师给我们讲新闻写作课，讲到新闻稿的倒金字塔结构模式，其特意将毛主席亲笔写成的名篇《人民解放军百万雄师横渡长江》作为经典案例，并斩钉截铁地指出："有人说，这篇新闻的导语写得不合规范。这个说法，显然不对！"此言一出，一百多名学生的大教室，一片静寂。因为，就在前不久，就在这课室，就是许老师所在的教研室某领导认为这篇新闻的导语写得不合规范。许老师公开反驳自己顶头上司的学术观点，充分说明了孙中山先生题写的中大校训"博学、审问、慎思、明辨、笃行"精神内化于其心、外化于其行，也充分体现了许老师忠于学术、坚持原则的宝贵人格，让同学们十分佩服！

1984 年，全国第一部以个体户为主角，呈现广州改革开放后市井新风情的电影《雅马哈鱼档》风靡全国，获 1984 中国广播电影电视部优秀影片奖，1985 年又获第五届中国电影金鸡奖最佳美术奖。电影的编剧兼小说原作者章以武先生，红极一时，忙得不可开交。许老师虽不主讲小说和影视文学课程，却主动组织我们中文系 1984 级同学阅读原著小说并观看改编电影，然后邀请难以请到的章以武先生，按预定时间来到中文系学生课堂开小范围专题讲座，还引导学生与主讲人互动，让我们从现实到小说、从小说到电影、从电影到课堂、从课堂到人生、从人生到社会等众多角度增加对该作品和广州市的了解，让我们第一次感受到大学学习方式与中学的巨大不同，也让我们看到了许老师超强的策划组织协调能力。

到了大学三年级，我开始写学年论文。当时，众多著名记者写出很多影响重大的新闻报道和报告文学，引发我强烈的学习兴趣，而许老师正是主要教研新闻写作和报告文学写作的，我就报选了许老师作导师。他多次约我到他家以聊天的方式指导我，从家庭状况、学校生活聊到读书爱好，再聊到选题方向。在他的指导下，我的学年论文集中研究《羊城晚报》"花地"文艺专栏发表的报告文学作品，避开了与其他名作名评的重复，得到他的好评；我还加入中大康乐新闻社担任记者，在校内积极采写新闻，在《中山大学校报》发表了多篇稿子。

他了解我来自湖北省农村，家庭经济困难，又很想通过勤工助学减轻家庭经济负担，就积极帮助联系，推荐我1987年1月寒假到《羊城晚报》当实习记者，1987年7月暑假到广东广播电台当实习记者。这些实习活动，既增进了我对校外社会的了解，锻炼了我的写作能力和交际能力，增强了我的自信，又助我发表了十多篇消息、通讯稿，增加了稿费收入补贴生活。记得我人生第一套西装，就是大四那年用几十元稿费买回来的，一直用了近十年。

到大学四年级，要写毕业论文，我对文艺理论研究感兴趣，就转选陆一帆教授任毕业论文导师。陆老师1955年毕业于中山大学中文系，当时已经出版《人的美学》等专著，正在讲授文艺心理学课程，广泛运用人类学、社会学、民族学、心理学、生物学乃至经济学等新成果研究文艺心理学，提出了一些新颖独到的见解。他那时正处于研究写作的高峰期，计划写作出版十部专著，忙着加班加点研究写作，少有时间约我到他家中聊天。在他的指导下，我的毕业论文顺利完成，获得了优等评价，经他推荐，于1989年4月发表于《中山大学学报》（哲学社会科学版），给我平淡的大学生活增添了一个鲜亮的结尾。

虽然我在大四转了导师，但许老师并不介意，仍然经常给我指导和帮助。毕业离校之前，我专程前往他家辞行。他听说我分配到珠三角新兴城市东莞工作，立即滔滔不绝地为我介绍东莞市情和风俗，提醒我要注意的诸多事项，他正色说："既然确定留在东莞工作，上下左右交往少不了要用到广州话，你一定要尽快学会听说广州话！"他又笑着温和地说："还有啊，可以考虑尽快娶个本地姑娘，可以更快地学好本地方言，更好地融入当地……"我请他在毕业留言本上题词留念，他略作沉吟，用他一贯工整的楷书转录一段经典名言："大事难事看担当，逆境顺境看襟度，临喜临怒看涵养，群行群止看识见——与新潮同学共勉。"

如此话别情景，在他人看来，可能觉得很平淡很寻常，在我而言，则至今追忆，犹存感动！当年，因为忙于勤工俭学，我已经有一年半没回家乡面见父母亲，且计划7月初毕业即直赴人生地不熟的东莞参加工作，心中既有对朝夕相处的老师同学的离别伤感，又有对工作跃跃欲试的兴奋，还有对未来的不确定性的忐忑不安，当此重要转折时刻，我得不到父母亲的关心指导，却得到许老师慈父慈母般的叮咛指导,如此细致,如此周到,如此谦虚,怎不让我心生感动,终生难忘!

到东莞工作以后多年,我们之间还保持着联系。他在1993年创作出版了报告文学《农军大转移》,寄给我看。我虽人微言轻,仍然尽力联系东莞新华书店,促成代售此书。

他于1997年退休后,受聘地处东莞市麻涌镇的中大新华学院教写作课。他虽然明知自己教过的1984级学生就有六七人在东莞工作,却从不主动找我们,唯恐麻烦我们。

2004年,我因事到广州,顺便拜访许老师,谈及我有一个关于机关讲话稿写作的讲座纲要,看能否修改出版。他以他丰富的写作和出版经验,给了我多方具体指导。正是在他的鼓励和指导下,我的第一本专著在2005年3月正式出版了,并且出乎预料,受到市场欢迎,前三个月就加印了两次。我在该书《后记》当中专门写道:"我要感谢我所有的老师!……尤其是湖北省应山一中的吴怀古老师,中山大学的陆一帆、许桂燊等教授。"

最近一次见到许老师,是在2018年11月24日,我们1984级同学毕业30周年回校团聚,他与另外20多位老师应邀出席了庆典。会后我向他汇报了出版第二本图书的情况和工作新变动情况,并感谢他的多年培养,祝愿他身体健康,他握住我的手连说:"好!好!"

今年,中大正在筹备百年校庆大典。我原本计划参加校庆时再去拜见许老师的,哪想到他遽然辞世……

恩师虽然仙逝,愚生感念无尽!
老去师恩未报,空回首,弹铗悲歌!

窃以为,一个令人敬爱的老师,当是能够主动发现英才、主动培养英才、不图英才回报的人。许老师就是这样一个令人敬爱的好老师!

一个为人称道的学生,当是能够主动学习老师(并且善于转化运用、有所成就)、主动感恩老师、主动传承老师、能够光大师门的人。我确实算不上一个好学生!

许老师一生从教数十年,桃李满天下,栋梁遍神州。按照中国的文人传统,我作为他指导过学年论文的学生,可以算作他的"入门弟子",而那些更频繁更长久受到他指导的学生,可以说是他的"入室弟子"或"嫡传弟子"。相信他的这些"入室弟子"或"嫡传弟子"当中,一定有好学生,能够主动学习他、感恩他、传承他、弘扬他！就在这两天我回想和查证当年交往经历浏览许老师的百度百科名片时，我看到网友"政宇数理"在 5 月 18 日根据中山大学讣告的最新信息，及时更正和充实了大量内容，这些内容比 2023 年 1 月 20 日网友"杯酒释兵权"编写上传的版本更为准确全面。这充分说明主动关心许老师的百度百科名片，借此纪念许老师，传承光大其学术思想的，大有人在。

敬爱的许老师，为师能如此，夫复何求？您就含笑于九泉、安息于天堂吧！

王晋民
（1936—2008）

德为师表，文泽后学
——忆恩师中山大学世界华文文学研究专家王晋民教授

陈 持[*]

时间流逝得很快，一转眼，我中山大学中文系的硕士导师王晋民教授去世已经十四年了，这十四年中，我常常回想起老师过去对我的教导，还有老师和师母对我们弟子父母般的关爱。

王晋民教授（1936—2008）是中山大学中文系1955级的毕业生，毕业后一直在中山大学中文系工作，曾担任中国新文学学会副会长，中国当代文学学会秘书长，世界华文文学研究会常务理事、顾问，《四海》杂志编委等职务，长期从事中国现当代文学、台港海外华文文学的教学与研究，出版专著、编著《台湾当代文学史》《台湾当代文学》《台湾文学家辞典》等14种，发表论文80余篇。其中，《台湾当代文学史》等3部著作及1篇论文，分获6个奖项。

第一次见到老师，是1994年4月到中山大学参加研究生的复试，当时中文系还在永芳堂旁边的一栋古色古香的红楼里，我从旧式的悬空楼梯上到三楼的一个房间，见到老师和气质高雅的、当时在中山大学教务处工作的吴海燕师姐坐在一起，老师非常和善地请我坐下。老师非常清瘦，慈眉善目，有一种文人特有的儒雅，问了我一些关于专业的问题之后就请我和同去面试的吴爱萍师妹去他家里吃饭了。

王老师家住在中山大学西区，到了老师家里，孔雁玲师母一见到我们也非常热情，给我们送茶、送水果，又忙着做饭，如同家人一般。后来我们陆续知道，师母是老师的第二任妻子，老师的第一任妻子也是中大中文系的学生，三十多年前带着三个孩子去了美国，一直住在芝加哥，老师也多次去美国探望，但他不愿意放弃中山大学的工作，所以后来分开了，现在的师母没有自己的孩子，对我们几个研究生就像亲生孩子一样。

---

[*] 陈持：中山大学中国语言文学系1994级系友，广州新华学院艺术设计与传媒学院副教授。

那天晚上吃了丰盛的晚餐,老师和师母又留我们住下,我和吴师妹一起睡在一个房间,我想,第一次复试就到老师家里吃饭,住在老师家里,天下像我和师妹这样幸运的学生应该不多吧?从我们第一次见面,我就感受到了老师亲人般的温暖。

从那个四月的下午开始,我和王老师、师母、还有我们王门的几个师兄师姐师妹们,开始了一生的王门的缘分。

那个时候招的研究生数量少,王老师总共只招了五个研究生,大师姐吴海燕毕业后先后在中山大学教务处和广东高等教育出版社工作,后来又到了北京做图书出版工作;大师兄陕晓明和我一样在媒体工作,他先在广州日报集团下面的《看世界》杂志做总编,后来被调到《广州社区报》当副社长;叶真师兄一直在珠海的政府部门工作,前两年曾经到云南支援两年,现在为广东省委横琴工委委员、省政府横琴办副主任;我硕士毕业后在广东电视台工作,曾经被外派到北美地区从事国际传播和广东省对外经济文化艺术交流工作,在四川大学文学与新闻学院获得影视文艺学专业文学博士学位后,先后在四川大学锦城学院艺术系电视编导专业和广州新华学院艺术设计与传媒学院担任副教授;吴爱萍师妹在广东省社会科学院文学研究所工作。

老师治学严谨,在研究工作上对我们要求非常严格,要求我们细读文本,深入了解作家个人的生活背景和时代社会背景,从中分析研究作品的内涵和艺术特色,要求我们对研究的每一位作家都投入足够的时间、精力去深挖其内容和价值意义。

老师是台港澳海外华文文学研究学科的开创者之一,因为老师前妻和子女都在美国,所以老师很早前就多次到美国,跟在美国生活工作的很多台湾作家都成了很好的朋友,尤其是著名作家白先勇先生跟王老师是特别好的朋友,王老师也是研究白先勇的专家,并编选出版了《白先勇作品集》;他也多次到香港、台湾,深入了解香港、台湾的作家,搜集了很多作品,进行深入的研究。

老师也鼓励我多参加相关的文学学术活动,多去认识作家朋友,搜集第一手资料,跟他们成为朋友后,可以更好地了解他们,更好地理解和研究他们的作品。

1996年读研期间,在老师的安排下,我去南京参加了第八届世界华文文学国际研讨会,见到了很多台湾、香港、澳门和海外的著名作家、诗人,还有国内外从事海外华文文学研究的很多专家、学者,获得了很好的资源,对我的研究帮助很大。

1997年3月至6月，为了让我更好地完成硕士论文，老师又安排我到香港中文大学找黄维樑教授帮忙在图书馆查资料，到《香港文学》杂志社拜访主编刘以鬯先生。我的硕士论文是研究刘以鬯先生的小说创作，我见到了刘以鬯先生，采访了他本人，并且得到了他在资料上的补充等帮助，这对我的论文帮助很大，我的研究和论文也得到了刘以鬯先生的高度认可。在香港期间，因为正值回归前夕，各种庆祝活动丰富多彩，香港作家联合会也举行了多种活动，他们因为我是王老师的研究生，对我也非常热情，常常邀请我参加一些作联的活动，我也认识了很多作家，搜集到很多宝贵的资料，返回广州时，好不容易才把两大箱书拉回了广州。

在中大读研究生的时候，老师和师母待我和师妹如同亲人一样。凡是王老师给我们两个人上小课，上完都是请我们去家里吃饭的。老师是客家人，师母虽然不是客家人，但是对老师十分敬重与钟爱，所以也会做客家菜，特别是客家酿豆腐，鲜嫩爽滑，十分爽口，而且每次都有蒸鱼和煲的各种汤，说是给我们补充营养呢。

因为我们几个研究生的家都不在广州，所以逢年过节，几个同门总是会跟导师、师母聚会，最早吴师姐还在广州，我们有时在老师家，有时在吴师姐家，有时在陕师兄家，就像一家人一样过节，这让我们几个家乡在外地的学生也感觉在广州是有自己的亲人的。

我是在研究生毕业的前夕6月结的婚，当时我的男友在中大管理学院，也将硕士毕业，我们在中大食堂定了一个大包间，摆了三桌，请了一些老师、同学和广东电视台的同事，王老师和师母在婚礼上就代表了我们的父母。

2007年，老师患了肺癌，我们都非常难过；2008年4月，我在珠海参加一个活动时突然接到了陕师兄的电话，说老师因为肺癌走了，我心里非常痛苦和难过。我赶回广州已经无法再让老师见到我了，他把我当作亲生女儿一样，我却没有跟他做最后的告别，王老师的三个儿女也从美国赶回来参加葬礼，这是我第一次见到他的儿女。

2009年11月，我的儿子灿灿因为车祸去世了，我又陷入了痛苦的深渊，我在心里祷告，让灿灿和王老师能够在天堂相聚，相互陪伴。

导师去世后，我和师母开始母女相称，我叫师母"妈妈"，师母叫我"女儿"，我们常常在一起吃饭、看电影、逛街，我有时候去她家里住，她有时候到我家里住，亲如母女。

2012年，广州花城出版社出版了《多元化的文学思潮——王晋民选集》，这套选集对台湾文学的概况、代表作家以及代表作品进行了论述，概述了台湾文学的特点与发展，介绍了历史上几次重要的文学思潮与学术论争，介绍了台湾作家的创作特色以及代表作品的意象内涵。

王晋民老师对台湾、香港和海外华文文学的研究和中国与海外文学界的交流做出了积极的贡献，留下了大量珍贵的史料。2013年4月2日，师母将王老师的所有藏书捐赠给了暨南大学世界华文文学研究中心，成立了"王晋民藏书室"，供师生阅览。我们三个在广州的师兄妹陪师母一起出席了捐赠仪式，暨南大学文学院王列耀院长代表暨南大学华文文学研究中心接受了捐赠。

王老师是梅州兴宁的客家人，在他的身上，既有客家人勤于读书的传统，又有客家人为人和善的美德。我后来回广东广播电视台工作时，到梅州梅县、兴宁拍摄了大量的非物质文化遗产的客家节目，大力宣传客家文化，在心里也把这当作对老师的一种报答。

导师去世十四年来，我们广州的三个弟子和珠海的叶真师兄有时会陪伴师母去广州的银河公墓扫墓，表达对导师深深的怀念之情。

王老师的儿子在西雅图，一个女儿在硅谷，一个女儿在芝加哥。我前几年在美国加拿大做项目也在硅谷再次见到过王老师的女儿，她和丈夫请我吃饭，他们对我的师母都称赞不已，认为师母性格特别好，照顾老师特别周到，他们曾在北京工作过一段时间，师母帮他们照顾儿女也非常细致，像对亲孙儿一样。

2018年，我在美国加入了北美中文作家协会、美国洛杉矶华文作家协会、美国华人诗学会，认识了很多的作家诗人朋友和美国的华文文学研究专家，我的博士论文也是与海外华文文学及其影视作品改编有关，我觉得这个研究选题是对我硕士学习的一种继续，在某种程度上也是对王老师的研究事业的一种延伸。在美国和加拿大的工作与生活也加深了我对海外华文文学作家和作品的更深入的理解。

2018年6月，我在洛杉矶参加了北美华文文学论坛，见到了很多美国的华文作家和来自中国的研究专家和学者，其中很多专家、学者都是我导师的老朋友，像白舒荣老师、陆士清老师等，听说我是王老师的学生，而且以前我也跟他们见过面，他们都非常激动，很多学者专家对我的老师在这个学科创建初期做出的贡献都非常敬佩。

二十多年来，我这个在广州没有亲戚的游子有了王老师和师母，有了同门的师兄弟姐妹，就有了亲人的温暖，在广州的同门会像亲戚一样常聚会；到了珠海也可以找到叶师兄；到北京时我也常找吴师姐一起吃饭、逛街。

我们也常在王门的微信群里聊天，师母也很喜欢玩手机，聊微信，经常发一些有趣的信息给我们；师母爱好文艺，没有疫情的时候每周去"中大老教授合唱团"唱合唱，还参加了"乐之友和声唱"小组的活动，在中大"粤乐社"唱粤剧，有时会参加演出。她总是精力充沛，本来就会弹钢琴，在我到国外做项目前，看到我的吉他在家里没有用，就想学吉他，我就把吉他送给了她。师母妈妈也常常鼓励我好好工作、好好学习，还到成都四川大学参加我的博士论文的答辩会，我也陪她到成都和四川各地游玩。多年来我有时会带师母一起出游，我们一起去的最远的地方是俄罗斯的莫斯科和圣彼得堡，我们都非常喜欢苏联歌曲，一路一起唱着《喀秋莎》《红梅花儿开》《小路》等经典苏联歌曲，度过了在俄罗斯的快乐旅程。

无论我们走到哪里，我们王门的心总是相连的，中山大学中文系王门的师生同门情谊也是永恒不变的，因为这是一个以王晋民老师和师母作为家长的胜似亲人的温暖的大家庭。

陈炜湛
(1938—)

学有本源

——陈炜湛教授书艺漫谈

谢伟国*

"把字写好,是读书人的本份",这是陈炜湛先生常常挂在嘴边的一句话。他经常对欣赏他的书法的朋友说,自己作为一个从事古文字研究的学者,写好字是份内事。也常常以此来告诫一些急于成为"书法家"的后辈,希望他们以平正之心来看待写书法的事情,不急于追逐头衔,先将学问做好,以把字写好为根本。先生将自己的书斋命名为"三鉴斋",取古人以铜为鉴,以古为鉴,以人为鉴之意蕴,先生在其所篆的金文条幅跋中写道:"三鉴之论源于汉世唐太宗视为防过之宝吾取以名斋不亦善乎哉。"且数十寒暑,身体力行,备受学界与后辈尊敬。

陈炜湛先生,1938年生,江苏常熟人,中山大学中文系教授、语言学家、古文字学家。先生1962年毕业于复旦大学,继而到中山大学读研究生,师从容庚、商承祚二老,精研古文字,尤擅甲骨学,成就卓著。

先生自复旦求学起已对古文字学产生浓厚兴趣,曾用八个月时间一字一句研读段玉裁的《说文解字注》,开始读不懂,但他没有气馁,硬着头皮读,还找来有标点的大字本读,边读边想,一字一句地圈点,最后写成了毕业论文《论许慎及其〈说文解字〉》,指导老师郑权中评价:"冠年有此造诣,颇为难得。"这便为他日后从事古文字学的研究打下了很好的基础,可以说是迈出了坚实的一步。自师从容、商,更是专心致志,在古文字学研究上甘坐冷板凳,几十年来从不懈怠。中山大学古文字学专业,早在20世纪五六十年代已蜚声学界,其一脉源出雪堂、观堂二公,后有容、商二老,容、商二师又先后培育出几辈学人,日后多为学界翘楚。影响之大,为海内外称崇。陈炜湛先生追随容、商二老后,潜心学问,尊师重道,不畏艰难。容、商二老带学生治古文字学有一优良传统,就是要求学生首先学会用毛笔抄录古文字及有关著作,并随时严格地检查督促,对其抄录的优劣加以批评指导。这种

---

* 谢伟国:广州市越秀区书法家协会主席。

动手的训练对学生日后研究古文字学，影响很大。陈炜湛先生自师从容、商二老开始，便先后认真抄录了《说文》《金文编》《甲骨文编》等著作，当年所录《金文编》抄本至今尚存，其扉页上留有容老先生当时嘉许的墨迹，从中可见得当年在抄录过程无形中打下的基本功。况且，古文字学界先辈雪堂、观堂二公，俱是善书者，早已成为后学者的懿范。其中《罗雪堂临石鼓文》《集殷墟文字楹帖》为学界及书坛的法帖。后又有容、商二老这两位书坛巨匠，对陈炜湛等一辈从事古文字学的学人，其影响殊深。所以，在容、商二老执教中大古文字学后，抄录早已成为必修课，这种传承一直沿袭至今。陈炜湛先生就是在研究生时代起承继了这一优秀传统，执管数十年不变，把做学问与写字有意识地结合起来。然而，先生首先是个学者，教书育人、治学数十载，在精研甲骨文上著有《甲骨文简论》《甲骨文论集》《甲骨文田猎刻辞研究》《陈炜湛语言文字论集》以及与唐钰明先生合著的《古文字学纲要》等，是当代甲骨文研究领域中一位颇有成就和影响力的专家。

先生从容、商二老读研究生毕业时，恰遇"文革"，被分配到广西少数民族地区工作了五年，直至1973年，在商先生力荐后重新被调回中山大学古文字教研室工作，此后一直在容、商二老身边从事古文字学的教学与科研，他曾多年担任商先生的助手，商老的治学态度、处世风范、朴学精神，对先生的影响尤为深刻。所以，他在治学上处处以容、商二师为楷模，在为人、做学问及书法写作上，一贯尊商老教导的"平正"二字为准则。他在讲学和有关文章中都曾提到，"商先生常常教诲炜湛：不论写字做文章、为人，平正最重要，也最难做到，须知平正最见真实功夫"。正是以此"平正"精神来作座右铭，先生治学上或著书或论文，一向谨慎从事，从不自标特异，写字坚持追根溯源，坚守其朴学的态度。其为人更澄怀淡雅，甚得弟子及同道景仰。在书艺上，先生可谓无心插柳，执管逾半纪，深谙金石之道，故能以古文字学家特有之眼光和书家应具的修为，进行写作，至今已入杖朝之年，仍临摹不辍，我每每与之相聚于三鉴斋，他常拿其临书日课示我，并半开玩笑说：现在社会上很多书法家不临帖了，我不是书法家，总是坚持临帖习字。有时高兴之余，还戏谑："伟国，你看看我写的字与书法家们相比如何？"继而引来满室笑声。记得在2009（乙丑）年夏，正值酷暑时节，是日午，我与先生及其弟子步云兄在康园小聚后返其书斋，先生拿出一些近日写的书稿让我们观看，我忽见一小斗方，上录的是花东二二七甲，其用笔清劲，落款及注释如信札般，信手写来，自然质朴，让我眼前一亮，大有爱不释手之意，便试图索此收藏，先生有见于此，亦喜而为我补上小跋："大暑之日，伟国兄来访。酒后论书，谓此虽小品亦颇可观，欲收而藏之。乃赠。陈炜湛。"我得此小品后作了一番装裱挂于工作室中，曾有不少书家来访见此都大加称赏，还有位名家要求割爱于他，我只有婉拒了。其实，先生的字，极少在社会上流传，而更多的是收藏于学界中。不少有识之士认为，正是先生这种平正的精神，古文字学的修养，为人执着与坚毅，使先生的字在字里行间存金石之气与书卷之气，为一般书家们所未臻之境。

2008年，岁在戊子初夏，先生七十寿，弟子谭步云率一众门人将先生历年所写书法整理编辑出版，集名《三鉴斋余墨》（澳门原木出版及文化推广有限公司印行），去岁之秋，其弟子谭步云、谢光辉再度编辑刊行《三鉴斋余墨续编》（中国文艺家出版社出版）。前一书的印行，余有幸得以观赏书中不少书札条屏等原作，见证其朴雅的书写风骨。陈永正教授称赞先生所书甲骨文为"运笔如刀"。难得者，先生云："古人读书写字，本份也。若以今人俗眼观之，皆'书家'矣。"先生从不以"书家"自居，也从不卖字。海内外曾有不少仰慕先生学养、书艺的朋友，曾开价要求索字，先生皆婉拒。如遇真正懂得欣赏者，先生宁可写后相赠，也坚持不卖字。步云君在其《余墨》编后记中有述，先生"盖羞与'书家'同群也。间有佳作，示诸弟子同好，把酒品茗，共赏之而后快；或有甚爱者，随手贻之，如此而已。此之谓'余墨'者也"。足见先生情愫孤高。

"看似寻常最奇崛，成如容易却艰辛。"这王安石的诗句，是商承祚先生生前很喜爱并写过多次的，也是商先生治学精神的一种内心体现。商先生当年在教授我辈写甲骨文或金文时，常告诫我们千万不要刻意追求标新立异，要懂得"用笔如刀"的道理。他讲，甲骨文是先人用刀刻出来的，今天我们临写要体味古文字的内蕴，以笔代刀，这样写出来的线条才具金石味。陈炜湛先生也曾讲道："就以甲骨文而论，古人是用刀如笔，而我们是用笔如刀，这样才能体会到古人当年写字的风格和水平。"（《如何学习和研究古文字》，2002年9月29日陈炜湛先生为福建师大中文系学生讲授）可见商先生这种"用笔如刀"的深刻见解，在陈炜湛先生所写的书法中得到了很好的体现。他提倡将古文字写成书法作品，"一须正确，二要美观，切不可任意为之"。他写的书法以甲骨文、金文为主，其文字字有根，用笔以中锋取势，行笔有敛气进刀之功，见笔见墨，写来厚朴中正，古意盎然。尤其是半个拳头大的小字，最见功力。例如，先生所篆甲骨文高启的《转应曲》横幅，用笔爽劲，骨力内敛，行笔处气韵相生，整幅具浑成之美。在谋篇布局上追求自然畅顺，并无杂俗流风。他的信札是循"二王"笔意，甚得天然神髓。例如有一幅是《临商受年卜辞一则》的横幅，正文后的释文及落款共十一行之多，先生写来朴素平实，无半点矫揉造作之状，却见水到渠成之态，内蕴十足。因为，写书法的人都知道，除正文见功夫外，落款才真正考功力的。学者与文人的书法，因其学养与书艺兼修，在这方面往往胜于书家们，而先生的才识，在落款或款识上，尤可得见。数十年来，他习惯了自己研墨写字。先生一些以行草写成的教学提纲手稿等，总有一种自然朴茂的书卷之美，意蕴盎然。我在与学生讲有关书法写作课时，也经常会以陈炜湛先生的作品为例子，让学生们了解到，先生将数十载之学养毕其一艺之中，故其书颇具金石气、书卷味与静穆之神韵。我们要学习他以治学严谨之精神来临池习字，以陶冶性灵之心智来书写快乐，其笔下方能有另一番意境，才能做到脱俗、古朴、清逸。

"学有本源"，是1986年冬在北京西山举行的汉字问题学术讨论会上，著名语言学家殷焕先教授给陈炜湛先生的题赠，这四个字印证了先生在学术上与书艺上的深厚造诣。

叶春生

(1939—2023)

民俗学家叶春生教授

施爱东*

叶春生，1939年10月出生于云南河口，祖籍广西灵山。现任中山大学中文系教授、博士生导师，中国民俗学会副理事长，国际民间叙事文学研究会（ISFNR）会员。

1959年，叶春生考入中山大学中文系。在学期间，阅览了闻名已久的中山大学《民俗》周刊，并在第一批民俗学会会员名单中找到他的表哥招北恩的名字，于是立志要报考民间文学的研究生。1964年，他终于如愿考上了北京师范大学钟敬文先生的研究生，成了钟先生在"文革"前的关门弟子。

1968年，他研究生毕业后先被分配到了山西临汾，几经周折，又回到广东信宜，之后开始了整整十年的行政工作。从政之余，他仍抽空做些民间文学搜集整理的工作。1978年，他从信宜县领导岗位上调到中山大学，做了一名普通的高校教师，并率先在中山大学恢复了民间文学课，赶写了《民间文学论纲》，也即后来被多所大学作为民间文学教材的《简明民间文艺学教程》的雏形。

此后二十余年的学术生涯中，他在民间文学和民俗学领域勤奋耕耘，著述不断，仅学术专著就达25种之多。早期学术方向主要在民间文学领域，20世纪90年代后着重于整理和研究广东的区域民俗文化，进行了大量的前期资料搜集、整理、考源、辨正的工作。近几年则在此基础上，开始转向对区域文化与地方社会、传统文化关系的研究，民俗文化资源与经济发展的互动研究，南方新都市文化的研究和神秘文化的研究。近几年的专著如《岭南俗文学简史》《广府民俗》《岭南民间文化》《广东民俗大典》《俗眼向洋》，论文如《现代口承文艺的超时空传播》《岭南民俗的嬗变与认同》《广府民俗源流及其特征》《从盘古神话的演变看岭南民族的融合》《珠三角的自梳女》《新办节日的民俗底蕴》《民俗传统的认同与复归》《民俗文化与科学人文》等，部分地反映了他的学术兴趣。

---

* 施爱东：中山大学中国语言文学系1993级系友，中国社会科学院文学研究所研究员。

中山大学是中国现代民俗学的发祥地,但这一传统随着《民俗》季刊的停刊而中断了。为了接续先贤的事业,叶春生教授从1984年开始,就在中山大学在校学生中筹组民俗学社,还把自己在中文系主持刊授中心得来的奖金拿出来,设立了"振兴中大民俗奖",并将学生的民间文学作业刊印成书,并请钟先生题写了书名,是为《民俗》新刊,他用自己微薄的稿酬艰难地维持了五期。进入21世纪之后,他终于有机会使用自己的科研经费大展鸿图了。2000年以来的短短的3年中,他主编出版了3期大型的《民俗学刊》,5种新"中山大学民俗丛书",还有许多书稿正待付梓,并正着手重印原"中山大学民俗丛书"36种。

叶春生教授有多年的行政和组织工作经验,在人才培养上,他在最近不到十年的时间中,共招收了20名硕士研究生、13名博士研究生,许多学生已经毕业走上了民俗学的教学和科研岗位。2000年,他主持成立了"中山大学民俗研究中心",该中心于2001年与中国民俗学会联合主办了"现代社会与民俗文化传统国际研讨会",使中山大学再度成为中国民俗学研究的重镇,钟敬文先生在给大会的录音讲话中仍"翘首南望",看到了"这种事业发展得很好的新的开始",这也正是叶春生教授的夙愿。

吴定宇
(1944—2017)

长记春风拂面时

——追忆吴定宇教授

彭玉平[*]

  初冬的广州,虽有一点似有若无的轻寒散漫在空中,但真是未见凄清的。阳光已不再灼热,只余温和静谧,更见一种亲切的雅致。或许是过了花柳争春的季节,大片的鲜花虽然依旧轻挽在一树一树的枝头,摇曳自放,但如此的不知疲倦,即便是审美疲劳,也不能不令人感动。不用说,这是属于岭南最好的时光了。

  身在岭南最好的季节,而我想到的却是:吴定宇老师离开这个世界居然三年多了。

  我在陀螺一般的工作节奏中,会淡忘或冷漠很多人很多事。但不经意间,吴定宇老师总会出现在我的眼前,言笑晏晏,亲切而温暖。每次往返康乐园中区与西区,经过那一片郁郁葱葱的竹林,脚步也总是不自觉地会放慢一些。因为在吴老师生前,若是路上偶遇,我们就会自然而然地到那片竹林中小坐、谈话。吴老师很少谈他的病情,其实他病得很重,换肾后的不适应、感染都持续了很长时间。在我没有出任系主任之前,他的嘱咐主要是希望我"君子务本",专心学术,把学术的格局做大做好,鼓励我做那种既有挑战性,又难以被替代的学术;2017年初我就任中文系系主任后,他的告诫便转向如何调整学科方向,凝聚团队合力,把学科做强,做出特色方面。仔细回想一下,我从1995年末来此工作,便一直承受着他的关注与关怀。这样一种从未间断、持续了20多年的关怀,如今想来,真是我的一种福分。

  而面对这样一种难得的福分,我居然没有任何报答的机会。

  第一次见到吴老师,便有春风拂面的感觉。那时的中文系还在一栋民国建的小楼中,门前一左一右是两棵高大的榕树。大概是在1996年初,一次参加完中文系教工大会之后,吴老师在榕树下见到我。握着我的手说:"我们系的江苏人很少,你加盟后,中文系更有'五湖四海'的感觉了。"这个开

---

[*] 彭玉平:中山大学中国语言文学系教授。

场白让我有点意外，因为我的"江苏人"身份，在当时并没有很多人知道。吴老师的脱口而出，对于初到岭南的我来说，一下子就拉近了我与他的距离。从此我记住了这个来自四川、比我年长20岁的前辈学者。因为同住一个校园，此后见面的机会还是很多，每一次，我都是先看到从远处来的吴老师的笑容，然后才听到其亲切的话语。我以前经常感叹中文系的特点就是一人一世界，但其实在人与人的世界里，也有颇多彼此相通者。用王国维的话来说，这种交叉的世界就是"境界"。

吴老师长期在中山大学从事行政工作，从担任中文系副主任、教务处副处长、学报主编到创建期刊中心，吴老师每到一处，都留下了许多为人津津乐道的功绩。二十个世纪九十年代后期，学校的文化建设、文化活动还比较少，吴老师在教务处副处长任上办的一件大事，就是创办"中外优秀文化讲座"。广延海内外学者，为中大学子开坛设讲，这使得这一全校性的讲座备受追捧，深具影响。我不仅应邀主讲过两次，也遵嘱组织过一个学期的十讲系列。以我当时的"青椒"身份，其实难当此大任。但面对吴老师的信任，我居然忘了自己的无能和无知，现在想来，还真有点后怕的。

数年前我受命兼任《中山大学学报》编辑部主任、社会科学版主编，而吴老师就是我的前前主任和前前主编。我十多年前开始倾力研究晚清民国词学，尤其关注王国维的词学和学缘，前前后后发了六十多篇相关文章。而我研究王国维的第一篇文章，考论王国维"三种境界"说，就是应吴老师之约发表在中大学报上的。这是我研究王国维的肇端，能在中大学报的平台上发表，是我的荣幸，使我更对吴老师的不弃深怀感恩之心。这也在一定程度上鼓励了我后来持续十年的相关研究。而今我忝任主编之位，当然欢迎名家名作，但也十分关注年轻学者的优秀文章，这多少是受了吴老师善待和提携后进的影响。

吴老师硕士阶段师从著名学者吴宏聪先生，专研中国现当代文学。他视界新颖，成果丰硕，在学界影响深远。我曾读过陈平原、陈思和等先生对吴老师学术的评论文字，虽然一时手边无法查阅核实相关文献，但他们对吴老师学术的高度评价是一直印在我记忆中的。华东师范大学殷国明教授评价吴老师的治学特点说："在漫长而充满困惑、艰辛和挑战的学术研究道路上，吴定宇所寻找的不仅是文学的真谛，而且是自己的心灵家园及其慰藉。"我觉得此语深得我心，与我对吴老师其人其学的感觉十分相似。

我其实并没有通读过吴老师的系列专著，但也有幸获赠他论述巴金、郭沫若、陈寅恪等的专著。尤其是他的《学人魂——陈寅恪传》一书，我曾经一再捧读。我在研究王国维与陈寅恪之因缘时,深感如今读书界对王国维的人生和学术定位,其实根源于陈寅恪之言。从这一意义上说,没有陈寅恪,就没有大众认知中的王国维。我沉潜含玩吴老师大著,深感吴老师是与陈寅恪心灵最近的人之一。

陈寅恪的最后二十年在现今的康乐园中度过,其故居也在多年前整修一新对外开放,成为众多踏访中大之人的打卡之地。我几乎每天都行走在陈寅恪故居北面那条带有传奇色彩的白色小路上,真是一日一经行,常望常低首。但作为一个深邃博大的历史学家,其文言文的语体撰述特点,荟萃诸多材料,而以简要之语点醒材料精神的写作方式,实际上为非专业的读者设置了很大的障碍,真正能读通、读透的人并不多;而在一般的读者中,能对中古史了然在心的应该更少。很多人对陈寅恪的感觉更多地停留在一个有个性、有风骨的史学大师的印象上。吴老师则透过众多材料,带领读者深度触摸到陈寅恪和那个时代的脉搏,令人随之抑扬,唏嘘不已。我当然没有亲见吴老师的写作过程和具体状态,但我能想象到他在走近陈寅恪时,那种或深沉或澎湃的心境,这也多少印证了学境亦心境的说法。

一个学者的学术生命终究是有限的。尤其像吴老师这样的学者,35岁才从俄语专业转读中国现当代文学专业研究生,晚年又一直被各种病痛困扰,其对学术生命的珍惜就更为紧迫。他在患病期间坚持对《陈寅恪传》进行修订,以几乎是新写的方式完成《守望:陈寅恪往事》一书,就足见学术在其生命中的厚重分量。当一个学者把学术视为第二生命的时候,我相信其学术不仅会在当世灼灼其华,也会在身后闪耀光泽。而在我印象中如春风一般的吴定宇老师,当然就更是如此了。

我的中大师兄

陈平原[*]

我的硕士学位是在中山大学念的,导师为吴宏聪(1918—2011)、陈则光(1917—1992)、饶鸿竞(1921—1999)三位教授,那时强调集体指导。1982年春天我进入硕士课程,马上有了四位师兄——吴定宇、邓国伟、王家声、罗尉宣。可惜五个月后,这中大中文系第一届硕士生就毕业了。四位师兄,两位留在中大任教,两位到出版界工作。先后出任广州出版社副总编辑及《同舟共进》杂志主编的王家声,因约稿多有联系;但接触最多的,还是留校任教的吴定宇。

三年多前,定宇兄不幸去世,我在唁电中称:"犹记1979年秋天,作为二年级本科生,我接待新入学的第一届研究生,曾帮定宇兄扛过行李。日后因师出同门,虽南北相隔,来往依然密切。近四十年来,师兄弟不时交流读书心得及著作,何其幸哉!"(参见贺蓓《守望学术,躬行道义——中山大学吴定宇教授猝然辞世》,《南方都市报》2017年7月28日)

之所以在四位师兄中,与吴定宇来往最为密切,仔细想来,有以下几个因素。首先,20世纪80年代后期,吴定宇兄住陈则光先生家隔壁楼,我每次回中大探访导师,都会顺便到吴兄家坐坐。记得有一次定宇不在家,他那聪明伶俐的儿子,那时才四五岁,倚门而立,摇头晃脑地答道:"断肠人在天涯。"我大吃一惊,还专门向定宇兄建议:让小孩背诵古诗词是好事,但最好挑明亮点的。后来发现是我多虑了,孩子半懂不懂,随口而出,情绪一点不受影响。

其次,他指导的首批博士生陈伟华,日后到北大跟我做博士后研究。关于他的导师吴定宇以及导师的导师吴宏聪的故事,是我们聊天时的绝佳话题。至于师兄的身体状态以及两次撰写陈寅恪研究著作(《学人魂:陈寅恪传》,上海文艺出版社,1996;《守望:陈寅恪往事》,中国社会科学出版社,2014)的具体经过,更是被他的弟子时常念叨。我因而也对早就远去了的康

---

[*] 陈平原:中山大学中国语言文学系1978级系友,北京大学中文系教授。

乐园生活，以及中大近年学术发展，有了更多贴近的体会。

我的三位中大导师中，吴宏聪先生最为长寿。就近照顾耄耋之年的吴先生，成了定宇兄的重要责任。每回电话联系或登门拜见，吴先生总是对定宇兄及其弟子的尊师重道大为赞赏。有此古风犹存的师兄，让我这远在天边无法执弟子礼的老学生，不禁心存感激。说实话，这也是我与定宇兄比较亲近的缘故。

当然了，最重要的还是我俩学术兴趣相近，都不满足于研究中国现代文学，日后拓展到学术史、教育史等，故有许多共同关心的话题。二十年前，定宇兄编《中华学府随笔·走近中大》（四川人民出版社，2000），给我提供了撰序的机会。那时我正热衷于谈论中国各大学的历史及精神，涉及中大时有点犹豫。因为，"我对中大的了解，基本上限于就读康乐园的直接经验"；依赖直接经验者容易一叶障目，"念及此，我方才有意识地在关注母校现状的同时，收集、阅读、辨析有关中大的历史文献"。恰在此时，定宇兄布置作业，使我有机会好好补课，日后再谈母校，才不至于荒腔走板（参见《不该消失的校园风景——〈走近中大〉序》，《万象》第1卷7期，1999年11月）。

北大百年校庆前后，我选编了《北大旧事》（三联书店，1998），并撰写了《老北大的故事》（江苏文艺出版社，1998），此事既让我赢得不少社会声誉，也为我带来了许多困扰——尤其是在校内。无论什么时代，大学的生存与发展，都与整个社会思潮密不可分，必须将政治、思想、文化、学术乃至经济等纳入视野，才能谈好大学问题。在《大学有精神》（北京大学出版社，2009）的"代自序"《我的"大学研究"之路》中，我谈及："必须超越为本大学'评功摆好'的校史专家立场，用教育家的眼光来审视，用史学家的功夫来钩稽，用文学家的感觉来体味，用思想者的立场来反省、质疑乃至批判，那样，才能做好这份看起来很轻松的'活儿'。"这句话埋藏很深的感慨，但略有瑕疵，因为，好的"校史专家"同样能从思想史、教育史、学术史的夹缝中破茧而出——此事端看个人道行。

没想到师兄比我更勇猛精进，居然承担起主编校史的重任。中大八十周年校庆众多纪念图书中，我最欣赏的是黄天骥的《中大往事：一位学人半个世纪的随忆》（南方日报出版社，2004，增订本2014）、金钦俊的《山高水长：中山大学八十周年诗记事》（中山大学出版社，2004），以及这册《中山大学校史（1924—2004）》（中山大学出版社，2006）。比起此前的梁山等编著的《中山大学校史》（上海教育出版社，1983）、黄义祥编著的《中山大学史稿》（中山大学出版社，1999），吴定宇主编的《中山大学校史（1924—2004）》一直写到当下，实在是勇气可嘉。中大校史上的敏感话题比较少（相对于北大），这固然是一方面；时任领导的信任以及环境氛围相对宽松，也是无可讳言的。

李延保书记在《中山大学校史》的序中提及这所名校曾组织过多次讨论，确认中大人三个明显特征：民主精神、务实作风、爱校情结。"她因特殊的历史文化背景，蕴含着非同寻常的文化。要理清中山大学的自我发展体系，要整理其中的精神气韵，确非易事。"所谓"特殊的历史文化背景"，既呈现为贡献与辉煌，也包含失落与沮丧。我在《大学故事的魅力与陷阱——以北大、复旦、中大为中心》（《书城》2016年第10期）中提及，"讲述或辨析大学故事，虚实之间的巨大张力，固然是一个障碍；但这属于技术层面，比较好解决"；真正困难的是如何面对"校史坎坷的另一面"——"大学故事若彻底抹去那些不协调的音符，一味风花雪月，则大大降低了此类写作的意义"。

我的导师吴宏聪先生长期担任中大中文系主任，对中大历史上的坑坑洼洼洞若观火。因此他给《中山大学校史》撰序，称"我觉得1949年至1976年这一段校史最难写"。吴先生表扬该书第四编第四章"对其利弊秉笔直书，可以看出编撰者的史德，同时也有利于总结经验教训，提供认识"，那是真正读进去了。其实"文革"十年相对还好写些，因有《关于建国以来党的若干历史问题的决议》作为准绳；反而是五六十年代不太好描述。如第四编第二章"雨霁风清"的第三节"教学与科研"（第263～271页）以陈寅恪为中心展开论述，且全文引用《陈寅恪自述——对科学院的答复》，很能体现编撰者及审读者的胸襟……

编撰校史需搜集及鉴定大量史料，不过这只要肯下功夫就能做到；反而是既体现对于本校历史及传统的呵护，也敢于直面惨淡的人生，如此学术立场及趣味，很难实现。该书属于集体项目，各章节水平参差，功劳及过失并不全归主编；但定宇兄工作十分投入，逐章逐节修改，还是下了很大功夫（参见该书后记）。我翻阅过不少中国大学的校史，深知此事大不易。作为一个现代文学研究专家，吴兄能有如此业绩，值得铭记。

2020年10月4日于京西圆明园花园

陈焕良
(1944—)

良师印象记

陈伟武 *

> 其身正,不令而行;
> 其身不正,虽令不从。
>
> ——《论语·子路》

　　今年是陈焕良教授八十周年华诞,为良师写颂寿文章的念头,一直往来于心目之中,却又拖拖拉拉,文章延年益寿至今年最后一天始得成稿。

　　良师的出生日期有三个版本:良师自称生肖属马,记忆中的生日是1943年1月2日;档案中的生日是1943年11月26日。身份证和户口簿上的生日是1944年11月26日。查过万年历,知道良师实际上生于1943年1月2日,阴历是马年(约当1942年)的十一月廿六日。

　　过去户口登记不够规范,也没有骨龄测试之类做法,前辈的出生日期常有多个版本,司空见惯。有阴历、阳历的差异,也有其他因素的影响。比如,为了早点入团、入党、入伍,为了早点参加工作,为了早点娶妻、嫁人、生孩子,都可能虚报年龄。年纪大了,为了迟点退休,可能又把年龄改小了,于是就会出现越活越年轻的情形。

　　良师1964年至1969年于中山大学中文系读书,本科毕业后留校从教,任中文系教授至2004年退休,曾任古代汉语教研室主任。以汉语史为主要研究方向,重点是训诂学和古代汉语方面的研究。良师为本科生开设必修课"古代汉语"和选修课"训诂学",为研究生开的课有"训诂学""传统语文学""文献学基础""训诂学专著导读"等。主要著作有《训诂学概要》《训诂学与古汉语论集》,良师长期致力于古籍整理点校工作,编著有《白话史记》等,点校的古籍有《汉书》《后汉书》《旧唐书》《新唐书》《巧对录》《格言联璧》等。

　　1979年,我考上了中山大学中文系,拿着中学语文老师张介周先生写的

---

* 陈伟武:中山大学中国语言文学系教授。

推荐信，找到了在中大中文系工作的同乡黄光武老师。黄老师与良师既是大学同班同学，又是同事，关系很好，于是在大二第二学期，黄老师就把我引荐给良师。其时许多青年老师居住条件都很差，东区第一宿舍是翘槖堂，第二宿舍为文虎堂，都是教工集体宿舍，住户戏称为"七十二家房客"。

良师即住文虎堂最西端的301室，两面房子，中间通道窄小而昏暗，走廊两侧堆满杂物，煮饭的炉灶和烧的蜂窝煤都摆在走廊，锅碗瓢盆搁在走廊的架子上。1991年至1994年我在职读博时，恰巧也住这一栋的这一层，只是靠东端的309房。直到1986年，良师才从文虎堂乔迁至蒲园区623号之一501房，1998年又搬迁到现住的蒲园区635号之三410房。此是后话。

第一次到良师家里时，良师为我开列了一些语言文字学入门书的书目，我只记得有董少文的《语音常识》（多年以后才知道董少文是著名语言学家李荣先生的笔名），还有陆宗达先生的《训诂浅谈》，其他书已记不得了。这一年暑假，良师带着师母和女儿枫红回家乡，就托我帮忙看管房子，我只需要晚上走几分钟，从东区第十四宿舍过来巡视一番即可。当时浏览良师的书架，第一次知道有钱钟书先生的名著《管锥编》。

1980年9月至1981年7月，我们大学二年级的古代汉语课由两位老师合上，良师口齿清楚，条理明晰，同学评价甚佳，比另一位年长的老师评价更高。良师的家乡是早在晋代就已建县的广东千年古县——潮阳县，村名颇有诗意，井都公社古汀村。而我的家乡在澄海县盐鸿公社盐灶村，相距只有几十公里，都讲潮汕方言。我小时候接触过一些潮阳籍的木工师傅，但印象不深。现在与良师交谈多了，我心里有点纳闷，为何老师的普通话讲得好，家乡话反而那么难听懂。刚开始与良师晤叙，他的潮阳话我大概只能听懂几成，不懂也装懂，总是拼命地点头。

从小学到中学，自己在乡村学校尚算活跃，学习成绩也还过得去，一直担任所谓学生干部，可一上了大学，连普通话都不会讲，真如丑小鸭一般，觉得百不如人，颇为消沉，唯有时常泡在中文系资料室自习。若资料室去得迟，找不到座位，才会到图书馆。在大三上学期我选修了李新魁先生主讲的音韵学研究，我决定选李老师为毕业论文指导老师时，良师还提醒我说："李老师不了解你。"后来我才知道，李老师认为我的水平还比不上同班某一位主修现代汉语的女同学。男不如女，这个看法给我很大的刺激。乡下人的观念："三男二女好命婆。"我前面已有了一个姐姐，接着又有三个哥哥，我母亲很想再生一个女儿，我从生下来，就因为是男的，让我老妈很失望，她说："怎么又是男的！"接生婆淑初姆说："可不能这样讲，别人想要男孩，还求之不得哩。"

1985年暑假，我先回澄海乡下探亲，然后取道福建、浙江，路经上海、南京，再往苏州参加中国训诂学研究会举办的第三届训诂学培训班。在厦门时，我专程往鼓浪屿拜访厦门大学黄典诚先生，可惜适逢黄先生外出不在家，无缘请益。前此一年曾随导师潘叔庵（允中）先生赴西安参加中国训诂学研究会年会，聆听过黄先生的学术讲演，具体题目已忘了，内容是有关方言与吟诵的，黄先生还用闽南话吟唱唐诗，摇头晃脑，有板有眼，煞是有趣。承办训诂学培训班的是苏州铁道师范学院，班主任由训诂学研究会秘书长唐文先生担任，负责讲课的学者有徐复、周大璞、许惟贤、唐文和罗邦柱等先生。良师当时也参加了这次培训班，我们听课20天，也有两天是到苏州园林拙政园、狮子林等处游览。

1988年5月，李新魁老师组织成立了广州国学研究社，自任社长，曾宪通师任副社长，成员有姚炳祺、陈炜湛、陈焕良、唐钰明、陈初生、张桂光、黄文杰、麦耘、陈伟武，凡十一人。共举行过五十多次例会，一直到李老师1997年9月去世才偃旗息鼓。1997年3月，我随李新魁老师和良师赴汕头大学参加由林伦伦学长召集的全国方言学会年会，回想起来，这也是广州国学社最后一次集体活动。会后我们十数人随良师赴其家乡潮阳参观，良师的好友陈新平先生当导游，我们游览了灵山寺和海门等名胜，在潮阳县城棉城迎宾馆住了一宿。晚上我们几个人随李老师在小巷散步时，李老师的韩国籍女博士生金恩柱被楼上人家浇花的水泼到了，她还说了一句："我们大老远跑到潮阳免费洗头了。"

1986年，我硕士毕业后留在中大中国古文献研究所工作，好长一段时间生活颇为艰难。有一次，良师兴冲冲地跑来告诉我，北京路古籍书店刚来了一种新书，叫《清经解》和《清经解续编》，系里的老先生卢叔度教授自己买了一套，又动员良师也买了一套。现在良师又来动员我也买一套。其时我每月的工资扣除房租、水电管理费等费用之后，大概剩下不到200元。有一次所里通知说，若家里要由学校安装共用天线收看有线电视，须交180元，那个月我的工资只有150元，还要补上30元才能装天线。一套《清经解》和《清经解续编》，书价360元，大约相当于我两个月的工资，我说没钱，不买。良师立刻借了360元给我，第二天我就到古籍书店把书买了回来。

其实，当时良师经济状况虽比我好，但也好不到哪去。一直过了一年多，我用搬运费还了良师这笔书款。有一段时间，每逢周末我就帮人当搬运工，用28英寸永久牌单车把500件一袋的女装短袖衫从越秀南汽车站运往高第街服装市场，人家就会给我一些搬运费。

曾师家喜欢养猫，我还为曾师家的老猫写过一篇游戏文字，叫做《我的大师兄》。良师住文虎堂时也养过猫，不知何故想把猫放生，将猫装在一个笼子里，用布蒙上，挂在自行车后架上。从东区骑到西区的康乐餐厅附近，把猫从笼子里放了出来。神奇的是，良师骑车回到家里不久，那只猫又来找主人了。

我们念硕士时，语言学家、训诂学家赵仲邑先生曾经中风而留下后遗症，不良于行，前后两学期就在家中给我们讲"校勘学"和"古文翻译"两门课。其时良师由系里指定为赵老的助手，全程陪同赵老讲课。后来良师担任古代汉语教研室主任，除了安排教研室正常的教学工作，还曾经负责中文系主办的刊物《刊授指导》的编辑事务，且担任中文系主考的广东省自学考试古代汉语学科负责人，忙于指导中文刊授学员的繁重任务，为李新魁老师的《古汉语自学读本》编写相配套的习题答案一书。

今年，中国训诂学研究会副会长、复旦大学的汪少华教授曾经代表研究会来信祝贺良师八十大寿，同时希望良师撰文介绍自己的从学治学经历、学术贡献和治学经验，以供"中国训诂学研究会"微信公众号发表。良师将其委托给暨南大学的王彦坤学兄，自己婉谢不就。

良师由于工作太拼，用眼过度，两次造成视网膜脱落，先后在中山医科大学眼科中心住院做手术治疗。此后视力颇受影响。前几年不顾年迈多病，视力衰弱，焚膏继晷，一笔一画写成《潮阳县志校订》，纠正新整理本《潮阳县志》错讹衍夺的毛病，近二十万字，再由其女婿伟强转录为电子版。这固然是良师严谨治学的一贯学风使然，也是良师以自己平生所学为家乡文化建设作出的新贡献。此书出版或发表屡遇挫折，后来我们只好将书稿化整为零，由《华学》集刊连载，第一部分近时已在第十三辑"饶宗颐先生仙逝五周年纪念专号"刊出。饶公治学汪洋恣肆，声名显赫，却是从地方志研究发轫，在天有灵，一定会认可我们在《华学》刊出良师此文的。

卢叔度先生晚年，常与良师一起到新港西路与怡乐路交汇处的新丰茶楼喝茶，或早茶，或下午茶，有时还有吴国钦老师或黄光武老师。我也参加过几次。

2003年暑假，良师先回乡探母，再与吴国钦老师、黄光武老师和我汇合，一同赴揭阳参加潮学研讨会，会后揭阳市委党校的郑智勇兄叫了一辆车，往揭西河婆游览了海内外著名的民间信仰景点——三山国王庙。

几年前，良师同曾扬华教授在一起散步时，不小心跌断脚骨，刚好我与广州医科大学第二附属医院骨科主任范子文医生是好朋友，而范医生也是潮阳籍，我就和良师女婿阿强陪同良师去请范医生看病，在范医生悉心诊治下，良师脚伤终于恢复如初。

1999 年，我的博士论文由中山大学出版社印行，良师关怀备至，多所揄扬，写了书评《一部富有创见的简帛文献研究著作——评〈简帛兵学文献探论〉》，投稿《古汉语研究》，在 2001 年第 1 期刊出。后来良师的专著《训诂学与古汉语论集》收入吴承学和彭玉平两位教授主编的中国语言文学文库·学人文库，准备由中山大学出版社出版，良师希望我为此书写序，我竟以罕见学生为老师写序为由，婉谢良师之邀。良师后来转请王彦坤学长写序，书于 2018 年正式出版。如今每思及此事，愧疚不已。

有一年，良师有三位硕士生要毕业，两女一男，那位男同学在学位论文后记中，对作为其业师的良师只是轻轻一笔带过，也不说明良师的导师身份，却称并非导师的某位系领导为"恩师"，歌功颂德。其实，当初李新魁老师在招生的面试环节认为此生基础不行，主张不录取，还是良师为了性别平衡才坚持招了进来，后来也一直待此生不薄。我略知内情，看不过眼，颇为激愤，在给此生写论文鉴定意见时，有这么两句话："欺师灭祖，情理难容；妄称恩师，尤为不伦。"良师慈悲为怀，从研究生院重新要来学位论文评审表，送到我家里，劝我重写，删去上面那两句话。

师母原在广州手表厂工作，退休后体弱多病，良师对师母长年照顾，鹣鲽情深，堪为我等楷模。良师为人耿直，性情急切，每常论事，意气风发，声色俱厉。几十年间，良师对我学业上尽心提携，在生活上大力帮助。送给我的潮阳特产更是让我没齿难忘，如生腌钱螺、姜薯、地都咸萝卜等。

良师写得一手好字，工于柳体书法，秀劲流丽，从读本科的时候起，我就对良师的粉笔字和钢笔字艳羡不已，而黄光武老师却评之为"像面条一样泼来泼去"，我对此说颇不以为然。良师的毛笔书法偶尔露峥嵘，1983 年夏天我们大学毕业时，在怀士堂举行中文系师生书法联展，我记得当时良师提供的是隶书作品，内容是《论语·子路》篇中孔子的名言："其身正，不令而行；其身不正，虽令不从。"2005 年，我多次登门求字，请良师为曾师八十寿庆书法展览惠赐墨宝，可惜未能如愿，良师坚辞不允。

以前，曾师、吴国钦老师、黄光武老师、良师和我时不时会聚餐，论年龄，良师在几位师长中最小，论身材，良师和我最瘦弱，故而总是良师和我饭量最大，这也应了"努力加餐饭"的古训了。近年曾师年事渐高，较少外出活动，良师除了时常与曾师通电话嘘寒问暖，天气晴朗时，偶尔也会登门拜访曾师茶叙。以前良师客厅挂过容老的字，也挂过黄家教先生的字。家老去世后，黄师母龙婉芸先生曾约良师和我一同到黄龙府上选取黄先生藏书留念，记得当时我选了一本《黄侃论学杂著》，正好也是黄家的书。

我的大学同班同学陈江在新华社海南分社工作，家住海口，向来对良师感情甚深，每到广州，必定重返母校拜访良师。2023年11月3日，陈江兄来母校参加大学毕业四十周年庆祝活动，当天傍晚执意邀请良师和周立宪兄及我在康乐园餐厅用餐，原来预订的二楼绛云房由于餐厅失误而被人占据，我们只好被临时调整到一楼逼仄的会议室用餐，心远地自偏，师生四人，小酌叙旧，乐也融融。

我走上了研究汉语言文字学的学术之路，真正的启蒙老师就是良师。我人笨笔拙，在良师八十华诞之际，难以充分表达自己的感激之情，写了这篇小文，文末再附上几句打油诗：

绵绵文脉出潮阳，振铎舌耕鸣上庠。
苦辣酸甜皆品味，鲁鱼亥豕细平章。
格言巧对传箴铭，史记汉书译典藏。
县志校评高眼力，一腔热血报乡邦。

衷心祝愿良师身体健康，福寿绵长。

2023年12月31日写讫

施其生
(1944—)

经师易得，人师难求
——记忆中浮现的恩师光影

金 健*

在中山大学中文系，我度过了从本科到博士的9年时光。我会走上语言学道路，跟麦耘先生有很大的关系，大二时，麦耘先生给我们上音韵学课，让我立志从事语言学研究，而我能在语言学研究道路上走得踏实，又不得不深深感激我的导师施其生先生。

我最早听先生上课是2001年大一下学期的现代汉语课上，先生上课深入浅出，举的例子既有代表性又通俗易懂，有些例子我至今还记得。比如讲到潮汕人前后鼻音不分，撮口呼说成齐齿呼，先生举例潮汕人会把"站在船头看郊区"说成"站在床头看娇妻"；讲到地方文化对词汇的影响，先生举例说：山西产煤，山西人说话分"煤"和"炭"，粉末状的叫煤，块状的叫"炭"，广东人就都说"煤"。课堂上大家常在欢声笑语间就把重要知识点记住了。先生这种接地气的授课风格，对我的影响很深，我现在给学生上语言学类课程时，也坚持每过一个知识点都必须举例子。

大四时上先生的汉语方言调查课，让我对先生敏锐的耳朵叹为观止，班上三四十个人一起上课，所有人一起随便发国际音标哪个辅音、元音或者声调，哪个人没有发对，不管这个人坐在教室哪个角落，先生总能一下指出来谁错在哪儿，又准又快又狠。我们好奇问先生为啥能那么厉害，也是那个时候，我们才知道，先生玩了几十年的二胡、古筝还有琵琶，水平还都是专业级，此时心里真是不得不写一个大大的"服"字啊！

研究生课因为是小班课，能跟先生有更加充分的讨论。先生在课上很鼓励学生跟老师讨论甚至争论学术问题，他常说："如果学生只会说老师说过的话，那才是当老师最大的失败呢！"因为有了先生给的"免死金牌"，我常在课上因为某些问题跟他争论起来，还记得我研一时用实验语音学的方法归一了广州话和汕头话的声调，发现结果跟先生课上讲授的不同，我把实验结

---

* 金健：中山大学中国语言文学系副教授。

果拿出来跟他讨论：广州话上阴平和汕头话阴上调的调值并非他课上所讲授的[53]，而是[51]；广州话的阴上调，调值并非[35]，而是[25]。先生没有因为我当堂反驳他而不开心，而是根据我的实验结果，反复琢磨比较，最后肯定了我的意见，并在之后发表与汕头话、广州话相关的论文时，都按照我归一的调值去记录。先生这种实事求是、尊重科学、宽容豁达的治学风格深深影响着我和我们师门的每一个人。

我2006年在社科院语音室进修时，有一次碰到李蓝教授，他知道我是施其生教授的学生后，很好奇地问我："你是施其生的学生，为什么你不做语法，却做实验语音学？"确实，在我之前，中山大学没有老师做实验语音学相关领域的研究，中文系也没有开设相关课程，我会走上实验语音学道路，完全是因为先生独到的学术眼光和远见。

2003年暑假，我正式师从先生学习语言学。先生自己的研究领域以方言语法为主，当时他正好在做闽南方言的语法项目，我也很想参与进去，跟着先生做闽南话语法。然而，在跟先生的交流中，他了解到我当时正在跑华南理工大学学习高等数学，先生当时就想到，中文系学生能学得进高等数学，实属难得，语言学研究的未来方向，需要文理结合，他从我的实际情况出发，鼓励我做实验语音学研究，还特别指出，让我从声调入手。先生认为，声调是汉语区别于印欧语的重要特点，而且在汉语方言中的表现非常复杂，里面有很多奥妙需要探讨。西方实验语音学的研究在总体上比我们领先，但是在声调方面的研究还是比较薄弱，因此，汉语方言中声调的实验语音学研究大有可为，中国学者应该在这方面做出自己应有的贡献。先生的这个决定，让当时的我大吃一惊，因为中文系没有相关课程，我完全不知道从何下手，先生笑着跟我说："科学研究不就是摸着石头过河，有老师引路固然好，没有就自己摸出一条路子来，我的导师黄家教先生主要做方言语音研究，我的方言语法也是自己摸出来的！我相信你也可以！"先生的话给了我很大的鼓舞，我似懂非懂地开始了实验语音学方向的自学和摸索性研究。

先生虽不从事实验语音学研究，但他总能在我研究的关键之处给予我及时而精准的指点，当我沉浸在语音标注、数据分析中不可自拔时，他总是跟我反复强调，做实验语音学是利用实验语音学的方法解决汉语方言语音当中的理论问题，千万不能为了做实验而做实验，那会沦为语音标注和数据处理的技术工，必须要带着思考做实验。也正是这个原因，他推着我去调查全国各地的方言，从实际田野调查中培养听音记音能力，从活的语言当中发现问题。也是在多年田野调查中，我跟着先生不断在田野中发现有意思的声调现象,最终先生建议我博士论文研究主攻声调感知,因为只有声调感知的研究可以充分发挥汉语方言工作者的学术作用。

从 2004 年我本科毕业的那年暑假,一直到我博士毕业,除了先生 2006 年去日本的那一年,印象中几乎每年暑假,先生都带着我们去田野调查。我们的调查足迹遍布福建的厦漳泉地区,广东整个潮汕地区,一直到海南岛。

田野调查期间,先生的严谨学风给我留下了很深的印象,调查过程中但凡碰到记音疑难,他会坚持反复核对、比字,直到确认无误为止。还记得我们在潮阳海门调查,由于海门方言多降调,很多调值到了连读变调里,听起来非常相近,阴平和阴去前变调分别是[33]和[44],阳平和上声前变调分别是[441]和[41],听感上非常容易混淆,先生现场就想出"花车、回车、货车、会车、火车"五个词让发音人比对,一比词,调类调值的结论就出来了。

对田野调查工作,先生常说:对田野调查的记音来说,99 分就是不及格,因为如果你的记音材料里 100 条有 1 条错的,那就像理科的数据 100 个有 1 个错误,得出的结论就可能是错误的,不可靠的结论哪有科学价值?这样的材料还害人,如果别人引用你的材料,正好引了你的这个错误,那你就害人不浅。先生这种严谨的学风深深地影响了我,在我今后的学术道路上,但凡是我参与的田野调查项目,我总要对自己的记音结果反复核对,力求准确。前几年,我承担了教育部濒危方言项目《海南陵水疍家话》的调查、记音工作,光同音字表,我就前后找发音人反复核对了 5 遍。对调查记录的一丝不苟已经成了我的习惯,算起来,这是 20 年前就在先生的影响下形成了的。

在一般人的概念里,教授给人的印象总是比较严肃的,而先生打破了我概念里对教授的认知。课堂上跟我们谈学术问题的时候,先生是严谨深刻的;课堂下先生跟我们的相处模式,与其说像师生,不如说更像朋友,虽然他年长我们很多轮,但我们跟他交流起来毫无"代沟"。还在读研、读博的那几年,晚上没课的时候,我最喜欢的就是几个同学一起,上先生家喝茶。喝茶时,有时候跟先生讨论学术问题,有时候听先生跟我们讲茶的学问,讲中医的博大精深。兴起时,先生会拿出家里的古筝、二胡或者琵琶演奏一曲,我虽不懂音乐,但先生功底深厚,常能让我不知不觉沉浸到音乐的世界里,一曲《二泉映月》会让你进入一种深邃的意境,一曲《草原新牧民》,又让你感受到草原牧民的豪放欢乐。古筝曲,有不同流派,听过先生弹《渔舟唱晚》《高山流水》《出水莲》《寒鸦戏水》,不同流派的曲子,不同的地方特色,真有点像方音各异。还有琵琶,弹奏手法之多,令人眼花缭乱,听说有些技巧很难练,也不知道先生怎么就能学会。先生常跟我们聊几十年玩音乐的感受:强调无论是学二胡、古筝、琵琶还是别的任何乐器,想要后面走到高水平,早期的路子、基本演奏方法、基本功训练非常重要,如果一开始老师教错了,学生运弓或者拨弦的发力方法错了,后期改起来会困难万分,但如果不改,是没法达到专业水平的,更没有攀登高水平的希望。先生说他就是因为从乐器演奏中悟到了基本功的重要性,才对我们语言学学习上的学风、研究方法和基本功培养特别重视。先生最常说的一句话就是:取法乎上,仅得其中;取法乎中,仅得其下。先生教导我们对自己必须有高要求,也正是因为先生的严格要求,我才能在先生带领下摸爬滚打多年,练就了一双田野调查听音记音的好耳朵!这双耳朵,帮助我在田野调查中发现了不少没有被前人注意到的语音新现象。我想,这真的和先生学音乐要练就扎实的硬功夫的道理是相通的。

有句话说"经师易得,人师难求",先生对我来说,就是一位真正的"人师"。先生不仅深深影响了我的学术道路和学术风格,而且深深影响了我做人做事的态度。学术之于先生,全然不是一件沉重的事情,而是一项充满挑战和乐趣的游戏,先生从发现问题和解决问题当中获得快乐,也因此,他只在意自己做出来的文章是否有新发现,是否经得起推敲,而从不在意旁人的评价,还常常不急于发表,更不在意荣誉和头衔。他的淡泊和低调不仅影响了我,也多少影响了我们师门的兄弟姐妹。

退休后的先生寄情音乐、中医和茶道,却仍关心语言学学术的发展。2013年,他受广州番禺沙湾镇政府邀请,带我去沙湾调查,并主笔撰写了《沙湾镇志》的方言志部分。后来我做教育部濒危方言项目,邀请先生也去帮我把把关,先生也欣然应允。去年(2023)5月,先生的著作《闽南方言语法比较研究》出版,这套书的田野调查工作,从2006年我还在读研究生时开始,直到去年才出版,可见个中艰辛。近几年,先生还在线上、线下做各种学术报告,应邀参加各种学术活动和学术会议。

行文至此,我仿佛又回到了那个青葱时代,脑海中闪过一幕幕当年跟随先生一起下田野的画面。我想,我又得上门去先生家讨杯茶喝了,跟他一起聊聊那段充满激情的岁月……

康保成
(1952—)

记我的导师康保成先生

郑劭荣*

我已经很久没有写过自己的老师了。在小学、中学时代写作文,"我的老师"是经常写到的题目。那时写这类文章,经常会引用"春蚕到死丝方尽,蜡炬成灰泪始干"这句诗,来赞美老师的无私奉献和高尚情操。老师的形象也不外乎是"苍颜白发(粉笔灰染白的)、慈祥可亲、不苟言笑"等。其实,孩子笔下的老师大多是想象出来的,他们对老师总是充满敬畏之心。我每次见到我的博导康保成先生,亦有中小学生害怕见老师的心态,颇为忐忑。

还是从最初见到康老师谈起吧。

请原谅我的孤陋寡闻。最早知道康老师是在 2003 年——当我决定报考中山大学博士的时候。那时我硕士刚毕业一年,在长沙电力学院中文系谋食,心怀郁闷。以前虽然知道中山大学是全国戏曲研究的重镇,这里有王起、黄天骥等大牌学者,但对其他老师确实了解不多。原因很简单,我那时还是戏曲研究的门外汉,自然不知道这块学术领域究竟有哪些著名的学者。事实上,报考中大的博士,我心里一直打鼓,感觉没什么戏,因为我不认识这所名牌大学里任何一个人,也没有什么人举荐我,真是两眼一抹黑。我的真实想法是,权当中大的考试是一次模拟训练(中大是首站,希望主要寄托在第二所高校),顺便还可看看花城广州。

2004 年 3 月,长沙春寒料峭,而广州的天气已是热情似火。我借住在广州大学的学生宿舍里,可能因气候不适,加上复习紧张,睡眠一直不好,每晚要靠安眠药才能入睡。考前一天,半夜时突然牙痛得厉害,并伴有低烧。第二天吃药,没啥效果。一直到笔试、面试结束,病情都没有缓解的迹象。

---

* 郑劭荣:中山大学中国语言文学系 2007 届博士,长沙理工大学中文系教授。

整个考试过程都是晕晕乎乎的。但奇怪的是,一直以来心情紧张的我,在考场上反倒释然了,轻松了。我自我安慰:生病没考好,情有可原嘛。在面试环节,第一次见到了康老师。与我想象中的博导形象差不多:表情严肃,不苟言笑;说话干脆利落,掷地有声。康老师具体的提问我已模糊了,但有一个细节记得很清楚——当他得知我这几天牙痛得厉害,隔桌探过身来,关切地问我哪颗牙疼。

考完后,这件事就算过去了,成绩的好坏我都懒得去关心,十有八九是考不上的嘛。等到"五一"前夕,闲来无事,心想不管考得怎么样,还是打电话问问康老师吧。康老师第一句话就让我愣住了:"准备来中山大学学习吧,文学史考了第一名,戏曲史考得一般。先读读张庚、郭汉城的《中国戏曲通史》,任半塘的《唐戏弄》。"接下来是:"你今后的研究有什么打算?"我完全没有回过神来,期期艾艾地回答:"想研究元末明初的戏曲。"康老师说:"这方面的研究已经有不少了,恐怕做不出什么东西。先好好看书,来了广州再说吧。"放下电话,出了一会儿神,就这样,我与康老师结下了一生的师生缘分。

后来,我在博士论文后记中写有这样一段话:

> 当年考博时,正值牙疼得厉害,是含着止痛药才勉强完成了那场考试,本以为会铩羽而归。考分出来后,不算太糟糕,得以拜于康先生门下,有幸感受先生的道德文章。我能进入美丽的康乐园,顺利完成学业并小有收获,均离不开康师的提携和教导。

这段话绝不是客套话。以我自身很一般的资质,又没有"贵人"相助的情况下,能够被中山大学录取,本身就体现出康老师以及中大戏曲学科团队的公正、公平和宽广无私的胸怀。这份知遇之恩当永远铭记。

二

在中大学习的三年时间里(2004年9月至2007年6月),我们见到康老师的机会其实不是很多。他实在是太忙太累。那几年,康老师担任中山大学中国非物质文化遗产研究中心主任,行政事务千头万绪,异常忙碌。每次见到康老师,尽管他依旧透露出一种军人般的干练,但细看形容,疲态难掩,尤其是眼圈,总泛着青色。毕业后才了解到,康老师一直有比较严重的睡眠障碍。但在那时，我们对此一无所知。老师也很少跟我们聊自己的私事。我们知道老师忙，所以一般情况下，不会轻易占用老师的时间。有问题，通常是利用老师上课的机会解决。

说到上课，这是我们印象非常深刻的事情了。那是一种开放式的、集体讨论式的专题教学。上课之前，康老师会提前告知我们讨论的主题及要阅读的论文，并要求我们各自翻阅资料，梳理知识，查找问题。上课时，除了选课的博士、硕士，整个戏曲学科团队的老师亦悉数到场。有时外校的老师、学生也慕名前来。上课伊始，气氛一般比较沉闷，同学们不敢贸然发言。康老师当机立断，扫视一下环坐四周的同学："从左边第一位开始，下次从右边开始。"气氛顿时轻松起来。课堂逐渐进入高潮，最精彩的部分其实还不是老师和学生们的对话，而是老师之间唇枪舌剑的辩论。每当此时，同学们便兴趣盎然地旁观学习。黄天骥先生每次上课前都要申明："今天我只听大家说，不发言。"但最后总是："我还是说三句吧，不多说。"这三句话往往会延续十几分钟甚至更久。当然，这也是大家非常期待的时刻。这时，作为课堂主持人的康老师往往会心一笑，同大家一起专注倾听黄老师的发言。此时，我们可谓如沐春风，不仅体会到老师之间的默契和融洽，而且能感受到康老师对自己老师的尊敬和爱戴之情。都说言传身教，我们无疑也深受启发和教育。

日子久了，我们和康老师接触更多了，发现康老师其实是一个宅心仁厚、可亲可爱的老师。尤其当老师开心一笑时，露出雪白门牙，浓眉紧拧，既一本正经又不失幽默的样子，给同学们留下了深刻的印象。大家背地里亲切地称呼他为"康宝宝"（一直担心取"绰号"对老师不敬，但考虑到这其实体现出学生们对老师的朴实情感，还是记在这里吧。如果唐突了老师，请多多包涵）。

有两件事令我记忆犹新。

2005年暑假，由康老师主持的教育部重点基地重大项目"中国皮影戏的历史和现状"开始全面地实地调研，整个调研分为7个小组，奔赴全国18个省市，由康老师担任总指挥。我负责河北北京组。这个暑假，注定是大家最为忙碌的一个假期，作为总负责人的康老师更是"亚历山大"，他除了要协调、指挥全部调研活动，还要逐一地亲临各组，现场指导。轮到康老师视察我这一组时，我们组的四人（除了我，还有三位志愿者：湖南大学研究生刘丽娟、中国传媒大学杨秋红博士、北京大学研究生陈盈盈）刚从乐亭县回到唐山市市区。我提前联系好一个皮影戏班，拟在丰南县看演出。8月3日晚，康老师从山东组风尘仆仆赶来。我去接站，只见老师拖着一只硕大的行李箱，宽大的裤脚上还沾满了湿湿的泥巴。康老师解释："济南下暴雨，路上交通几乎都瘫痪了。"接下来的事情，引用我在 8 月 4 日所写的考察日记来讲述：

> 一早与康师一同打车去丰南小集镇檀庄看演出。在汽车南站（老汽车站）叫了一辆面的，要价 60 元，来回 120 元。面的师傅姓王。王不熟悉去檀庄的路，左拐右拐，历时两个多小时才到。戏班住在檀庄大队部。与艺人交流，分组访谈。中午去时艺人正吃饭，我们肚中已饥，遂请戏班厨师代为买些东西，草草用过午饭。继续访谈。去了戏台，看了影人。下午五点多钟下大雨，到六点多还未停，心中甚是焦急。近七点钟，戏班决定取消演出，令我和康师大失所望。晚八点多回到唐山，康师请吃夜宵。

费了九牛二虎之力，居然没看到真实的舞台演出，颇为遗憾。但也有许多的收获，这一次，可以说是我入校以来与康老师相处最久、说话最多的一次。我们亲眼目睹老师如何开展实地访谈，如何在田野第一现场发现问题，收集资料。在我看来，康老师这次可谓是给我们上了一堂生动的示范课。还有一个收获，当晚返回唐山驻地后，同队的女孩与康老师开玩笑：能否犒劳犒劳我们呀？康老师非常愉快地说："没问题，吃夜宵去。"可惜当时的合影没有保存下来。现在回想起来，当时时间已经很晚了，我们这些学生没有充分体谅老师的辛劳和忙碌。而对于学生的不懂事，老师却很宽容，没有丝毫的不快。

另一件事是毕业离校前的聚会。2007 年 3 月，康老师去了日本讲学，我们通过邮件与老师密切沟通，毕业论文的最后修改、预答辩等都进行得很顺利。6 月 5 日，进入毕业论文答辩环节，不料我们中间的一位同门被投了一票弃权（事后才得知）。这令我们很诧异，从整个答辩来看，这位同门并没有明显的瑕疵，其论文撰述亦是比较扎实规范的。幸而这个小插曲影响不大，参与答辩的同学最后都顺利通过，迎来了毕业。6 月 28 日，是中文系毕业合影的日子。同学们聚集在怀士堂前、南草坪上，欢快地合影留念。然而，我知道，此时此刻，大家内心其实还存有一个遗憾，就是不能穿着大红的博士服，与辛勤栽培自己三年的康老师留下动人的瞬间。7 月 1 日，学校举行了庄严隆重的毕业典礼，我心想，只能带着丝缕遗憾离开中大啦。正在这怅惘之际，突然得知康老师第二天就要回国的消息。还是以 7 月 2 日的日记为

准吧:

  上午,康老师从日本赶回来,接见了我们。他为了在毕业离校前见我们一面,特意提前回国。康老师为我们(跃忠、冬菜等)带来了日本的点心和一大箱荔枝。在办公室一起合影,谈了他在日本的经历和感受,以及我们今后的道路。回想起三年来的学习历程,心中不由生出许多感叹,时间真快。中午邀请黄天骥老师、黄仕忠老师及毕业的同学在紫荆园巴黎厅聚餐、合影,弥补了毕业论文答辩时留下的缺憾。

  当时,我们心里充盈着满满的幸福。聚会后,同学们满心喜悦、依依不舍地离开了美丽的康乐园,离开了中大"非遗"中心那座绿瓦红砖的小楼和巍峨气派的中文堂,离开了可敬可亲的老师们。

三

  事实上,离开中大并不意味着和老师的距离越来越远,有时反而感觉与老师走得更近。这种亲近主要体现在对老师学术成就的敬仰,对其治学风格的模仿和学习。与做学生不同,重新进入工作岗位后,可以比较从容地梳理以前的专业知识。以前拜读康老师的著作、文章,总感觉难以读懂,跟不上老师的思路,很容易陷入纷繁复杂的史料中去。现在似乎慢慢开窍了。康老师总是教导我们,要有问题意识:"做学问要经常思考,我心里时常装着几百个问题。"现在想来,真是治学的金玉良言。小到戏曲史上一些名词术语的考证,大到中国戏剧史宏观研究,康老师总能独具慧眼,发现并揭示出问题的本质。我有一个习惯,案头上经常会摆几部专业书,每当写作或构思新课题时,总要去翻翻它们,是那种漫无目的式的。这些书其实早已读完,为的是从中寻找一些灵感。康老师的《中国戏剧史研究入门》《中国古代戏剧形态与佛教》《傩戏艺术源流》就是其中的三部。自2010年以来,我先后侥幸获得若干个省部级课题和国家社科基金课题。康老师有次表扬我:"劭荣会选题。"其实,这些选题都深受老师的著作、文章及其学术思想的影响和启发。平常,我在学问上稍有长进,或者发表了小文章,或者成功获得了项目,康老师都要及时鼓励,表示祝贺。专业上遇到什么瓶颈,老师也总是为我指点迷津。但凡中大戏曲学科有什么重要的学术会议,老师总是不忘记召回我们参与,并予以悉心关照。开会过程中,老师经常在百忙之中单独抽出时间接见我们。康老师的学生有很多,要方方面面照顾到每个人真是不容易的事。

写到这里,想起了康老师说过的一句话:"我对每位学生都是一视同仁,但说完全没有偏爱也不是。"老师的这种坦诚恰好展现出一位仁厚长者的风度。我想我可能不是老师最欣赏的学生,但我完全没有任何的失落感。因为,我知道,这不是老师有什么偏心,而是自己在学业上努力不够。事实上,康老师每次给予的帮助都是至关重要的。引用我在2015年出版的一部小书的后记为证吧:

> 在课题研究过程中,得到过众多师友、艺人及社会贤达的帮助。首先,要诚挚感谢恩师康保成教授。老师的鼓励、支持始终是我在学术道路上前行的动力,感谢他为学生创造了一些难得的机会和条件。

这并不是我随便说说的客气话。

老师总是牵挂学生的成长和进步,无论我们走到哪里,老师的心都随着我们一起旅行和漂泊。每当在工作中要偷懒、退缩时,一想到自己是康门子弟,"忽又良心发现,而且增加勇气"。我想,这种精神上的感召和鞭策是老师对学生最慷慨的赐予,也是永远值得珍惜、感怀的地方。拜师康老师门下,三生有幸,恩师的教诲是我人生中最宝贵的精神财富。祝愿敬爱的康老师身体健康,晚年幸福。我们将一如既往,砥砺前行,薪火相传,不断发扬光大康师及中山大学戏曲学科的优良传统。是以为记。

张海鸥
(1954—)

平生诗意莫相负
——燕师的四趣

彭敏哲[*]

明月照衫,清风拂袖的时节,我踏着新落的木叶,又想起燕师的意态风神来,不由得会心一笑。世间总有一些曼妙的相遇,譬如遇见一个丰富有趣的老师,他教给你的不仅仅是一麻袋子书里的横平竖直,还有活于世间的姿态和气质。

所有见过燕师的人,都会情不自禁被这样有趣的老师所打动。要我说,燕师有四趣——诗趣、酒趣、童趣、雅趣。寻常之人,毫无意趣,若有一人能得一趣,已是妙人,而兼有四趣者,未有及燕师者。先说诗趣,燕师自号"燕云子",这便是"燕师"一名的由来。若是你第一次踏进燕师的课堂,定要不由自主地随着他三三两两抖落的诗情掉到煌煌盛唐气象、悠悠两宋雅韵里去。他时常在课堂上朗诵自己的诗,有时,是"须知那是陌生的去处,请君稍敛诗者的缠绵"这样情致婉转的歌谣,有时,是"男儿到死心如铁,不醉怎成欢。醉问人生能几何,今宵且尽欢。没有美酒红颜,何必江山!"这样大气磅礴的篇章,而我最喜欢的,还是《南乡子》里"记取康园风雅事,鸣笳。且任诗心醉晚霞"那份悠然意态,这一句话道出了苏辛的放旷、谪仙的潇洒,一颗诗心跃然纸上。诗是一个人性情气质的映现,燕师的诗趣,是明月来相照的乾坤朗朗,是相思深不深的丰情神韵,那是骨子里镌刻着的浪漫和才情,俗人必是学不来的。

再说酒趣,燕师好酒,那是满世界都知道的。酒之于燕师,恰如梦之于小山。那都是笔下绕不开的意象,也是生活里频繁相见的事物。入燕师门,有个不成名的小规矩,必得学会饮酒,门下若不知酒趣者,岂可自称燕门弟子?每每师门聚会,总是无酒不欢的场景。燕师曾和一大堆酒坛子合影,并拟名"燕云子和酒坛子们",又题诗于其上"谁写下这些酒字/蘸了谁的年华

---

[*] 彭敏哲:中山大学中国语言文学系2017届博士,中国海洋大学文学与新闻传播学院副教授。

谁的苦乐/诉说谁的悲欢离合……"，令人忍俊不禁。每于席间看到燕师举杯酣笑的样子，都会被深深感染，正如酒能醉人一样，燕师亦能醉人，他春风化雨一般的风趣可爱，随着杯中浅浅深深的酒，默默流淌到每一个学生的心里。燕师常说，不懂酒趣的人，是没有情趣的人。生活当富有情趣，富有生的热情和趣味，学文之人尤须如此，这是燕师用酒"灌"给我们的道理。

燕师虽年过半百，却有种可爱的童趣。有次和燕师吃饭，他想去吃麦当劳，最爱吃麦辣鸡腿堡和薯条，着实让我吃惊了一番。学生们送一些可爱的小礼物，哪怕是一个印着照片的钥匙环、一个装水就会变色的杯子，他也会像孩子般高兴。他会积极响应同学的号召，去毕业晚会上念赠别诗；也会学着唱周杰伦的《青花瓷》给同学们讲词的音乐性。有次聊天，竟然发现燕师居然也看《那些年，我们一起追过的女孩》《致我们终将逝去的青春》这些青春电影，还常常跑电影院看大片。这位温和的长者很"潮"，率真可爱，充满着无穷的正能量。燕师有一颗永远不老的赤子之心，爱憎分明，似乎永远也不愿意用虚伪圆滑的嘴脸待人处事。听燕师说，这样耿直率性的性格似乎得罪了不少人，可他不以为意。我一直在想，究竟是怎样的经历能让一个人一生都怀着这样的赤心，即使处于滚滚红尘依然能不改初心，一任世事变迁、风霜拂面，还能用一脸坦荡笑容化解万千烦心事，人不堪其忧，我亦不改其乐。燕师常教导我们，年轻人之间的差别很微妙，竞争很激烈，可他又说，大可淡看体制内的那些名利。这清澈无瑕的童心意趣，我们都可别丢了才好！

"对风雅友，如读名人诗文"，燕师的雅趣是俯拾即见的：或是学术会议结束后一曲啸歌；或是宴席上一樽美酒；或是夜来幽梦，忽然坐起写下的长短诗行；抑或是看到慧心文字，露出的温柔笑意；又或是青山碧水，一时激起的美的感怀。他赞许师母亲手裁剪的日历，欣赏师姐独到的茶艺，欢喜于学生们送的一篮子鲜花，陶醉于外出开会时某一处清幽的风景。这无声无息处逗漏的风雅，便是一首首鲜活的五绝七律、小令长调。

若只有这四趣，燕师也不过是个趣人。得以让学生们深念的，是燕师无处不为学生着想的赤诚。且不说热心指点学生的学业、帮助学生谋求工作，我尤记得一次学术会议，与会人员都是学术界大腕，没人顾得上我们这些旁听的学生，我们拿不到资料也看不到论文，是燕师忽然叫我，让我把多余的会议资料发给那些来旁听的学生们，那生怕学生吃亏的样子令我感动良久。又想起一次随燕师去珠海助教，下课后他带着本科生们一起吃饭，席间聊天，学生们都盼望着每周一次他的课，下课后还要一起聊天吃饭，谈诗论词。回忆相处的许多细节，我更深切地感受到，他的心中装着学生，装着"育天下英才"的理想。燕师说起他的每一个学生，他总洋溢着自豪的表情，每个人在他眼中，都是有优点的，而他总能最快地发掘学生的优点，不断地给予鼓励，给学生自信和希望。

张潮在《幽梦影》里说，"上元须酌豪友，端午须酌丽友，七夕须酌韵友，中秋须酌淡友，重九须酌逸友"。如燕师般豪丽皆备、淡逸兼有的韵友，是否日日须酌？我学文学，最初只是因为喜欢，未曾掺过一丝杂念。而燕师的四趣，恰是对我幼年起深爱的文学——最好的注解。艺术的使命是一种爱，传递真善与美，若平生诗意不相负，我便已然达到了我心中的圆满。而燕师，恰是这样一种人生的写照。

本文写于老师从教五十周年

程文超
(1955—2004)

今夜无眠　今夜有梦

曹　霞[*]

今夜，我又梦见了您，程老师。

您一如既往地俊逸、帅气，孩子气的眼神清澈澄明，让俗世的我们不自觉地低下去。您行走在美丽清雅的中大校园，周遭的花瓣纷纷飘坠，铺成辽阔的墓园。

您在暮秋离去，如今已是南方的冬天，冷空气扫清了燥热的秋气，带来郁结的清凉。阴冷的天空里，寸寸密布着您钟爱的乐音与花香，让我想起十年前与您初相遇的情景。

十年前，我是一个不谙世事的孩子，和所有远离家乡的人一样，我习惯了淡漠的分离、长久的孤寂，在南方以南虚度青春。

您给我们上当代文学课，那是在阴冷潮湿的旧管一楼，空气里弥漫着颓败的味道，年轻的我们昏昏欲睡。上课铃尖锐地响起，您卷曲着普希金式的头发，穿着那件经典的暗纹提花毛衣，健步如飞地踏上讲台。多年来，每当您温和的目光看到我，我就沐浴在一片安详静谧里，焦躁的心逐渐宁静。

当人们传颂着您与癌魔斗争的经历时，我愿意撇开病痛的侵蚀，抽去隐在的忧惧，回忆和您在一起的幸福时光。我愿意在那样温柔涓洁的时光之河里，再一次沐浴您温暖的目光安全地长大，泗渡灵魂的河岸，像您一样安然地坐于阳光中、清风里，不哭，不怨，也不闹。

那时候，我们都不太清楚您的病，有人说您得了癌症动过手术，可是那等同于"死亡"的"癌症"怎么能和如此强大明朗存在的您联系起来呢？我们于是谨慎地怀疑着这样的传言。后来您又住院了，我和好牙①去看您，您躺在床上，浑身挂满了瓶瓶罐罐，一双眼睛却明亮如常。

---

[*] 曹霞：中山大学中国语言文学系1992级系友，北京外国语大学中国语言文学学院教授。

① "好牙"是程老师的博士研究生申霞艳，因有一口可做广告的洁而白的牙齿，令世人惊艳，李炜老师称其为"好牙"，简称"牙"。

您在输血，我和好牙好不争气呀。先是我看到鲜红的血浆，双脚就软了，感觉整个世界从我的身体里抽离出去，我仿佛溺水之人深深地喘息，抓床架，抓枕头，抓地面，恍惚间听见师母说："可能有点怕见血。"我强撑住软下去的身体，渐渐清醒过来，转头看看，好牙也和我一样手脚扑腾乱抓东西。

您看着我们清朗地笑了："你们来看我，怎么自己晕倒了？"我和好牙狼狈地互相搀扶着，像风中瑟缩发抖的两片细叶。

从此以后，我和好牙成了您家的常客，打牌［再加上璐璐打"锄大地"，常常很轻易地就把您关进圈（"读 juàn"）里］，聊天（我和好牙就那样喜欢上了漫无边际的倾谈），谈文学（我们就在那时树立了对文学的热爱并直接决定了我们的人生选择），那是我和好牙一生中最幸福的日子。

有时我想，是否上帝分配给每一个人的幸福都是定量的，用完了就没有了；我是否已经在那段日子里将我一生的幸福都用光了，所以离开中大后我就再也没有过透明纯粹的幸福。即使笑着也满怀忧郁，即使静默也满心怨怼。

再也回不去了。

本科毕业时，我做了人生的第一个重大决定，离开广州远走他乡，在所有人都反对我时，您却坚定不移地支持我。您是一个性情中人，从来不畏惧世俗的看法，只是主张随心而动。在您清亮如水的注视里，我学会了选择和承担；在人生后来的罅隙里，我开始认同残缺。

等我再回广州时，已经是世纪末了。我打电话给您，您没有丝毫惊异，熟悉的气息扑面而来，让我安心地感觉一切都没有改变过。那天您有事，约我在研究生饭堂见面。远远地您来了，时光仿佛没有在您身上留下任何痕迹，除了因为病痛更加清癯，您的神采依然飞扬，眼神依然明亮。

我又回到了多年前的旧管一楼，年少的青涩时光飘落下来淹没了我。您就站在我的对面，儒雅、淡泊、温和，您打量着我笑说还是一点都没变嘛。白木棉缓缓飘下，栀子花的香息铺天盖地而来，鱼尾葵湿润忧伤地绽开着翠绿，我有如再次回到母亲温暖的怀抱。

我就那样留了下来，边打工边复习，最后又一次幸运地成为您的硕士生。在此，我愿意温习那些重获幸福的时光。

您是严师，最痛恨读书不认真的家伙。于是，您把我们的胖瘦问题和读书问题紧密结合，如果有人胖了，您会说"怎么又胖了，是不是这段时间没好好读书？"；如果有人瘦了，您会说"也没见你好好读书，怎么就瘦成这样？"。我们就这么躲躲闪闪地胖胖瘦瘦着。您更是慈父，无微不至地关心我们的生活，因为都是住校生，您每学期必定要来宿舍看望我们，那时我们就跟过年似的，把微薄的零食、茶水奉献出来，围在一起有说有笑。您还很"八卦"，谁单身了，谁跟谁好了，谁有桃红色的旧闻新闻，您最清楚，您包下了很多弟子的终身大事，终因"库存"失调顾此失彼，留下一堆"旧账"，现在永远无法结算……

于是，每每想起您，感觉您从未离去。行走于中大，预感依然会在某个美丽的拐弯处邂逅您和师母散步；流连于资料室，梦想您矫健的步伐会打碎书架群的沉寂；即使隔江远望我们最痛恨的中山二院，也会致以深深的注视，因为那里留下了您最后的体温、最后的呓语。

多少年来，我们认定您是生命的奇迹，一次次化疗一次次微笑，病魔不是您的对手。但2004年的这个秋天，病魔如期而至击碎了我们筑造的梦境。最后一个月，看着您变得那么小那么弱，我们只能紧紧握住您的手，您再也认不出我们了，但也一样紧紧地抓住我们的手，您掌心的温热阵阵袭来，您不断地说"快点快点"，像在追逐生命前行。

10月27日，您永远地离开了我们，这平淡无奇的一天像一只蛀虫，逐渐掏空了我们整年的岁月，腐蚀了我们美好的希望。目送您于透明的棺中缓缓离去时，我们感觉到力量一点一滴从心脏流失。

就是这样，我们痛失了您。在迟而缓的冷空气中，我们迎来了2005年。这是一个没有您的新年，这是一个我们对生命重新认识的新年，然而，在这一年里，我们的人生计划依然洒满您明亮的目光和温暖的期待。

只要一息尚存，我们的情感我们的岁月我们的生命将永远延续您曾在大地上的痕迹。

程老师，今夜，我又梦见了您。

梦中，我们围坐在您的周围，您一如既往高兴地询问我们的学业和生活，我们吵成一团互不相让，争先诉说。可是一转眼您就消失了。我们找遍校园，我们拼命呼唤，如昨日，如少年，如多年以前。

窗外，一缕风声滑翔而过，一丝微尘掷地有声，一片枯叶向隅而泣，易醒的我辗转于无眠的黑夜。什么时候，我们才能够再次相聚，细听您说那些风光往事八卦消息；什么时候，我们才能够重逢于灵魂的河岸，为苍白的生命加上注脚与颜色；什么时候，我们才能够忘却人世的苦痛，淡然行走于您走过的路上？

今夜无眠，今夜有梦。

最后的日子：这样走过
——探视程文超先生日记

黄 灯[*]

2004 年 9 月 28 日 晴 星期二

今天是中秋。到中大后，过中秋几乎已形成了惯例，和导师程文超先生一家过，对于已患癌症十几年的导师而言，每年的中秋对他显然有着另外一种意义。2002 年的中秋之夜是在中大草坪度过的，先生待到了十二点多，吃了很多从他家带来的月饼和柚子，点灯笼的时候，还不小心烧坏了他的一件白外套。去年的中秋是在先生的楼顶上面度过的，先生讲了很多他的往事，他的心情特别好，都十二点了，还嚷着要多玩一会儿，还信誓旦旦地和他的学生约定，毕业后如果待在广州，一定要每年来陪他过中秋。今年的中秋，先生的状态显然已经不能和两年前比，从去年下半年十一月份起，他一直没有离开过氧气瓶，肺功能的严重衰竭折磨得他根本就没有办法哪怕做一次小小的散步。但不管怎样，毕竟他和学生这个中秋还待在一起，他已毕业的学生张俭为了履行我们去年的约定，甚至从香港科技大学特意赶回来了。

下午约好晚上八点左右去接他。我在市场买了一个灯笼，用电池的那种。到八点左右，张霖也到了。杨胜刚协同姑姑（程老师的妹妹）和傅老师（先生的夫人）将轮椅和氧气瓶推到楼下，我则帮傅老师拿月饼和别的东西，璐璐和张霖负责打灯笼，浩浩荡荡的队伍出发了，先生坐在轮椅上，尽管药物反应没有使他的状态恢复到最佳时候，但他的脸上还是洋溢着笑容。校园里不时有人向他点头致意，先生则颔首微微致谢。和往常一样，傅老师和我们共同物色了一块草地，将先生推至可以看到月亮的空旷的地方，赏月正式开始。

有消息说，今年的月亮是九年以来最亮最圆的一次，大家都很高兴，也很兴奋，我们围着导师不停地说笑。傅老师将月饼切开，每人分了一块。先生也象征性地尝了一小口。大约半个小时后，先生的精神就不行了，他挣扎

---

[*] 黄灯：中山大学中国语言文学系 2005 届博士，当代作家。

着将眼睛睁开，说要回去了，要我们继续赏月。我们收拾好刚刚铺开的东西，将先生送到了家里。尽管大家心情都很好，但心理都在默默承认一个事实，先生的身体确实不如以前了，真不知道明年的中秋先生能不能再和我们一起度过。

2004年10月4日　晴　星期一

上午接到张均的电话，告知程老师病危，要我们立即赶到他家去。赶到他家时，傅老师和姑姑早就忙碌开了，家里到处是程老师高高低低的氧气瓶，他则躺在沙发上，气若游丝。我们一去，他就示意我们靠近他，紧紧地拽着他学生的手，不说一句话。我们安慰他，说马上送他到医院，叫他不要担心。他只是眼睛看着我们，还是不说话。中山二院的救护车不一会儿就到了。医生和护士忙着将他抬上车。他坚持要张均和刘郁琪一起去，因为车上实在太挤，我没有和他们一起到医院去。

我真不知情况到底会怎样。

2004年10月7日　晴　星期四

程老师住院后，听张均说起，经过检查，癌细胞其实已转到脑内，但他自己并不知道，现在仍然处在昏迷之中，一到中山二院就安置在抢救室。傅老师和姑姑已经照顾不过来，他的学生二十四小时轮留着照顾他。今天晚上轮到我和杨胜刚。

我和他九点半到达医院。一看，病房里很多人，程老师全身插满了管子，床头到处都是正在给他注射的药液。他正在很生气地和家人争辩，为什么不给路盖克（一种止痛药）给他吃。其实，他家人是严格地按照医生的指示给他服药的，但他实在太痛，总是四个小时不到就嚷着要吃药。因为这件事，傅老师悄悄地告知我们，他已经纠缠姑姑很长时间了，从他说话的逻辑看来，他的头脑还没有清醒过来，还是处在一片迷糊之中。傅老师到卫生间去给他洗餐具，我进去问了一些基本情况。她悄悄叮嘱我，对他讲话的时候一定要注意，千万不要让他知道了具体的病情。原来，他苏醒过来后，医生和亲人对他的解释是，身上的毒素太多，导致脑积水，从而导致昏迷了两天。

直到快十点钟，众人东一句西一句才将他的注意力移开。换班的张均和刘郁琪该回去了，傅老师和璐璐整整忙碌了一天，也该回去了。今天晚上是姑姑、杨胜刚和我照顾他。

人走后，病房里稍稍安静下来了。我们忙乎着让他吃了一点稀饭，在他的强烈要求下，提早让他吃了止痛药，然后将病房的灯关了一盏，要他睡觉。他答应闭着眼睛，但很难入睡，一会儿剧烈的疼痛将他折腾得心情烦躁。我和杨胜刚在他的床边帮他按摩胸部，他感觉疼痛稍稍缓解。他见我们累了，总是劝着要我们去睡一下，还说我们不睡他也睡不着。我们只得含糊地答应，但他还是睡不着。到晚上三点多的时候，他从迷糊中醒过来，问我们到了几点，说是要洗脸，我们告诉他才三点多，要再睡一会，他嘟囔着怎么才到三点，说是疼得实在难受。于是又吃了两片路盖克。这一折腾，到四点多才迷迷糊糊地合一下眼。我在微弱的灯光下，发现由于浮肿，他的眼皮闪闪发光。六点还不到又醒过来了。整个晚上他可能也没怎么睡。

天亮了。他一直念着傅老师和璐璐。大约九点钟的时候，她们来了，又说了一会儿话。不久，我们也来了。

2004年10月10号　晴　星期天

从下午两点起，我和杨胜刚轮着照顾程老师。他今天的状态还可以，脑内积水沥干后，人清醒了很多，说话和思维和平时差不多，只是身体虚弱得厉害。因为是周末，他的家人都在。他嚷着饿，我们忙着给他准备稀饭、汤汁、开水。一屋子人因为他症状的缓解，心里也暗暗感到放松了很多。杨胜刚将他的病床摇起来后，我们准备得也差不多了。待我们回到他的床边，才发现他早已泪流满面。这是他清醒过来后的第一次流泪。我们无语，只是默默地给他擦眼泪。他哽咽着对璐璐说道："开始看到你妈妈和姑姑忙碌的身影，我好伤心，我真的好伤心。她们苍老了很多。"他哭得完全像个小孩，这种自然的感情的流露使我们手足无措，我们默默无语，但每个人的眼里都不由自主地充溢着泪水。傅老师红着两眼，尽量克制自己的感情，劝他不要难过，先将东西吃了，能早日出院才最重要。但我们都明白，这次出院真的不知要到什么时候！毕竟他自己并不知道病情的真相。好不容易他的情绪才平静下来，费力将东西吃下后，他对璐璐和我说："你们要记得，文学就是刹那间的感觉。"不觉又流下泪来，我们都知道他一直有个心愿，要写他的那部《打捞欢乐》（去年住院的时候，他很认真地和我说起过，这次住院他说要将题目改成《打捞欢乐的碎片》）。他希望有个机会写下他十几年来与病魔抗争的日子里所收获和承受的爱，是这份爱使他宁愿忍受百般的常人难以理解的苦楚，也要和自己的亲人和朋友多待一天。他离不开他的亲人，离不开他的学生，离不开这个给了他太多太多痛苦，同时也给了他太多太多爱的世界。很多人惊异他能与癌症抗争这么长时间，只有他身边的亲人和学生才知道他凭借一种怎样的力量和勇气才能做到这一点。

我们劝他躺下，闭着眼睛养养神。他说他睡不着，要我和他说话。我每次去照顾他，总是没有太多的话，他总是嫌我言语太少，但我确实不知道该讲什么。这次他要我讲，我怎么也控制不住自己的感情，我猛然意识到，这也许是我最后一次能够有机会对他讲出我最想说的话。如果说以前对他主要是一种敬畏的话，那么到中大后，更多的也就是朋友式的理解和亲切。那种无言的生命震撼总是使我感到一种深深的力量，使我懂得这个世界有真正纯粹和值得敬畏的东西，使我在对这个世界很多方面感到失望的时候，总是不会从心底丧失对一种最真诚和最美好的情感的渴望，总是坚信这个世界还有值得我们付出一切去珍惜的东西。尽管在平时的交往中，我们从来就避免谈到因为他的病痛所带来的很多感触，我们总是避免谈很多沉重的话题，但是，今天，当我看到先生被被子包裹得严严实实，当我真正觉得这个鲜活的躯体终有一天会离开我们的时候，我很难控制自己的感情，我没有办法不告诉他我的真实想法。而事实上，我也不愿真正面临这一天的来临。

这是一种告别。

这是我唯一的一次，或许也是最后一次和我的导师讲着我的心里话。

泪水从眼角流下，无声。他的，我的。

尽管他任性，尽管他固执，尽管他被病魔折磨得已经没有好脾气，尽管他只要活着就注定是和苦难和无尽的痛苦相伴，但如果世界上有什么东西可以延长他的生命，我愿意付出一切代价来换取。学生就如家人一样，对先生而言，总有一种割舍不掉的亲情。他的病使他多了很多机会和学生待在一起，我们更多的时间都是在医院陪他，而病中的他显露的从来就是自己本真的一面，他脆弱而又敏感，很多时候作为学生我们甚至对他都有一种宠爱的心理，这种难得的感情上面的沟通也许是别的老师和学生之间所缺乏的。长这么大，他是我遇到的最能理解我的老师，我一直认为能遇到一个朋友似的导师是我人生最大的幸运，我内心的丰富和成长与他的沟通分不开，我甚至不能想象假若有一天他真的不在了，我会是怎样的一种心情。他的纯粹令人惊异，他对生活的感触使我对人生多了很多别的感悟。

我只得在心里祈祷他能熬过这一关。

2004年10月17日　晴　星期天

一早程老师就给我打电话（没想到这竟然是先生最后一次给我打电话），要我通知黄小新速到医院去帮他搬家。黄小新不在广州，我和杨胜刚立刻赶到医院。

一到医院,才发现前两天他已从十七楼的抢救室搬到了十六楼的病房。我不知道到底怎么回事,问傅老师,才知道他刚刚搬下来一天,就嚷着要搬回去。客观地说,十六楼病房的条件比抢救室要好很多,因为抢救室放了很多仪器,来来往往的人比较多。但我们怎么向他解释他都不听,很明显这两天由于脑内积水,他又重新陷入了幻觉中。可能是由于他太疲劳,不久就迷迷糊糊睡了。但不到一个小时,他示意我们呼叫护士,护士赶来,他告诉她自己疼得难受,要医生帮忙开点止疼药。由于是周末,医院只有值班医生,往常给他主治的医生不在,护士叫值班医生给他开了药,很快药就拿来了,值班医生也来了。他问医生这次的药是不是和上次吃的一样,医生回答一样。他又问:"可是,上次吃的是两颗小花药呀?"医生一怔,被他逗笑了。他总是心细如发,每次吃药他都要看得清清楚楚,他记得上次的止痛药上面有个小花纹,然而这次的没有。医生忙向他解释药是一样的,效果没有差别。他向医生道了谢,再次迷迷糊糊躺下。

我们都以为他忘记了搬家的事,只盼着等他脑内的积水沥干后,向他解释清楚。下午四点多,又来了四个学生看他。他醒过来后,第一件事竟然还是惦记着搬家。他伏在杨胜刚的耳朵后面,偷偷告诉他十六楼的病房是个黑店,服务不好。很明显,他还一直处在幻觉中间。他仿佛仗着去了很多学生,任性得就是不听家里人的劝说,眼睛总是看着我们,希望我们能帮他说几句话。见此情况,傅老师只得和医院协调,决定搬到抢救室去。众人一阵折腾,很快就将东西收拾好了,不久连床带人将他搬回了抢救室。

一整天,他几乎没怎么休息,还是早上六点多醒过来的,一直折腾到下午快七点。将他安顿好后,他安静下来了,向我们道谢,为了不影响他休息,我们便回来了。我总是认为,他之所以一直坚持要搬回来,肯定是潜意识里觉得抢救室更有安全感,抢救室的隔壁就是护士房,透过玻璃就能看到护士的活动,看到这些,他可能感觉要踏实一些。

2004 年 10 月 21 日　晴　星期四

上午十点多到了中山二院。程老师刚刚睡着,傅老师告诉我们,这几天他已经不认识人了,至于饮食情况,也是几天粒米未进,吞药已经非常困难。她已经通知程老师的两个弟弟明天赶来。

我们没有久留,问了一些基本情况就回来了。

2004年10月22日　晴　星期五

　　昨天听到的一些情况总是使我放心不下。吃过晚饭,我和杨胜刚来到医院。

　　到达医院时快九点了,到病房门前一看,屋子里的灯关了一盏,傅老师见我们来了,连忙出来,一问才知道,他刚刚睡着。医生给他打了催眠的针,但他特别兴奋,就是睡不着。傅老师还提到他今天总是笑,看见谁都笑,好像特别高兴,也偶尔认识人,这是他进医院以来,笑得最多的一天。我想可能是他两个弟弟赶来的缘故,傅老师还提到,他总是和他弟弟讲家乡话,和女儿璐璐甚至讲英语,好像语言思维特别活跃。

　　不一会病房就传来消息,程老师醒过来了。可能也就是刚刚睡了还不到半个小时。我们赶忙进去,走到他床边,他看了我们一眼,但没有像平时那样一眼就认出来了的兴奋。我隐隐觉得他是不认识我们了。他说话吐词已经不像平时那么清晰,但总是一个人嘟囔个不停,一会儿说他们家原来是姓李的,一会儿说昨天蛮好玩的,一会儿说到过年的时候在老家要下跪拜年。他把氧气管扯下来,怎么也不肯戴,任性得像个顽童,总是要我把氧气管丢到窗外去,说他实在是不想戴这个东西。看到这种情况,我的眼泪再也控制不住,一个人跑到窗前平静自己,这是程老师进医院以来,因为他的病痛,我第一次不由自主地流眼泪,以前我目睹过他吞吃稀饭被呛得浑身颤的痛苦不堪的样子,看到过护士将长长的针管从他股骨插进去时他冷汗淋漓低头不语的样子,也看到过他不时由于药物的作用无法控制自己的情绪猛然没劲的样子,但那个时候我从来没有想到过流泪,我总认为不管他经受多么大的苦难但至少会将生命延续下来。但这次我隐隐有种感觉,先生是真的不行了!先生再也没有任何力气和病魔作一点点抗争了!我突然强烈地感到,我们是真的要失去先生了,先生已经不认识我们了!命运连我们时常到医院去探视他的那一点点期待和依赖也要剥夺,连我们仅仅在那种情况下的相依也要剥夺!

　　好不容易控制自己的情绪,我到卫生间去洗了一把脸,生怕他看出我的异常,再次回到床边。我们扶他起来,他也嚷着要起来坐一下,正好,我们决定这个时候给他药吃。但他现在吃药不比以前,他吞吃困难,而且也不愿吃。我们只得像哄小孩一样哄他。他要他弟弟发话,说听弟弟的,于是他弟弟要他将那颗药吃下去,他看着他弟弟好像一个小学生看自己的老师一般,好半天才将一颗药吞下去。一起吃了三颗药,足足花了半个小时,我们轮着发了三次话。在吃药的过程中,他总是笑,孩子般天真的笑容无声地绽放,好像初生的婴儿刚刚面对这个好奇的世界。我从来没有看到他这样笑过,也从来没有看到过这样纯真的笑容能从一个成人的脸上流露出来，更没有看到一个病人还能笑得这样灿烂！尽管病魔早就把他折磨得瘦骨嶙峋，不成人样。他咿咿呀呀地说话，总是不停地陷入对往事的回忆中，总是一个人很投入地笑，我们尽管心里难受，知道这种情况只是预示着他病情的进一步恶化，但还是被这种笑容所感染，也附和着和他说一些话。傅老师趁机问他我是谁，他看了半天，回答不出来，过了好一会儿说我是另外一个班的！

他不认识我了，我的导师不认识我了！

我真的宁愿他在情绪极度不好的时候，像个顽皮的孩子胡搅蛮缠也不愿他像今天这样！

大约十点半的时候，我们哄着他睡觉。他很听话，把眼睛闭着，还真的能睡了。

我们便回来了。乘208到大沙头下车，决定从海印桥走路回学校，一路沿着珠江，看着熙熙攘攘的人群，心里越发落寞！

2004年10月25日　晴　星期一

下午四点多与张霖去医院看望程老师。

一进病房就听到他的重重的呻吟声。跑到床边一看，他的额头上贴着退烧的药贴，全身高烧到快四十度，一摸手心，简直烫人。两个眼睛大大的，透明透亮，没有了平时掩饰不住的睿智，只有被痛苦折磨得掩饰不住的、我永远也说不清楚的无望和无神！我无数次想过终有一天病魔会夺去导师的生命，但从来没有想过病魔会给他这么大的痛苦！这是我第一次目睹亲人被病魔折磨成这个样子，他蜷缩在床上，疼痛和高烧使他全身战栗不已。

他已经认不出我们了。他连看我们一眼的耐心都没有了，他竟然真的不认识我们了！

泪水怎么也控制不住。

他反反复复地只说着一句话："快点啦！快点啦！"我们跑到床边，不明白这句话的意思。他断断续续地讲一些词汇，我们也无法连起来明白他到底在说什么。为了退烧，医生用酒精给他擦身。翻身的时候，他拼命地用手拽着床沿，很害怕的样子。我们都安慰他别怕，他也嘟囔着"别怕"。我真不知道那个平时能言善语的导师竟然能被病魔折磨成这个样子！我看到他的两条小腿已经瘦得真的是只剩下骨头。用手一摸，粗糙的皮肤下面，除了皮包着的骨头以外，没有任何脂肪。平时只知道他瘦，但万万没想到他会瘦成这个样子！

这竟然就是我的导师!

校医院的院长答应每天来看他,今天也碰上了。他和傅老师的两个妹妹谈起了先生在清醒的时候和他说的一些话,曾提到想安乐死,不想经受那么多痛苦,但最终还是没有采纳他的意见。姑姑也提到这两天他总是挣扎着要起来,往窗户旁边跑,有两次都差点跳下去。

这些话像针尖扎在所有人的心上!但有什么可以减少他的痛苦呢?那么,他总是反反复复地说着的那句话"快点啦!快点啦!",是否在用最后的力气祈求我们能够尽快减少他的痛苦,让他早日解脱呢?

他还能坚持多久呢?

2004年10月27日　晴　星期三

没有想到我的先生今天要永远地离开我们!

没有想到!尽管病魔已经使他受了那么多苦,尽管我们都在心里祈祷死神能够再放他一程,但我真的没有想到先生竟然会在今天离开这个他所眷恋的世界,没有想到有一天他闭上眼睛就真的永远也不会睁开!没有想到那双睿智的眼睛也会永远失去灿烂的光彩!

2004年10月27日11点12分,我的导师离开了这个世界!

我亲眼目睹我的先生怎样离开这个世界!我怎能忘记先生最后的呼吸和心跳!但他是走了,真的走了,推开病房再也看不到先生的笑脸,自然,再也看不到病魔对他的伤害!

但是,我失去了我的先生,永远失去了我睿智、善良、纯粹、幽默、坚强而又浪漫、充满激情的先生!

失去了那个总是和痛苦为伍却始终微笑的先生!失去了那个将痛苦留给自己却将欢乐留给这个世界的先生!失去了那个对世界始终充满了温情和眷恋的先生!

我的先生走了,这回是真的走了。

这是先生最后的时刻:

10:27分,林岗老师、我、杨胜刚一起到达病房。先生正在艰难地呼吸。体温很低。

10:30分,医院开始抢救先生。先生的心跳开始减慢。瞳孔开始扩散。

10:40分,抢救仪器上所显示的各项数据急速下降。抢救效果甚微。

10:45分,抢救仪器上显示的数据逐渐消失,先生呼吸逐渐停止。手脚开始变冷,全身苍白。

10：50分，护士拆除先生的输液设备，仅仅戴着氧气面罩，但先生的呼吸已经停止。

11：12分，抢救仪器上面的各项数据全部消失，先生永远地离开了我们！先生的灵魂彻底离开了肉体！

我就这样失去了我的先生！我目睹我的先生就这样离开了他的亲人、朋友和学生！

我的先生太累了、太苦了，他真的没有一点力气来陪伴我们了！我的先生就这样走了！

我回忆起两年多来和先生相处的每一个细节，我尽管目睹我的先生到了另一个世界，但我总不相信这是事实。

我的先生——

世界上最好的老师，

世界上最能理解我、懂我的人走了！

他孤零零地到了另外一个世界，也抛下我孤零零地留在这个世界！

林 岗
(1957—)

林岗：在超世与入世之间

申霞艳*

与林岗老师的缘分是跟程文超先生师徒缘的延续。2003 年秋，我回中山大学念在职博士的时候，文超先生的病情已经相当严重，未毕业的十来个博士研究生何去何从成为一个难题。某天读到赫拉巴尔说：我们唯有被粉碎时，才释放出所有精华。我一惊，想起文超老师来，不知道他怎么说服林岗老师从文艺学到现当代教研室这边来接手的。结果就是，我们这群学生在失去文超老师的悲伤和迷惘中幸运地跟从了林老师。那个曾经离得那么遥远、需仰视才见的林岗就这样成了大家的导师！那时候，林老师四十多岁，风华正茂，英俊洒脱，他风轻云淡地接手了这一切。

整整二十年过去了，我越来越深地感受到身边有林岗老师是多么大的福分。林老师的学问是有目共睹的，他开阔的学术视野，强烈的文化批判意识，对文化发展的思辨无不显示成长于 20 世纪 80 年代的学人们的识见、情怀与担当。同时他创作，记录、思考生活，他的散文《漫识手记》集中呈现了他思考的广度，他不像当代的很多学者终生服膺于自己的专业，他像调皮的顽童总要到大人不给的角落去。让我倍感幸运的是，由于我们的家都在中山大学校园内，并且我在广东省评论家协会兼职，在路上、在会上、餐桌上、交谈中，我得到更多机会与林老师近距离接触。

一、大道至简

外人都觉得林老师清高，不怒自威，其实熟悉后跟林老师打交道最省事，一切的繁文缛节都可略去。在所有的路径中，他会直觉出最便捷的那一条。记得那是在广外工作，领导让我负责叫车接吴承学老师和林岗老师去学院指导学科建设，林老师说他的车就停在中文系下面，接上吴老师更方便。林老师是 1986 年学会开车的，行间留下他的名言"狭路相逢勇者胜"。就凭这句

---

* 申霞艳：中山大学中国语言文学系 2007 届博士，暨南大学中文系教授。

话大家就知道其车技了。那是夏天，林老师身着广东省省服：圆领 T 恤、短裤配凉鞋，一身短打。吴老师则穿得正像教授：有两粒扣白底的衬衫式 T 恤、深色西裤和皮鞋。我就笑：林老师，你很像吴老师的司机。林老师笑答：你这是抬举我，我还不够格给吴老师当司机，系里保安都认为我是送水的。

2017 年，我终于学了开车，中山大学刚好在西区球场下建了车库，我的车位离林老师家很近，林老师的车反而停在中文系楼下，一起外出开会都用我的车。每次到车边，我都希望直接将钥匙交给林老师。一是因为我的车技一般，担心林老师坐得不安心；二是因为早晨交通高峰林老师开得更快，见缝插针，最主要还是我想偷懒。林老师总是鼓励我说一定要开起来，好不容易花了那么长时间考的证，如果不开的话前面的时间就全浪费了。开车这事就像卖油郎的故事：唯手熟耳！等我胆子大点的时候，林老师告诉我，开车真正难的不是技术，而是对道路形势的判断。学开车只是处理人和车的关系，真开起来还要处理车与路的关系、车与其他车的关系。只要过了心理关，经常开车就会强化路感。原来简单的开车蕴含着这么复杂的道理，认路正是我的短板，难怪心怯。事实上，我要战胜的正是心理。有时候我开错了，林老师让我将错就错，千万别着急，无非就是绕远一点，晚几分钟不会错过什么。这使我大受鼓舞，林老师在旁边不经意的指点让我的车技日渐娴熟。开车于我的确是个挑战，最大的难度在停车。学车的时候总纳闷为啥子第一步就学停车，估计是想以此吓退胆小者。开车易而停车难！路漫漫其修远兮，吾将前后左右而停车。尤其是侧方更是考验，适可而止比一往无前更难。最难掌握的永远是度，是控制、中和。在自律这方面，林岗老师堪称楷模，随意打量一下他的身形就能感觉到。

虽说林老师出身名门，知晓世间繁华，但自 21 世纪调入中山大学工作至今，林老师一直住在学校的出租房里。开始住的是筒子楼，直觉只有五十多方，小房子在五楼，没有电梯。我和师姐上门，发现他的电视机很迷你，屏幕只有我们手提电脑那么大，话说倒与这般小的客厅匹配。后来学校要清空维修这栋老破小，林老师才有机会搬到一套像样一点的公租房，是略大些的两房一厅。偶尔谈起广州的房价飞涨，我们都怪林老师不早点在学校周边买房子，林老师却不以为意。林老师的车开得很旧很旧了，直到某次广州连日暴雨，水倒灌地下室把大家的车全淹坏了，林老师才不得不买了辆新的。对物质生活，林老师是怎么简单怎么来，比如大伙儿聚餐，林老师点的是豆腐、南瓜，最后他会叮嘱点个虎皮尖椒，因为我们湖南籍学生特别多。我们聚餐特别开心，林老师没有门户之见，学生来源十分杂乱：英国文学的、日语的、绘画的、历史的；话题五花八门，互相撞击，颇具后现代感，混乱杂糅中生亮点。

2018年我从广外调到暨南大学，科研压力顿增，尤其是课题，就像买彩票。大约我的言谈透露焦虑，有一次林老师在车上跟我谈起他自己及师辈的经验教训，课题的好处是带来研究经费，方便出差开会与同行交流，也能够专注于自己的研究领域，有自己感兴趣的问题就去申报课题；问题是僧多粥少，没中也不必眼红其他人，毕竟申请课题、经费报销也挺耗费时间，重大课题尤其是团队战，大家进度不一，统筹起来牵扯精力。林老师的核心意思是做事情要区分目的和手段，学问本身才是目的。大凡各种复杂的表格，林老师基本不填。他最大限度地分清需求和欲望，区分奢侈品和必需品的边界，让生活变得轻简，实现时间私有。所以当我们感到困惑的时候，总想找林老师聊聊，并不一定得到某个具体的答案，沾染一下林老师的气场也能让心情平静，更好地知道内心真正的需要。林老师上课也好，开会也好，讲座也好，你能感觉到他大脑一直在高速旋转、雷达紧张搜索，即使准备了PPT，他也会旁逸斜出，即兴发挥，所以听林老师发言，总有灵光乍现的片刻叫人期待，意料之外的神来之笔更是让人久久回味；哪怕停顿、若有所思也生出思想的光芒。我想这种从未消退的探索激情正是林老师的人格魅力所在，也是他极具超脱性的根源。

二、行万里路

尽管林老师崇智尚真，但他并非书斋里的老夫子，相反，他是行万里路的践行者。他九十年代初也到西方游历过，记得他有一段时间待在巴黎，去了不同的美术馆、博物馆观展，将现实主义、现代和后现代主义的大众接受度进行直观区分，他这些观感陆续发表在《羊城晚报》上；他也欣赏各种演出包括一些地方戏曲，这些亲眼所见、亲耳所闻共同融汇成他的文化判断。林老师对新生事物有强烈的兴趣，也有冒险的勇气，他广博的知识、高雅的趣味让大家直觉他会是一位好导游。

2016年某次聚会，大约林老师谈到日本的明治维新啥的，学日语的刘先飞随口说不如组团寒假去日本玩耍。我们一拍即合，纷纷响应，迅速组成了来自六家的十七人大团队。先飞同学曾在日本留学，是著名的细节控，早在暑假就将行程落定；她还是个杰出的星座学家，随时随地拓展自己的数据库，这给我们提供了很多八卦。一路上有说有笑，畅快得很。

林老师腹笥极丰，跟着他旅游，听他即兴阐发，总有旁逸斜出的感悟。在京都我们去了二条城。这里是德川幕府设在天皇眼皮子底下的宫殿，将军上京的落脚点，为彰显权力的气势，几个会客室的推拉门上均绘以猛兽。老师瞅了瞅这些画，就对我们笑道："这个虎不大像，日本人只怕没见过真老虎。"我们当即掏出手机一阵搜索，果然，日本历史上是没有老虎的，难怪画虎不成。接着又去三十三间堂，长长的殿堂被34根柱子隔为33间，里头供着许多佛像。我们几个女生进去后只顾品评哪尊佛像更美，赞叹巧匠的技艺，林老师进去后摇了摇头叹息：过去，中国以九进为最尊贵，故宫就是九进，日本人竟然搞33间，这野心可不小呢！后来我们还去了著名的金阁寺，林老师以前上课给我们讲过三岛由纪夫的这篇代表作《金阁寺》，结合起来，恍然如梦。

　　到了奈良，在彻骨的寒风中看完法隆寺，林老师又一头钻进了奈良博物馆。我累得走不动，在博物馆门口磨蹭，却看见林老师跑出来朝我们招手："有唐代石雕！"我们精神一振，跟进去，果然看见一座唐代石刻佛像，是遣唐的日本留学生从中国带去的。博物馆的灯光下，远渡异国的佛像安详地与我们对视，千年的时光凝聚成这一刻。奈良也是座古都，鉴真东渡后就在此主持大局，建造了唐招提寺。从京都到奈良逛了几天，我已经是强弩之末，回了酒店只想躺平。林老师依旧兴致勃勃，在二月刺骨的寒冷中，凌晨就领着一小撮人赶往城郊的唐招提寺，那是鉴真圆寂之所，他的干漆坐像就被供奉在斑驳幽绿的苔痕之中。面对此情此景，回想起鉴真在风浪中艰苦卓绝的七次东渡，我们这点皮囊之苦实在算不得什么。

　　林老师会随时随地观察日本人的习惯并提醒孩子们注意入乡随俗，比如排队搭乘地铁排得整整齐齐的，而我们一排就是一团，他们在地铁里很安静地坐着，要么看书要么看窗外。日本人的衣品、器物审美都颇具东方审美的神髓。日本的快餐很精致，碗筷很讲究，每份量不大，包含食物的种类却比较多，如最普遍的味增汤亦色香味营养俱全。日本人普遍不胖且长寿得益于这种健康的生活方式，林老师会赞许日本的生活细节。当我们女性在琳琅满目的商场流连忘返时，一回头就会看见林老师正含笑不语。

　　在北海道，我们大队伍租了一大套民居，客厅是榻榻米，很适合喝茶打牌。第二天清早，小朋友还在房间酣睡中，我去客厅练瑜伽，发现林老师已在打坐。他说我们平时的体育锻炼，打球、跑步等躯体运动，就是强健肌肉骨骼皮囊；打坐关注呼吸就是去感受气息内循环，深呼吸是让内脏运动，冥想就是去觉察气血的运动并排除杂念。动指向外，重视身体的强壮；静指向内，修炼身心的和谐。修习得法，各有追求。某次开会中场闲谈，我说到自己练瑜伽，掏出手机来晒倒立照，旁边有个"体盲"学者问我是不是有人扶我上去的。我一眼瞥见林老师的嘴角露出他习惯性的若隐若现、只可意会的林式微笑。

北海道的雪那真叫大如席，南方的"小土豆"们从来没见过，开始兴奋得直叫，很快就冻得缩手缩脚。我的手缩在衣袖里决不肯掏出来。林老师却一点也不畏惧，时不时要去摸摸雪，摘个冰挂下来。记忆最深的是在札幌滑雪场，我们换上笨重的滑雪鞋就寸步难行，滑雪鞋那么长，比溜旱冰的鞋长太多了，真难控制。一个个缩手缩脚，不敢动弹。只见林老师琢磨了两下就勇敢地朝下冲去。当然会摔倒，但是摔倒也没啥，他爬起来连雪也懒得拍就继续滑，连续摔了几次后，林老师就摸到了窍门，重心更稳定了，然后加速，享受到更高、更快的飞翔之感。罗曼·罗兰曾经说过：如果你问一个善于溜冰的人他的成功经验是什么，他会告诉你，跌倒了，爬起来就是成功。其实林老师也没滑过几次雪，但是他敢于冒险，他用摔倒、爬起给我们示范。我们这群女生终于勇敢地爬到供初学者滑雪的小高坡上，试着冲下来。接二连三地摔成一片，笑声也随飞舞的雪花连成一片，几个不敢抬脚的小朋友受了感染更是摔得痛快，摔得尖叫。滑雪的快感很大一部分就在这此起彼伏的尖叫中。我们趁机拍照，后来每次聚时都能从嘲笑彼此的摔跤姿势中重回当时，让快乐延伸。记忆就是这样，需要有载体，触景生情。一上午飞快地滑过去了。后来我们去到小樽，八音盒博物馆旁有一个小小的山坡，林老师就地取材，迅速冲上坡顶滑下来，一点也不像个长辈。孩子们一呼啦全跟着冲上滑下，"当时小樽山坡边，听取笑声一片"。

林老师"性本爱丘山"。如果我们主张同门聚餐的话，林老师总是建议大家与其瞎吃不如去爬山，毕竟不是每个城市都能有一座白云山。林老师爱运动尤其热爱长跑，这得益于他小学的体育老师，这位体育老师每次体育课拉上他们就跑，那时候公路上车不多，他说简直就要跑到佛山去了。时隔多年，林老师对这个当年看不大上的体育老师心存感激，因为长跑培养了过人的耐力。时代潮流提倡创意、弯道超车，而日复一日的生活总有枯燥的部分，耐力是极为宝贵的。我们读书那些年，林老师还去外地参加马拉松！他嫌报名程序繁琐，跟着队伍拔腿往前跑就是了，真的是英雄不问出处。他也不在乎成绩，关键是参与，是体验，是过程。

记得广州刚刚开辟了云道，我们几个在高校当老师的学生约林老师去走走。早上9点，大家一起到中山纪念堂云道起始处碰头，我们一路不时拍拍花草，用软件查查花的名字，慢悠悠地闲逛，十一点多，到了云道的终点。我们开始用美团来查云台花园附近哪家餐馆好吃。谁知道林老师掏出手机，说他已经订了缆车上山的票。眼睁睁地看着美食飞了，我们跟着上了缆车，不要说，还真的好久不曾坐缆车了，总觉得这是带小孩才坐的。偶尔体验一把真心不错，树在脚下，风在脚下，云环绕在身边，朦胧绰约。人与山同在，可不就是仙人？灵魂与气息能够像此刻的山岚一样自由自在。可惜在缆车上闲聊的时光很短。下车后即是漫长的翻山，从云台花园一直往白云山西门去。我总是担心走错路，逢人就想问问路，林老师一点也不在意，他认为只要大方向对就错不了。爬了一两个小时，中午一点多了，还没看到餐馆，我们都有点着急，东探西望，渴望在树林深处发现某个小吃店。林老师仍不急不缓，大步流星地往前走。我们拖后腿的只好紧赶慢赶，话也没力气多说。

绕过山顶往下没走多远，终于有了大排档，规模还不小，好几十张桌子！实在饿了，感觉啥都好吃。白云山的豆腐、猪手本来就很有名，这家还有新鲜的鱼和鸡，味道一点也不输市内。我们借机大点狂吃，林老师跟往常无异，他对食物也是一种淡然的态度，他说当知青时挨过饿，知道肚皮贴后背的滋味；但他也知道今天的饮食过于讲究形式，美食越来越讲究色香味来满足人类多层次的欲望，摆盘本身亦成技艺。林老师将食物的食材和新鲜放在第一位。在他看来，中国的进补观念是不科学的，再高级、再神秘的食物分解出来无非就是蛋白质、脂肪、维生素等，这些东西并不是鲍参刺才有的，它们如此昂贵不过是物以稀为贵罢了。得益于林老师的科普，我们也晓得点菜的奥妙在于均衡，食物的多样性也被科学证明最有助于养生。吃完饭就开始下山，午睡时间犯困，"只在此山中，云深不知处"，感觉路在自动延伸，山重水复，无穷无尽。我们一声不吭，一直走到下午三点多，才到广外那边的西门。看到的士我们赶紧钻进去，回到家已经四点多，骨头全散架了，疲惫感几天才散。此后，我们就没敢约林老师爬山了。

三、学问是一种生活方式

2022年，林老师荣休。在荣休仪式上，他的感言是从此"唔使做，有得食"（不用做工就有吃的）。林老师早就发现做学问最大的好处就是退休也不会失落，因为我们习惯了独处，习惯了安静地阅读、写作，创造性部分已经提供了内在的奖赏。很多他们这个年龄段刚退休的学者都是在东南沿海找一个下家继续工作。林老师不，他还有自己的梦想，他选择去喀什大学支教，是教育部的银铃计划。林老师对中亚有强烈的兴趣，丝绸之路是当今的旅行和研究的热点。我们旅行都是走马观花，打卡拍照一游。林老师尽可能去实地生活：用自己的眼睛观察，用自己的脚丈量，他忠实于身体的内在感受。此前，林老师还到西藏民族学院支教过。他对远方抱有一颗童心，愿意置身陌生的文化中。

9月中，我们为林老师践行，那个晚餐催生的一个额外的成果就是敲定了我们国庆假期的喀什之行，说走就走！又是三四家一同前往。去了新疆，感受到什么叫地大物博，什么叫前不见古人后不见来者。我前所未有地体验到开车的速度与激情，仿佛我抱的不是一辆车，而是一条伸向天际的道路。当我手握方向盘、一脚把油门踩到底，产生一种人生的方向盘尽在掌握中的豪迈感时，我会由衷感谢林老师，没有他的鼓励，我也许会像很多人一样是个有驾照而不敢开车的女司机。开车极大地拓展了我的生活边界，也强化了我的动手能力。

西域是我国极具异域风情的地方，语言、文化、民风、习俗都截然不同。我们大队伍一起从喀什古城去周边旅行。印象最深的是去塔县途中美丽如镜的白沙湖，雪山倒映其中，心亦随之宁静。然后要翻越世界著名的冰山慕士塔格峰，位于塔什库尔干县的慕士塔格冰川公园20公里处，由于高原缺氧，因此对爬雪山的年龄有限制，过了六十就得写知情书啥的，过了七十一律不给上山。我们同行的几位女性都有不同程度的高原反应，带了小罐的氧气，根本不顶用。到了雪山公园，俏梅状态不佳，脸色苍白，遂决定就在车上休息。汤琛才走到售票处，感觉吃不消了，放弃上山。我犹豫着，很想爬山但也有点反应，头疼得厉害。林老师眼睛很利，他一眼瞥到医疗处，建议我赶紧趁大家排队买票的空隙去吸氧看看能否缓解。吸氧真是很神奇的体验，大概吸入三分钟左右，脑袋顿时清醒过来，就像眼睛蒙着一层薄翳突然被人揭开了，神清气爽。我顺利地登上了小面包车，山上并没有路，跑的车多了就成了路，在尘土飞扬中巴士跑了一刻钟左右。接着野路也没了，还得骑马。管马的是少数民族，普通话只会说一点点，就是讨价还价那几句。我们骑着马到了峰顶，对于南方人来说，那种雪峰还是非常震撼的。夕阳正在挥洒最后的余晖，霞与雪互相辉映，清冽的冷风令人神清气爽，可以尽情呼吸异域的空气。与日本北海道的旭川大雪山风景各有千秋，唯一遗憾的是国内景点的游客太多了。大家拥在一个海拔（7509米）标记处排了老长的队，等着打卡。林老师一看队伍很长，喊我们不要去排队，随便在周边拍几张照片纪念到此一游即可，至于海拔高度自己记在脑袋里得了。我们各自找到自己的马下山，林老师的马已经不见了！我们还想去斡旋，林老师三步并作两步，自己飞快地走下去了。等我们被马主人扶着颤颤地下马，林老师已经站在那里等候了。想想也是，可怜的老马驮人上上下下一整天，完全跑不动了。感叹之余又坐上接驳巴士，下山时正值余霞成绮，绚烂辉煌，我们忙着照相，感叹风景这边独好，林老师却大声喊我们赶紧回车上去。很少见林老师那么着急，他心里牵挂着那几个没上雪峰的同学。我们急冲冲地赶到车上，她们因为没上山一直休息，状态有点缓和了，林老师这才放下心来。

第二天原计划是著名的盘龙古道，七弯八拐的图片看得人已经头晕，我们几个女生都打退堂鼓，于是兵分两路。林老师那一车真的如勇士般去直面惨淡的盘龙。不禁想起上回在奈良看唐招提寺，林老师带了一支轻骑兵拂晓前行，我也在逃兵队。看到他们发来的"从此都是坦途"的网红打卡照，不禁感慨，坦途是对历经坎坷的勇士的嘉奖。

刚认识时，我也有点敬畏林老师，总觉得惊为天人。熟悉之后，发现林老师超世而不避世，对学生、对弱者几乎是有求必应。我记得2007年拿到博士学位想调到广外去任教时，林老师为我手写了满满两页纸的推荐信，可惜当时压根没想到复印留底。顺便说，这种"曾经我眼"的人生态度也多少来自林老师的熏陶。他诚恳的推荐信为我带来了好运气，使我顺利地改了行。

那段时间我还兼着《花城》的编辑，林老师将八万字的随笔《父亲的奥德赛》交给我，发表在《花城》2013年第4期。此文发表后影响广泛，《羊城晚报》《家庭》等多家媒体来联系转载。花城出版社希望能够出版单行本，按照我们做出版的理解，这篇散文已经这么长了，加点照片、书信，装帧漂亮一点就成了。林老师不愿意，他说如果要出书必须去档案馆查资料，落实一些他没来得及掌握的材料和细节。林老师对于他的父亲林若先生的写作有自己的看法：既不是要遵循传统伦理来抒发父子情深，也不是要塑造革命家的英雄形象，更不能陷入官员的刻板印象中，他渴望通过这本书的写作展示一代革命家的立体性、丰富性与日常性，呈现人生际遇的偶然与必然、人的主体性与历史的互动性，当然也反映革命的残酷和信仰的可贵、历史大势的合理性。

林老师曾在一次读书分享活动中说：他平生有写三本书的愿望，一本畅销书，能够带来财富，为自己解决生计；一本学术书，能够对学术史有贡献，对自己的研究有交代；一本闲书，能够通向趣味和智慧，对自己的性情有了解。当林老师多年的随手记录和思考结成散文集《漫识手记》出版的时候，他心灵更丰富的侧面得以呈现。从他最近发表的小散文《养猫启示录》中，我们看到林老师对妻子、女儿的深爱，即便自己爱静、怕麻烦，也愿意遂家人的心愿；事实上，养猫也反过来激发了林老师内心天真和浪漫的一面。他为猫取的名字"涛涛"和"汤汤"，暗含广府文化水为财的吉祥意头。当他驱车带猫咪前往兽医处治病时，谁说他不是爱屋及"猫"呢？同门曾经带狗前往林老师家，林老师竟然试图让他家的猫与人家的狗比拼比拼。聪明的汤汤并不中计，一看狗的体型比自己大一倍，就很识趣地避开了。林老师从猫、狗与人类的关系中获得灵感，从它们的习性中领悟物种的奥妙，感受肉身的沉重与轻盈。的确，养狗、养猫虽然都是在找伴、找乐子，但选择不同的宠物的确能够反映主人不同的情感需求，宠物也是自我的镜像。

林老师总能在生活的褶皱里发现学问，又让学问的毛细血管延伸到生活中。他不经意的只言片语于我们却是醍醐灌顶，譬如他随口说人生的要义不在于处境的顺逆，而在于心境的从容。这从容不迫的人生正是林老师所展示给我们的榜样。林老师得到的不多，如果是指那些可以被统计的荣誉或可见的数据；林老师得到的很多，如果是指学生内心的尊敬与行间的认同。偶尔出去开会，与初次相识的人闲聊，说到自己的导师是林岗，对方会对我高看一眼，切身感受到什么叫与有荣焉。

黑塞在《悉达多》中写道：大多数人就像是一片片落叶，在空中随风飘荡、翻飞，最后落到地上；有少数人像天上的星星，循着固定的轨道运行，任何风都吹不到他们那儿，在他们内心中，有他们自己的方向。读到这，我心中想到的就是我们的林岗老师。受广府文化的长年熏陶，没事不轻易打扰林岗老师，但只要想到他就在我们身边，心中的光明就会自动显现。

（感谢同门在写作本文过程中提供的帮助！）

孙 立
(1957—)

爝火不熄：孙立教授印象记

徐燕琳*

  1996 年秋，我有幸随吴承学、孙立老师读研究生。两位老师当时还是青年教师，但感觉他们很受大家爱重。我本科不是中文，专业基础不足，听说看书是中文系的基本功，两位导师也一开始就让我和同门蔡仁燕到图书馆、资料室查卡片、做书目，所以当时看书借书很勤快。资料室老师有时问到是谁的学生，就会微笑，深深地看一眼；或者点点头说："嗯，好老师。"

  不仅中文系的老师，中文系的同学，也认为他们是好老师。为了补习专业知识，两位老师让我旁听孙老师给本科生讲的"中国文学批评史"。这旁听的一学期，我发现学生都喜欢他的课。他高高的个子，厚厚的眼镜，总是神采奕奕，稳稳地立在讲台上，几乎不看讲义，一打上课铃，就抑扬顿挫、行云流水般地，将枯燥的理论、千百年前的人物，滔滔不绝地讲下来，整堂课鲜活而生动。我第一次从课堂上听到"质胜文则野，文胜质则史""文章，经国之大业，不朽之盛事"，听到"风骨""兴象""言志""感物"，仿佛看见了那些峨冠博带的古人，不禁心驰神往。后来假期回乡，家里刚买电脑，我一激动，就把《文心雕龙》整本敲了下来。现在想，那是孙老师和吴老师的魔力。

  孙老师讲课是真好。全班同学都仰着头，认真地听。究其原因，一是他确实讲得好，二是他有一样绝技：授课中间，他有时踱踱步，有时板书一两行，有时做一些手势，但无论什么时候，即使教室最偏僻的角落，仿佛都在他闪亮而温和的双眸注视之下，学生都不好意思不好好听。又听说孙老师是中文系教师男篮的主力队员之一，赛场上很是矫健；吴老师是百米竞赛好手，曾经在中大运动会上叱咤风云，早年甚至代过体育课。如此，中文系学生公推的"四大帅哥"中，我的导师就占据了两席，还文武双全，让我很有一些得意。

  孙老师嗜烟。每逢课间休息，他就到教室外面点上一支烟，猛抽几口，

---

* 徐燕琳：中山大学中国语言文学系 2005 届博士，华南农业大学教授。

有时又似乎比较闲淡。中山大学珠海校区最著名的那排教室是一个长长的回形建筑，内有天井、回廊，他课间倚着廊边栏杆吸烟的情景，被张海鸥老师指导的一位"百篇作文"学生写了下来，说孙老师是他所见过的抽烟姿势最优雅的人。后来古代文学教研室的老师几次雅集饮酒，张老师都开玩笑说："你怎么就'优雅'了呢，我怎么就学不了呢。"回想起来，同学过来问问题，孙老师食指、中指上端夹着烟，手腕一转，向外挥出，意欲避开同学，或夹着烟指点风云的样子，的确特别有风度。

孙老师的板书也不错。他的字隽秀潇洒，可能年轻时学过柳体吧！课后经常有学生走到黑板前，手摩心追。

孙老师是天生的好老师。除了授课精彩，还很会指导学生。几位古代文学研究生的词学课，他和吴老师请来他们的老师邱世友先生为我们上。期末，我将一些学习心得拼凑为文，投给了《中山大学研究生学刊》。汪超宏师兄好像是当时的主编，指出若干不足后说："文章还行，题目要改。"能发表已属侥幸，怎么改，我完全不懂，于是请教孙老师。孙老师指导一番，找了几篇文章给我回去看，包括他1985年发表在《河南大学学报》上的《周济对张惠言词论的修正》。我一见大喜，立刻把孙老师标题里的"修正"二字搬过来，变成《王鹏运对常州词论的修正》。若不是孙老师，我哪里知道有这么"高大上"的专业词汇哦！

中大中文系的老师爱学生是出了名的。毕业季，很多老师都在帮同学们找工作，包括不是自己带的学生。记得当时欧阳光、施其生等老师会提供信息、帮忙联络，甚至读博以后，叶春生、郭正元老师还大力推荐。两位导师对我们的就业自然更为关心。孙老师有一次问我："找到工作了吗？"我说还没有。他说："出版社不错的，专业对口，也合适女生。"我听了很向往，但有些茫然，不知出版社什么样子、怎么联系。过了一段时间，他对我说，手头有一叠书稿要送出版社，问我有没有时间，让我送去。我傻傻的，送到就回来了，不知带上一份简历，或者打听打听情况，辜负了孙老师的一片好意。但能够深入出版社内部，得窥这样一个能够将手稿变成庄严的铅字的神秘机构，对于当时的在校生来说，真是很荣幸的事。

那份书稿，现在想来应该是《明末清初诗论研究》（广东高等教育出版社，1999）。该著作很能体现孙立老师稳健而创新的学术风格。他利用社会史、思想史的相关材料去研究文学批评史，其中对晚明文社与晚明诸子的文学批评活动、对文社诸子的文章学理论、对明遗民诗论的研究，均扎实、新颖。该书自1999年出版以来，学术界、出版界和读者的评价都很高，荣获第五届广东省优秀图书三等奖。中华书局《书品》杂志 2001 年第 5 期有专文推介本书,称其"在大量开掘原始资料、充分吸收现有研究成果的基础上,作者论述深刻,时出新见","对历来不为人重视,但又确有意趣的方以智、傅山诗论加以关注,显然充实了当前的'明遗民诗学'研究;而对王夫之诗论中封建伦理观念的剖析,则体现出不盲目推崇大师的健康学术精神"。《羊城晚报》1999 年 9 月 11 日"读书与出版"版曾介绍该书为受读者欢迎的学术著作。该书 2003 年出增订本,2011 年第三次出版。

我们 1999 年毕业后,很快,孙老师又出版了《中国文学批评文献学》(广东人民出版社,2000),为中国文学批评研究开辟了新领域。《中华读书报》2002 年 5 月 29 日的文章认为,该著"从学术史料、批评文献的角度爬梳剔抉,在文学批评的学术研究著述中另辟蹊径,因而颇值得称道。……作者不仅在资料的搜集上广采博纳,而且在文献的介说上钩玄提要,个中不难见出作者在占有资料与研考文献上的学养和功力。这样一部著作,集录了文学批评的主要文献,又包含了批评文献的研究文献,应该为研习中国文学批评所必读"。这一年,孙老师到日本国立九州大学文学部进行研究并讲学两年,开始搜集研究域外资料。十年磨剑,待他后来到日本早稻田大学文学学术院担任访问研究员,《日本诗话中的中国古代文学研究》(北京大学出版社,2012)这样一部学兼中外的著作也问世了。一次同学们和老师、师母欢聚,出版社刚送了一车样书来,师母招呼大家:"快快快,来把孙老师的书搬走,都堆在屋子里!"我的导师,当年的青年教师,已经成为著名教授、博导啦!

孙老师上课仍是一如既往地好,一如既往地站在本科生讲台上。他 1999 年获得了中山大学安泰优秀教学奖;2016 学年第一学期评教,他的"中国文学批评史"课程,在全校 2709 门课程中排名第一。王勇同学还收藏了一位本科四年级学生给孙老师的留言:"每当我们在外面碰得灰头土脸的时候,带着折翼的悲伤,回到了中文堂 207 的课堂,听上一次老师的批评史课,顿时有种回家的温存,像一个受尽风雨的小鸟,终于得到了大树的庇护,暂时远离各种职场与面试的'你争我抢',心灵一下子回到了古代,尽情沉寂在文学的长河中,感到家一般的亲切。"跟着老师在文学艺术中找到精神家园,用山水清音、林泉高致来涤荡性灵、远离尘嚣,这也是我最初随吴老师孙老师学习古代文学的感受。

两位导师的大名给我压力的同时,也经常带来许多有趣的相识。有一次我在本单位艺术学院给研究生上课,一位同学说,他毕业于中山大学南方学院的文学与传媒学院,院长是孙立教授。原来除了在中大中文系的工作之外,孙老师还担任文学与传媒学院的院长。这位同学说,老师都很好,学院的教学也好,非常灵活、切实,与相关单位联系很密切,实习、就业都不愁,对孙老师的爱戴溢于言表。我乐了。本来嘛,全世界都知道孙老师是大好人。

2021年12月,广东省中国文学学会的会议在南方学院的文传学院主办,大家都见到了孙院长"基础扎实、突出应用、人文风貌、活力四射"的学生。他们知书识礼、落落大方,很多同学带着一种温和、稳重的气质。这既是中大中文的风格,也是孙老师的亲传吧。

孙老师对学生很是关爱。后来的博士硕士男生多起来,孙老师经常组织大家吃饭,每饭必酒,和乐融融。2022年9月,孙老师从中山大学中文系光荣退休,继续从事南方学院的工作。在弟子们为他办的荣休宴上,他起身致辞,从读书到工作、到为人处世,都一一叮咛,大家很感动。杨海龙曾说,他有一次在群里发了他与一位前辈学者的合影,孙老师马上提醒他,肩膀不能在长辈前面。鞠文浩专门将孙师语录印制在一件T恤上,其中有讲为学的:"多看书多思考""好文章是改出来的""专注、专注,更专注""要有规划有目标""要做高水平的学问""融入学术共同体";有讲为人的:"独立的人格不意味着清高""有个性但不要去走极端""要注意改变自己,而不是苛责别人""要交益友,不交损友""躺平以后还要有再次起来奔跑的能力";有讲怎么做好工作的:"保持上进心和责任心""非常自律地去工作""正确的时间做正确的事情""有张有弛"……这是孙老师对同学们的教导和期望,是多年教学的积累,也有他自身的经验和写照。

因为孙立老师是河南开封人,所以开封对我而言也是一个镶着金边的城市,我还专门去此游学了一趟。在河南大学,有从"河南大学堂""河南师范学堂""河南留学欧美预备学校""中州大学"等以来的历史,有端庄的校舍、巍峨的大礼堂、远处的铁塔,还有厚重的底蕴。孙立老师的父亲从河南大学毕业后教书育人,书香世家的孙老师继续选择了这一份光荣的职业,立人而达人,把传统而现代的教育理念和无尽的大爱,施于学生身上。他的门下桃李芬芳,许多也跟着选择了教职,有的同学,比如高志忠,已经是国家社科重大项目的首席专家;林玉洁,教学、科研、行政都独当一面;留学生阮玉麟也成为越南的汉学家和河内大学教务处的负责人。

孙立老师曾经在《明末清初诗论研究》的后记里将书稿自比为"爝蒻",认为未能达到预期;又引用《逍遥游》里的"日月出矣,而爝火不熄,其与光也,不亦难乎",感慨道:"'爝火'也罢,虽不如日月光亮,但如能增一分光,也是好的。"孙老师用心、用情、用自己的青春和智慧,培育一届届的学生,他不仅仅是"爝火",更是照亮年轻人的"火炬",永远给学生以温暖和力量。杜牧曰:"萤光爝火,何裨日月之明;弱质孤根,但荷乾坤之德。""爝火"虽不与日月争光,但有天地的盛德,说的正是教师这份高尚的事业,说的正是伟岸坚实的孙老师啊!

王 坤
(1957—)

平淡而辉煌
——王坤老师略记

邹璟菲*

我是王坤老师招收的首届硕士生,在王门逐年拉长的"桃李"名单中始终排在第一个,忝为开山弟子,何德何能,不过是早生几年,饶幸早入师门罢了。我自 2000 年跟着王老师写本科毕业论文,2001 年成为他的硕士研究生,直至 2004 年毕业,王老师一直是照亮我前行道路的明灯,又是我身后那个最有力、最温暖的依靠。

时光如白驹过隙,仿佛只在弹指一挥间,但记忆却被日复一日的繁芜和柴米油盐打成了碎片。我将它们拾掇起来,努力还原出那段难忘的时光——

初　识

投入王老师门下有那么一点偶然。大三做学年论文时,出于对现当代文学的偏爱,我选择了程文超老师作导师,选题是研究当时迅速形成风潮的七零后女作家群体(卫慧、棉棉、周洁茹等)。大四获得保研资格后,需要确定专业方向。文艺学作为文学和哲学的交叉学科,引起了我的兴趣,这个专业可以结合我对现当代文学的喜好,作基于文学又超于文学的研究。而王老师,正是文艺学教研室引进的"传奇教师",北师大本科、北大硕士、复旦博士,武大讲师,中大副教授,游历各大顶级名校,是同学们眼中的"大神"。刚好那年王老师开始招收硕士研究生,经过面试,我怀着兴奋和期待的心情,喝到了"头啖汤"。

王老师没带过我们这届本科生的课,第一次见他大概是在选择他当本科毕业论文导师时(毕业论文的选题方向需与硕士专业衔接上,一般为同一位导师),当时的场景已记不太清,唯一记得第一印象是,这老师皮肤真黑啊,身材高大,有"泥土"的气息,很质朴,与想象中"大神"的气场不太相符;说话声音不大,循循善诱。不禁有亲近之感。

---

* 邹璟菲:中山大学中国语言文学系 2004 届硕士,广东省商务厅对外经济合作处处长。

鼓　勇

在探讨本科毕业论文选题时，我说起自己喜欢金庸小说，王老师说他也喜欢，这一"共同语言"一下拉近了我和导师的距离。我想选金庸小说作为研究对象，但考虑到"金学"与"红学"一样，研究成果早已汗牛充栋，我很犹豫，担心难有突破。王老师鼓励说，兴趣是研究的基础，有强烈的兴趣才会有全情的投入，本科论文不求有多大的创新，但一定要有自己的独到见解。这给了我勇气。在王老师的指导下，我以自身阅读体验为出发点，从美学的角度再来反复研读金庸小说，果然有了新的触角，毕业论文《金庸武侠小说的接受心理研究》被评为当年本科生优秀毕业论文。王老师就这样为我打开了文艺学之门。

飞　鸿

读研第一年，王老师到美国俄亥俄州立大学、田纳西州南方大学作访问学者，一整年时间，我们之间的沟通交流全靠电子邮件。他像个老朋友一样，会在邮件里告诉我他去了趟纽约和华盛顿，"感觉就像回到了广州，太多的广东人和广东话"；会说"这几天没有国内来信，正寂寞着，你的和彭玉平老师的信一块来了，很高兴"。在我因荒度寒假而懊恼时，他还安慰说"寒假不是干事的季节，很正常；能干事，倒有点意外了"。

当然，王老师的"放养"可不是放任。他在邮件中经常给我开书单，要求我对中国哲学有一个宏观把握而不应只重视西方，要求我对当代中国美学、文艺学的热门和前沿问题有一个大致同步的了解，以保证论文既不至于缺乏根底，又不至于太过老套。他常常叮嘱我多向潘智彪等老师请教，也会给我留作业，虽然从来不催不逼，但无形中却给了我更大的压力和动力，只有尽力做得更好，才不辜负他的信任。

授　渔

硕士论文是贯穿整个读研生涯的主题主线。第一次与王老师讨论选题时，我初步确定的主题是从历年茅盾文学奖的获奖作品看新时期小说审美特征的嬗变。王老师说，这个题目难度大，往往吃力不讨好，但如果功夫到了，真正有价值的文章也往往出自这一类选题。随着阅读的深入，我很快发现这确实不是一个我能驾驭的题目。茅盾文学奖作为中国最权威的长篇小说奖，当时一共颁发了五届，每届少则 4 部、多则 6 部小说获奖，粗算一下，所有获奖小说总字数超过 1000 万；另外，其中有些小说更偏重意识形态而非艺术特征，我怀疑自己能否在坚实的理论支撑下完成一份合格的硕士论文。又挣扎了些日子，我终于决定放弃这个题目，但对新的选题却毫无头绪，一时间非常焦虑，求助于王老师，希望他直接命题，省却我为选题再去做大量功课。王老师说"可不能急，这学期的课就是为此事而来的"，他说，我们可以随时、随地商量，不拘泥于上课的形式。……王老师的苦心，我在当妈妈后真切体会到了，教孩子吃饭比喂孩子吃饭难得多。授人以渔大概就是如此。

面对我的不定时叨扰，王老师每次都不愠不火，对我抛出的想法，他通常会与我探讨但不给我结论，促使我自己去梳理相应的理论和逻辑框架。结合对传统小说和先锋小说的对比研究，我的硕士论文最终聚焦于叙事文学的空间性，以中国当代小说的空间形式及其结构手法与审美特征为选题。过程中，王老师提醒我要特别留意理论份量和理论深度，一定要与现当代文学专业的论文有所区别，并指导我逐步确立观点和理论架构。方向对了，路就好走了，论文的写作过程辛苦但愉悦，王老师甚至在润色语言方面也给了很好的意见。

待　　续

毕业后，我走上了机关工作岗位，18 年过去了，专业知识已近淡忘，但在王老师那里接受的理论分析、逻辑思维和写作锻炼，给我的职业生涯平添了极大助力。随着年龄的增长和阅历的增加，我愈发体会到王老师厚朴中蕴含的人生智慧，大音希声，大象无形。

大多数年份里，我们 2001 级文艺学同门会借教师节之机与王老师、潘智彪老师、邓志远老师一聚，三位老师每次都满面春风如约而至。潘老师风趣，邓老师睿智，王老师则总是在旁边敦厚地笑着，就这样看着我们慢慢从青年变成中年、从单身到成家，从不谙世事到事业初成。老师们却风采依旧，活出了人生最畅快的样子，豁达而通透，继续去发现"美"，去发掘和分享快乐，去享受生活。

王老师在一个讲座里说道：生命的价值是一辈子平平淡淡，它本身就是辉煌。愿岁月继续善待吾师，在平淡中续写他的辉煌。

杨 权
(1958—)

杨权：我一生做事，最重视的就是"有趣"二字

陈　娴* 姜清越**

"中山大学卓越服务奖"始设立于2009年，以表彰与学校休戚与共、参与并见证了中山大学光荣历史、为学校发展建设服务超过30年的教职员工，旨在传承中山大学办学传统，弘扬立足本职、爱岗敬业的精神。

"用钱钟书《释文盲》中的一段话做比喻，这就像整理旧衣服，忽然在夹袋里发现了用剩的钞票和角子，虽然是份内的东西，却有一种意外的喜悦。"杨权这样描述获得"中山大学卓越服务奖"后的心情，"虽然是靠'熬年头'得来的，但我心里还是很高兴。"

坐定后，杨权慢慢说道："我得过的重要奖项只有两个，第一个是插队时评上的县劳模；'卓越服务奖'是第二个，之所以这么少，一来是表现不够好，二来，我觉得奖都不应该伸手要，而是人家认可你，主动给你的。"顿了一下，他又补充："只采访我只怕对其他先生不公平，他们对中大做的贡献比我大。"

始闻大道，初露锋芒

"我的工龄有四十二三年啦"，他掰开手指，细细数着，"要说在中大任职，自1987年进中大出版社起，也有三十来个年头了。"

杨权，字衡之，1958年生于广西玉林，恢复高考后的第一年，他考入了玉林师专（今玉林师院）。彼时，他已在老师的指导下展开初步的学术研究，并在相关学术杂志上刊载成果。"但我觉得写得不好，都撕掉了。"从边角泛黄但仍平整的小册子上，依稀可见缺损的页码和参差的撕痕。1984年，杨权考入中国人民大学历史学院攻读硕士学位。

1987年毕业后，杨权南返至中山大学，原本要到中大历史系当教师，但

---

* 陈娴：中山大学旅游学院2017级本科生、岭南学院2021级硕士生。
** 姜清越：中山大学中国语言文学系2017级系友。

由于当时历史系缺少编制，杨权又有学报编辑经历，系主任陈胜粦教授便将他介绍到了中山大学出版社，说是"过一两年就回到系里"，没想到，他一干就是十五年。

在杨权主持出版工作期间，中大出版社共出版了专著、教材1000余种，其中包括《中国方术大辞典》等鸿篇巨制。虽然很快当到了总编辑，但他自觉并非经营管理方面的干才，况且所喜欢的也是学术。"我一生做事，最重视的就是'有趣'二字，有趣的事一分钱不给我也会做，没趣的事给再多钱我也不做。"而对于杨权来说，做学术，便是他的"有趣"之事，"在出版社做编辑也是一碗饭，但学术饭吃起来更香"。

终于在2001年社领导班子换届后，杨权在当时校党委李延保书记的过问下成功从出版社调到了中山大学中国古文献研究所（以下简称"古文献所"）。

敏而求之，矢志不渝

"转岗时，我已有编审的职称，但却不能当作教学的本钱，除了这顶'帽子'外，其实两手空空，学术成果——零"，杨权笑着，用双手比划了一个"零蛋"。"中国有句老话，叫做'秀才不读书，三年成白丁'，而我已十五年不曾读书。"杨权说，在出版社看稿读书不同于做学术研究，是"替他人做嫁衣裳"，成果都是别人的。那时杨权已年逾四十，"我的同龄人已经在前面跑得连灰尘都看不见了"。

中山大学中国古文献研究所曾是独立的校直属研究所，后又曾被资讯管理系收编，直到2011年才并入中文系。

杨权是研究历史出身，却在古文献所任研究员，后又先后兼任中文系、资讯管理系硕士研究生导师，三个不同的陌生领域交叉，对他构成了不小的挑战。但或许是遇到了真正所爱之物，杨权的学术研究进展很快。

虽然他既非中文系出身，先前也非中文系教师，甚至在校人事体系中的身份是管理图书的教辅人员，却在2008年就被正式遴选为古典文献学专业的博士生导师。"至今很感激同人们的认可。"他很谦逊地说。

杨权原本专攻秦汉史，初来古文献所时，与当时的研究员陈永正先生共事，陈先生研究岭南的诗歌文献，杨权便跟随。这也构成了他研究的双领域——一是秦汉研究，二是岭南文献研究，以明清文献为主，又包括诗歌和佛教。"就像我们中大三个校区五个校园，这相当于两个校区三个校园。"杨权这样解释自己学术研究的基本格局。

在秦汉研究方面，杨权有代表作《新五德理论与两汉政治》（2006）。该著作曾被安作璋、姜伯勤、蔡鸿生等著名学者审阅，获得了较高评价，被认为"具有正本溯源的意义"，达到了此一问题研究的前沿水平。

而岭南研究，则是他近期的重要研究项目。以杨权为常务副主编、清代部分的主要编者编纂的《全粤诗》，现已发行二十余本，被列入国家项目，"光是排出清代就要几千万字，若是全列出来，要有巨大的几本"。

此外，杨权作为首席专家研究的课题"岭南诗歌文献整理与诗派研究"被选为"2015年度国家社科基金重大项目"。提及此，他的语气里满满自豪，笑说，这是一项"巨无霸工程"，而且"还只是宏大项目中的一个"。

望着一柜子的著作和杂志，我们总觉得杨权的生活怕是充满了辛酸与疲劳。他却大笑否认："我常跟我的学生说，如果你们觉得做学术苦、累，说明你们还做得不够，一旦到了境界，会觉得它是一件快乐的事。""有时完成研究之后，我便会下意识地哼起歌来，正是以它为乐，哪里会辛苦呢。"

在秦汉史与岭南文献研究之外，杨权还完成了一套道教的文献整理；从事过唐代筦榷（专卖）制度的研究并与其他学者合作出版专著（1990）；翻译过荷兰人高罗佩作品《密戏图考》（2005），涉猎领域极广。杨权的办公室有一整面墙都被书柜占据。"这一柜子每本杂志里都有我的文章。"杨权搬出一摞，指给我们看，如同收藏家展示亲自鉴定的稀世古玩，小心翼翼又眉眼带笑。

文林艺苑，乐在其中

"乐闻其道"不仅仅体现在其学术成果上，在学术研究过程中，杨权也自有一份乐趣。

杨权工作的原则是基于陈寅恪先生与陈垣先生提倡的"在材料的占有上，上穷碧落下黄泉；在研究方法上，打破砂锅问到底"。他的问题意识非常强，"我的文章大半以问题展开，并一直追问下去，就像小朋友一样，为什么为什么……"杨权笑道。而这些问题的提出也有其依据，他强调，提出问题要把相关材料找全才能展开，"做学问必须了解学术前沿，否则做的学问都是别人做过的"。

杨权自四十多岁从零开始研究中国古典文献，虽然现已年近花甲，学术年龄却相当三十五六岁。"未见得有多出色，只是喜欢，每年又都有些成果。"面对越来越多的恭维，他打趣道："农民养猪，年底还要出笼呢，我是个职业学者,社会养我就是让我专攻这个,吃这碗饭就应该做出东西来。"

现如今,杨权的头上已有三顶桂冠——编审、研究员、教授,且在每一领域都成果颇丰,尤其在学术研究上,成就一年更胜一年,至今仍处于上升阶段。出版界同人将他的转轨褒奖作"像小蛮腰一样的华丽转身"。

在学者的身份之外,杨权还是书法、绘画、篆刻的爱好者。"我实在业余,不过喜欢而已。"在他的办公室内,有一张颇大的画台,镇纸、水墨、毛笔一应俱全,另有一尊宜兴陶瓶,上刻杨权的书法绘画,旁边的架子上则摆满了他亲手操刀雕刻的石章。书有楷隶,字句清雅,画具素彩,下笔生动,且虫鸟鱼虾、花草竹石均可入画,有的为友人而作,有的自留。自用的一把黑檀木扇子也是亲自题诗作画。"我不运动,就以此为休息方式。"

教授还精于鉴赏,手眼之高足以令行家刮目相看,又善于作赋,骈散并举,"可谓学有专诣而并兼文林、艺苑之长",学生对他如是评价。

纵观杨权先生半生,泛舟学海,不计名利,矢志不渝而不故步自封,所凭皆为"喜欢"二字,自得其乐,悠哉游哉。而其自谦、自省、自强,堪称我辈之楷模。

2017 年

李 炜
（1960—2019）

那个明媚了周边世界的炜哥

彭玉平[*]

转眼间,李炜兄离开这个世界已经半年多了,寂寞的时光真是无声又无息。

我与炜哥的工作室同在八楼。在炜哥刚去世的一段时间,我每次路经他的工作室,总会习惯性地抬头看看他门上的名牌,好像他一直在里面工作着,并未远行,我偶尔甚至有推门而入的冲动。

我以前读晏殊的"一向年光有限身,等闲离别易销魂"词句,也会在心里流过一丝岁月的惊恐。"等闲"的离别尚且如此,何况生死之别?何况我看着他从能自如地说笑,到听觉渐失,再到无法说话、昏迷,最后一直目送着他的遗体从病房被推出,向走廊的尽头走去。那一刻我知道兄弟李炜已经回不到这个世界了,这个世界也从此失去了一个真诚、有趣而鲜活的灵魂。

我平时在工作室待的时间比较长,炜哥应该习惯在家中读书作文,来的时候其实不多。但只要他来,只要看到我的工作室门开着,总会在离门还有很长一段距离的时候,就大喊一声"清爽",然后笑眯眯地站在门口,与我天南海北地聊上几句。

与他共事二十多年,印象中他就没喊过我的名字,而是一直"清爽""清爽"地喊着。我是江南人,说一口地道的吴语,有时无意间会把吴语简单粗暴地"翻译"成普通话。而炜哥是典型的北方人,发音标准而且好听,我无意中说出的不太标准的"清爽"二字可能击中了他的趣点,他大概是觉得很好玩,所以从此就直接挪用过来当成我的称呼了。在好几次有很多人的场合,他依然"清爽"长"清爽"短地叫我,以至于不止一次有人问我:"炜哥叫你什么?"我只能笑着从头解释一番,听者也觉煞有趣味。我琢磨,在炜哥看来,这"清爽"二字,便是消除了纷纷扰扰的外部世界,而只剩下一种纯粹的兄弟关系了。

炜哥是性情中人,认识他的人应该都有这种感觉。

---

[*] 彭玉平:中山大学中国语言文学系教授。

我是1995年年末到中大任教的，炜哥则早我很多年，这令我不得不称他为系的"前辈"。对我这位新来的"年轻人"，用他后来的话来说，就是一见如故。我们不止一次在中大附近的小酒店中畅饮，最多的一次总共喝了有十多瓶啤酒，当然我的酒量要差一点，他喝得要更多。渐入佳境后，他便开始说他的童年，也顺便说点中文系的历史，听得我一愣一愣的。不过，我印象最深的便是他酒到了，歌也就到了。他小时候学过京剧，学的还是老生，后来虽然没有走演员这条路，但童子功还在。我平时听越剧、昆曲的时候居多，但听他唱京剧，大概是兄弟的原因，平地生出一种崇拜。有一次深夜从下渡路喝完酒回西区，他居然在榕树头附近连翻几个跟头，一如舞台上的武生，既高且稳，不失当年英姿勃发之形，可见他当年对京剧真是下了一番功夫的。

　　中山大学与中国台湾高雄的中山大学交流多年，炜哥先是积极参与者，在出任系主任后，更是两岸文化交流的积极组织者。他也因此与对岸的许多学者结成了很好的朋友关系，高雄中山大学的刘昭明教授便是其中之一。前不久我带队去台湾进行文化、教育交流，昭明兄除了一路相陪，更说了许多炜哥重情重义的故事，其中有不少是我从未听说过的。如炜哥每次去台湾，必自带一些精美的特制礼品相赠，令台湾朋友惊喜不已；而台湾朋友来，他无论有多忙，在参会之余，也会陪着台湾朋友在广州附近转转，让他们多了解大陆，多了解广州。所以我这次去台湾，看到论文集的扉页上专门题了"谨以此文集怀思纪念李炜教授"一行字，就知道他的性情魅力不仅此间周边的人深有感受，即使在台湾，也同样有着许多这样的知己。

　　炜哥与著名词曲作者陈小奇是多年的朋友。去年年末，中文系在讲座系列中增设了"校友论坛"系列，他便力荐陈小奇来讲，他建议我不要开场说几句就退下，而是最好与陈小奇对谈，这样话锋转换更自如，信息量大，也能把听众稳住。我则马上拖他下水，要求三个人对谈。因为我当时与陈小奇并不算太熟悉，只是去北京参加过他的作品演唱会和研讨会，并写过一篇论陈小奇歌词与传统诗词关系的文章，发表在《南方日报》上。如果炜哥在，第一是我心里踏实，第二是很多的话题可以先抛给炜哥，转个弯再交给陈小奇，现场感应该更好。当晚小礼堂座无虚席，我们也算是锵锵三人行，凡是不能直接调侃陈小奇的话，我就拿炜哥来说事。

　　果然现场来来回回，机锋不断，听众大呼过瘾，一直谈了三个多小时才结束。我最得意的是，在一个讲述当代流行音乐的场合，成功地逼他唱了一段京剧。我现在想想，芸芸众生，我能够"逼迫"的能有几人？而炜哥则绝对是其中之一了。这应该也是炜哥去世前最后一次公开亮相，当晚的他敏锐机智、多才多艺、性情洋溢，给全场带去了许多的快乐。

炜哥是研究语言学的，我则关注文学，虽然都在"中国语言文学"的名下，但其实学科的差异性还是明显的。所以我们直接交流学术的机会并不多，我心心念念的诗词，他懂得不少，但语言学我就相当懵懂了，他也因此跟我多谈诗词，鲜谈语言，大概是怕我窘迫的意思了。这何尝不是一种为人的厚道！记得十多年前，我们在西区竹园附近偶遇，他满脸喜色地对我说：最近仔细研究了"知识分子"四个字，发现这不仅是语言学的命题，而且是社会文化学的话题，好像大家都没有深刻关注和研究过这个话题，他要写成一篇文章去发表。他主要是从社会文化学的角度研究"知识分子"一词，我在粗粗听他讲完大意后，很是认同他的结论。最近他的弟子编辑他的语言学论集，我看目录中就有这篇文章，相信此文会产生更大的学术影响。

因为多才多艺，炜哥的学术也带着才子气。他能发现别人疏忽的问题，并且能够切实地解决。但这种感觉，说实话我也是在读了他的系列语言学论文之后才有的。我从知网上下载了近十篇他的论文，希望通过仔细阅读，能对他的学术做一点近似"专业"的评价。但读完后，发现凭我薄弱的语言学基础，还是难得要领、无从下手。希望语言学界有更多的人关注炜哥的语言学研究，精准地彰显他的学术贡献和学术地位。

炜哥在中山大学中文系工作了三十多年，其中兼任副主任和系主任的时间就有十多年，可见他在行政上的付出之多与之大。在他的领导下，中文系的学科稳步前进，尤其是在科研业绩和人才培养方面明显提升，他敏锐地发现中文系的学科弱点在教材编写与教学研究方面，多次在全系教工大会上鼓励老师们多申请教学项目，并结合自己的教学经历，总结教学的规律，写出专题的教学研究论文。而在教材编写上，他更是身体力行，除了与他的硕士导师黄伯荣先生重编了中大本《现代汉语》，还与教研室同事一起开拓出数种语言学教材。

他是真正爱这个中文系的。他卸任系主任后不久即被推选为广东省中国语言学会会长，当选后他给我发了一条长长的微信，表达了对"会长"一职的人选在兜兜转转很多年后终于回到中大的喜悦。我知道他并不是把这个"会长"职务当成自己个人的荣誉，而是把这个荣誉当成中山大学中文系的荣誉，这就是他为人的境界了。

中文系是文人聚集的地方，文人的特点就是各有思想、各有性情，而且往往有强烈地表达这种思想和性情的愿望。我此前只是一个纯粹的教授，我的生活和工作内容就是读书、教书与写书，没有任何行政经历。我刚接任系主任一职后不久，他可能看出我的担忧与不安，曾与我有过一番长谈，在言谈之间，我不经意抬头，看到他双目炯炯，闪着光芒，透着一种明媚的真诚。他一方面帮我详细分析这个系的特点，另一方面提醒我制定规则比什么都重要。有了规则就淡化了其他人为的因素。现在想来，行政的事情还真是如他所说，他的睿智也让我敬佩不已。

炜哥在卸任前就已经发现患病，幸运的是治疗的效果不错，所以他的心态也一直很好。在他出院后的几年中，我时常见他在黄昏时候绕着学校的林荫道暴走，有时顺路，我也陪着走一段，但更多的时候是看着他矫健的身影逐渐远去，那时我认为老天是眷顾他的。但在去年他从墨西哥回来后，便一直抱怨颈椎不舒服。不过稍后我们还是一起去了吉林大学参加教育部高校中文类专业教学指导委员会的换届仪式，在背景板前，我们拍了好多张合影。回到广州后，我再次问起他颈椎的情况，他说一直没有好转，有时严重到无法入睡，老实说我是有往不好的方向想过的，但又不能明说，所以就劝他去医院检查一下。临近春节，他好像是实在挺不住了，到医院一检查，肿瘤果然已经转移脑部。这样在年前匆匆住院，从此再也没有走出来。

事实上他早就买了春节前回兰州的机票，要与父母共度春节；事实上在春节前一两个星期，他就约我去黄埔大道的一家红酒坊，品尝正宗的法国美酒美味。只是我当时还有着大大小小的各种会议，时间一时未能凑上。也许每个人的人生都是有遗憾的，否则，我应该能再多一次看他在灯影下闪着光芒的眼睛，以及听他讲述一个又一个趣味横生的故事，那一刻他总是那样明媚，也总是那样不倦地明媚着他周边的世界……

2019 年 11 月 23 日于广州

后　　记

中山大学中国语言文学系，创建于1924年，是中山大学历史最悠久的学系之一。世纪中大，百年中文，名师辈出，薪火传承。康乐园中，容庚、商承祚、詹安泰、方孝岳、董每戡、王起、冼玉清、黄海章等众多名师修身治学，立德、立言、立人，留下了一段又一段美谈佳话；各位先生滋兰树蕙，传道、授业、解惑，培育了一代又一代中文人才。《易》曰："观乎天文，以察时变；观乎人文，以化成天下。"有情怀、有温度、有智慧的人文教育一定是师者言传与身教的紧密结合。他们的文章著述代表着言传一途，另有《中山大学中国语言文学系百年论文选》（含文学卷、语言文字卷）收录。本书载录的是他们的德行风范，乃身教一途。古人尝言："经师易求，人师难得。"百年中文的本色与初心，正是经师与人师的会通，学理与德行的融贯，学术与人生的并启，言以教之，身以化之。立德树人之道，非好为人师也，乃善为人师矣。

全书收录75篇文章，共计42位中文系名师，只记荣休教师，不取尚在职者，以年齿为序，先后排列。全书以搜集、整理既有文献为主，同时也约请了一些系友为近年荣休的老师们特别撰文。这些文字多由弟子、学生、同事、学界同人所撰，遍及生活、工作、治学、育人、交游，无论是片言只语还是举手投足，皆是以真感情写真人物。全书举凡记人、叙事、抒情、论理，为情而造文，发而皆中节。名师风神，跃然纸上，仰之弥高，钻之弥坚，方轨前秀，垂范后昆。

全书编选的最终完成，首先要感谢彭玉平教授原始以表末、选文以定篇的总体指导，同时要感谢徐开元、左羽、林翎三位硕士研究生搜集、整理、校对文献付出的辛勤劳作，特别要感谢责任编辑陈莹、刘婷两位老师在出版过程中的细致编校与精心建议。如果没有师生齐心的集体努力，没有每一位参与者对百年中文传统的敬与爱，那么这本书的高效完成与精彩呈现是不可想象的。真可谓：一卷风华录，百年中文心。风乎舞雩处，犹闻咏归音。

罗成谨识于2024年6月28日